近现代汉语论稿

徐复岭 著

图书在版编目（CIP）数据

近现代汉语论稿/徐复岭著.—北京：线装书局，2018.10
　　ISBN 978-7-5120-3457-0

　　Ⅰ.①近… Ⅱ.①徐… Ⅲ.①汉语-近代-文集②现代汉语-文集 Ⅳ.①H109.3-53②H109.4-53

中国版本图书馆 CIP 数据核字（2018）第 241166 号

近现代汉语论稿

著　　者：徐复岭
责任编辑：于建平
出版发行：线装書局
　　　地　　址：北京市丰台区方庄日月天地大厦 B 座 17 层（100078）
　　　电　　话：010-58077126（发行部）010-58076938（总编室）
　　　网　　址：www.zgxzsj.com
经　　销：新华书店
印　　制：北京市金星印务有限公司
开　　本：710mm×1000mm　1/16
印　　张：29
字　　数：512 千字
版　　次：2019 年 6 月第 1 版第 1 次印刷
印　　数：0001—3000 册

定　　价：98.00 元

序

　　收入本书的 60 多篇文章，是我从 1980 年至 2016 年这 36 年间断断续续写出的论文中挑选出来的，分成近代汉语和现代汉语两卷。近代汉语卷包括语法和词汇两个板块：语法板块主要涉及句式、虚词，词汇板块主要是词语训释，偶涉校勘及词典编纂等内容。现代汉语卷则包含三个板块，其中最大的板块是涉及语法的，内容除句式、虚词外，尚涉及短语或结构、构词法等；讨论语音与词汇问题的只收了五六篇文章，作为一个板块显得势单力薄；最后一个板块是关于现代汉语域内外变体的，内容涉及济宁、菏泽方言和台湾地区的国语、泰国华语这些汉语的不同地域变体的语法、词汇等方面。以上的分类都是相对的，有些文章实际存在着可归甲类也可归入乙类的可此可彼的情形。

　　这些文章大都公开发表过，收入本书时除改正了一些错字、漏字外，一般未作较大的变动。少数几篇当初发表时因受版面限制被期刊编辑删减了少量例句和文字，现据底稿补加进去。还有几篇当时是作为独立的单篇论文发表的，收入本书时考虑到有关篇章的谐调和避免前后重复，对其中的个别内容作了些许调整。凡是公开发表过的论文，文末均注明原出处，以保存历史真迹。其中近代汉语卷有三篇关于语法的论文曾收入拙著《〈醒世姻缘传〉作者和语言考论》一书。因该书出版时间已久，且当时印数有限，一般人现在要找到这些文章颇为不易，所以也收入本书内。后来有些《醒世姻缘传》或近代山东方言语法问题的研究者，明白无误地重复拙作的论点，大量使用经过拙作校点整理过的例句资料，但在他们的文章或参考文献中却只字未提拙作，俨然以学术原创自居，说不定还据此获取了学位或更高一级职称。这也促使我下定决心重新印出这几篇论文，以便正本溯源，昭告学林。

　　由于这些论文的写作时间跨度较大，内容涉及近代汉语和现代汉语的诸多方面，所以写作体例和使用术语可能有前后不尽一致的地方。收入本书时作者虽然对体例和术语的统一工作做出了一些努力，但恐怕还存有一些不尽如人意的地方。这一点还望读者见谅。

我是个教书匠，在国内和国外高等学校的讲台上几乎度过了全部生涯，汉语研究只是执教之余的副业和爱好。我开始从事汉语研究，正好是改革开放开始之时，至今差不多已经走过将近 40 年的历程。在第一个 10 年即在 20 世纪 80 年代，我的研究兴趣主要是在现代汉语语法方面，写的文章也多是这一方面的内容。但后来我发现，现代汉语语法的很多问题只在现代汉语的范围内是很难找到答案和得到解释的，必须要到近代汉语中去寻求解决的办法。这是因为"现代汉语只是近代汉语的一个阶段，它的语法是近代汉语的语法，它的常用词汇是近代汉语的常用词汇，只是在这个基础上加以发展而已。"（吕叔湘《〈近代汉语读本〉序》）甚至可以这样说：现代汉语只是流，近代汉语才是源头。所以大约从 20 世纪 90 年代开始，我的兴趣逐渐转移到了近代汉语语法研究（包括历史方言语法研究）和近代汉语词语考释上，撰写的有关这方面的论文也逐渐多了起来。进入 21 世纪后，我的研究兴趣和论文主要仍在近代汉语方面，但对现代汉语（包括域内外汉语变体）语法、词汇中的一些问题也余兴未减。

我的这些论文，特别是关于现代汉语的论文，大都是平时遇着什么问题便写什么，事先并没有具体明确的科研写作计划。其中有些文章是为了回答汉语教学中遇到的疑难问题而撰写的，如《连动短语前状语的语义指向》《杂谈复杂方位短语的层次分析》《关于同音词定义的异议》（《同音词二议》之一）等；有些篇是在学习、研读先贤时彦语法论著中得到启发而加以深化引申，或偶有疑义而试图解惑释疑，于是敷衍成文，如《某些双音节动词性词语的 A 不 AB 式》《主谓谓语句二题》，以及《关于"包含形容词的连谓式"的几点异议》《就"从 A 到 B"结构与有关同志商榷——兼谈"到"字的词性问题》等。关于近代汉语语法研究和近代汉语词语考释的论文，则多是在我明确了科研目标和计划后陆续写出的。虽然这些文章写作因由和背景不尽相同，写作时间早晚不一，篇幅更是长短不齐，体例、格式也不尽统一，但有一点是前后一致、贯彻始终的，那就是我在写作时努力要求自己立足于语言事实，要言之有物，论之有据，不尚空谈。"板凳要坐十年冷，文章不写半句空。"这句话始终是我的座右铭。至于这一要求达到了没有或做到了什么程度，还是留待读者朋友去评说吧。

2016 年 9 月 9 日记于补拙斋

目录 》Contents

序 ··· 1

近代汉语卷

近代山东方言中的"V+到+O+N_{L/T}"句式 ····························· 3
语法句式溯源二题 ·· 11
 一、山东方言比较句式溯源简说 ····································· 11
 二、"X 什么 X"句式溯源补说 ······································ 14
《老乞大》《朴通事》中存在"有+VP"句吗？
 ——普通话中"有+VP"句成因的一点异议 ····················· 16
《醒世姻缘传》中某些特殊语法现象 ·································· 20
《金瓶梅词话》与《醒世姻缘传》中的指示代词"你" ··········· 36
副词"横竖"流变考略 ·· 45
关于近代汉语语气副词"通身/通深"的来源和形成 ·············· 56
说"又咱（又喒、由咱、已咱）" ······································· 60
近古齐鲁方言里的几个虚词：紧仔、没的、不着
 ——兼及文献中相关的校注、标点问题 ·························· 64
近代山东方言的假设语气助词"可""着""的"
 ——兼及相关文献的标点、校注问题 ····························· 74
《醒世姻缘传》中的语气助词"可"
 ——兼及相关的标点、注释问题 ··································· 82
《醒世姻缘传》中的"打哩（打仔）"
 ——兼及相关的校注、标点问题 ··································· 91
《聊斋俚曲集》中"漫（慢）"的特殊意义和用法 ·················· 95

《汉语大词典》语法问题指瑕 ⋯⋯⋯⋯⋯⋯⋯⋯⋯⋯⋯⋯⋯⋯⋯⋯⋯ 99

近代汉语词语因失校而释义错误举例 ⋯⋯⋯⋯⋯⋯⋯⋯⋯⋯⋯ 107
兖州、曲阜方言中所见元明清白话词语 ⋯⋯⋯⋯⋯⋯⋯⋯⋯⋯ 111
明清小说词语误释举例 ⋯⋯⋯⋯⋯⋯⋯⋯⋯⋯⋯⋯⋯⋯⋯⋯⋯ 120
《金瓶梅词话》注释、校勘拾误 ⋯⋯⋯⋯⋯⋯⋯⋯⋯⋯⋯⋯⋯ 127
《金瓶梅词话》语词释义辨正 ⋯⋯⋯⋯⋯⋯⋯⋯⋯⋯⋯⋯⋯⋯ 139
《醒世姻缘传》疑难词语考释 ⋯⋯⋯⋯⋯⋯⋯⋯⋯⋯⋯⋯⋯⋯ 149
"这咱晚""那咱晚"等词语的来源和释义 ⋯⋯⋯⋯⋯⋯⋯⋯⋯ 159
词义札记二则 ⋯⋯⋯⋯⋯⋯⋯⋯⋯⋯⋯⋯⋯⋯⋯⋯⋯⋯⋯⋯⋯ 165
　　一、"查"字别义 ⋯⋯⋯⋯⋯⋯⋯⋯⋯⋯⋯⋯⋯⋯⋯⋯⋯ 165
　　二、"矇瞪（瞢瞪）"释义小议 ⋯⋯⋯⋯⋯⋯⋯⋯⋯⋯⋯ 167
连展、碾转、蘳䴰和麦饵
　　——《汉语大词典》等误释或失收的一组词 ⋯⋯⋯⋯⋯⋯ 169
《汉语大词典》近代汉语条目释义摭误 ⋯⋯⋯⋯⋯⋯⋯⋯⋯⋯ 174
《白话小说语言词典》献疑 ⋯⋯⋯⋯⋯⋯⋯⋯⋯⋯⋯⋯⋯⋯⋯ 183
一部有严重质量问题的辞典
　　——《宋元明清百部小说语词大辞典》评略 ⋯⋯⋯⋯⋯⋯ 192
《宋元明清百部小说语词大辞典》释义举误 ⋯⋯⋯⋯⋯⋯⋯⋯ 200

本卷主要参考书目 ⋯⋯⋯⋯⋯⋯⋯⋯⋯⋯⋯⋯⋯⋯⋯⋯⋯⋯⋯ 207

现代汉语卷

某些双音节动词性词语的 A 不 AB 式 ⋯⋯⋯⋯⋯⋯⋯⋯⋯⋯ 213
连动短语前状语的语义指向 ⋯⋯⋯⋯⋯⋯⋯⋯⋯⋯⋯⋯⋯⋯⋯ 226
关于"包含形容词的连谓式"的几点异议 ⋯⋯⋯⋯⋯⋯⋯⋯⋯ 235
主谓谓语句二题 ⋯⋯⋯⋯⋯⋯⋯⋯⋯⋯⋯⋯⋯⋯⋯⋯⋯⋯⋯⋯ 239
　　一、另一类双主谓结构句 ⋯⋯⋯⋯⋯⋯⋯⋯⋯⋯⋯⋯⋯⋯ 239
　　二、"小王搞技术革新信心不足"究竟属什么句式？⋯⋯⋯ 241
"对于……来说"句式浅析 ⋯⋯⋯⋯⋯⋯⋯⋯⋯⋯⋯⋯⋯⋯⋯ 245
就"从 A 到 B"结构与有关同志商榷
　　——兼谈"到"字的词性问题 ⋯⋯⋯⋯⋯⋯⋯⋯⋯⋯⋯⋯ 254

杂谈复杂方位短语的层次分析 …………………………………………… 259
方位短语二题 ………………………………………………………………… 264
  一、是方位短语作中心语，还是复杂的方位短语？ ……………… 264
  二、两类不同性质的"介+X+方"组合 …………………………… 266
比况结构两议 ………………………………………………………………… 268
  一、怎样辨认比况结构 ………………………………………………… 268
  二、比况结构作宾语小议 ……………………………………………… 271
也说"似的" ………………………………………………………………… 273
关于"一样"的词性和用法 ………………………………………………… 279
谈"非……不可" …………………………………………………………… 284
虚词的语法性质和作用 ……………………………………………………… 288
词及词与语素、短语的划界 ………………………………………………… 293
一个词，还是两个词？ ……………………………………………………… 299
构词法二题 …………………………………………………………………… 306
  一、关于连动式合成词 ………………………………………………… 306
  二、关于合流式短语（或词） ………………………………………… 309
"知道"的构词方式是什么？
  ——现代汉语语法的动态研究之一例 ……………………………… 314
关于语缀"法"的几个问题 ………………………………………………… 317
一个兼类后缀——"巴" …………………………………………………… 323
假设连词连用现象二题 ……………………………………………………… 329
  一、"如果"与"要是"连用不合规范 ……………………………… 329
  二、"如果（要是）"与"万一"连用应区别对待 ………………… 331
与"所"有关的几种句式的规范问题 ……………………………………… 333

同音词二议 …………………………………………………………………… 339
  一、关于同音词定义的异议 …………………………………………… 339
  二、同音词规范问题琐议 ……………………………………………… 342
"语音归并"和语言规范 …………………………………………………… 345
"怂恿"非贬义词辨 ………………………………………………………… 349
漫谈由"狗"构成的称谓语 ………………………………………………… 353
关于"螯"字的读音及其他
  ——从作家杨朔的"笔误"谈起 …………………………………… 357

济菏方言语法特点掇例 …………………………………………… 362
济宁方言语法特点撮要 …………………………………………… 371
台湾国语有别于普通话的几种语法现象或格式 ………………… 387
试论两岸同形同义异用词 ………………………………………… 402
泰国华语语法变异例说 …………………………………………… 419
泰国华语的几种语序变异形式 …………………………………… 426
泰国华语同普通话的词汇差异 …………………………………… 433
关于编纂"大华语词典"的设想与建议 ………………………… 442

本卷主要参考书目 ………………………………………………… 451

近代汉语卷

现代文学卷

近代山东方言中的"V+到+O+N$_{L/T}$"句式

一

在用山东方言写成的明清白话作品中，有时会遇到这样一些看起来比较特殊的句子：

(1) 我……一顶轿子娶到你家去，咱两个永远团圆，做上个夫妻，有何不可！（《金瓶梅词话》第八十六回）

(2) 西门庆留心把子虚灌的酩酊大醉，相伴他一同来家。小厮叫开大门，扶到他客位坐下。（又第十三回）

(3) 这株朽坏的花木不宜正冲了书房，移到他井池边去，日日浇灌，或者还有生机。（《醒世姻缘传》第三十四回）

(4) 快烧纸，灌浆水，送到我中房里去。（又第十一回）

(5) 我迎到他亭子根前，他见我去就停下了。（又第四十一回；根前，即跟前）

(6) 寻到他园子里头，正看着人摭椿芽。（又第四十五回）

(7) 你打下坟，合下材，可也得人抬到你这里头，你没的死了还会自己爬？（又第五十三回）

(8) 我已嫁了人一年多了，你老远的又寻到我这里来。（又第七十四回）

(9) 不然，我带到你兵马司去。（又第七十八回）

(10) 不拘那个船上送到月娘临清，离家百余里就是他家清河县。（《续金瓶梅》第二十二回）

(11) [春梅] 生下儿子得了宠，买了雪娥私报冤。卖到仇人烟花巷，自缢得冤魂实可怜。（又第四十五回）

(12) 高大娘子送到云娘船上，千恩万谢，洒泪而别。（《隔帘花影》第十八回）

（13）他若恼了，送<u>到你县里</u>，打你顿板，还给你个作道哩。（《聊斋俚曲集·增补幸云曲》第七回）

（14）多情人送<u>到我黄郊路</u>，回了回头那俏影儿全无。（《聊斋俚曲集·富贵神仙》第七回）

（15）你送<u>到您大叔那里</u>来，来的这样快？（《聊斋俚曲集·磨难曲》第十九回）

其中带着重号的部分都可以用"V+到+O+N$_L$"这样一个公式来表示。

"V+到+O+N$_L$"是一种很有特色的句式，在今天山东口语中仍不时可以听到。经初步考察，这一句式至少有以下这些特点：

（一）V多系表示位移义的单音节动词，如"送、移、抬、扶、带、娶、迎、寻"等。

（二）"到"表示位移的结果或终止，即表示人或物随动作（V）到达[某地]。它一般读成[tau]或[tə]，轻声。"到"与其看成介词，毋宁看成趋向动词更合理（详第四部分）；"V+到"应视为动补结构。

（三）O是V的受事宾语，一般由人称代词充当，有时也可以是表示人的简短的名词性词语，如例（10）的"月娘"、（11）的"仇人"、（12）的"云娘"、（15）的"您大叔"等。在说话中，O也多是轻轻带过。

（四）N$_L$是"V+到"的处所宾语，多由方位词语或处所名词充当。N$_L$表示的是人或物随动作到达的地点，它往往是这一格式语义表达的重点，也是整个句式的重音所在。

通常情况下，这类句子往往采用"V+O+到+N$_L$"的表达方式。如例（2）可说成"扶他到客位坐下"，例（4）可说成"送我到中房里"，例（5）可说成"迎他到亭子根前"。而例（14）"送到我黄郊路"，在蒲氏据《富贵神仙》扩写而成的《磨难曲》第十八回中，便改成了"送我到黄郊路"。这类句子也可采用重复动词的方法构成"V+O+V+到+N$_L$"形式的连动句，如例（4）（5）两句可分别说成"送我送到中房里""迎他迎到亭子根前"。① 如果动词或整个句子有处置意义，这类句子也可采用"把"字句式说成"把+O+V+到+N$_L$"，如"把他扶到客位""把我送到中房里"（但不说"把他迎到亭子根前"）。"V+O+到+N$_L$""V+O+V+到+N$_L$"和"把+O+V+到+N$_L$"是通语中常见的句式，而"V+到+O+N$_L$"则是近代山东方言中特有的句式。如果把"V+到+O+N$_L$"变换成"V+O+到+N$_L$"等三种句式，虽然句子的基本意思未变，但却失

---

① 不过在我们接触到的反映近代山东方言的文献资料中，几乎没有发现"V+O+V+到+N$_L$"句式的实际用例，这一情况说明这一句式在山东方言中使用开来当是比较晚近的事情。

4

去了山东方言的特色,而且原句中所要强调的 N_L 即处所意义也被淡化了。

值得注意的是,这类句子中的 O 有时很容易被误认为是后边 N_L 或 N_L 中某一部分的定语,从而把整个句子看成通语中的"V+到+N_L"这样一种常见格式。那么怎样分辨它们呢?主要依靠上下文文意。如例(1),这是陈经济对潘金莲说的一番话,不考虑上下文,似乎把"你"看成"家"的定语顺理成章,这样一来,"娶到你家"即"娶到你的家里",也就是娶到潘金莲的家里。但既言"娶",一般总是女到男门,而不会相反;退一步讲,就算是"倒踏门",由于这时潘金莲奸情事发而被吴月娘逐出家门待卖,她已无家可归,当然也就无家可"娶"。因此,"你"绝不会是"家"的定语。原来据文意,此处"家"应指说话人"我"即陈经济家,"娶到你家"实际上是说"娶你到[我]家"或"把你娶到[我]家",即把潘金莲娶到陈经济家。再如例(3),"他井池边"也不是"他的(即某人的)井池边"的意思,此处"他"现在写作"它",是指代前边"这株朽坏的花木"的,"移到他井池边",即是说"移他(它)到井池边"或"把他(它)移到井池边"。

除了依靠文意,提问也是一种有效的区分方法。如例(4)"送到我中房里",既可以就"我"提问成"送到谁中房里",也可以就"中房里"提问成"送到我(或你)哪里":说明"我"和"中房里"是两个虽然相邻却没有直接结构关系的宾语——一个是 V 的受事宾语,一个是"V+到"的处所宾语,从而也就排除了"我"是"中房里"或"中房"的定语的可能性。特别值得注意的是,例(8)"寻到我这里"中的"我这里",似乎跟"到我这里走一趟"或"从我这里借走一本书"中的"我这里"没有什么区别,实际仍不一样。这也可以从提问形式中得到验证。前者也是有两种提问形式:如果就"我"提问,则说"寻到谁这里";如果就"这里"提问,则说"寻到我(或你)哪里"。此足以说明"我"和"这里"是两个互不相干的宾语。后者则只有一种提问形式:"到哪里走一趟"或"从哪里借走一本书",说明此处"我这里"是一个密不可分的语言片断,用作同一句法成分——介词的宾语。①

二

"V+到+O+N_L"这种句式还有几种变式。

一是"V+在+O+N_L"。例如:

---

① "到我这里走一趟"或"从我这里借走一本书",当然也可以提问成"到谁那里走一趟"或"从谁那里借走一本书",不过这种提问形式中的"谁那里"还是就"我这里"来发问的,所以"我这里"仍应看成一个密不可分的结构体。

5

(16) 挑唆你相大哥送在我软监里，监起我两三个月。（《醒世姻缘传》第八十五回）

(17) [秦桧]先见了韩世忠都统，说是金人监在他营里。（《续金瓶梅》第五十八回）

(18) 他姑娘贪利，卖在他院中。（《聊斋俚曲集·增补幸云曲》第十回）

(19) [王龙]遂合大姐计议定，诓在他没人处，就干起那"张飞掏鹁鸽"的那事情来。（又第二十三回）

(20) 我也要把手脚儿绑紧，丢在他那驴槽，止不理，凭他怎么告饶！剩了一口油气，才放他开交。（《聊斋俚曲集·磨难曲》第十九回）

二是"V+了+O+N_L"。例如：

(21) 闻得你好心，葬埋了他永福寺，我也到那里烧纸来。（《金瓶梅词话》第九十七回）

(22) 这深更半夜的，你关了他外头是怎么说？（《醒世姻缘传》第四十五回）

(23) 这天已经三更了，我害困，你急赶到屋里，打不了个盹就天明了。起来，我送了你屋里去。（又第四十九回）

(24) 我住的这点去处子连足也掉不过来，这张老婆子影不离灯的一般，又不是外头宽快去处，支了他那里去？（又第四十三回）

(25) 你却又卖了我守备府里来，将我剥衣痛打。（《续金瓶梅》第四十三回）

(26) 这不闪了我露地里了么！（《聊斋俚曲集·禳妒咒》第三十一回）

在上述格式里，"在""了"跟"到"实为同一个词的不同变体。"在"和"到"无论是在北京方言还是在山东方言里，口语里都说成[tə·]，这几乎是汉语语言学的常识，无须赘述。也就是说，"V+到/在+O+N_L"中的"到/在"语音形式完全相同，仅是书写形式不同罢了。至于"V+了+O+N_L"中的"了"为什么也是"到"的变体，倒是有必要多说几句。"了"和"到"因为都是以[ə]为尾音的轻读音节，在口语中极易混二为一。我们发现，不仅"V+到+O+N_L"格式中的"到"可以说成并记作"了"，"V+到+N_L"格式中的"到"也可以说成并记作"了"。例如：

(27) 我这里整治停当，教小厮抬了他府上。（《金瓶梅词话》第六十一回）

(28) 若再犯了我手里，都活监死。（《金瓶梅》第三十五回）

(29) 晁大舍回了家中，对珍哥说道……（《醒世姻缘传》第六回）

(30) 不得把天下给了儿，便把天下给了女，总是席上掉了炕上，差也差不多儿。(贾凫西《历代史略鼓词·正传》)

(31) 他自己胆虚，唬的躲了寺里。(《续金瓶梅》第四十八回)

(32) 这湘烟在家，悄悄叫李师师家人来，把他开的布店内青白布五六百筒……连夜俱抬了李师师家来。(《隔帘花影》第二十五回)

(33) 阎罗见他不怕打，说："给我拉了屋里去！"(《聊斋俚曲集·翻魇殃》第四回)

(34) 不知倪文登跑了那里去了。(《曲阜孔府档案史料选编》第三编第十八册)

以上这些个带着重号的"了"都用同"到"，其中例(32)中的"了"字，在据以改写成《隔帘花影》的底本《续金瓶梅》第三十六回中，便是本写作"到"字的。

同样，我们也发现本该为"了"而记作"到"字的情形。例如：

(35) 这四锭金子拿到与孩子耍了耍，就不见了一锭。(《金瓶梅词话》第四十三回)

(36) 因等到黄昏，挨到三更，换到黑衣裳，趸到河边。(《隔帘花影》第十三回)

另据《金瓶梅词话》第二十一回："你教小厮把饼拿到前边，我和他两个吃罢。"该回校记云："'拿到'原作'拿了'，从崇本改。"今按《金瓶梅词话》原作"拿了"，此正反映了山东方言的实际读音，无须校改。但从这里可以看出，不管是过去崇祯本《金瓶梅》的改者，还是今天《金瓶梅词话》的校者，他们都知道此处"了"实应作"到"，尽管他们并不十分清楚这两个字音近相通的道理和规律。

实际上，在今天山东某些地区，动词之后的"到/在"和"了"读音几乎完全一样。例如，在博山话中，这三个字都说成[tə·]。①

因此，说"V+了+O+N$_L$"是"V+到+O+N$_L$"的变体，当是确定无疑的。

"V+到+O+N$_L$"还有第三种变体，即其中"到/在"或"了"不出现，V后直接跟"O+N$_L$"。为便于对照，我们不妨把这种格式记作"V [+   ] +O+N$_L$"。请看例句：

(37) 我将这玉梳呵，分两下有因由，则怕你撇 [   ] 咱脑后，似破镜和

---

① 钱曾怡、刘聿鑫：《博山方言语法举要》，载山东省语言学会编印《语言学通讯》1987年第10期。

妆楼。(《元曲选·对玉梳》(贾仲明著),楔子)

(38) 西门庆送[ ]他二门首,……那白来创告辞去了。(《金瓶梅词话》第三十五回)

(39) 我明日买了对过乔家房,收拾三间房子与你住,搬[ ]你那里去,咱两个自在顽耍。(《金瓶梅》第二十六回)

(40) 这天色渐渐晚了,你又不肯送[ ]我尼姑庵去。(《醒世姻缘传》第八十六回)

(41) 不消再指望他出去,我送[ ]他监里头去了。(又第六十回)

(42) 只怕是个骚子,辑事的不该拿[ ]他厂卫里去么?(又第七十七回)

(43) 路上遭兵劫掠,要拿[ ]我们营中,我誓死不从。(《醉醒石》第五回)

(44) 大骂贼砍脖,大骂贼砍脖,送[ ]我监中三年多。(《聊斋俚曲集·富贵神仙》第四回)

(45) 我可就掘他妈不辨官民,他气急就送[ ]我牢里监禁。(《聊斋俚曲集·磨难曲》第十三回;掘,骂也)

以上各例的方括号处,都不妨看成脱落了一个"到/在"或"了"字。这在理论上不成问题,因为"到/在"和"了"都系轻声,发音含混,在口语中极易造成脱落现象。在今天的语言实际中也不难找到例证,如笔者居住地济宁话中用在动词之后、跟"到/在"或"了"相当的[lɔ·](可记作"唠")就往往脱落,脱落后所留下的语音空位则用延长动词尾音的方式来填补。

三

跟"V+到+O+N$_L$"句式相平行的,近代山东方言中同时存在着"V+到+O+N$_T$"句式,即"V+到"不带处所宾语,而带时间宾语。例如:

(46) 空教我拨着双火同儿顿着罐子,等到你深更半夜。(《金瓶梅词话》第三十三回》)

(47) [张炳之]守到他三更以后,才听那床上哇哼。(《聊斋俚曲集·慈悲曲》第三十三段)

(48) 任拘你势力多么大,我拼上一死不怕天;……还要骂到你明年明年又明年。(《聊斋俚曲集·富贵神仙》第七回)

(49) 人是苦虫,不打不成。我怜到你几时?(又第十回)

"V+到+O+N$_T$"句式中,V多系具有动作延续意义的单音节动词,如

"等、守、骂"等;"到"表示动作延续的终止;N_T表示动作终止时所到达的时间,它是这一格式语义的重点,一般要重读。与"V+到+O+N_L"句式相同,O也是V的受事宾语,一般由人称代词或简短名词充当,轻读。

跟"V+到+O+N_L"句式相比,"V+到+O+N_T"句式使用频率要低一些。而且后者以用于唱词曲文中为常。

我们可以把"V+到+O+N_L"和"V+到+O+N_T"两种句式统一记作"V+到+O+$N_{L/T}$"。

四

现在谈一下"到/在"与"了"的词性问题。

按照传统习惯,人们往往把位于动词和时间或处所词语之间的"到/在"看成介词。尽管其中有些现象(如"到/在"之后有时带动态助词"了")很难用这一观点解释清楚,但人们还是不愿意放弃它,直到前不久,还有人撰文申述这一看法。方言中"V+到+O+$N_{L/T}$"格式的客观存在及其被揭示、被认识,又为介词说提出了一道新的无法解释的难题:介词总是应该跟它的宾语紧紧相连的,而现在却被动词的宾语(O)生生隔开!汉语也好,英语、俄语或别的什么语言也好,似乎还没有见到过介词有这样一种奇怪的用法。如果放弃介词说,把这里的"到"看成趋向动词,这个难题也就不复存在了。何况,方言中"V+到+O+N_L"的否定形式还可说成"V+不+到+O+N_L"。例如:

(50) 恒属人挟不到我井里头!(《金瓶梅词话》第二十九回;恒属,即横竖、反正)

这更是介词说难以解释和说明的了,但却符合趋向动词的使用规律和造句特点。

我们还注意到,近代山东方言中还有一种跟"V+到+O+N_L"结构完全平行的"V+趋+O+N_L[+趋]"句式。例如:

(51) 乔大户出来拜见,谢了礼。他娘子让进众人房中去宽衣服,就放桌儿摆茶。(《金瓶梅词话》第四十一回)

(52) 嗔道前日我不在,他叫进你房里吃饭,原来你和他七个八个。(又第八十二回;"你"指陈经济,"房里"则是说"他"即孟玉楼的房里)

(53) 唐氏听见了,慌忙开门出来,接进晁源房去。(《醒世姻缘传》第十九回)

(54) 这丫头这们可恶!后晌叫出他外头来睡。(又第四十五回)

(55) 你还没娶过我门来,俺兄弟就送了你儿的个秀才。(又第五十六回)

(56) 全要打破纸窗看世界，亏了那位神灵提出俺火坑。（贾凫西《太师挚适齐全章》鼓词）

(57) 亏了张炳之见他没来，着一个小厮牵着驴去迎他，扶上他那驴去，才来了。（《聊斋俚曲集·慈悲曲》第三段）

(58) 他哥送过他岭来，就回去了。（又第四段）

(59) 他就恼了，一顿鞭子就打下我楼来了。（《聊斋俚曲集·增补幸云曲》第十三回）

其中"进""出""过""上""下"等的趋向动词资格是毋庸置疑的。既然如此，与之恰相对应的"到"字为什么不能同样看成趋向动词呢？

我们注意到，吕叔湘先生主编的《现代汉语八百词》一反旧的传统习惯，把位于动词和处所词语之间的"到"看成趋向动词，这是很有见地的明智而妥善的处理办法。

【引例书目】

《元曲选》，中华书局1958年版。

《金瓶梅词话》，人民文学出版社1985年版。

《金瓶梅》（张批本），齐鲁书社1987年版。

《醒世姻缘传》，上海古籍出版社1981年版。

《醉醒石》，上海古籍出版社1985年版。

《贾凫西木皮词校注》，齐鲁书社1982年版。

《续金瓶梅》，见《金瓶梅续书三种》，齐鲁书社1988年版。

《隔帘花影》，见《金瓶梅续书三种》，齐鲁书社1988年版。

《聊斋俚曲集》，见《蒲松龄集》，上海古籍出版社1986年版。

《曲阜孔府档案史料选编》，齐鲁书社。

（载《中国语言学报》第7期，语文出版社1995年版）

语法句式溯源二题

一、山东方言比较句式溯源简说

罗福腾同志在《山东方言比较句的类型及其分布》（载《中国语文》1992年第3期）中，讨论了比较句式"N_1+A+起/的+N_2"在现代山东方言中的分布情形，资料丰富，论述颇为详尽，本文拟在溯源方面作些补充。

笔者详细调查了上至元代、下至清朝康熙末年的近20位山东籍作家（或不一定为山东籍作家但其语言具有山东方言特征）的500余万字的文献资料，发现只有贾凫西的鼓词、西周生的《醒世姻缘传》（以下简称《醒》）和蒲松龄的俚曲使用了"N_1+A+起/的/给+N_2"这一句式。具体情况如下表：

作者	籍贯	作品名称	作品字数	出现次数	出现频率	介词形式
贾凫西	曲阜	鼓词	5万	2次	2.5万字出现1次	其、给
西周生	？	《醒》	90万	10次	9万字出现1次	起、的
蒲松龄	淄川	俚曲	60万	18次	3.3万字出现1次	起、其、的、给、及

为便于说明问题，不妨摘引若干例句。

贾凫西鼓词例：

(1) 从今后你两个才算真避世，不强其抗犁拉耙扎觅汉？（《齐景公待孔子五章》之四）

(2) 人都说他已落了个万世骂名，还利害给遭刑正法。（《历代史略鼓词》引子）

西周生《醒》书例：

(3) 这是姐姐的喜事，还有甚么大起这个的哩！（第五十九回）

(4) 我长起狄大哥好几岁，我还是大伯人家哩。（第八十九回）

(5) 怎么！俺周大叔倒利害起骆驼合驴子了！（第七十二回）

(6) 我的儿也不赖的他。（第五十三回）

蒲松龄俚曲例：

(7) 怎么说王龙家小厮强起我？（《增补幸云曲》第十四回）

(8) 只说窟窿天那大，还有大其天的大窟窿。（《穷汉词》）

(9) 就怪些也罢，如今怪强的后日怪。（《翻魇殃》第六回）

(10) 埋怨老天不凑趣，一日长给十来日。（《琴瑟乐》）

(11) 他的达强及俺达，他的达俊及俺达，他达就比俺达大。（《墙头记》第一回）

由上至少可以得出如下几点认识：

(一) 在近代山东方言中，这类差比句式不限于罗文举到的"N_1+A+起（其）$+N_2$"和"N_1+A+的$+N_2$"两种类型，还有第三种类型，即"N_1+A+给（及）$+N_2$"。也就是说，引进比较对象N_2的介词，可以是"起（其）"或"的"，也可以是"给（及）"。"给"与"及"都读 [tɕi·]，同"起（其）"[tɕ'i·] 和"的"[ti·] 一样，都是以 [i] 收尾的轻读音节。实际上，"起（其）""的"和"给（及）"可视作同一轻读音节的不同语音变体或书写形式。

(二) 贾凫西为明末清初人，一般认为，其鼓词创作于明清易鼎之后的顺治初年。① 又据近期多数学者考证，《醒》成书于顺治末年。② 而蒲松龄的俚曲大多作于他的晚年，即康熙朝的中后期。据此我们认为，山东方言中的这类差比句式，至迟在清朝初年已相当流行，目前所能见到的记载这类句式的最早文献，应是产生于顺治年间的贾凫西的鼓词和西周生的《醒》书，它们比蒲松龄的俚曲大约要早半个世纪。

此外，罗文将"N_1+A+起/的$+N_2$"与产生与上古汉语的比较句式"N_1+A+于$+N_2$"进行比较，认为山东方言中的"起/的"相当于古汉语介词"于"，

---

① 刘阶平：《木皮词的作者考补录》，载《东方》第 31 卷，第 23 号。

② 徐复岭：《〈醒世姻缘传〉成书于顺治年间》，载《济宁师专学报》1990 年第 3 期，中国人民大学书报资料中心《中国古代、近代文学研究》1991 年第 1 期转载；徐复岭：《〈醒世姻缘传〉成书于顺治年间补证》，载《济宁师专学报》1991 年第 1 期；田璞：《也谈〈醒世姻缘传〉的成书年代》，载《殷都学刊》1986 年第 2 期，《中国古代、近代文学研究》同年第 7 期转载；张清吉《〈醒世姻缘传〉新考》，中州古籍出版社 1991 年版。

这是无可厚非的，但如果据此认为山东方言中的这一句式就是来源于"N_1+A+于+N_2"，则未免显得勉强，证据不足。我们认为，宋代以后词曲小说等通俗作品中大量使用的"N_1+A+似+N_2"句式才是山东方言中"N_1+A+起/的+N_2"句式的直接源头。例如：

（12）东风寒似夜来些。(贺铸《浣溪沙》词)

（13）逆旅主人相问，今回老似前回。(刘克庄《风入松》词)

（14）赵正手高似我。(《古今小说·宋四公大闹禁魂张》)

（15）我想这做屠户的，虽是个杀生害命，还强似俺做吏人的瞒心昧己，欺天害人也。(《元曲选·铁拐李》第三折)

（16）小姐，如今无大似你的人，你同玄德公拜了天地，然后与众将参见。(《元曲选·隔江斗志》第二折)

（17）石秀的武艺不低似孙立。(《水浒传》第五十回)

（18）竹林道："我每撞的事，比你的还希奇哩！"直生道："难道还有奇似我的？"(凌濛初《二刻拍案惊奇》卷十三)

（19）做这美人的教习，不强似做那义子的帮闲么？(孔尚任《桃花扇》第二出)

"起/的"等与"似"韵母十分接近，在这一句式中又都是轻读音节，因此在方言口语中是极易借用的。

(载《中国语文》1995年第2期)

二、"X 什么 X"句式溯源补说

崔山佳先生在《〈醒世姻缘传〉中已有"X 什么 X"句式》（载《汉语学习》1995 年第 3 期）中指出，"X 什么 X"句式早在明末清初就已产主，崔文列举了《醒》中"是什么是"（第十五回）和"看甚么看"（第七十二回）两处例证。对此，笔者想据个人所见，略作几点补充说明。

首先，《醒》中出现的"X 什么 X"句式，不止崔文所举到的两例；其中 X 也并不限于动词，还可以是形容词，而后者是崔文所未注意到的。例如：

(1) 陈柳说："我怎么昧心？我只问声狄大叔……"李九强说："疢杭杭子的腔！罢，你问甚么问！"（第四十八回）

(2) 惠希仁合单完齐道："混活！甚底根菜壶酒，合你做朋友哩！拿出锁来，先把这刘芳名锁起来，合他顽甚么顽！"（第八十回）

(3) 吕祥道："老爷且别打，迟了甚么来！"驿丞道："快些打了罢！我性子急，慢甚么慢！"（第八十八回）

这充分说明"X 什么 X"句式在明末清初的汉语口语中已相当成熟和完整（至少在山东方言中是如此），跟今天使用的情况已没有什么不同。唯其如此，《醒》的作者才能信手拈来，运用自如。

不仅如此，这时还出现了一种与"X 什么 X"几乎相同的"X 那（哪）里 X"句式。例如东鲁古狂生的《醉醒石》第五回：

(4) 有一人道："去罢！"来催瑞贞。瑞贞道："去那里去？"

"X 什么/那里 X"可看作特殊形式的反问句，表示否定或禁止。采用这一句式，更能突出说话人的不耐烦情绪。

其次，认为"X 什么 X"句式是港台话"北上"的结果，这自然是无稽之谈。值得注意的是，另有一种"南下"的观点，认为这一句式来源于满语，是汉语"模仿"满语句法的结果。（见余志鸿、易洪川《理论和方法的考虑："现代汉语"教材的探索》，载《语文建设》1989 年第 1 期）笔者对满语一窍不通，满语中有无此种句式笔者也无从知道。但即使满语中存有这一句法现象，在没有找到别的可靠证据之前，也还不能贸然得出这一句式源于满语的结论。因为甲乙两种语言存有相似乃至相同的语法形式实在是一种常见的情形，我们总不能都认为甲（或乙）语言的某一句式一定是模仿乙（或甲）语言的结果，除非有充分的可靠的证据。根据包括笔者在内的多数人的考证，《醒》创作于明清交替之际，成书于清初顺治年间，且是山东人用地道的山东方言写成的。从该书的创作年代到其语言本身，都看不出满语对它有什么影响。《醒》中出现的"X什么X"句式（还有《醉醒石》中的"X那里X"句式）应是近代汉语和近代山东方言中的固有成分，现代汉语中的这一语法格式正是近代汉语包括近代山东方言中这一语法格式的继承和发展，它是正宗的"大陆牌国货"，而不能轻易地说成是借自满语或别的什么语言。

（载《汉语学习》1995年第5期）

【补记】

此后有些讨论"X什么X"句式的文章，都认为崔文和我的这篇《补说》小文，最先提出"X什么X"句式最早见于《醒世姻缘传》，其实这是不完全符合事实的。实际情形是，1993年我就在拙文《〈醒世姻缘传〉中的特殊语法现象》（收入齐鲁书社出版的《〈醒世姻缘传〉作者和语言考论》）中已设专节"反问句式'V什么V'"初步提出并讨论了这一问题。

（2016年4月18日记）

《老乞大》《朴通事》中存在"有+VP"句吗？
——普通话中"有+VP"句成因的一点异议

"有+VP"一类句式近些年颇受语法学界的关注，多数论者认为这类句式已经进入或正在进入普通话中，并形成新的语法变异。关于这一变异形式的成因，有各种不同的说法，其中王森等人认为，普通话中这一新兴的句式"与近代汉语北方话中同类格式的遗留……有关"，近代汉语为普通话中这一句式的形成"提供了社会历史依据"。[①] 王森等所谓"近代汉语北方话中同类格式的遗留"，唯一的根据是孙锡信《〈老乞大〉〈朴通事〉中的一些语法现象》一文。[②] 孙文中举例论证了《老乞大》（以下简称《老》）、《朴通事》（以下简称《朴》）二书存在"有""用于动词前，表示动作行为的确切性或可验证性"的"语法现象"，王森等认为普通话中的新型句式"有+VP"，是《老》《朴》二书中这类"语法现象"的"遗留"与发展。

现在的问题是，孙文的论点和例证到底靠不靠得住。如果孙文的论点和例证靠不住的话，王森等人立论所赖以存在的基础也就彻底崩塌了。

为了验证孙文的论点，我们不妨先将它所举的例证全部照列于下：

(1) 你那里有来？这两日不见。你来怎么这般黄瘦？（《朴》，81）
(2) 黑夜道场里你有来么？我有来。（《朴》，343）
(3) 我有认色了，不拣几时要换。（《老》，143）
(4) 小人岂敢有违。（《朴》，170）
(5) 想念之心，无日有忘。（《朴》，281）
(6) 你高官里转除的有愁甚么？（《朴》，230）

关于例(1)，杨联陞认为"有"表示"在"，"来"相当于"来着"，"你

[①] 王森、王毅、姜丽《"有没有/有/没有+VP"句》一文的"提要"和第3部分，载《中国语文》2006年第1期。

[②] 胡竹安等编：《近代汉语研究》，商务印书馆1992年版。以下所引孙文语均出于此。

那里有来"意为"你在哪儿来着"。① 孙文虽也注意到了杨的这一解释，但并不认同，而给出了另外一种解释，即"'你那里有来'意为'你那里来的'，这个'来'与后文'你来怎么这般黄瘦'的'来'同属动词，不作助词'来着'看待。……按照这种解释，'有+动词'相当于'动词+了'或'动词+的'"。

笔者认为杨释正确而孙释不妥。首先，"有"表示"在"于近代汉语中多见，即使在《老》《朴》二书中也不乏这方面的用例。请看：

"你那里有来？""今日是圣节日，我在官里前面，百官礼毕后，看捽挍来。"（《朴》，p333；"捽"疑当为"摔"）②

二人到那门首敲门道："编修相公有么？"小厮道："我相公不在家。""高丽来的秀才有么？""书房里坐的看文书裡。"（又，p339；裡=哩）

三处问话中的"有"均用同"在"，其中问话"那里有来"与答话"在官里前面"、问话"有么"与答话"不在家"，"有"与"在"分别前后照应，二者同义愈加彰显。既然这里的"你那里有来？"等句中的"有"即"在"，孙文所举首例"你那里有来？"（还有例（2））也应同样看待。其次，孙文该例断句有误。"你来怎么这般黄瘦"费解，"你来"应从上，即该例应标点为："你那里有来？这两日不见你来，怎么这般黄瘦？"用普通话说就是："你在哪里来着？这两天看不见你了，怎么这样又黄又瘦？"其中"有"用同"在"，"来"相当于助词"来着"或"了"。③ 孙文的一系列误释很可能就是由错误的断句所生发出来的。

至于例（2），"有来"更不可能如孙文所说，解作"动词+了"或"动词+的"即"来了"或"来的"，因为谈话时道场已经做完，说话人这时都不在做道场的地方，在这种情况下通常是不能用动词"来"而必须用动词"去"的。故该例正确的理解只能是：[问]"黑夜道场里你在那儿了（或来着）吗？"[答]"我在那儿了（或来着）。""有"仍用同"在"，"来"仍为助词"了"或"来着"。

例（3），为便于理解文意，我们将有关的上文补引出来并注明说话人：

---

① 杨联陞：《老乞大朴通事中的语法词汇》（1957），载台湾"中央研究院"《历史语言研究所集刊》第29本（《庆祝赵元任先生六十五岁论文集》上册）。

② 本文所引《老乞大》《朴通事》例均据刘坚、蒋绍愚主编《近代汉语语法资料汇编》（元代明代卷），商务印书馆1995年版。其中所加页码即为该例所在的《汇编》的页数，例中引号、着重号均为笔者所加。下同。

③ 紧接该例的下文还有两处"来"，也都是用作助词的："'我这几日害痢疾，不曾上马。''咳，我不曾知道来，早知道时，探望去好来。你休怪。'"

［牙家］你卖主自家看，里头没有一锭儿低的。［卖主］这银子虽是看了，真假我不识。你记认着，久后使不得时，我则问牙家换。［牙家］我有认色了，不拣几时要换。（《老》，p279；"要"字疑有讹误）

　　"我有认色了"，孙文解作"我认了色了"（"色"指银子的成色），即"有+动词（'认'）"相当于"动词（'认'）+了"。但这种解释跟上下文对接不起来，于文意不通。原来"认色"是个近代汉语词语，意思是可辨认的容色（指容貌）或成色（指银子），属偏正式的名词性词语，而非动宾式的动词性词语。如《古今小说·沈小官一鸟害七命》："你两个今夜将我的头割了，埋在西湖水边。过了数日，待没了认色，却将去本府告赏。"① "没了认色"即没有了可以辨认的容色。同样，《老》中"有认色"即有了可以辨认成色的银子，而不是什么"认了色"。"我有认色了，不拣几时要换。"意即"我有了可以辨认成色的银子了，不管什么时候都可以来换。"（这当然是牙家的推脱之辞）这样与上文也可以对接起来了。其中"有"表示领有、具有，"有认色"属"动+名（'认色'）"式的动宾结构。

　　例（4）（5）中的"有违""有忘"，实际上已经词汇化或半词汇化。这类由"有"打头的词语，古今汉语中并不鲜见。即以近代汉语而言，就有"有惊""有烦""有累"等②，保留在普通话中的则有"有劳""有请"等。胡竹安将这里的"有"视作"多含敬意"的"动词前缀"，《汉语大词典》视为"表示客气"的"动词词头"。③ 总之，此处"有"是构词元素，而非造句单位。

　　末例"有愁"不为词，"有"应断上。即该例应标点为："你高官里转除的有，愁甚么？"《近代汉语语法资料汇编》（元代明代卷）即作如此标点。这句意思是说："你转任升迁的机会是有的（即存在着），不用发愁。""有"仍表示存在的意思。这种表示存在的"有"位于句末的情形，在《老》《朴》中并不鲜见。又如：

　　"店在那里？""那西头有。"（《老》，p276）

　　综上观之，孙文所举六例中，"有"表示领有的一例，表示存在的三例，充当语素的两例，却没有一例是所谓"用于动词前，表示动作行为的确切性或可验证性"，即"有+动词"相当于"动词+了"或"动词+的"的。换言之，这些句子没有一个是真正的"有+VP"句。

---

① 此例转引自《汉语大词典》第11卷第252页，汉语大词典出版社1993年版。
② 胡竹安《水浒词典》第515页，汉语大词典出版社1989年版。下引胡氏语亦出于此。
③ 《汉语大词典》第6卷第1141页，汉语大词典出版社1990年版。

迄今为止，我们还没有发现在除《老》《朴》之外的其他近代汉语文献中存在"有+VP"句式的报道。王森等也没有向我们提供除此之外的近代汉语中存有这类句式的其他证据。如此看来，王森等所谓"有+VP"句乃"近代汉语北方话中同类格式的遗留"以及近代汉语为普通话中这类句式的形成"提供了社会历史依据"云云，也就站不住脚了。

退一步讲，在这种缺乏别的旁证材料的情况下，就算孙文的立论和例证没有问题，我们也还不能就贸然得出近代汉语存在"有+VP"句的结论来。道理很简单，恰如孙文所说，这是"由于此二书系朝鲜人所写，能否完全、准确地反映当时实际的汉语，似还存在一些疑问。"王森等把能否完全准确反映当时实际汉语面貌尚有"疑问"的语法现象拿来作为自己立论的根据，未免有失审慎。

中国现代语言学的奠基人和开拓者赵元任先生，曾谆谆教诲他的学生、后来也成为著名语言学家的王力先生，语言现象、语法规律"言有易，言无难"。现在看来，语言现象、语法规律岂止"言无难"，"言有"也绝不是那么容易、可以掉以轻心的啊！

（载《汉字文化》2010年第2期）

《醒世姻缘传》中某些特殊语法现象

《醒世姻缘传》（以下简称《醒》）"造句涉俚，用字多鄙，唯用东方土音从事"（该书《凡例》语），是研究17世纪汉语尤其是山东方言的不可多得的宝贵文献。本文不打算对该书的语言现象进行全面的描述，只是摘取若干比较特殊的语法现象加以描写。这些语法现象多是当时或稍前、稍后的其他文献资料尤其是非山东籍作家的作品中不曾出现或较少出现的，因而体现了明清之际山东方言语法的特色。由于语言的发展变化，这些语法现象在今天山东方言中有些已经不复存在，但可能存在于其他方言中。本文以对语法现象的静态描写为主，一般不作横的和纵的方面的比较，即一般不与同时期其他文献资料和今天山东方言现状进行比较。

本文所引《醒》书例句，除个别加注者外，均据上海古籍出版社1985年第2次排印本，括号内的数字分别表示所引例句所在的回数和页数。

一、构词与构形

（一）重叠式动词VV

一般单音节动词可以重叠，构成VV的形式，表示动作短暂或做一做就停止，但《醒》中有些VV式并不具有这一语法意义，或者这一意义并不明显。因此，与其说它们是动词的重叠形式，毋宁说它们是重叠形式的动词更合适，即这里的VV不属于构形，而属于构词，是构成动词的一种特殊方式。例如：

你两个可也能，那里钻钻的这门物儿来孝顺我哩？（5—73）｜你快自己拿出主意，不然，这官司柳柳下去了！（10—143；柳柳，溜、滑的意思）｜二官儿，你撒了手，咱户里还有几个人哩，窝子里反反！（22—323）｜狄希陈也到屋里，突突摸摸的在他娘跟前转转。（40—591）｜[狄希陈]吃了两个火烧，一碗水饭，摸摸了造子出去了。（44—652）｜要经了官，孩子们经的甚么刑法！没等的套上拶子，下头就拉拉尿，口里就招不迭的哩！（72—1027）｜孩子死了，又没得点东西，旁里再有人挑挑，说甚么他不告状？（81—1156）｜咱这一来，眼看就磨磨了七个月，回去就快着走也得四五个月，就把一年日子磨磨了。（96—1366）｜混混了两日，打发了这伙婆娘回了家。（100—1422）

这一类VV式动词，多具有同一动作反复不停或持续不断这样一种意义。

这种重叠式有时也可以是形容词。我们只发现了一例：

身上还温温，待我治他一治。（7—95）

VV后边还可以加助词"了"，表示动作实现，或加助词"着"，表示动作进行或状态持续。这也是它与动词重叠形式的区别之一。加"了"的例子，如上举第44回、96回、100回各句中的"摸摸了""磨磨了""混混了"。下边是加"着"的例子：

[小珍哥]拖拉着一条旧月白罗裙，拉拉着两只旧鞋。（9—131）｜七奶奶插插着说……（21—314）｜薛如兼光着个头，站站着往前……出来见他丈母。（44—641）｜相大妗子问狄希陈道："你媳妇儿怎么不来接我？嗔我打他么？着人叫他去！"狄周媳妇连忙答应，说是害身上疼，还没起来哩。相大妗子混混着也就罢了。（60—865）

（二）"V拉"式动词与后缀"拉"

单音节动词V加后缀"拉"，构成"V拉"式动词。《醒》中出现这类动词有十五六个之多，诸如：拨拉、骑拉、劈拉、夹拉、摧拉、搭拉、挂（寡/聒）拉、铺拉、撒拉、睃拉、看拉、偏（谝）拉、白拉等。动词"V拉"的意义仍是V，但更加口语化；后缀"拉"只是双音节化的手段，并不增加新的词汇意义。底下举几个例句：

那邪皮子货，就住到四不居邻的去处，他望着块石头也骑拉骑拉。（19—276）｜一像那班里几个老婆，他没有一个不挂拉上的。（43—535）｜我见那姓龙的撒拉着半片鞋，歪拉着两只蹄躞，倒是没后跟的哩！（48—701）｜情管在酒席上偏拉，叫老公知道，要的去了。（70—1001）｜那管门的其实是铺拉自家，可替咱说话？（71—1008）｜你呀，我同着你大舅不好白拉你的。（85—1207）

后缀"拉"偶尔也写作"辣"：

仆妇养娘，无论白的、黑的、俊的、丑的、小脚的、歪辣的，都插入挣妍取怜，向上逢迎小阿妈。（1—11；歪辣，即摧拉，形容脚不正）｜[龙氏]把薛如下、薛如兼拆辣的一溜烟飞跑。（89—1269；拆辣，即雌拉，斥责、羞辱也）

（三）"V答"式动词与后缀"答"

某些单音节动词V加后缀"答"，构成"V答"式合成动词。"答"亦写

21

作"搭、打、达、挞、嗒"等，是典型的动词后缀。动词"V答"的意义仍等于V，只是更口语化；后缀"答"是双音节化的手段，不增加新的词汇意义。例如：

谁家一个没折至的新媳妇就开口骂人，雌答女婿？（44—651）｜塌了天，也还有四个金刚抗着哩，那里唬答的这们等的！（98—1401）｜实合你说，如今我还多着李成名媳妇，李成名媳妇还多着我，再要挂搭上他，可说有了存孝，不显彦章。（19—278）｜你到南京，再买上好玉簪、玉结、玉扣、软翠花、羊皮金，添搭在小礼里头，叫那奶奶们喜欢。（84—1193）｜我可有甚么拘魂招将的方法，拿了这伙子人来叫我剁搭一顿，出出我这口气！（86—1223）｜素姐在家住了数日，薛教授话也不合他说句，冷脸墩打着他。（48—706）｜你不进屋里去，在这天井里跳挞甚么？（45—654）｜魏三封在门前跳达着，无般不识样的毒骂。（72—1026）｜[龙氏]嚎天震地的哭了一阵，噙着泪缩嗒着向着薛如下、薛如兼道……（60—863）

下例中的"有搭"相当于"有得"，与上述各例情形不完全相同：

家中有搭半亩大的空园，秀才自己轮钯挃锹，种菜灌园，母子相依度日。（98—1396；比较同书30回例：计氏不少饭吃，不少衣穿，不久婆婆回来，又有得依靠）

（四）"V蹬"式动词与后缀"蹬"

某些单音节动词如"跳、踢、趾、作"等，与"蹬"构成"V蹬"式合成动词。其中"蹬"可视为动词后缀。例如：

若是跳蹬去了，卖与本地的人，也是不过如此，还没人肯出这们些媒钱。（55—801）｜至于丧间素姐怎生踢蹬，相家怎生说话，事体怎样消缴，再听后回接说。（59—856）｜觅汉把自己那怎样央他，与他那要银子立文书怎样习蹬的情节一一说了。（67—953）｜你就强留下他，他也作蹬的叫你不肯安生。（68—978）｜[一群婆娘]趾蹬的尘土扛天，臊气满地。（68—981）

"蹬"有时亦作"腾"或"邓"。

那砍头的又怪铺腾酒气，差一点儿就鳖杀我了！（4—57；铺腾=扑腾）｜倒也亏不尽你把这等事掀腾了，要待闺女过了门，可怎么处？（46—673）｜我抛你家米，撒你家的面，我要不豁邓的你七零八落的，我也不是龙家的丫头！（48—705；豁邓，搅和也）

（五）"V刮"式动词与后缀"刮"

某些单音节动词V加"刮"，构成双音节动词"V刮"。"V刮"的意义仍

22

与 V 相同。V 一般为表示收拾、整理意义的动词，如"洗、擦、刷、扫、糊、札、钉"等。"刮"为动词后缀，或作"括"。例如：

分付家人刷刮马匹。(3—31) ｜ 拿了狄员外的一腰洗白夏裤，又叫狄周来伺候先生洗刮换上。(33—492) ｜ 你到后头脱了这湿衣裳擦刮擦刮。(58—804) ｜ 叫人扫刮了卧室。(92—1314) ｜ 札括两辆骡车，装载珍哥、高四嫂并那些妇女，并吃用的米面、铺陈等物。(12—178) ｜ 替他身上担括了土，又替他梳了头。(38—562；担=掸) ｜ 雇了几个土工，把那震烂的尸首收拾在那材里，看了他钉括灰布停当。(41—601) ｜ 小小的三间，两明一暗，收拾糊括的甚是干净。(75—1065)

"吃"说成"吃刮"，显得比较特殊：

睡到明日大亮，方才起来梳洗，又吃刮了一顿酒饭。(13—195)

（六）"A（BC）拉拉"式形容词与后缀"拉拉"

所谓"A（BC）拉拉"式形容词，是由单音节形容词 A，或双音节形容词 AB，或三音节形容词性短语 ABC，后附后缀"拉拉"而构成的。"拉拉"是形容词后缀。这类形容词多含贬义。例如：

大晌午，什么和尚道士敢打这里大拉拉的出去？(8—118) ｜ 你爷儿两个穷拉拉的，当了我的使了，我只好告丁官儿罢了！(9—128) ｜ 我也想来，一则是个徒夫老婆，提撅着丑听拉拉的。(49—717) ｜ 我服了毒，老太太的好日子不怕不利市拉拉的么？(70—999) ｜ 难道叫人这们砢磣拉拉的争，我又好留你的？(87—1243) ｜ 如今这们可怜人拉拉的央及人睡觉，头里别要这们十分的拉硬弓怎么！(同上)

"拉拉"亦作"落落"：

胡旦不等人通报，竟自大落落走进去了。(5—69)

（七）形容词 AB 的生动形式 ABB

有些双音节形容词 AB，可以通过后一音节的重叠构成 ABB 式，表示程度加深。例如：慌张→慌张张｜结实→结实实｜火热→火热热。因为这些形容词都有 AABB 或 ABAB 的重叠形式（这与通语相同），所以它们的 ABB 式也可以看作是由 AABB 式或 ABAB 式脱漏掉第二个 A 而变成的。例如：

一个丫头慌张张跑来。(7—93) ｜ 我出去就是了，火热热的，谁好意在这里哩！(10—150) ｜ 他娘拿着鞋底，望着狄员外肩膀上结实实的打了一下。(33—489) ｜ 盖了紧凑凑的一块草房。(34—508) ｜ 他却牢实实的站定，等他打得手酸。(65—934) ｜ 我心里还恶影影里的，但怕见吃饭。(96—1363) ｜ 那十个指头，可不都是活泛泛的黑疤。(98—

1393)｜你说的是那里？甚么话？我老实实的不懂的。(98—1401)

不过，也有的 ABB 式不能还原成 AB。例如：素姐唬得战兢兢的道……(64—915)"战兢"不为词，"战兢兢"只能是"战战兢兢"脱漏掉第二个音节构成的。所以"战兢兢"与"慌张张"等的生成方式并不完全相同。

"慌张张"等与通语中的"绿油油""喜洋洋"之类也不一样，后者一般也不能还原成 AB（*绿油｜*喜洋），"油油""洋洋"之类通常被看作叠音后缀。

(八) 偏义形容词 AB 或 BA

表示积极意义的单音节性状形容词 A（如：大｜远），与表示消极意义的单音节性状形容词 B（如：小｜近）对举并列，构成联合式合成词 AB 或 BA（如：大小｜近远）。从形式上看，这类构词方式与通语几乎没有什么不同，但从词义和词性上看，却有明显的差别。通语中的 AB 或 BA 表示某种程度（如"大小"表示大小的程度，"轻重"表示重量的大小或程度的轻重），词义是 A 和 B 两个语素复合的结果，AB 或 BA 为名词；而《醒》中的 AB 或 BA 是一个偏义形容词——偏取 A 的意义，舍掉 B 的意义（如"大小"表示大，"近远"表示远），从而使 B 降为形式上的陪衬。例如：

这们大小，读了五六年书，一个送礼的帖子还叫个老子求面下情的央及人写，你也知道个羞么？(33—484)｜脚喜的还不甚大，刚只有半截稍瓜长短。(84—1195)｜自家家里作不了的孽，跑这们近远来人家作孽哩！(85—1214)｜这张氏气得脖子青筋暴流，合大腿一般粗细。(89—1271)

"这们大小"即这么大，"这么近远"即这么远；余类推。

二、虚词

(一) 人称代词"您"与"您们"

书中"您"常用为复数，等于"你们"，但不一定表示尊称。以下头两例是"您"与"你们"同用，后一例是"您"指代"二位薛相公"，也相当于"你们"，都不含有敬意。

我如今和你们商议，您都拿原价来赎了这地去，各人还安家乐业的。(22—332)｜宁承古［对陆、倪两人］道："了不得！您也不要命哩！爷的法度，你们不晓得么？"(78—1114)｜二位薛相公躲在屋里瞅蛋哩么？别说是个一奶同胞的姐姐，就是同院子住的人，叫人辱没了这们一顿，您也探出头来问声儿。您就一个人守着个老婆，门也不出一步，连老婆也不

叫出出头儿！(74—1051)

"您"有时也用于单数，等于"你"，也并不专用于尊称。"您"用于单数时以出现在定语位置上为常见。例如：

你既心里舍不了您娘，就不该又寻我！(3—41) ｜ 您大嫂罢么，是举人家的小姐。小巧姐你也是小姐么？(74—1051) ｜ 你是甚么大的们，污了您的眼就叫我瞎眼？(77—1102)

以上三例都是"您"与"你"同用，而"您"都处于定语位置，"你"则处于主语位置。

"您们"即"你们"，同样不一定含有敬意。例如：

晁思才对着众人说道："我说的倒是正经话言，过粮过草的，俺两个县里还认的人，您们也还用的着俺。"(22—330) ｜ 晁夫人道："您们都是卖地给俺的么？"众人应说："都是。"(22—331) ｜ 扯淡！谁叫您们救下我来！(77—1104)

（二）介词"从"的特殊用法

介词"从"本来表示起点，但在《醒》中有时用法与"在"相同，引进动作所在的处所或发生的时间。例如：

因今日娶亲，从路上被人拿住。(28—407) ｜ [童奶奶]自到狄希陈下处，从外头说道……(75—1075) ｜ 你从家里钉了丁子一般，住这们一向。(87—1241) ｜ [狄希陈]又从梦中把素姐干了一下，只见素姐醒来，比初次略略的有些温柔，不似前番倔强。(45—)① ｜ 从素姐进衙门的次日，相栋宇自己到了童家，见调羹说知此事，大家倒笑了一场。(77—1100)

头三例引进处所，后两例引进动作发生的时间："从"都与介词"在"相当。

（三）介词"把"的特殊用法

《醒》中介词"把"用法丰富，灵活多变。下边介绍通语中不曾见过或很少见到的几种用法。

一是引进动作的受损者，意思相当于"给"。例如：

我今日挣的三百多钱，也把我抢去了。(76—1090) ｜ 将这有数的礼物都把我剪裁坏了，我却再往那里去买？(87—1234)

二是引进动作的处所，相当于"在"。例如：

[珍哥]又把自己的嘴上着实打了几个嘴巴。(11—159) ｜ 晁大舍把

---

① 本句上海古籍出版社本被删去，此据文学古籍刊行社1988年影印同德堂本。

一本报后边空纸内故意写了个厂卫的假本。(16—222) ｜ ［屠户］悄悄的把他媳妇子身上掐了掐。(35—518) ｜ 张瑞风把他身上抚摩了一会。(43—)①

以上"把"的宾语都是方位短语"……上"或"……内"。介宾短语"把……上"或"把……内"表示有关动作发生的处所。介词"将"偶尔也有这种用法。例如：

临行，［公公］将你头上拍了一下。(3—37)

另外，有的"把"引进动作的对象，相当于"对"或"朝"。例如：薛如卞把他两个兄弟点了点头。(73—1043) 有的"把"表示强调，相当于"连"。例如：外面又拥挤了几万的人，把轿都行动不得。(20—298) 有的"把"看上去似乎是多余的，完全可以不用。例如：又唤起乡约、地方，一同往坟上去看，把众人都还不信。(28—409)

（四）介词"除的家"

"除的家"即"除了家"，表示排除或不计算在内，是介词"除了"的方言说法。其中"的"乃"了"的音转，"家"为语缀，二者都轻读。该词于书中均见于人物说白。例如：

可说这房子，我都不给你们，留着去上坟。除的家阴天下雨，好歇脚打中火，论这几间房，倒也不值甚么。(22—325)② ｜ 除的家白日里去顽会子就来了，那里黑夜住下来？(40—592) ｜ 留着他，往后张师傅进来宿监，除的家替张师傅缀带子、补补丁，张师傅闷了，可合张师傅说话儿，他屋里蒸茶蒸水，又都方便。(43—627) ｜ 除的家倒还是爷提掇提掇，叫声"那咎姓薛的"，或说"那姓薛的歪私窠子"，别也没人提掇。(86—1223)

（五）介词"了"

多用于动词和表示方位、处所的名词性词语的中间。这个"了"实际是"到"的方音变体，不是动态助词，通常看作介词。例如：

晁大舍回了家中，对珍哥说道……(6—80) ｜ 他娘老子可领着一大伙汉子老婆的来了家里，打打括括的……(81—1156)

"动词+'了'+方所词语"之后常常再跟有趋向动词"来、去"或动趋

---

① 本句上海古籍出版社本被删去，此据文学古籍刊行社1988年影印同德堂本。

② 此例断句有误，现已改正。详见徐复岭《〈醒世姻缘传〉注释补议》，载《中华文史论丛》第47辑第277页，上海古籍出版社1991年版；后收入《〈醒世姻缘传〉作者和语言考论》，齐鲁书社1993年版。

短语"V来、V去"。例如：

爷如今只赏小的三十两银子罢，捎了家里顽去。(6—87) | 只见一个遮天映日的旋风从水上扑了船来。(16—231；比较 17—256：既已来到面前，只得叫他上到船来) | 我爽利舍了家，把爹也接了任上去。(75—1068) | 我是另娶的妻，我何尝是娶妾？怕我带了家去，我家里恋着什么？(75—1072)

（六）目的连词"看"

连词"看"多用于后一分句的开头，表示不希望看到某种不好的事情发生，相当于"省得"或"以免"。"看"是个口语虚词，以下例句都出自书中的人物说白：

再要不够，我问徒弟们家告助，高低赶五七出了这殡，看耽误下了。(41—602) | 你吃了可早些出去回奶奶的话，看奶奶家里不放心。(43—632) | [薛三省娘子]说道："姐夫，姐姐请你吃饭去哩。"狄希陈说："俺家里有饭，我吃过饭了，看又叫人撵出去，不好看的。"(45—659) | 你有话再陆续说罢，看使着你。(53—771；使，累也) | 小厮们，计着些儿，明日再合我提提儿，看我今日酒醉忘了。(70—1002；计=记)

（七）概数助词"数"

助词"数"用在"百、千、万"或"个、升、斤、吊"等量词之后（前边不能再加数词），表示数量与这个单位数大体接近。用法类似通语中的概数助词"把"。例如：

这也实实的救活了千数孩提。(31—455) | 又有说家口人多，一升不足用的，要多籴升数。(32—465) | 回到家，把几件银簪银棒，几件布绢衣裳，吊数黄钱，卷了卷夹在胳肢窝里，……脚下腾空，不知去向。(82—1172) | 你合他说妥着，讲开一年给他两数银子制衣裳。(88—1259)

以上各例"数"都可以换成"把"。与"把"不同的是，"数"还可以用在"几"的后头。"几数"相当于"多少"，用来询问数量。例如：刘锦衣道："他有几数物事带来？"胡旦道："刚得一撒。"(5—70；一撒，一千的隐语)

《醒》中也还用到"十数"，意思是"十几"。例如：盆内一株苍古小桃树，树上开着十数朵花。(5—72) 此系文言用法的遗留，与上述用法有别。

（八）动态助词"起"

"起"用在动词或形容词之后，表示动作或状态的完成，类似动态助词"了"。"动/形+'起'"之后还可以跟有宾语或数量补语。例如：

> [萧北川] 见了那一沙坛酒，即如晁大舍见珍哥好起病的一般。(5—62) | 这爷就不是了，不带我去罢呀，哄着我京里差不多住起一个月，盘缠够三四十两银子。(86—1221) | 来了几日，把个汉子打起这们一顿，差一点儿没打杀了。(96—1372) | 间壁就是刑厅，千万不可高起，恐那边看见，不当稳便。(97—1380) | 珍哥虽不曾走起，晁大舍也着实放心不下。(4—58)

末例"走起"即"走了"，是"死了"的委婉说法。

底下一例如果结合下文考虑，"起"似乎相当于"成"，而"成"也正是表示动作的完成：

> [两个泼皮无赖的恶人] 把这数万家财看起与晁夫人是绝不相干的，倒都看成他们的囊中之物了。(20—294)

(九) 句中衬音助词"不"

书中有个用法特殊的"不"字，它并不表示否定，只是起衬足音节的作用。常见的位置是用在表示揣度的副词"怕"和表示转折的副词"可"之后。例如：

> 相栋宇道："这是怎么剥？他刘姐也会不？"狄员外道："怕不也会哩。"(58—833) | 薛如下问说："这监够几日了？"素姐道："怕不也有十来个日子。"(63—908) | 秦继楼问："待合俺说甚么？"李九强说："怕不的是为杨春的事哩。(34—505) | 若是当真要打，从八秋打得稀烂，可不还阁了板子合人商议哩！(20—303；阁=搁，搁下，放下) | 七爷着人打的雌牙扭嘴的，你可不奚落他怎么？(53—777) | 童奶奶道："我说的是好话，你可不笑甚么？"(55—803)

"怕不"等于"怕"或"恐怕"，"可不"等于"可"或"反而"，其中"不"都不具有否定意义，它似乎是在口语中起到一种凑足双音节的作用。

衬音助词"不"也可用于其他位置，例如：

> 我过的去，往前过；如过不的，我也好不等俺公公婆婆回来告诉告诉，死也死个明白！(3—38) | 素姐说："你不好疢！我不要他，你要了他罢！"(45—666)

"我也好不等俺公公婆婆回来告诉告诉"，即"我也好等俺公公婆婆回来告诉告诉"；"你不好疢"，即"你好疢"（"疢"系"碜"的借字，丢丑也）：其中"不"也都没有意义。通语中"好不热闹""好不厉害"等中的"不"也没有意义，但它只限于"'好不'+形容词"的格式中，与这里的情形不同。

三、程度表示法

(一)"'大'+形"表示程度深

"'大'+形"表示程度深,其中"大"很像程度副词,"形"则限于表示积极意义的单音节性状形容词,如"长、高、粗、厚"之类。例如:

晁夫人去扯那床夹被,只见一半压在那个蓝包裹底下,大沉的,那里拉得动?(16—241) | 晁梁放倒头,鼾鼾的睡到日头大高的,姜家来送早饭,方才起来。(49—712) | 后边扎了一个大长的雁尾,顶上扎了一个大高的凤头。(73—1041) | 又见狄希陈把只胳膊肿得大粗。(73—1044) | 取出一顶貂皮帽套,又大又冠冕,大厚的毛,连鸭蛋也藏住了。(84—1201) | 你这也不用十分大好的,得个"半瓶醋儿"就罢了。(85—1208)

"'大'+形"结合紧密,类似一个词,因此"大"又像是形容词前缀。"'大'+形"的语法功能与单音节形容词的重叠形式大体相当,常作定语、谓语、补语(但不能作状语),也可以与"的"构成指称人或事物的名词性"的"字短语(如上举最后一例)。

下边一例稍显特殊一些:

及至回来,开进门去,从房里一个大们子鹞鹰照着我劈面一翅膀,飞了出去。(64—915)

其中"大们"似为"大猛"的借音,"子"应为"的"的借音,"大们子鹞鹰"即"大猛的鹞鹰",与上举"大长的雁尾""大高的凤头"等结构方式完全相同,只是此处用了"别字"而已。①

通语中也有"'大'+形",但只限于"大好、大早"等少数几个,远没有《醒》中使用得普遍。

(二)"'精'+形"表示程度深

"'精'+形"表示程度深,其中"精"可视为程度副词,有"十分""非常"的意思,"形"则限于"湿、光、空"等少数表示消极意义的单音节性状形容词。例如:

只见两个人脱得精光,睡得烂熟。(19—285) | [宝光]穿了精湿的衣裳,垂头丧气走了四五里路。(30—443) | 把寄姐的膝裤、高底鞋、裙子着水弄的精湿。(80—1135) | 这般不义之财,况又不多,能得济人

---

① 此例上海古籍出版社本注释有误。参见徐复岭《〈醒世姻缘传〉注释补议续稿》,载《〈醒世姻缘传〉作者和语言考论》第202—203页,齐鲁书社1993年版。

甚事？不多几日，穿的穿，当的当，仍是精空。(92—1318)
下例的"精赤"略显特殊，"赤"似为动词：

　　[珍哥] 揭起被，跳下炕来，精赤着身子，往晁源被里只一钻。(3—43)

(三)"形+'多着哩'"表示程度深

"形+'多着哩'"表示程度深，并含有夸张意味。"形+'多着哩'"大体相当于"形+'得很'"或"形+'极了'"。"形"可以是单音节形容词，也可以是双音节形容词。例如：

　　叫我弄了一个番弓下上，快多着哩，当时就拿住了。(58—834)｜他可恶多着哩。(同上)｜这先生同不的汪先生，利害多着哩。(33—488)

甚至可以是动宾式的多音节形容词性短语。例如：

　　亏不尽俺那老婆肯苦口的劝我，那会子听着也难受，过后寻思着有意思多着哩。(57—828)｜呆奴才，便宜你多着哩！(10—148)｜他欺我多着哩，拿着精铜当银子哄我。(70—1002)

"多着哩"前边的形容词也可以是"多"。例如：

　　俺相家人多多着哩！(60—861)｜同去的人多多着哩。(74—1057)

(四)"形+'得紧'"表示程度深

"形+'得紧'"表示程度深，大体与"形+'得很'"相当。"得紧"亦作"的紧"，其中"紧"似应视为与"很"相当的后附程度副词。例如：

　　只是晁大舍的半边脸合左目愈觉肿起，胀疼得紧。(3—35)｜临行，将你头上拍了一下，骂了两句，你魇醒转来就害头疼，怎便这等有显应得紧！(3—37)｜但这巡道严的紧，谁敢拿性命去做人情？(12—174)

"得(的)"与"紧"中间甚至可以插入受事成分，显得十分特殊。例如：

　　但我疼爱的你紧，不由的这心里只是害怕。(53—769)

底下两例的"得紧"应属另外一种情形：

　　如今梁相公、胡相公外边又搜寻得紧，恐怕藏不住他。(14—211)｜晁源又在父亲跟前狠命怂恿得紧。(16—236)

这里的"得紧"是用在动词之后的，"紧"明显具有"紧迫，紧急"等义，应视为形容词。后附程度副词"紧"当是由这种用法的"紧"语法化的结果。

(五)"动/形+'得慌'"中，受事用在"得"与"慌"中间

"得慌"用作动词或形容词的程度补语，表示难以忍受，这是通语中习见的格式，如"累得慌""闷得慌"等。但在"得(的)"与"慌"中间插入一个受事成分，这种用法便显得比较特殊了。例如：

　　管家，你拿个茶杯来，我吃几杯罢，这小杯闷的人慌。(4—57)｜

隔着层夏布裤子，垫的跛罗盖子慌！（10—145）｜你主人家怕钱压的手慌么？（34—505）｜只自作听了恶囊的人荒。（46—670；荒=慌）
这种情形与上节"疼爱的你紧"用法十分相似。

通语中"得慌"一般用于令人难受的场合，但《醒》中用法不受这一限制。例如：那个小孩子才下草，也不知道羞，明睁着两个眼，狄良突卢的乱看，把众人喜的慌了。（21—310）"喜的慌"就是喜极了、高兴得很，并没有难以忍受的意思在内。

四、特殊句式

（一）比较级形式"'较'+形+'些'"及其变式

"'较'+形+'些'"是表示形容词比较级的形式。其中"较"书中有时亦写作"叫"。例如：

俺住的那屋是也叫矮些，我跳一跳触着屋子顶。（21—317）｜亲家这些时也较好些么？（30—447）｜我白日后晌的教道了这半月，实指望他较好些了，谁知道他还这们强。（48—706）｜你这罪过犯的较重大些，光只念经拜忏当不的甚么事。（64—915）

"'较'+形+'些'"如果用作动词的补语（带助词"得"），构成"动+'得'+'较'+形+'些'"的形式，这时也可以将"较"用在动词之前，说成"'较'+动+'得'+形+'些'"，后者便是前者的变式。如上举末例"犯的较重大些"，也可说成"较犯的（得）重大些"。书中例子有：

命是不伤，只是叫怕的利害些。（40—592）｜是你姐姐也较干的差了点儿，您就这们看的下去呀！（74—1051）①

"叫怕的利害些"即"怕的（得）叫（较）利害些"，"较干的差了点儿"即"干的（得）较差了点儿"（点儿=些），其中"较（叫）"虽然在结构上用在动词前面作状语，但在语义上却是指向动词后面的补语的。

（二）差比句式"甲+形+'起'+乙［+数量］"及其否定形式

表示甲比乙强（大、好、厉害……），书中常用"甲+形+'起'+乙［+数量］"的格式，其中"起"应看作介词，有点儿像古汉语中表示比较的"于"字。例如：

姓龙的怎么？强起你妈十万八倍子！（48—701；"八"后疑有脱文"千"字）｜这是姐姐的喜事，还有甚么大起这个的哩？（59—864）｜怎

---

① 此例上海古籍出版社本注释有误。参见徐复岭《〈醒世姻缘传〉注释补议》，载《〈醒世姻缘传〉作者和语言考论》，齐鲁书社1993年版，第185页。

么！俺周大叔倒利害起骆驼合驴子了！（72—1032）｜人见了还好哩，还强起你连见也没见！（83—1186）｜我长起狄大哥好几岁。（89—1272）｜我年纪大起你。（92—1312）

这种比较句的否定形式是在形容词前边加"不"，但后边不能再跟有数量词语。如上举末例的否定说法是"我年纪不大起你"。我们在书中只发现一处这样的用例，其中"起"换成了"的"：

> 我的儿也不赖的他，自然会去抢东西，分绝产。（53—770）

"不赖的他"即不比他赖，意思是说虽然不比他强，但也不比他弱，两者差不到哪儿去。所以，这类否定形式的比较句已不再像肯定句那样表示差比了，而是平比的一种委婉的表达方式。

（三）差比句式"甲+'比'+乙+'不如'"

"甲+'比'+乙+'不如'"既是一种比较（差比），也常常是一种比喻（其中乙是喻体），是比较形式的比喻句，强调说明在某一方面甲还赶不上乙。例如：

> 教这样书的人比那忘八还是不如！（33—492）｜畜类尚听人的好话，能感动他的良心，可见那不知好歹、丧了良心的，比畜类还是不如！（79—1123）

（四）正反问句式"Vp呀不"

表示正反问，《醒》中常采用"Vp呀不"的形式。其中Vp代表肯定项，可以是单音节动词，也可以是多音节动词或动词短语；"不"代表否定项，实际是"不Vp"的缩减形式。例如：

> 大哥，你怎么样着？去呀不？（73—1046）｜你说去，且看你爹叫你去呀不？就是你爹叫你去，我也……不许你去！（56—807）｜我要吃了亏，你看我背地里咒你呀不？（58—840）｜我看这床响呀不？我好来听梆声。（59—850）

"去呀不"即"去不去"，"叫你去呀不"即"叫你去不叫你去"；余类推。

"呀"也可以不用。这样，"Vp呀不"便成了"Vp不"。例如：

> 这可是怎么剥？他刘姐也会不？（58—833）｜吕祥，你算计算计，他去了这半个多月，咱还赶的上他不？（86—1223）｜我待进城买甚么去哩，你待要甚么不？（87—1241）｜这如今守着我，你看我许你打不？（97—1384）

这与通语的差别就很小了。

"Vp呀不"或"Vp不"一般用来询问尚未发生的事情或可能发生的事

情，不用来询问已经发生的事情。

（五）正反问句式"Vp 了没"

询问已经发生了的事情，《醒》中常采用"Vp 了没"的正反问形式。其中"Vp 了"代表肯定项，"没"代表否定项，实际是"没 Vp"的缩减形式。例如：

狄员外问说："取来了没？是那数儿？"杨春说："是。"（34—506）① | 看看天色将晚，狄婆子……问说："做中了饭没？做中了拿来吃。"（40—589；做中了饭，即做好了饭）② | 狄大爷合狄大娘起来了没？（45—656） | 我那爹叫你捎与老魏的钱和布，你给过他了没？（49—719）

"取来了没"即"取来了没取来"，"做中了饭没"即"做中了饭没做中饭"；余类推。

"Vp 了没"中的助词"了"，有时也写作"来"。例如：

你给他，可他媳妇儿见来没？（49—719） | 他临行，倪奇打发你钱来没？（78—1118） | 素姐……又问龙氏曾合狄希陈嚷闹来没。（100—1420）

V 如果是非行为动词"有""在"等，句中就可以不出现"了"而说成"Vp 没"。例如：

叫人往厨房里看还有蟹没；要有，叫他做两个来。（58—833） | 我想起一个人来，他不知还在京里没，我寻他一寻去。（84—1202）

"Vp 了（来）没"或"Vp 没"，在通语中一般要说成"Vp 了没有"或"Vp 没有"。换言之，通语中的正反问句是一般不单用"没"来煞尾的。

"Vp 了（来）没"或"Vp 没"中的"没"，翻成通语时亦可用语气词"吗"来对译。

（六）反问句式"V 什么 V"

先看"V 什么 V"的用例：

晁老道："你女人晓得甚么？大官儿说得是。"晁夫人道："狗！是什么是！我只说是爷儿们不看长！"（15—220） | 陈柳说："我怎么昧心？我只问声狄大叔……"李九强说："疲杭杭子的腔！罢，你问什么问，你可倒那布袋还我！"（48—696） | 魏三封道："我也不合他到官，我只拿

---

① 本句原书标点有误，此已改过。参见徐复岭《〈醒世姻缘传〉标点失误举例》之例（67），载《〈醒世姻缘传〉作者和语言考论》，齐鲁书社1993年版，第249页。

② 本句原书点校有误，此已改过。参见徐复岭《〈醒世姻缘传〉校勘献疑》之例（45），载《蒲松龄研究》1993年第2期，收入《〈醒世姻缘传〉作者和语言考论》，齐鲁书社1993年版，第270—271页。

出小科子来叫列位看看明白……"众人道:"……魏大哥,你听俺众人一言,看甚么看?想他这娘儿两个也差不着他甚么。"(72—1028)｜拿出锁来,先把这刘芳名锁起来,合他顽甚么顽!(80—1147)｜吕祥道:"老爷且别打,迟了甚么来?"驿丞道:"快些打了罢!我性子急,慢甚么慢!"(88—1256)

"V什么V"中的V一般是动词,也可以是形容词(如上边最后一例),整个格式表示一种反问的语气,意思是否定的。如"是什么是"意思等于不是,"慢甚么慢"意思是别慢。采用"V什么V"的反问句式,往往更能突出说话人的不耐烦的情绪。

有人曾撰文说,现代北京口语流行的"V什么V"句式来源于满语,是"模仿"满语句法的结果,并且"大有［由北京］向其他地区扩散的趋势"。[①] 笔者读书无多,学识浅陋,但对上述说法却深表怀疑。首先,现在已有充分的材料证明,《醒》书创作于明清交替之际,成书于清初顺治年间,并且是山东人用地道的山东方言写成的。从《醒》书的创作年代到其语言本身,都看不出满语对它有何影响。《醒》中出现的"V什么V"句式应是近代汉语和近代山东方言中的固有成分,现代汉语中的这一语法格式正是近代汉语包括近代山东方言中这一语法格式的继承和发展,而不能说是"模仿"满语的结果。其次,既然早在三百多年前的山东方言中就已存在着这一句式,现在却说这一句式"大有［由北京］向其他地区扩散的趋势",也显然是不符合历史事实的。

(七) 特殊句式"V+到+O+N_L"及其变式

"V+到+O+N_L"格式中,O表示宾语,多由人称代词充当;N_L表示方位、处所词语。请看例句:

快烧纸,灌浆水,送到我中房里去!(11—161)｜狄员外……叫了狄周送到他书房里去。(33—489)｜这株朽坏的花木不宜正冲了书房,移到他井池边去。(34—498)｜我迎到他亭子根前,他见我去就停下了。(41—569;根＝跟)｜寻到他园子里头,他正看着人摘椿芽。(45—658页)｜我已嫁了人一年多了,你老远的又寻到我这里来!(77—1097)｜他不知怎么寻到我这里来了!(同上)｜不然,我带到你兵马司去!(78—1110)

在通语中,这一句式通常要用"V+O+到+N_L"的形式来表达,如首例要说成"送我到中房里",末例要说成"带你到兵马司";如果V具有处置义,

---

[①] 余志鸿、易洪川:《理论和方法的考虑——"现代汉语"教材的探索》,载《语文建设》1989年第1期。

也可采用"把+O+V+到+N_L"的格式,如以上两例也可分别说成"把我送到中房里"和"把你带到兵马司"。需要注意的是,这类格式里的O有时看起来像是N_L的定语,实际与N_L并无结构关系。如上举77回的两处"寻到我这里","我"并不是"这里"的定语,而是"寻"的宾语。这可以由它的提问形式"寻到我哪里"或"寻到你哪里"得到证明,因为这种提问形式里的"我"或"你"只能做出宾语的解释。再如开头两例"送到我中房里"和"送到他书房里","我"或"他"也不是限制"中房"或"书房"的,因为其提问形式也只能是"送到我(或你、他)哪里",其中"我(或你、他)"显然是"送"的对象,作宾语。

这一格式中的"到"也可以换成"在",因为在口语中这两个词实际都念成 de(轻声)。例如:挑唆你相大哥送在我软监里,监起我两三个月。(85—1213)"到"甚至可以换成"了"。例如:这老张婆子影不离灯的一般,又不是外头宽快去处,支了他那里去?(43—633)|这深更半夜的,你关了他外头是怎么说?(45—655)|起来,我送了你屋里去。(49—712)这个"了"是"到"或"在"的语音弱化形式,通常视为介词。

由于"到/在"或"了"读音极轻,有时甚至可以脱落,这时便形成语法空位。例如:

不消再指望他出去,我送〔 〕他监里头去了。(60—867)|只怕是个骚子,缉事的不该拿〔 〕他厂卫里去么?(77—1098)|这天色渐渐晚了,你又不肯送〔 〕我尼姑庵去。(86—1229)

方括号里的位置都可以补上个"到/在"或"了"。

(见《〈醒世姻缘传〉作者和语言考论》,齐鲁书社1993年版。收入本书时个别地方有删改)

《金瓶梅词话》与《醒世姻缘传》中的指示代词"你"

一

"你"本是表示对称的第二人称代词,但在《金瓶梅词话》和《醒世姻缘传》中,却有些个"你"字用法十分特殊,它们并不表示对称,而在多数情况下跟指示代词"那"用法相近。

先看《金瓶梅词话》中的用例:①

(1) 西门庆那日往李瓶儿房里睡去了。金莲……问[春梅]:"你没廉耻货进他屋里去来没有?"春梅道:"六娘来家,爹往他房里还走了两遭。"(第三十五回)

(2) 金莲道:"……好娇态,教他在我这里!我是没处照放他。我就算依了,你春梅贼小肉儿,他也不容他。"(第二十三回。按:倒数第二个"他"指春梅,其余的"他"指宋惠莲)

(3) [来旺儿喝醉后说要杀西门庆,]被宋惠莲骂了他几句:"你咬人的狗儿不露齿。是言不是语,墙有缝壁有耳。喳了那黄汤,挺他两觉。"(第二十六回)

(4) 金莲便说道:"陈姐夫,你好人儿!昨日教你送送韩嫂儿,你就不动,只当还教你小厮送去了。"(第二十四回)

(5) 月娘做了一梦,天明告诉西门庆说道:"敢是我日里看见他林太太穿着大红绒袍儿,我黑夜就梦见你李大姐,厢子内寻出一件大红绒袍儿,与我穿在身,被潘六姐匹手夺了去,披在他身上。"(第七十九回)

(6) 蔡攸道:"你去到天汉桥迤北高坡大门楼处,问声当朝右相、资政殿

---

① 本文所引《金瓶梅词话》例,据明万历丁巳刻本;《醒世姻缘传》例则据清同德堂刻本,文学古籍刊行社 1988 年影印。

大学士兼礼部尚书，名讳邦彦的，你李爷谁是不知道！"（第十八回）

(7) 老婆甚是埋怨西门庆，说道："……把你到明日盖个庙儿，立起个旗杆来，就是个谎神爷。你谎干净顺屁股喇喇，我再不信你说话了。"（第二十六回）

(8) [吴大妗子] 因叫郁大姐："你唱个好曲儿伏侍他众位娘说。"（按："说"疑为"听"之误）你孟玉楼道："他六娘好不恼他哩，不与他做生日。"郁大姐连忙下席来，与李瓶儿磕了四个头……那李瓶儿在旁只是笑，不做声。（第四十六回）

例（1）"你"指示限定"没廉耻货"，即西门庆，而非指称听话人春梅，故不是对称之"你"。例（2）"你春梅贼小肉儿"意即"那春梅贼小肉儿"，例（3）"你咬人的狗儿"意即"那咬人的狗儿"，两例中"你"也都是起指示限定作用，不表示对称。例（4）（5）和（6）中"你小厮""你李大姐"和"你李爷"，分别相当于"那小厮""那李大姐"和"那李爷"，并非"你的小厮""你的李大姐"和"你的李爷"；例（7）中"你谎"是"那谎话"的意思，而不是"你的谎话"或"你说的谎话"：这四个"你"也都表示指代，不是对称（用于领格）。例（8）"你孟玉楼"中的"你"，显然也不表示对称，对照后文中的"那李瓶儿"更可证明这一点。

再看《醒世姻缘传》中的用例：

(9) [狄希陈] 将那包儿填在裤裆里面，夺门而出。素姐拦住房门……口里还说："你是甚么？你敢不与我看，我敢这一会子立劈了你！"狄希陈还待支吾，素姐跑到跟前，从腰间抽开他的裤子，掏出那个包来。（第五十二回）

(10) [素姐] 说道："你没的扯那臭淡！丫头……打杀了，我替他偿命，没的累着你那腿哩！"老狄婆子道："素姐，你醉了么？我是你婆婆呀。你是对你婆婆说的话么？"（第四十八回）

例（9）"你是甚么"中的"你"指代藏在狄希陈"裤裆里面"的"那包儿"，当然也不是第二人称代词，跟其后的两个"你"用法迥异。例（10）"你是对你婆婆说的话么"中头一个"你"也不是对称，而是指代前边素姐所说的话，这个"你"跟例中其他"你"用法也截然不同。

《金瓶梅词话》和《醒世姻缘传》中的这些个起指代作用的"你"到底是怎么来的，应该作何解释呢？要回答这个问题，还须从方言入手。

根据有关学者的调查研究，我们得知当今山东省有些地区指示代词有"这""那"和"乜 [niə]"（有人也记作"涅"）三个。这些地区主要分布在鲁东的淄博、潍坊、寿光、诸城、沂水和鲁北的滨州（原惠民地区）、东营、利津、沾化、广饶等市、县。这些地区的"乜"的用途有二：当只区分两个位置时，"乜"和"那"都可用为与"这"相对而言的远指，只是"乜"比"那"显得俚俗、土气。当需要区分三个位置时，用"这""那"和"乜"并举表示，"乜"所指的位置介于"这"和"那"之间，即所谓中指。例如："a. 这里放上仨，乜里放上俩。b. 这里放上仨，乜里放上俩，那里放上五个吧。"a 句只区分两个位置，"乜"表示远指，相当于"那"；b 句区分三个位置，"乜"表示介于"这"与"那"中间的位置，即所谓中指。（杨秋泽，1990）至于胶东半岛东端的烟台、牟平、即墨等地，指示代词虽然不是三分，但表示远指的"那"读成 [nie] 或 [niə]，与"乜"音也很相似。

以上还只是今天山东方言的情形，历史上山东方言是否也存在这个指代词"乜"呢？民国十七年（即 1928 年）《胶澳志》（胶澳，今胶州、即墨，同属青岛市）记载："乜，义与那同。读如聂。"民国二十四年（即 1935 年）《广饶县志》（广饶，今属东营市）云："指点之词曰乜曰那，皆所指事物省文。"这说明民国年间山东有些地区存有这个指示代词"乜"。

今人根据清朝同治年间民间抄本整理出版的临淄（今属淄博市）地方戏八仙戏剧本《西游记》①，较详细地保留了清朝后期"乜"的这一用法。例如：

(11) 孙悟空："真真个赖呆僧，馕糠猪精。喧得两眼直扑瞪，世上哪有乜等僧！"（《贾家庄》第三场）

(12) 孙悟空："吃饭哪有乜等吃法？"猪八戒："照我这等吃法也就罢了……我吃不吃的，还吃着你的不成？乜不是闲扯臊！"（又）

(13) 唐僧："善和尚不借乜恶人之威。"（《白虎岭》第二场）

(14) 蓝云章（饮茶科）："二位姐姐，多有取扰了。"英灵："好说好说。乜不过为奴饮的一壶残茶，何足为敬！"（《白云洞》第二场）

以上各例中的"乜"都用同"那"。最能说明问题的是例（12），同样是说猪八戒吃饭的样子，因孙悟空离得较远，故云"乜等吃法"，而猪八戒自己说自己，当然用表示近指的"这等吃法"。

再往前追溯，清初康熙年间淄川（今属淄博市）籍著名作家蒲松龄的《聊斋俚曲集》②，为我们保留下来的指示代词"乜"的用例更多、更丰富。例如：

---

① 古本戏曲《西游记》，山东省艺术研究所、淄博市文化局校注，山东文艺出版社 1991 年版。
② 收入《蒲松龄集》第三、四册，上海古籍出版社 1986 年版。

(15) 你真是个老杂毛，老杂毛，我把你乜小筋抽一条！（《慈悲曲》第一段）

(16) 你说四五岁的乜孩子，谁知道穿衣裳来？（又）

(17) 王龙说："尽着你乜花花嘴满口胡叨，谁信呀？"（《增补幸云曲》第二十三回）

(18) 江彬说："是你得罪着万岁了，待要你乜皮哩。"（又第二十八回）

(19) 皇爷说："脏么？你乜汗巾子还跟不上我这裏脚也是有的。"（又第十六回）

(20) 我说道你不敢，给你把钢刀也啀不着俺。不是说句啦咀的话，你有那心没乜胆。（《俊夜叉》）。按：啀，同"咋"，怎么。啦咀，即"剌嘴"，指划破嘴；啦咀的话，指刺激性的话，不中听的话）

(21) 丫环去把角门叫，你叠起乜衣裳卷起那毡条，看不真就把灯儿照一照。（《禳妒咒》第二十七回）

例（15）—（19）"乜"也都用同"那"。其中例（19）也很典型："汗巾子"是"你"的，相对而言较远，故云"你乜汗巾子"；"裏脚"是我的，当然离我较近，故云"我这裏脚"。例（20）"你有那心没乜胆"和例（21）"你叠起乜衣裳卷起那毡条"，都是"那"与"乜"并举使用，或"那"在上"乜"在下，或"乜"在上"那"在下，这里"乜"极有可能是指代比"那"较近但又不是最近的位置，即所谓中指。如果不是这样，则也有可能是作者为追求用字遣词的变化而采取的"避复"修辞手法；若照此理解，则两例"乜"仍与"那"相同。

指代词"乜"是否还存有比《聊斋俚曲集》更早的用例呢？据笔者目力所及，目前尚未发现，但是《金瓶梅词话》和《醒世姻缘传》中具有指代作用的"你"的存在，为我们考察"乜"的早期来源提供了极为宝贵的资料。我们知道，《金瓶梅词话》和《醒世姻缘传》二书多用山东方言，尤其是书中人物的言谈对话更是充满了山东土白。因此，把本文开头所举此二书十个例子中有关的"你"看成指示代词"乜"的近音借字，当与今天山东方言的实际情况相符合，也与清末临淄八仙戏《西游记》和清初蒲松龄《聊斋俚曲集》的实际用法相一致。《金瓶梅词话》与《醒世姻缘传》二书的作者之所以采用"你"记写这个指代词"乜"，除取其音近这一因素外，恐怕还有潜藏的心理认知因素。在记写者看来，"你"原本就有表示代替（不过是称代）的功能，而指代也是一种代替，两者意义上有一定关联，记写者于是顺手牵羊，把表示称代的"你"顺便拿来让其兼表指代。汉语史上采用这种语义相关、连类而及的方法扩大或引申词义的例子并不鲜见。

总之，只有把上述有关的"你"看成指示代词"乜"，这些个句子才能理顺、读通。需要指出的是，本文所用《金瓶梅词话》的例子系出自目前所能看到的该书最早的版本——明万历丁巳刻本，此后的明崇祯刻本、清康熙刻本以及晚近的人民文学出版社戴鸿森校点本（1985）、齐鲁书社王汝梅校点本（1987）、香港梦梅馆梅节重校本（1993）等，大都因未能搞清楚这个"你"字的用法而对它径加改易删削，遂致走失了原形。如例（1），崇祯本和康熙本均改"你"为"那"，晚近各本皆从之。这种改动表面上看是"通顺"了，殊不知却丢失了原著固有的山东方言的韵味和地方特色。不过，这种改动正好为我们提供了这样一个佐证：在一般人们的眼里，这个"你"字不应是对称代词"你"，而应是一个大致相当于"那"的指示代词。

我们还发现，在《金瓶梅词话》中不仅指代词"那（乜）"可以写成近音的"你"，反之，表示对称的人称代词"你"有时也写成近音的"那"。例如：

（22）大妗子在傍劝［吴月娘］道："姑娘，罢么，那看着孩儿的分上罢，自古宰相肚里好行船，当家人是个恶水缸儿。"（第五十一回）

（23）［月娘］即叫大姐："你和那二娘送送三位师父出去，看狗。"于是打发三个姑子出门。（第七十五回）

上例"那看着孩儿的分上罢"即"你看着孩儿的分上罢"，下例"你和那二娘"即"你和你二娘"（二娘指李娇儿，系大姐即"你"的二娘）："那"分别是主格和领格的对称代词"你"的近音借字。（这个"那"字各种印本亦多有改易。如例（22），崇祯本删去此字，戴本径改为"都"，王本从崇祯本）这从另一角度进一步证明了《金瓶梅词话》与《醒世姻缘传》中的"你"与"那"可以互相借用。

总体来看，本节开头所举《金瓶梅词话》与《醒世姻缘传》的十个例子中，有关的"你"确实就是指代词"乜"的近音替代字，而这些个"你"多数又都是跟"这"相对的远指代词，相当于"那"。只有例（8）稍显特殊，作者似乎设定了三个位置：一是位于近处的说话人吴大妗子，近指代词"这"略去未用；一是位于远处的李瓶儿，用远指代词"那"指代；再就是介于两者中间的孟玉楼，用"你"指代，"你"有些像中指代词。有必要指出，用书面形式记写下来的口语，其语言环境（包括说话人、听话人以及可能涉及的其他人或事，说话人的手势、表情等）不可能像在实际口语交际中那么明确具体、清晰可见地摆在眼前，所以想要准确判定那些个"你"或"乜"是中指用法，客观上存有一定难度。（判定远指用法则比较容易）本例是这样，（20）和（21）的《聊斋俚曲集》两例也是如此。

二

《金瓶梅词话》中还有些个"恁"字，其作用相当于"你（匕）"，用来表示远指。这是因为近代汉语中"恁（nín）"跟"您"音通，可用作第二人称代词。(香坂顺一，1997) 而"您"与"你（匕）"音近，故"恁"可借用为"你（匕）"。或者直接这样解释也未尝不可："恁（nín）"与"你（匕）"语音相近、语义相关，故可借用。例如：

(24) 金莲……骂［西门庆］道："恁不逢好死三等九做贼强盗，这两日作死也怎的？"（第三十一回）

(25) 孟玉楼便向金莲说："刚才若不是我在旁边说着，李大姐恁哈帐行货，就要把银子交姑子拿了印经去。经也印不成，没脚蟹行货子藏在那大人家，你去那里寻他去？"（第五十八回）

(26) 爱月便把李桂姐如今又和王三官儿子女一节说与西门庆。……西门庆听了，口中骂道："恁小淫妇儿，我分付休和这小厮缠，他不听。"（第六十八回。按：子女，"好"的隐语）

(27) 何太监道："没的说，如今时年，早辰不做官，晚夕不唱喏。衙门是恁偶戏衙门，虽故当初与他同僚，今日前官已去，后官接管承行，与他就无干。"（第七十一回）

(28) 西门庆道："他也告我来，你到明日替他陪个礼儿便了。他是恁行货子，受不的人个甜枣儿就喜欢的。"（第七十四回）

(29) 虔婆道："你还是这等快取笑，可可儿的来，自古有恁说没这事。"（第十五回）

各例中"恁"都不读 nèn，也不是其常用义"那么、这么"的意思，而应该读 nín，用法跟"你（匕）"相同，大体相当于远指代词"那"。特别是末例，"恁"与"这"并举使用，"恁"用如"你（匕）"即"那"尤为明显。

下例中"如何你不近道"即"如何恁不近道"，这是表示"那么、这么"义的"恁（nèn）"写成"你"的例子。这从另一角度证明了《金瓶梅词话》中"你"与"恁"二字确实可以互相借替使用：

(30) 吴二舅便道："师父出家人，如何你不近道？此是慌乱年程，乱撺逃生，他有此孩儿，久后还要接代香火，他肯舍与你出家去？"（第一百回）

三

《金瓶梅词话》和《醒世姻缘传》中指示代词"你"（前书中有时也写作

41

"恁")的被发现和被揭示出来,对于搞清山东方言中颇具特色的指示代词"乜"的源流演变的历史具有重要意义。根据现有材料,我们完全可以得出如下的结论:山东方言中表示远指(有时表示中指)的指示代词"乜"至迟在明代中期(约16世纪中叶)就已经存在,经过明、清、民国,一直延续到如今。由于该指示代词有音无字,《金瓶梅词话》和《醒世姻缘传》中记写成与之语音相近且有"代替"(称代)意义的"你"字或"恁"字,而《聊斋俚曲集》及其以后的文献则记写成读音更为接近的"乜"字。"乜""你"和"恁",实为同一个词的不同记写形式或语音变体。"乜"字之所以最后取代了"你"和"恁"字,其读音跟该指示代词更为接近固然是重要原因,此外,恐怕还跟下述情况不无关系:书面上让"你"或"恁"兼表称代和指代,致使两种"代替"功能有时不易分清,客观上给读者理解文本的意思造成不便。

《金瓶梅词话》和《醒世姻缘传》中指代词"你"的发现和揭示,还为二书的校勘整理工作提供了新的依据,对尽可能恢复和重现二书言语用字的本来面貌有所启示和帮助。这里包含两层意思。一是以指代词"你"为依据,重新审视以往各种刻印本对有关语句的校勘是否精当合理。如本文第一节所引《金瓶梅词话》诸例,明万历丁巳刻本以后的《金瓶梅词话》或《金瓶梅》刻印本,包括晚近出版的校点本,大都对"你"及相关词语进行了删改,造成校勘上的"失真",故殊不可取。二是以指代词"你"为依据,对《金瓶梅词话》万历本和《醒世姻缘传》同德堂本中一些极难读通理顺、校勘起来难度较大的"疑似"用例细加审视,提出切近祖本的校改意见。如二书中都存有一些"你"和"这"或"那"先后连续使用的"疑似"用例:

(31) [小玉]告诉与春梅:"你那边秋菊说你娘养着陈姐夫,昨日在房里睡了一夜……"这春梅归房,一五一十对妇人说:"娘不打与你这奴才几下,教他骗口张舌葬送主子。"(《金瓶梅词话》第八十三回)

(32) 那孙兰姬送的汗巾合那挑牙,狄希陈每日袖着。一日,素姐看见,说道:"你这是谁的汗巾?拿来我看!"(《醒世姻缘传》第五十二回)

(33) 晁夫人[对小琏哥和众人]说:"……我看你那老婆斩眉多梭眼的,像个杀人的刽子手一般。"(又第五十三回)

例(31)中"娘不打与你这奴才几下",是春梅对其主子即潘金莲说的话,"你"不会是对称(包括领格用法的对称),只能是远指代词。既然用了远指代词"你",后边为什么还接着用个近指代词"这"呢?这不是两个指代词重复使用，而且究竟是远指还是近指混淆不清了吗？同样，例（32）中"你这是谁的汗巾"之"你"，也不会是对称代词，而只能是远指代词；这个远指代词"你"和后边的近指代词"这"也不应该同现。至于例（33）"你那老婆斩眉多梭眼的"，也并不是"你的那老婆……"之意，"你"应是远指代词，与其后的"那"是一个意思。"你（那）老婆"实指小琏哥的继母郭氏。显而易见，三例中指示代词"你"后的"这"或"那"是《金瓶梅词话》万历本和《醒世姻缘传》同德堂本的刊刻者因不习山东方言而臆增上去的，违背了作者"造句涉俚，用字多鄙，惟用东方土音从事"①的原旨。祖本中各例相关部分应该分别为：

（31a）……娘不打与你奴才几下，教他骗口张舌葬送主子。

（32a）……你是谁的汗巾？拿来我看！

（33a）……我看你老婆斩眉多梭眼的，像个杀人的刽子手一般。

这才是《金瓶梅词话》与《醒世姻缘传》言语文字固有的原始形态，是地地道道的"东方土音"，就像本文第一节所举的头十个例子一样。其中《金瓶梅词话》例，崇祯本为求"通顺"，删去了万历本中的"你"字，成了"娘不打与这奴才几下"，其后的各种刻印本皆仿从崇祯本，于是该句距离它的原始形态愈来愈远，"庐山真面目"几不可辨。至于《醒世姻缘传》二例，后世的各种刻印本皆沿袭其误，以至于今。

《金瓶梅词话》与《醒世姻缘传》中指代词"你"的发现和揭示，还将为二书作者的考证工作提供有益的帮助。对于二书特别是《金瓶梅词话》作者的考证，似乎已成一门"显学"，但照笔者看来，不少考证带有很大的盲目性，故而收效甚微，甚至劳而无功。造成这种状况的原因之一，便是考证者没有对原书作者应该具有的方言背景予以充分的重视。由于指代词"乜"是山东方言所有而其他方言所无或罕见的语言现象，鉴于二书中使用了指代词"你（乜）"这一最新发现，我们完全可以断定其作者应当具有山东方言背景。前文已经指出，今天山东方言的指代词"乜"主要分布于包括胶东半岛在内的鲁东和鲁北地区，明清时期山东方言该指代词的使用地区跟今天相比也许有某些变化，但大体范围应该不会有太大的出入。据此，我们现在似乎还可以进一步缩小甚至锁定二书作者的生活范围或活动区域。我们大体可以推定：二书特别是《金瓶梅词话》的作者应当长期生活于鲁东或鲁北一带，与今天指代词"乜"的分布区域基本一致。据说《金瓶梅词话》作者的"候选人"已累计提出数十个之多，若将作者必备的这一方言背景考虑进去，十之八九的

---

① 语见《醒世姻缘传》"凡例"。

"候选人"将会被淘汰下来。为避免或减少考证工作的盲目性,今后在探索二书特别是《金瓶梅词话》的作者时,再也不应该将作者必须具有的方言背景因素置之不顾了。

(载《济宁学院学报》2008年第4期)

副词"横竖"流变考略

引言

《现代汉语词典》（第六版）对副词"横竖"的释义、举例是："〈口〉反正：不管你怎么说，老李~不答应｜他~要来的，不必着急。"这实际包含了不尽相同却又联系密切的两种意义或用法：一是，表示情况虽然不同而结果并无区别，如头例所示；二是，表示坚决肯定的语气，如后例所示。后一意义或用法当是前一意义或用法进一步虚化的结果。副词"横竖"只能用作状语（句中状语或句首状语）。

有研究者已经指出，近现代汉语中的副词"横竖"源于早于它的短语形式"横竖"和形容词"横竖"，是短语"横竖"和形容词"横竖"词汇化、语法化的结果，这跟"多少、好歹、左右、反正"等由并列的反义语素构成的副词来源和形成的情形大致相同；而且现代汉语中副词"横竖"的两种意义或用法，在近代汉语中业已形成和存在。[①]

本文对副词"横竖"的来源问题不多作涉及，一般也不对该词的两种意义或用法详加区分，只对副词"横竖"在近代汉语中发展演变的轨迹和脉络以及词形变化做些考察、梳理的工作，并就学界在此问题上的某些不同认识申述一下自己的看法。

一、副词"横竖"从产生、发展阶段到成熟、稳定阶段

（一）副词"横竖"的产生、发展阶段

根据笔者目前所掌握的资料（本文资料来源有二：一是笔者平时读书摘记的，二是从国学宝典和北京大学CCL古代汉语语料库搜检所得），副词"横竖"最早见于元代杂剧：

（1）我如今到元帅府，则说是我射死了耶律万户来，横竖我的面皮比他

[①] 李宗江：《若干反义联合短语的副词化》，载《南京师范大学文学院学报》2009年第1期。

大些，这功劳都是我的。(《元曲选外编·射柳捶丸》，四)

有明一代二百七十余年，仅在约成书于隆庆年间或万历初期的吴承恩的《西游记》中发现两例：

(2) 莫哭！莫哭！一哭就挫了锐气。横竖想只在此山，我们寻寻去来。(第二十回)

(3) 横竖不远，只在这座山上，我们寻去来。(第八十六回)

山东诸城籍作家丁耀亢写于清初顺治年间的《续金瓶梅》中也有一例：

(4) 这汴京城数一数二的，横竖小主儿俺不敢来提。(第四十回)

从元到明再到清朝乾隆之前（不包括乾隆年间）的四百多年的漫长时间里，我们从文献中只发现了稀稀拉拉的少数几个用例，这反映了这一时期副词"横竖"的使用还不是很普遍，尚处于该词的产生、发展阶段。

(二) 副词"横竖"的成熟、稳定阶段

副词"横竖"的大量使用是在清朝中期即乾隆以后（包括乾隆年间）。据我们的不完全统计，副词"横竖"在成书于乾隆后期的《红楼梦》中使用超过60次之多，在成书于道光末年的《品花宝鉴》中出现17次，在成书于光绪初年的《儿女英雄传》中出现12次，在晚清小说《官场现形记》中则出现不下50次之多。以下我们大致按作品写作或成书年代的先后顺序举些用例：

(5) 打开板壁讲亮话，这事一些半些、几十两银子的话，横竖做不来。没有三百，也要二百两银子才有商议。(《儒林外史》第十四回)

(6) 你别管是谁的，横竖我领情就是了。(《红楼梦》第三十二回)

(7) 子郓实在黄山洞府，他醒时，也系要入蜀的。天下英雄无几，横竖皆可会得着。(《海国春秋》第六回)

(8) 你上次怎么先走了，把我两人留下？横竖没钱，我们先走。(《济公全传》第六十三回)

(9) 他们虽则逃去，四面都有埋伏，横竖逃不了的。(《施公案》第二百一十二回)

(10) 你横竖铜钱堆出大门外，也不必像孟婆庄那里造这大庙，正叫乡下狮子乡下跳，将就起只三进四院堂的小庙来供养着，就是了。(《何典》第一回)

(11) 宋江、吴用急赴后关，又回顾公孙胜道："鲁兄弟如要出战，烦贤弟相机定夺，横竖死守关内亦无益也。"公孙胜应诺。(《荡寇志》第一百三十五回)

(12) 聘才想道："他问庚香就高高兴兴的，对我就是这样冰冷，实在可

恶。横竖他们不常见面，待我捏造些事哄他，且看他如何？"（《品花宝鉴》第二十一回）

(13) 采秋道："那花选有什么看头呢？所选的人，横竖是那并州几个粉头，又难道又有个倾国倾城的出来么？"（《花月痕》第七回）

(14) 大家一时猜度不出。老爷道："管他！横竖我是个局外人，于我无干，去瞎费这心猜他作什么？"（《儿女英雄传》第十三回）

(15) [季莼]与桂生计议道："我说耐勍去哉，我去罢。我横竖勿要紧，随便俚啥法子来末哉，阿好拿我杀脱仔头？"（《海上花列传》第五十六回）

(16) 你不做官，你要做和尚，横竖随你自家的便，与旁人毫不相干。（《官场现形记》第五回）

现代汉语继承和延续了近代汉语中副词"横竖"的意义和用法，它在现当代文献中的用例更是俯拾皆是，无须赘举。

以上副词"横竖"的用例无一例外地都出现在小说、戏曲这类通俗文学作品中，而且一般都用于作品人物的对话或自白中，足见它是一个口语词。从使用副词"横竖"的作家、作品的方言背景来看，不仅有北方官话、江淮官话的，还有吴方言乃至粤方言的。总之，从清朝中期即乾隆以后以至于今天，副词"横竖"已经发展到了成熟、稳定阶段，成为通语中一个使用频率很高的常见虚词了。

二、副词"横竖"产生、发展阶段的若干异写形式

在副词"横竖"产生、发展阶段即元到清初的四百多年的众多文献里，我们只稀疏地发现了四个用例（元杂剧和清初《续金瓶梅》中各一例、明代《西游记》中两例），这跟清朝中期以后副词"横竖"大量而密集地被使用形成鲜明的对照和极大的反差。副词"横竖"在这一时期的用例被发现的较少，固然跟某个词语在其产生、发展的初期阶段用例本来就很珍稀、罕见的客观实际情况密切相关，但除此之外还有没有别的原因呢？它有没有可能以某种不易被人觉察的比较"隐蔽"的形式存在着呢？词汇发展史特别是汉语词汇发展史告诉我们，不少词语的词形往往经历一个由多种形体到单一形体的固化过程，即在其产生、形成的初期阶段，词形往往不够固定，随意性较大，有人、有时这样写，有人、有时又那样写，同一个词往往存有多种不同的记写形式。这类情形在方言词和口语词中尤为常见。词汇发展史上这样的现象或实例举不胜举。那么副词"横竖"是不是也有可能属于这种情形呢？在元—明—清朝

乾隆之前的这一时期内，它是否有可能存在着别的异写形式或方言变体呢？如果我们能够找到它的某些异写形式或方言变体，便会使副词"横竖"产生、发展的脉络——主流和支流更为清晰、明确，也将会使我们对近代汉语中相关词语的来源和形成有一个比较正确的认识。

笔者在元杂剧特别是在具有浓厚明清时期山东方言色彩的《金瓶梅词话》《醒世姻缘传》和《聊斋俚曲集》中，分别找到了跟副词"横竖"意义和用法完全相同、读音十分接近的一些词语，它们一般都出现在人物的说白中，应该是或疑似副词"横竖"的异写形式或方言变体。下面分别论述。

(一) 元杂剧和《醒世姻缘传》中的"浑身""浑深""浑是"

元代关汉卿的杂剧中有个副词"浑身"，表示"反正"，跟元杂剧《射柳捶丸》中的副词"横竖"（例(1)）意义和用法完全相同：

(17) 许来大官员，恁来大职位，发出言词忒口疾，你不委心为自家没见识。又不是花街中柳陌里，那一个彻梢虚、雾塌桥，浑身我可也认的你。（《元曲选·谢天香》，三）

副词"浑身"也见于创作于明清之际、成书时间与《续金瓶梅》相同的《醒世姻缘传》中（凡4例）。例如：

(18) 嫂子，你是也使了些谷，浑身替你念佛的也够一千万人。（第三十二回）

(19) 抗着咱那谷……留着咱秋里荫枣麸，也浑身丢不了。（第三十二回）

(20) 这不今年你二十岁了？破着我再替你当四五年家，你浑身也历练的好了，交付给你，也叫我闲二年，自在自在。（第三十六回）

该词在《醒世姻缘传》中更常见的记写形式则是"浑深"（凡15例）。例如：

(21) 我们这两家姑娘可是不怕人相，也难说比那月里红鹅，浑深满临清唱的没有这们个容颜，只是不好叫大官人自己看的。（第十八回）

(22) 罢呀怎么！浑深我还死不的，等我起来看手段！（第五十八回）

(23) 浑深你的妗子管不得你一生，你将来还落在我手里。（第六十一回）

(24) 已是两考，这眼下就要上京，浑深待不的几个月就选出官儿来。（第七十二回）

(25) 我也有房屋地土，浑深走不了我。（第八十回）

《醒世姻缘传》中有时也记作"浑是"。例如：

(26) 俺闺女养汉来？没帐！浑是问不的死罪！（第七十二回；比较例(28)《金瓶梅词话》中例句"恒是问不的他死罪"）

48

(27) 狄希陈道："凤冠霞帔，通袖袍带，你还没试试哩，你别要也倒穿了可！"素姐道："浑是不像你，情管倒穿不了！"（第八十三回）

《汉语大词典》第五卷收有"浑深"条，释为："方言。反正，横竖。强调在任何情况下都不改变结论或结果。"释义准确可信。以上所举元杂剧和《醒世姻缘传》中"浑身/浑深/浑是"的用例，都可以用副词"横竖"替换而句子意思不变。

"横""浑"同属匣母字。"横"在今天的南京话和武汉、贵阳话中，读作 hun 或 huen，与"浑"读音十分接近。① 在近代山东方言中，"横"与"浑"读音也极易相混。这是因为在山东话中"横"多说成 hong②，而明清时期山东话前后鼻韵母常混而不分，hong 若说成前鼻韵母便会自然变成 hun（浑）③。这之间的音变轨迹当是：heng（横）→hong（红）→hun（浑）。既然"横"与"浑"常混而不分，"竖"与"身/深"或"是"又属同一声母的轻音字，可以相通，那么由"横竖"音变为"浑身/浑深"或"浑是"便是十分自然的了。今天山东枣庄、菏泽（笔者母方言）和苏北徐州一带，副词"横竖"便常说成"hùnshen（浑身）"或"huìshi（会是）"。例如："你到底同意不同意，浑身/会是给我句话呀！""你就是再厉害，也浑身/会是吃不了我！"笔者曾先后明确指出："'浑身''浑深'（书中还有'浑是'）实为副词'横竖'的方音变体，同属一词。"④ 张小平（2007）也明确指出："'浑深'就是'横竖'的音变。"张又说其家乡山西太原有"浑顺"的说法，"与'浑身'当为一词"。⑤

由上观之，副词"横竖"音变为"浑身"的现象，在该词刚刚开始使用的元代就已经存在了，到了明末清初的《醒世姻缘传》中则进一步演化为"浑深""浑是"。清朝后期该词偶见使用（详后），当今山东、山西和苏北方言中仍有保留。过去一般认为"浑身/浑深/浑是"只为山东一地的方言词，现在看这种区域定位过于狭窄，它应属于北方官话的方言词。

---

① 李荣：《现代汉语方言大词典》，江苏教育出版社 2002 年版。

② 山东话 heng 说成 hong，不仅现代如此，明清时期亦如此，如《醒世姻缘传》第十八回"月里姮娥"就被媒婆说成"月里红鹅"。

③ 后鼻音 hong 与前鼻音 hun 混而不分的情形在清初曲阜人孔尚任的《桃花扇》中有绝好的一例可作旁证。剧中第十九出刘泽清说："咱就混战一场！"高杰答话："凭你竖战也可，横战也可。"高杰所云"横战"即从刘泽清（山东曹县人）"混战"一语谐音"飞白"而来，足见"混/浑"与"横/恒"音近异混。

④ 徐复岭：《〈醒世姻缘传〉注释补议续稿》，载《蒲松龄研究》1992 年第 2 期。徐复岭：《〈金瓶梅词语〉注释、校勘拾误》，载《济宁师范专科学校学报》2003 年第 1 期。

⑤ 《〈醒世姻缘传〉词语零札》，载《东方论丛》2007 年第 3 期。

(二)《金瓶梅词话》中的"恒是""恒属""恒数"和"会胜"

成书时间与《西游记》大致相同的《金瓶梅词话》中有个副词"恒是"。例如：①

(28) 孩儿，你起来，不消哭，你汉子恒是问不的他死罪。(第二十六回)

(29) 依我，取笔来写上一百两，恒是看我面不要你利钱，你且得手使了，到明日做上官儿，慢慢陆续还他也是不迟。(第三十一回)

(30) 你老爹他恒是不稀罕你钱，你在院里老实大大摆一席酒，请俺每要一日就是了。(第六十七回)

(31) 他好胆子，恒是杀不了人，难道世间没王法管他也怎的！(第八十九回)

"恒是"在《金瓶梅词话》中有时也记作"恒属""恒数"(上引第二十六回例崇祯本作"恒数")。例如：

(32) 我调唆汉子也罢，若不教他把奴才老婆汉子一条提撵的离门离户也不算，恒属人挟不到我井里头！(第二十九回)

(33) 如今老爹上边既发此言，一些半些恒属打不动两位官府。(第四十七回)

(34) 你们千差万差来人不差，恒属大家只要图了事，上司差派，不由自己。(第六十九回)

(35) 你恒数不是爹的小老婆就罢了；是爹的小老婆，我也不怕你。(第二十四回)

以上各例中的"恒是/恒属/恒数"都可以替换成"横竖"而意思不变。

"恒是/恒属/恒数"中的第二个音节均读轻声，应属同一词中轻读音节的不同记写符号。在有的方言如吴方言中，"'是''竖'同音"。②"恒是/恒属/恒数"由"横竖"音变而来当不会有什么问题。李申（1992）、张惠英（1993）均持这种看法。今天黑龙江方言中"横竖"便说成"横是"。③吴方言中"横竖"有时也作"横是"。④

《金瓶梅词话》中还有一个跟副词"恒是/恒属/恒数"即"横竖"意义和用法完全相同的"会胜"⑤。例如：

---

① 本文所引《金瓶梅词话》的例句除特别注明者外，均出自人民文学出版社 1985 年版戴鸿森校点本。

②④ 闵家骥等：《简明吴方言词典》，上海辞书出版社 1986 年版。

③ 李荣：《现代汉语方言大词典》，江苏教育出版社 2002 年版。

⑤ 《金瓶梅词话》中的"会胜"和《醒世姻缘传》中的"浑深"另有"或许"义，表示揣测，笔者在《金瓶梅词话注释、校勘拾误》中曾有论及，此处不赘述。

(36) 他当家俺每就遭瘟来，会把腿磨细了，会胜买东西也不与你个足数，绑着鬼一钱银子拿出来只称九分半，着紧只九分，俺每莫不赔出来。（第六十四回）

(37) 娘们会胜看不见他！他但往那里去就锁了门。住了这半年，我只见他坐轿子往娘家去了一遭，没到晚就来家了。每常几时出个门儿来？只好晚夕门首出来倒杌子走走儿罢了。（第七十六回；例中第一、第三个"他"指温秀才老婆，第二个"他"指温秀才。万历本"会胜"作"合胜"）

这个"会胜"究竟是怎么来的？我们并不完全排除是由"横竖"直接音变而来的可能，但比较而言，更大的可能则是先由"横竖"音变为"浑身/浑深"（如二之（一）节所述），而后再由"浑身/浑深"音变为"会胜"。这是因为"会""浑"音近易混①；"身/深""胜"属前后鼻韵母，在明清乃至今天的山东话中常混而不分②，在今天的吴方言中这种现象更是普遍存在，"浑身/浑深"音变为"会胜"应是水到渠成。李申（1992）注意到了它们之间的语音联系，指出"'浑深'系'会胜'的音转"。只是李当时没有注意到"浑身"的出现早于"会胜"，故把演化的顺序弄反了——说成"'会胜'系'浑身/浑深'的音转"，这才符合该词演变的先后顺序。

（三）《聊斋俚曲集》中的"或者"

在创作于清朝康熙中后期、时间稍晚于《醒世姻缘传》和《续金瓶梅》的蒲松龄的《聊斋俚曲集》中，我们发现了一个意义和用法非常特别的副词"或者"：

(38) [仇福说]"从夜来只顾盘问我，或者没赌没嫖。"姜娘子说："仔怕嫖赌也是有的。"（《翻魇殃》二）

(39) 他三叔是好秀才，又老成，自然教导那孩子或者不差。（《禳妒咒》四）

(40) 江城说："我作的我受，或者打不著你，你管甚么闲事！"（《禳妒咒》十三）

(41) 张鸿渐说："狗脂，你弄就弄，或者你不敢杀了我！"（《磨难曲》十八）

一般认为"或者"有两种意义和用法：一是副词。表示揣测，相当于

---

① 山东话中 huì 与 hùn 易混，如"小茴香"被说成"小浑香"即其一例。
② 例如，《金瓶梅词话》第六一回"连声"作"连身"，第九十回"磬身"作"磬声"，《醒世姻缘传》第六二回"审问"作"省问"等。再如，今天山东有些地方"驴肾"说成"驴胜"，"溜须捧胜"表示阿谀奉承，其中"胜"即"肾"（人或动物的外阴）。

51

"或许、也许"。二是连词。表示选择,相当于"还是"。《聊斋俚曲集》中的"或者"显然不属于这两种意义和用法。实际上也有人已经注意到了这点,如邹宗良便将它注释为"总之"①。邹注虽然并不十分确切,但能发现这个"或者"非同一般,并能提取出它具有"总括"的含义,已经实属不易。实际上,这里的"或者"是一个"强调在任何情况下都不改变结论或结果"、表示肯定语气的副词,相当于"横竖、反正"。《聊斋俚曲集》中"或者"的这一意义和用法在其他文献中还没有见到过。

应该怎么解释这一现象呢?笔者怀疑,"或者"在蒲公的原稿中当是另外一个样子,很可能写作"或暑"或"或署",后人在抄录或刻印过程中把它当成了"或者"。如果真是这样的话,那么"或暑(署)"便是副词"横竖"的又一异写形式或方言变体。因为在山东方言中,"或"(包括同音的"惑""获")一般说成"huì(会)","huì(会)"与"浑"音近易混,"暑(署)"与"竖""胜"音近相通,于是"或暑(署)"跟《金瓶梅词话》中的"恒属/恒数/会胜"、《醒世姻缘传》中的"浑身/浑深"、《续金瓶梅》中的"横竖"等读音便一脉相承了。只是由于我们在历史文献特别是在《聊斋俚曲集》中尚未发现有"或暑(署)"用作"横竖"的确凿例证,这一想法也只能存疑而已。

总之,在副词"横竖"发展成熟、稳定成形之前的元至清初这段时期内,它的记写形式还不是很固定,在文献中,尤其是在方言色彩较浓的文学作品中,存在着某些不同的变体。如元杂剧和《醒世姻缘传》中的"浑身/浑深/浑是"、《金瓶梅词话》中的"恒是/恒属/恒数/会胜",就是它的明显的方言变体。另外,《聊斋俚曲集》中的"或者"也很有可能是副词"横竖"的异写或误写。

(四)对"副词'浑身/浑深'源于名词'浑身'的'语法化'"说法的质疑

对于《醒世姻缘传》中副词"浑身/浑深"的来源,冯春田、魏红不同意我们的"音变说",另外提出了"语法化"的说法,认为副词"浑身/浑深"来源于名词性的"浑身",是名词"浑身""语法化的结果"②。

"语法化"的说法倒是给人一种新鲜感,也颇符合当前语言学界的热点话题,遗憾的是它并没有给我们具体描绘出该词究竟怎么语法化的令人可信的

---

① 《聊斋俚曲集》,邹宗良校注本,国际文化出版公司1999年版,第178页。
② 冯春田、魏红:《明清山东方言的几个语法问题》,载中国社会科学院语言研究所编《历史语言学研究》第3辑,商务印书馆2010年版;冯春田:《明清山东方言里值得注意的语法问题》,载《东岳论丛》2010年第10期;魏红:《明清汉语特殊副词"通身""浑身"探源》,载《汉字文化》2009年第3期。

"路线图"来，似乎给人一种"贴标签"的感觉。笔者经过深入学习、研究冯、魏的几篇大作，有些疑惑始终未得解决，尚须求教。

一是关于语料的均匀和层次问题。朱德熙（1988）曾经指出，能否从可靠的语料中抽绎出可靠的语法规律，"跟研究者是否把语料内部的不同层次区分开有密切的关系"，"所谓区别语料的层次，当然不仅仅指方言的区别，除此之外还有别的层次，例如口语与书面语的区别、文言与现代语的区别等等。"① 朱先生这里说的是现代汉语语法的研究，但对于历史语法的研究无疑同样适用。《醒世姻缘传》中的副词"浑身/浑深"是方言口语词，相关语料也都来自书中人物的说白。但是冯、魏列举的名词性"浑身"向副词"浑身""语法化""过渡"的重要证据，如"浑身通畅""浑身上下""浑身锥子眼儿也不计其数"等，全都来自作者的叙述语言，也就是书面语，即通语，没有一例出自书中人物的说白。冯、魏根据通语或书面语中的"浑身"语料，讨论并推导方言口语中副词"浑身/浑深"的来源和形成，没能"把语料内部的不同层次区分开"，其结论的可靠性便要大打折扣了。

二是冯、魏仅谈了《醒世姻缘传》中"浑身/浑深"的所谓"语法化"，而与之意义和用法完全相同、关系密不可分的"浑是"却未曾涉及半字。不知是冯、魏根本没有发现《醒世姻缘传》中副词"浑是"的用例呢，还是有意回避？冯、魏如果也将副词"浑是"考虑在内的话，那么它又是怎么"语法化"的以及它与"浑身/浑深"的关系如何，尚须作出令人信服的说明。

三是冯、魏仅以其未见《醒世姻缘传》中有"横竖"的用例为由，便断然认定"横竖"音变为"浑身/浑深"缺乏"语言基础"，是不可能的，我们认为这一结论更是失之于轻率与武断。正如我们上面业已指出的，《醒世姻缘传》中虽未见"横竖"的用例，但与它同时期的《续金瓶梅》，还有早于它的元杂剧和《西游记》中都有"横竖"的用例，这一事实雄辩地证明"横竖"的使用早于或不晚于"浑身/浑深"，难道这还算不上"横竖"音变为"浑身/浑深"的"语言基础"吗？冯、魏作此论断时可能没有看到时间同于和早于《醒世姻缘传》的历史文献中"横竖"的用例，不然，其考虑问题的思路和得出的结论也许会有不同。

另外，冯、魏认为副词"浑身/浑深""现代山东方言未见保存"，这也与事实不符。

---

① 朱德熙：《现代汉语研究的对象是什么？》，载中国语文杂志社编《语法研究和探索（四）》，北京大学出版社1988年版，第18—21页。

三、副词"横竖"成熟、稳定阶段个别异写形式偶见"回潮"

从上面的讨论中不难看出，副词"横竖"在元—明—清（乾隆）以前这段时期内，虽然出现了"浑是/浑身/浑深"和"恒是/恒属/恒数/会胜"诸多由于方言音变而形成的异写形式，但"横竖"作为主干词形或基础词形的地位始终没有动摇或改变。也就是说，"横竖"的写法一直是该词发展、演化的主流，"浑是/浑身/浑深"和"恒是/恒属/恒数/会胜"等不过是"横竖"发展到某个阶段或在某个地域方言中繁衍、派生出来的支流而已。支流总归代替不了主流，"浑是/浑身/浑深"和"恒是/恒属/恒数/会胜"等仅出现和保留在少数历史文献中，而"横竖"的写法自清朝乾隆以后使用频率激增，其主流地位继续得以巩固和加强，基本上成为该词唯一的记写形式了。

不过也有例外。个别异写形式偶尔也有"回潮"现象发生。如约成书于清光绪年间的《续济公传》中就有副词"横是"的用例：

(42) 我横是连酒带菜不过十余两的东道，你给我一会就算了，省得他来夺你。（第四十九回）

(43) 大师傅既没酒钱，就把这银子分些儿去，吾横是用不完这许多，乐得两便，何必自苦如此？（第五十三回）

(44) 横是吾到那边也不过三天五天的耽搁，回来就给你捉妖便了。（第六十二回）

(45) 自己转念道：横是死在顷刻了，死后阴灵不散，必然会明白的。（第七十四回）

以上例子中的"横是"均用同"横竖、反正"，表示肯定语气，跟《金瓶梅词话》中的"恒是"没有什么差别，应当同属副词"横竖"的异写形式。在今天的黑龙江方言和吴方言中，副词"横竖"便读作"横是"。这就是说，副词"横竖"音变为"横是/恒是"在历史文献和当今方言中均有实证。《汉语大词典》和《现代汉语词典》虽然都收录了副词"横是"，但只有"表示揣测；大概"这一义项和用法，而它"表示肯定；横竖"的义项和用法却付诸阙如，这不能不算是当今两部重要辞书的共同疏漏。

再如"浑深"。晚清小说《九尾龟》第五十二回有这样一例：

(46) 本县一天到晚的公事甚多，那有工夫问你？浑深你是臬宪解来的人，且待本县去禀复了朱大人再来问你。

这个"浑深"延续了元杂剧《谢天香》和明末清初小说《醒世姻缘传》中"浑身/浑深"的使用习惯，同为"横竖"的异写。

在今天各地的方言中,"横竖"仍保留有不同的方言读音和记写形式。据李荣《汉语方言大词典》,崇明话记作"横四",上海、宁波、杭州话虽然记作"横竖",但"竖"字读音却近于"si(四)"或"zi(子)"。随着现代人语言文字规范意识的提高和加强,这些很"土"的方言记写形式通常只保留在方言词典或方言志中,除此之外的一般文献中已很难见到了。

四、结语

副词"横竖"及其异写形式的演变关系和演化过程大致如下图所示:

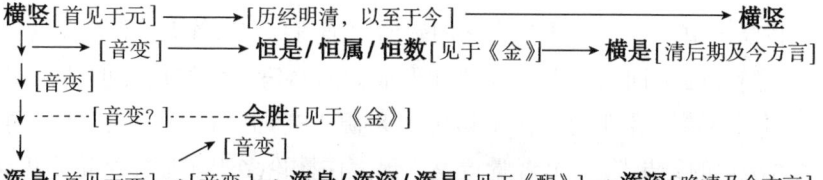

横竖[首见于元]──────→[历经明清,以至于今]──────────→横竖
  ↓──→[音变]→**恒是/恒属/恒数**[见于《金》]──→**横是**[清后期及今方言]
  ↓[音变]
  ↓······[音变?]······**会胜**[见于《金》]
  ↓   ↗[音变]
浑身[首见于元]→[音变]→**浑身/浑深/浑是**[见于《醒》]→**浑深**[晚清及今方言]

总之,"横竖"始终是该词的主干词形或基础词形,"浑是/浑身/浑深"和"恒(横)是/恒属/恒数/会胜"都是直接或间接地由"横竖"音变形成的异写形式。(见于《聊斋俚曲集》的"或者",因证据不足暂未列入)近代汉语中的"横竖"及其异写形式,构成意义和用法完全相同、语音辗转相通的一个完整的词汇家族。

(载《汉字文化》2013 年第 4 期)

【补记】

近读《全明散曲》(谢伯阳编,齐鲁书社 1994 年版),从两位明代晚期的山东籍曲作家的作品中发现了两个"横竖"的用例,差可弥补该词产生、发展阶段引例不足之遗憾,同时也为"横竖"音变为"浑身/浑深"提供更多的"语言基础":

(1) 教学委实难,许多般不周全,横竖难趁东家愿。当家的要严,婆客们要宽,极的个学博推磨转。(孙峡峰《南商调黄莺儿》,《全明散曲》p3550。按孙为安丘人,殁于崇祯壬午之难)

(2) 你横竖折摄的是俺,谁受的这等背惑?(丁惟恕《嘲惧内走章台》,《全明散曲》p4121。按丁为诸城人,所著《续小令集》自刻于崇祯十三年)

(2017 年 6 月 4 日记)

关于近代汉语语气副词
"通身/通深"的来源和形成

近代汉语中表示"全然"意义的副词"通身""通深",是方言色彩较浓因而稍显特殊的副词。关于其来源和形成,冯春田、魏红在《明清山东方言的几个语法问题》及别的大作中认定"来源于名词'通身'",是名词"通身""语法化的结果"。① 笔者觉得冯、魏大作推论多于实证,结论令人生疑,故撰此文以向二位及语言学界同人请教。

表示"全然"义的"通身"见于《醒世姻缘传》中。例如:

(1) [珍哥]合那刑房张瑞风明铺夜盖的皮缠,敢是那刑房不进去,就合那禁子们鬼混,通身不成道理!(第四十三回)

(2) 每次过后也知道自己追悔;到了其间,通身由不得我,合他为冤计仇,通似神差鬼使的一样。(第八十回)

该词在《醒世姻缘传》中也记作"通深"。例如:

(3) 这事我通深不知道,外甥也没合我说。(第七十七回)

显而易见,上述"通身/通深"都表示"全然"或"完全地"的意义(冯等认为是表示"完全、绝对"意义),只用作状语,后边一般跟否定形式,略带夸张或强调语气,含有一定的主观性;这些都跟副词"全然"的意义、用法相同。为便于跟表示"全部"或"总括、总共"义的副词"通身"相区分,我们下面把它称为语气副词。语气副词"通身/通深"的第二个音节当读轻声。

冯等认为《金瓶梅词话》中"连你这边一所[房屋]通身打开"(第十六回)、"通身只三两分资"(第七十七回)等这类表示"全部"或"总括、总共"义的副词"通身",来源于表示"全身、浑身"义的名词"通身"

---

① 冯春田、魏红:《明清山东方言的几个语法问题》,载《历史语言学研究》第3辑,商务印书馆2010年版;冯春田:《明清山东方言里值得注意的语法问题》,载《东岳论丛》2010年第10期;魏红:《明清汉语特殊副词"通身""浑身"探源》,载《汉字文化》2009年第3期。

（如：通身的汗、通身肿痛），这应当没有问题。不过这种变化在很大程度上是词义引申的结果，属于词汇学范畴，而不应归因于或不应完全归因于语法化。关于这点我们暂且不论。冯等进而认定表示"全然"义的语气副词"通身/通深"也来源于此，是名词"通身""语法化的结果"，这便与事实相去甚远了。

笔者认为要解决语气副词"通身/通深"的来源和形成问题，无论如何是不能绕开近代汉语中副词"通"这一关键环节的。

近代汉语特别是近代北方方言中，存在着一个表示"全然"意义、略带夸张或强调语气的单音节副词"通"，只用作状语，后边也是多跟否定形式。例如：

(4) 吃了一日酒，到晚拉众朋友往院里去了，一夜通没来家。（《金瓶梅词话》第八回）

(5) 俺妈从去岁不好了一场，至今腿脚半边通动不的，只扶着人走。（又第十一回）

(6) 小的通不认得此人，并没借他银子。（又第十九回）

(7) 这们大节下，你通门也不出，只在家里守着花罢！（《醒世姻缘传》第四回）

(8) 到了那里，通成不得了，里头乱多着哩！（又第四十三回）

(9) 除了这两家子，别家通没这钱了。（又第五十回）

(10) 如今可也通不成个世界了！（《聊斋俚曲·磨难曲》第一回）

(11) 他说的我通不懂，怎么不该罚！（《红楼梦》第二十八回）

汉语特别是汉语口语中存有这样一个几乎人所共知的事实：为了加强语气，不少单音节或双音节副词（还有少数连词）的后边可以添加一个后缀性质的轻读的虚语素"是"。单音节副词如：

老/老是（如：不要老/老是埋怨别人）

怕/怕是（如：今天怕/怕是走不了了）

双音节副词如：

简直/简直是（如：他这人简直/简直是狗屁不通）

好像/好像是（如：我好像/好像是在那里见过你）

"老、怕、简直、好像"与"老是、怕是、简直是、好像是"其实分别为一个词，有没有"是"句子都可以成立。加个轻声字"是"只是为增强语气，并不改变句子的基本意思。

近代汉语中表示"全然"义的语气副词"通"，恰恰属于可以缀加轻读的虚语素"是"的这类副词的范围，例（4）—（11）中的"通"都可以改成"通是"而句子仍然成立，而且基本意思不变。更值得注意的是，近代汉语中就确确实实存在着为数不少的表示"全然"义的语气副词"通是"。例如：

(12) 你这话通是反了！我就守你爷一日，也是你个小主人家，你就这们欺心！（《醒世姻缘传》第四十三回）

(13) 就是一月间勉强来奉承两遭，一似那杀败的残兵，望着城门先抛枪弃甲，弄半日还是根折枪杆，通是进不去的。（《续金瓶梅》第三十一回）

(14) 这几年不敢在城，通是在乡村里躲着，谁敢见个人儿！（又第三十五回）

(15) 第二的，那两家要账的通是不依，一定要一剪儿剪齐，话头都当不得的，我委的没法。（《歧路灯》第四十回）

(16) ［虎镇邦］只说道："好谭相公，通是把我忘了！"（又第六十二回）

这些"通是"也都可以不带"是"只说成"通"，句子基本意思不变。其中例（12）不带"是"好像不太自然，这是由于语气副词"通"一般要跟动词的复杂形式，如果说成"通反了天了"就自然得多了。

现在回过头来审视开头三例中的"通身/通深"，同样也可以不带"身/深"而说成"通"，句子仍然成立，而且基本意思不变。于是我们便会豁然明白过来——"通身/通深"原来就是"通是"的音变或转写形式。因为本属读音含混的轻读音节，"是"发生音变而转写成"身/深"当是很自然的事，这也正跟副词"浑身/浑深"与"浑是"相通的情形类风。①

至此，表示"全然"义的语气副词"通是"和"通身/通深"的演变轨迹便一目了然了：

通［缀加］→ **通是**［音变］→**通身/通深**

至此，笔者与冯等分歧的焦点或关键所在也便一清二楚了：

笔者认为语气副词"通身/通深"源于"通是"；其中"是/身/深/"为轻读的后缀性质的虚语素，可带亦可不带。冯等认为语气副词"通身/通深"源于名词性偏正组合"通身"；其中"身"即"身体"的"身"（"深"系"身体"中"身"的借字），为实语素。

近代汉语的语言事实是：凡是含有语气副词"通是/通身/通深"的句子，都可以去掉该副词的第二个音节说成"通"而句意不变。应该怎么解释这种

---

① 徐复岭：《副词"横竖"流变考略》，载《汉字文化》2013年第4期。

语言事实呢？依照笔者"缀加"的观点，完全可以对此作出合情合理的解释，而冯等所谓"语法化"的观点却会遭遇尴尬，难以自圆其说，因为偏正结构的中心成分"身"是不可随便"化"掉的。判断语言学中一种观点或命题正确与否，一个重要的标准就是看它在语言事实或语言现象面前有无解释力或解释力的强弱，没有或缺乏解释力的观点或命题往往是虚假的。

下边再补充两个表示"全然"义的语气副词"通身"的例子，均出自清朝后期小说《续济公传》，借以证明该词的使用并不限于山东方言，而是范围要更广一些：

（17）贾知县此时心里却糊涂住了……心中又贪恋庙中一定总有些存款，就想借此进庙去搜罗一番，所以把"济公"这两个字通身都忘掉了。（第二一八回）

（18）[殷长贵]心中划了一划，便说道："你副爷的明见，在下虽然得着这份家当，通身还不曾过手，恐怕立时做主，要用个若干，还未见得就能应手。"（第二三一回）

结论：表示"全然"义的语气副词"通身/通深"，首先是由副词"通"加后缀"是"而成"通是"，再由"通是"音变而成"通身/通深"，其中"是/身/深"实为后缀性质的虚语素。唯其如此，才能解释得通语气副词"通身/通深/通是"可以自由去掉第二个音节而不影响句意这一近代汉语中的事实，而且实际文献中就存有意义和用法同于语气副词"通身/通深/通是"的单音节语气副词"通"。

最后，顺便澄清一个被冯、魏视为副词"通身"的例子：

（19）你只看这五字，可有一个实字？通身虚的。这也罢了，并且当中又加'而'字一转，却仍转到前头意思。（《镜花缘》第八十回；这五字，指"斯已而已矣"）

这个"通身"其实就是"通是"的音变，不过它不属于本文所说的附加后缀的语气副词"通是"，而是属于两个词：副词"通"+判断词"是"，其中的"是"不可随意拿掉。"通身虚的"，即"通是虚的"，其中"虚的"为"的"字短语，指"虚的字"（虚字），用作判断词"身"即"是"的宾语。冯、魏将这个"通身"视作一个词（副词）显然是看走了眼。不过我们还是要感谢二位，因为该例恰好可以当作"身""是"轻音相通、"通身"是由"通是"音变而来的最有说服力的极好的佐证，省却了我们再去别处寻觅例证的工夫。

（载《汉字文化》2013年第5期）

说"又咱（又喒、由咱、已咱）"

"又咱"一词，《汉语大词典》与《现代汉语词典》均未见收录，其他语文工具书一般也难寻觅到它的踪影。也正由于此，即使是语言学学者有时也难免误读和误解它。

据笔者所知，该词仅见于清初的《聊斋俚曲集》和《醒世姻缘传》两种通俗文学作品中。它是个副词，表示事情发生得比预想的要早、要快，有"已经""早已"的意思。例如：

(1) 恨那打更人，恨那打更人，打的更点未必真，交四鼓多大霎，又咱五更尽？（《聊斋俚曲集·磨难曲》二十五）

(2) 妈妈叫他坐下，扳起他那脚来看了看，见那鞋没有底，有半截棘针扎在那脚心里，叹了一声："咳，我的儿！这是几时签上的来？又咱会脓了！"（《聊斋俚曲集·慈悲曲》一）

(3) [李氏]一行叫着，那孩子又咱没了影了。（又三）

"又咱"之后的动作通常是已经发生了的，少数情况下也可以是尚未发生的，这时它只能是"就"或"便"的意思。例如：

(4) （公子云）使不的！忒也暴虐了，看人说你！（江城说）你说又咱不铰你了么？"（《聊斋俚曲集·禳妒咒》二十六）

"又咱"也写作"又喒""由咱""已咱"。例如：

(5) 肿的头好似筐，过夜却比头夜强。姜娘子知道无妨帐，说："你又喒不疼了？我看你死也应当。"（《聊斋俚曲集·翻魇殃》三）

(6) 乌温了不大霎，又喒罄了净！要我怎生，要我怎生？不如死了眼不睁！（又四）

(7) 正议论着，只听的那喇叭一声子哩响，范公子又喒进来了，在那书房里挂帐子。（又六）

(8) [慧娘]合二相公到了那院里，一眼看见那媛窝，笑了笑说："这小厮又喒抄了人家的稿来了？"（又十一）

(9)［狄员外］叫他切碗肉来，又切的甚是方正。刚吃着，童奶奶过来了，笑道："由咱试手段了?"（《醒世姻缘传》第五十五回）

(10) 到了次日，张讷想他不去，谁想到了山里，他已咱到了。（《聊斋俚曲集·慈悲曲》四）

(11) 到了第二清晨，张诚早起来上书房开开那角门子，见哥哥已咱把各闹打扫了一大堆，还在那里扫。（又；各闹，垃圾）

"又咱（又喒、由咱、已咱）"多用于反问句，如例（1）（2）（4）（5）（6）（8）（9）；也可以用于陈述句，如例（3）（7）（10）（11）。句中动词一般要带完成态助词"了"，如上边除例（1）以外的各例；例（1）之所以没有用"了"，那是囿于曲文押韵所致。

《聊斋俚曲集》和《醒世姻缘传》的作者都是山东人，所以"又咱"应该属于山东方言词。查阅笔者手头现有的《山东方言词典》①和《济宁市志·方言篇》②《兖州县志·方言志》③《汶上方言志》④《聊城方言志》⑤《利津方言志》⑥等资料，发现该词在今山东济宁、兖州、曲阜、汶上、郓城、阳谷、聊城、德州、滨州、利津、桓台、青州、寿光等地方言中仍然使用。只是没有写成"又咱"，而是写成了"由咱""尤咱""尤见""酉间""已咱"等形式，而第二个音节"咱"或"见""间"等字的注音，上述各书均是以鼻韵母 an 收尾，而不是以单元音 a 收尾。这充分说明了"又咱（喒）"一词应该读为 yòuzǎn 或 yòu·zan，而不是 yòuzǎ 或 yòu·za。

有的学者在其论著中存在着误读和肢解、割裂"又咱"一词的现象。换言之，他们不认为"又咱"是一个词，而且在注音上也大可商榷。如董遵章《元明清白话著作中山东方言例释》⑦"喡（zǎ）"条义项（三）云："怎么；为什么。'喡'还作'喒'……又作'咱'。"并引用上述例（1）（3）（8）中的"咱"与"喒"作为书证。冯春田先生先是在《聊斋俚曲的一些方言词音问题》⑧中论及"咱""借为疑问代词'咋'""喒""借用为疑问代词'怎么'的合音式'咋'"时，分别引用例（1）（2）（4）与例（5）（6）

---

① 董绍克、张家芝：《山东方言词典》，语文出版社1997年版。
② 济宁市地方史志编纂委员会：《济宁市志·方言篇》，中华书局2002年版（其中"方言篇"系徐复岭撰稿）。
③ 丁振芳：《兖州县志·方言志》，1992年（讨论稿）。
④ 宋恩泉：《汶上方言志》，齐鲁书社2005年版。
⑤ 张鹤泉：《聊城方言志》，语文出版社1995年版。
⑥ 杨秋泽：《利津方言志》，语文出版社1990年版。
⑦ 董遵章：《元明清白话著作中山东方言例释》，山东教育出版社1985年版。
⑧ 《聊斋俚曲的一些方言词音问题》，载《中国语文》2001年第3期。

(7)(8)两组书证,并重点论证了"咱"音 zǎ,"喒"本音 zán,但这里失落了 n 尾而成了·za(咋)。其后,冯先生又在《合音式疑问代词"咋"与"啥"的一些问题》①中论及"咋(咱,zǎ)"的指示用法时,引用上述例(2)(3)(4)作为"咋(咱)""用在动词谓语前,询问原因"的书证。

董、冯二位先生在这里犯了两个错误。

一是他们把本为一个词的"又咱(喒)"当成了两个词——副词"又"+疑问代词"咋"("咱、喒"是其异写形式)。这是无论如何也说不过去的。先看"又"。在"又咱(喒)"这个词中,"又"多数情况下已不再表示"重复"这一原有的词汇意义,而仅仅是作为一个构词语素出现而已(这大概也就是有人不再把该词写成"又咱"而写成"由咱""尤咱"等形式的原因)。换句话说,"又咱(喒)"中的"又"通常不再作副词"又"使用了。例如上举例(2)(3)(4)等句中"又咱(喒)"后的动作都是第一次发生,根本不存在重复发生即"又"去做什么或"又"怎么样的问题。再看所谓的"疑问代词'咋(咱、喒)'",这也是很难说得过去的。就拿董、冯二位都引用过的例(3)来说,这句明明是陈述句,"咱"怎么可能是表示"怎么、为什么"或"用在动词谓语前,询问原因"的"疑问代词'咋'"呢?最不应该的是,冯先生的第二篇文章为了使其跟自己所谓"用在动词谓语前,询问原因"的结论相"吻合",竟置原著文意于不顾,径将该句由陈述句改成了疑问句,由陈述语气改成了疑问语气。这种不尊重客观语言事实的做法在学术研究中是极不可取的。再如例(7)也是陈述句,"喒"也不可能是"疑问代词'怎么'的合音式'咋'"。(这句冯文引用时倒没有改变原来的语气)至于例(10)(11),因为同样是陈述句,其中的"咱"当然也不可能是表示疑问的"怎么"的合音"咋"。(这两句冯文未见引用)

二是"咱"在"又咱(喒)"中读 zǎn 或·zan,不读 zā 或·za。这就是说,副词"又咱(喒)"中的"咱(喒)"(zǎn/·zan)与疑问代词"咋(咱)"(zǎ/·za)并不同音。这至少有今天的方言事实为证,已如前边所述,不赘。就是在《聊斋俚曲集》中,也能透露出某些端倪。细心的读者不难发现,蒲松龄在其俚曲中,疑问代词"咋"(zǎ)一般写作"咂",很少写作"咱";副词"又咱"和疑问代词"多咱"中的"咱"(zǎn),除写作"咱"外,还写作"喒",但从不写作"咂"。这是不是可以证明蒲氏对疑问代词"咋"和"又咱""多咱"中的"咱"之读音是有所区分的呢?如果的确如此的话,那就说明了蒲氏所生活的时代,在山东淄川地区"又咱(喒)"

---

① 《合音式疑问代词"咋"与"啥"的一些问题》,载《中国语文》2003 年第 3 期。

62

中的"咱（嚌）"读作 zǎn 或·zɑn，与今天山东其他地区对这个词的第二个音节的读音是相同的，但跟疑问代词"怎么"的合音"咋（嚩）"却不同音。

关于该词的来源，目前尚不十分清楚。或者有人认为"又咱（嚌）"来源于较早出现且使用地域更广的"又早"，这从意义上来看应该不成问题，因为"又早"表示"早早""已早"或"已经"的意思，跟"又咱（嚌）"并没有太大的差别。例如：

(12) 昨日颜如渥丹，今朝鬓发斑斑。恰才桃李春，又早桑榆晚，断送了古人何限。(张养浩《云庄乐府·沉醉东风》)

(13) 自太史公死后，又早过了三四个月日。(《水浒传》第二回)

(14) 应伯爵也作辞出门，来到吴主管家。吴典恩又早封下十两保头钱，双手递与伯爵。(《金瓶梅词话》第三十一回)

(15) 他说您姑娘，又早奶膀儿乍？(《聊斋俚曲集·琴瑟乐》)

但是从语音上看，"又早（yòuzǎo）"是怎么演化成"又咱（yòuzǎn）"的，这还需要给出合理的解释。

(载《汉字文化》2011 年第 2 期)

近古齐鲁方言里的几个虚词：
紧仔、没的、不着
——兼及文献中相关的校注、标点问题

紧仔（紧自/紧子/紧则/紧着/紧/尽自/急自/急仔/极仔/禁子的）

"紧仔",又作"紧自、紧子、紧则、紧着、尽自",或省作"紧",为一副词,含有"本来、原来、原本、原就"的意思,可用在谓语前(即主语后),也可用在主语前。它常与具有追加意义的副词"又""再"等搭配使用,构成表示并列或递进关系的复句"紧仔……,又/再……"。"紧仔……,又/再……"句式的意思是：原本就怎么样,现在(说话时)又加上怎么样。例如：

(1) 紧仔年下没钱,又叫你们费礼。(《醒世姻缘传》第二十一回)①
(2) 你紧仔胳膊疼哩,……别要再惹的官司打顿板子。(又第七十四回)
(3) 紧自他麻犯人,你又自作耍。(《金瓶梅》第八回)②
(4) 紧自焦的魂也没了,猛可半夜又钻出这个业障来。(又第六十七回)
(5) 那武松紧着心中不自在,那婆子不知好歹,又徯落他。(又第八十七回)
(6) 紧要叫人疼的魂也没了,还要那等撅弄人,亏你也下般的。(又第七十五回)

"紧仔……又/再……"构成的并列或递进复句形式往往表示原因,然后紧接表示结果的分句,从而构成多重复句。例如：

(7) 金莲紧自心里恼,又听见他娘说了这一句,越发心中撺上把火一般。(《金瓶梅》第五十八回)
(8) 紧则你爷甚么,又搭上你大叔长长团团的……爷儿两个没一个儿肯

---

① 《醒世姻缘传》引例据上海古籍出版社1985年排印本。
② 《金瓶梅》引例据齐鲁书社1987年排印本。

出去陪他们陪。(《醒世姻缘传》第二十二回)

(9) 紧仔这几日他身上不大好，没大吃饭，孩子又咂着奶，为甚么又没要紧的生气？(又第九十六回)

例(8)意思是说：本来你爷就不愿意见他们(例中"甚么"指代不便直接说出来的"不愿意见他们"一语)，又加上你大叔说长道短、对他们极不满意(即例中"长长团团的")，因此，"爷儿两个没一个肯出去陪他们陪"。例(9)结果分句采取了反问的形式，"为甚么又没要紧的生气"，意即不应该轻易地生气。

"紧仔"也可以不与"又/再"等构成并列关系复句，这时，"紧仔"所在分句的后边或前边可以直接出现结果分句。先看表示原因的"紧仔"分句在前而结果分句在后的例子：

(10) 你紧心里不好，休要只顾思想他了。(《金瓶梅》第六十一回)
(11) 沈超寰算计，这金银财宝尽自不少，那里去藏去？(《续金瓶梅》第六回)①

例(11)结果分句也系反问形式，"那里去藏去"意即无合适地方可藏。
再看结果分句在前、"紧仔"分句在后的例子：

(12) 你悄悄的罢，紧仔爷不得命哩！(《醒世姻缘传》第七十六回)
(13) 舍着俺两个的皮脸替狄大爷做去，紧子冬里愁着没有棉裤、棉袄合煤烧哩。(又第七十五回)

显然，这时"紧仔"分句含有追述原因或补充交代理由的意味。
在蒲松龄的《聊斋俚曲集》中，"紧仔"常写作"急仔、急自、极仔"，偶尔写作"禁子的"。例如：

(14) 急仔江城每待打他，我就替他效效劳罢。(《禳妒咒》第十七回)②
(15) 俺媳妇子急仔睃不上我，不如就给他罢。(《翻魇殃》第四回)
(16) 赌了一日一宿，禁子的三个人哄了一个人，二十两又净了。(同上)
(17) 急自一个喂喂哼哼的，一个扭扭捏捏的，又添你哭哭啼啼的。(《寒森曲》第五回)
(18) 他急自极好害饥困，何况等了半日多，此时不知怎么饿。(《墙头记》第一回)
(19) 极仔想你不得见，又说你去的不光滑，痛惜惜把我心摘下。(《翻魇殃》第九回)

---

① 《续金瓶梅》引例据《金瓶梅续书三种》，齐鲁书社1988年版。
② 《聊斋俚曲集》引例据路大荒整理的《蒲松龄集》，上海古籍出版社1986年新1版。

头三例是表示原因的"急仔/禁子的"分句之后直接跟结果分句，其中例（14）（15）后一分句中还用了副词"就"，其表示结果的意思更为明显。后三例则是"急自/极仔"与"又/何况"前后呼应，构成并列或递进复句，其中例（18）（19）在"急自/极仔……又/何况……"之后并续接表示结果的分句，从而构成多重复句。

由于不习近古齐鲁方言"紧仔"的意义和用法，人们在校注、标点有关文献时便难免出现这样那样的差错。例如上海古籍版《醒世姻缘传》（黄肃秋校注）在涉及例（1）和例（8）两句的注释中便出了纰漏，对此隋文昭同志已著文指出。①

再如齐鲁书社《金瓶梅新证》（张远芬著）将"紧自"解作"总是，老是"。《吉林大学社会科学学报》1987年第1期《〈金瓶梅词典〉词条选登》"紧自"条亦释为"极甚之词，很、十分、总是"。陆澹安《小说词语汇释》则释为"着紧、接二连三、连续不断"。三家所举例句都是上举例（3），均属于误释。

再看文献中与"紧仔"有关的标点问题。

(20) 紧着热剌剌的挤了一屋子的人，也不是养孩子，都看着下象胆（蛋）哩。（《金瓶梅》第三十回）

这句意思是：本来就热剌剌的，又加上挤了一屋子的人……"热剌剌的"的后边加一逗号表意才明确，否则容易让人误将"热剌剌的"视作"挤了一屋子的人"的修饰语。这属于应该点断而未点断之例。下句情形正好相反：

(21) 这相旺争嘴学舌，相主事紧仔算计，待要打他，只为他从家里才来，没好就打……（《醒世姻缘传》第七十八回）

"紧仔"后的"算计待要打他"应连在一起，不应点断，否则令人费解。

(22) [丫头]紧仔不中他意！端着个铜盆，豁朗的一声撂在地下，一个孩子正吃着奶，唬的半日哭不出来，[寄姐]把他送在空屋里锁了二日。（《醒世姻缘传》第八十一回）

这句意思是说：丫头本来不中寄姐的意，又加上她把铜盆撂在地下吓着了孩子，因此寄姐就把丫头锁在了空屋子里。这其实是前边所说的"紧仔……，又……，+结果分句"的扩展形式，属于比较复杂的多重复句，其中的感叹号应改为逗号。这样前后才能贯通下来，便于读者理解文意。

---

① 隋文昭：《〈醒世姻缘传〉词语注释商榷》，载《中国语文》1988年第4期。

没的（没得/没地/没地里/没的家/莫/没哩/没里/每哩/们哩）

"没的"用法不止一种，这里只说它在近古齐鲁方言中的语气副词用法。作为语气副词，"没的"可用于祈使句、陈述句和反问句等不同的句式中，表示各不相同的语气。

（一）用于表示禁止的祈使句中，大体相当于"休要、不要"。这类句子多含有斥责、辱骂等强烈的感情成分在内。例如：

(1) 蕙莲道："我养汉你看见来？没的扯臊淡哩！嫂子，你也不是甚么清净姑姑儿。"（《金瓶梅》第二十四回）

(2) 养娘、丫头说道："他好意送了来，你不收他的，教他不羞么？"计氏道："你们没的臭声！他不羞，你们替他羞罢！"（《醒世姻缘传》第三回）

（二）用于反问句中，表示反诘语气，相当于"难道"。句末有时有助词"不成"或"么"与之呼应。例如：

(3) 我往日相识的朋友，听的道岳孔目死了，他没的不来烧纸？（《元曲选·铁拐李》，第二折；作者岳伯川，济南人）

(4) [春梅]骂道："趁早儿与我走，不要来了。"申二姐道："我没的赖在你家？"（《金瓶梅》第七十五回）

(5) 晁住道："没的这猫也着人哄了不成？"（《醒世姻缘传》第六回）

(6) 珍哥道："谁家茜草茜的也会落色来？没的毡条、羯子、缨子都落色罢？（又第六回；罢=么）

(7) 你一个一奶同胞的姐姐叫人打了这们一顿，你没的体面好看么？（又第六十回）

(8) 他自己就够我受的了，那两个恶货都是他一伙子人，我不拿着钱买命，没的命是盐换的？（又第九十六回）

（三）用于反问句中，表示揣度、猜疑语气，相当于"莫非"。句末常有"么"呼应。例如：

(9) 你没的是怪我么？怎么见我来了就走？（《醒世姻缘传》第十一回）

(10) 这可是谁吃了半碗？……再没见人来，就只是小玉兰来走了一遭，没的就是他？（又第四十八回）

（四）用于陈述句中，表示某种强调语气，大体相当于"反而""反倒"，有时则与"倒"一起使用。这一用法的"没的"，其所在的句子多是表示说话者所不乐意见到的结果。"没的"有突出和强调这种不良后果的作用。① 例如：

（11）平空留着他在家里做甚么！到明日没的把咱们也扯下水去了。(《金瓶梅》第八十六回)

（12）我就去不成，也不要那罱纱片子，拿出去倒没的教人笑话。(又第三十五回)

（13）[薛夫人] 叫素姐与他婆婆磕头，他扭扎鬼的，甚么是肯磕。狄婆子道："亲家，你没的淘气哩。他知道甚么叫是婆婆，通是个野物！"(《醒世姻缘传》第四十八回)

（14）狄员外说："明日起个早，待我自家叫他去；别人去，他也不来。"他母亲说："你去倒没的替他长志哩。"(又第四十回)

"没的"也写作"没得"，偶尔写作"没地、没地里"或"没的家"。例如：

（15）你如今死了为神，人心里谁有良心，谁没良心，大奶奶，你没得还不知道哩？(《醒世姻缘传》第十一回)

（16）俺过着他的日子，他管教俺成人，还说俺是怕婆子，没得还该不怕么？(《襐妒咒》第一回)

（17）武松道："休要胡说！没地不还你钱？再筛三碗来我吃！"(《水浒传》第二十三回)②

（18）武松道："……看你怎地奈何我！没地里倒把我发回阳谷县去不成？"(又第二十八回)

（19）素姐说："没的家放屁！谁养了汉来？"(《醒世姻缘传》第七十四回)

（20）计氏说道："你没得扯淡！你认得我是谁？我去看你！"(又第二回)

（21）玉楼劝道："他既要出去，你不消打，倒没得气了你。"(《金瓶梅》第九十一回)

例（15）—（18）都是用于反问句，表示反诘语气；例（19）与例（20）用于表示禁止的祈使句；例（21）则用于陈述句，用来强调可能引起的不良后果。

"没的"在《金瓶梅》中偶尔也省作"莫"，尤其在反问句中表示反诘语气时。例如：

（22）金莲道："他不往我那屋里去，我莫拿猪毛绳子套了他去不成？"

---

① 马荣尧：《近代汉语副词"没的"考释》，载《中国语文》1990年第5期。
② 《水浒传》引例据人民文学出版社1989年排印本。

(第七十五回)

(23) 薛嫂道："奶奶，你不知。他如今有了四五个月身孕了……"雪娥便说："老淫妇说的没个行款儿！他卖与守备多少时，就有了半肚孩子？那守备身边少说也有几房头，莫就兴起他来，这等大道？"(第八十八回)

在蒲松龄笔下，"没的"则常写作"没哩、没里、每哩、们哩"。例如：

(24) 怎么连面不见，每哩见了我待啃你一口不成么？好笑人！（《墙头记》第二回）

(25) 赵大哥，咱从容商议，我合赵爷是怎么的相与，每哩我疼钱么？（《寒森曲》第四回）

(26) 我这里合您家里一样，们哩我就没有那碗饭给他吃么？（《慈悲曲》第三回）

(27) 不知叫我做嘎？……没哩是劝他那娘子？（《禳妒咒》第十四回）

(28) [万岁做出把詹毡帽一拉，搭伏在桌子上打盹的姿态，让王龙猜。] 王龙说："你这又是一个虎。寻寻思思的，没里他是'胡寻思'？这又不像个人名，只怕是'胡想'。我莽莽他罢……"（《增补幸云曲》第二十回；莽，胡乱猜想）

(29) 万岁心中惊异：佛动心每哩是他？（又第九回）

其中头三例是表示反诘语气的，后三例是表示猜度语气的。

语气副词"没的"的诸种用法中，以表示反问语气者最为常见。"没的"表示反问或猜度语气，总是通过疑问句式来实现的。因此，这类句子的后边一般用问号，如上举有关例句；否则意思就难以表达清楚，令人费解。其中例(17)"没地不还你钱"和例(28)"没里他是'胡寻思'"之后，在有关书中都用了逗号，意思颇难理解，今改成了问号，便可豁然贯通。类似这种标点失当之处，文献中颇不鲜见，下边再摘引几处：

(30) 在家里没的没打么，可也没有这们打的狠。（《醒世姻缘传》第九十六回）

(31) 俺有是俺的，没的是奶奶分给俺的。（又第二十二回）

(32) 我家买了个业障来，不知是那个媒人做的事，如今放在屋里，七粗八细一些做不来，没得养着吃闲饭，你与我快寻个主儿领出去。（《续金瓶梅》第四十八回）

(33) 莫怪，莫怪，新女婿抹着腰，——每哩你疼我不疼哩。（《磨难曲》第二十三回；抹，即磨，扭也）

(34) 每哩是咱妹子么，但只是他可怎么能呢？(《寒森曲》第三回)

除末例含揣测、猜疑语气外，其余各例都表示反问。各例中双横线上边的逗号或句号都应改为问号。

　　相比之下，以下各句的标点问题就更严重一些：

　　(35) 就难些也罢们哩，还待另嫁哩么？(《翻魇殃》第一回)

　　(36) 我借上们哩，你还不起我吊钱么？(又第二回)

　　(37) 你再来做的多着些，分开们哩，是为你来么？(又第四回)

三句中"们哩"即"没的"，系表示反问的语气副词，后边都有语气助词"么"与之呼应。《蒲松龄集》断句全误，"们哩"应从下，即分别改为：

　　(35a) 就难些也罢，们哩还待另嫁哩么？

　　(36a) 我借上，们哩你还不起我吊钱么？

　　(37a) 你再来，做的多着些，分开们哩是为你来么？(意为分开家不是对着你来的)

　　上举例(26)，"们哩"在《蒲松龄集》中也是断在上句之末，现在的句子是经过改标过来的。《蒲松龄集》中为什么会出现这类严重的标点失误问题呢？我们在该书校点整理者路大荒先生所编的《土语注解》中发现了这么一条："们哩——语尾。"(《蒲松龄集》，1689页)原来路先生误把"们哩"当成了没有意义的"语尾"，这也就无怪乎凡是遇到"们哩"，便不管上下文文意通与不通一概划归上句句尾了。在此错误影响下，有的工具书甚至认为"们哩"是"用在叙述句句末，相当于'呢、吗'的"语气词。① 这就错得越发荒诞离奇了。

不着（不著/若不着/要不着）

　　"不着"为一假设之词，用于假设关系复句的前一分句，相当于"不是"或"要不是"。它所在的分句假设否定某种事实，后一分句推断出在这种情况下所要产生的结果，有时有"就"等呼应词。例如：

　　(1) 不着我破死拉活把拦着这点子家事，邪神野鬼都要分一股子哩！(《醒世姻缘传》第七十六回)

　　(2) 你刚才不着我再三哀恳，你必定是死。(又，第五十八回)

　　(3) 不着咱厚，我也不劝你。(《翻魇殃》第三回；厚，指交情厚)

　　(4) 正是远的隔一千，近的隔一砖。将来母子相逢，和今日一样，一个船上不着下雨还认不出来哩。(《续金瓶梅》第二十七回)

---

① 董遵章：《元明清白话著作中山东方言例释》，山东教育出版社1985年版，第314页。

其中例（4）语序比较特殊，改为正常语序即为："……不着下雨，［就在］一个船上［也］还认不出来哩。"

"不着"引起的分句不仅可以是主谓结构或动宾结构（如以上各例），也可以是名词性词语。例如：

(5) 且皇姑寺是宫里太后娘娘的香火院，不着皇亲国戚、大老爷家的宅眷，寻常人轻易进不去的。（《醒世姻缘传》第七十八回）

(6) 不着那两位令郎，也到不了这步田地。（《墙头记》第二回）

(7) 今夜不着好店主，就刑杀了！（《磨难曲》第十八回）

"不着……"之后的结果分句，常常采取反问句的形式。例如：

(8) 不着你们，俺娘儿两个就不消过日子罢？（《醒世姻缘传》第七十三回）

(9) 不着他，娘儿俩个谁投奔？（《磨难曲》第十九回）

(10) 如今世界，不着个大官儿，谁情受得起？（《续金瓶梅》第四十回）

《聊斋俚曲集》中，"不着"也写作"不著"。例如：

(11) 妙哉！不著家里丫头，不会唱这么个曲儿。（《禳妒咒》第三十一回）

(12) 不著你，这东西是天上掉下来的，地下跑出来的，科（棵）枝上长的，树上结的？（《增补幸云曲》第十回）

"不着"前边还常加"若"或"要"。"若不着""要不着"表示假设的作用更为明显。例如：

(13) 就是昨日华亭的事，也该感激他；要不是他，咱那里寻徐翰林去？若不着这一封攒钱的书去，可不就像阴了信的炮烊一般罢了。（《醒世姻缘传》第十五回）

(14) 这缺要不着他的力量，咱拿四五千两银子还没处寻主儿哩。（又）

(15) 若不着夫人指了纳监的这一条门路，今日怎能归家！（《磨难曲》第二十七回）

(16) 一个和尚搂着一个姑子，坐在禅床上，道是坐禅，要不着念这两句经，谁信是佛法！（《续金瓶梅》第四十回）

以下是"不着"标点失误的例子：

(17) 外来的分上多有不效不着，亲切的座师，相厚的同年，当道的势要，都有拿不准的。（《醒世姻缘传》第五十回）

"不着"应从下。"当道的势要"之后也不应点断。全句意思是说：外边人说情一般不会有什么作用，要不是亲切的座师或相厚的同年，就连当道的势要都不准头。

71

再看一个误校的例子：

(18) 俺婆婆要不为着老邹，那眼也到不得这们等的。（《醒世姻缘传》第四十九回）

"为"字系原书所无，是民国年间汪乃刚校点该书时增加上去的，上海古籍本从之。① 今按"要不着"为表示假设之词，相当于"要不是"，"为"字当系因不习方言而臆增，应去掉，以恢复其本来面貌。

再看一个释义不确之例：

(19) 北京城不着这们傻孩子，叫那光棍饿杀罢！（《醒世姻缘传》第六回）

上海古籍本释为"不亏着的简称"（92页），释义于此处虽然勉强可通，但换到别处则未必可行，如上举例（5）（10）（11）和（18）等句都不能用"不亏着"来解释。其实此处"不着"仍是假设之词，相当于"不是"或"要不是"。

（载《淄博师专学报》1993年第1期）

【附记一】

笔者在《清平山堂话本》中发现这样两条例证：

(1) 尽自伯伯和我嚷，你又走来添些言。（《快嘴李翠莲记》）

(2) 皇甫殿直见行者赶这两人，当时叫住行者道："五戒，你莫待要赶这两个人上去？"那行者道："便是。"（《简帖和尚》）

显而易见，例（1）"尽自"即本文所谈的"紧仔"的变体，其后用了搭配词"又"。例（2）"莫待"很像是本文论及的副词"没的"的变体，表示猜度语气。一般认为，《简帖和尚》和《快嘴李翠莲记》都属于宋人的作品，虽然经过元人的修改。以上两例应该分别是目前所能见到的"紧仔"和"没的"的最早用例。这两篇作品是用当时的北方方言写成的。我们说"紧仔""没的"等是"近古齐鲁方言里的虚词"，并不意味着它们仅仅使用于齐鲁地区而不在其他地区使用。我们这样说，只是表明这些虚词在齐鲁地区更为常见、出现的频率比别的地区更高而已。

（2007年10月记）

---

① 参见《〈醒世姻缘传〉校读后记》，收于上海古籍版该书"附录"中。

【附记二】

笔者又在明杂剧《歌代啸》第一出中发现这样两条"紧自"的用例：
(1) 紧自人说我等出家人父亲多在寺里，母亲多在庵里，今我等儿孙又送在观里，何等苦恼！
(2) （李指介）远远那些架子想是葫芦柴。（张）紧自人说咱僧家是个瓢头，敢种他？

杂剧《歌代啸》的创作时间差不多与《金瓶梅词话》同时。一般认为《歌代啸》为明朝嘉靖至万历年间的绍兴人徐渭所作，但也有不同意此说，认为作者另有他人的。即使《歌代啸》的作者就是徐渭，也不足以推翻"紧自"是近古齐鲁方言或北方方言的结论。徐渭虽生长在吴越之地，但中年以后曾"走齐鲁燕赵之地，穷览朔漠"（袁宏道语），自称"一个南腔北调人"，而且对方言俗语素有研究，其戏曲论著《南词叙录》中便包含有不少方言词语考释的内容。徐渭既然是用流行于北方的杂剧形式来进行创作，特意用些北方俗语加以渲染也便在情理之中了。事实上，《歌代啸》中包括齐鲁方言在内的北方方言的词语或语法成分，除副词"紧自"外尚有不少，诸如骂人昏头昏脑、胡言乱语的"汗邪"（通语曰"中邪"），用在形容词后表示程度高的语气助词"着哩"等。

(2010年3月记)

近代山东方言的假设语气助词
"可""着""的"
——兼及相关文献的标点、校注问题

用在假设分句末尾表示假设语气，现代汉语多用助词"的话"，近代汉语一般则用"时"或"的时候"。而在近代山东方言中，与"的话"相当的假设语气助词不是"时"或"的时候"（尽管也经常使用），而是"可""着"和"的"等虚字眼。这几个假设语气助词，有的今天仍可听到有人在用（如"可"），有的已很难听到有人说了（如"着""的"）。研究它们的用法特点，可以使我们更全面地了解山东方言的历史发展和近代汉语的全貌，也能帮助我们读通、读懂那些用山东方言记录下来的历史文献，提高点校、注释古籍的水平。[①]

可（呵、科）

"可"表示假设语气，假设分句头上常有"如、若、如果、要是、打哩"等假设连词相呼应。例如：

(1) 晁夫人看见，问说："你要做了奶子，这孩子怎么发付？"他说："如奶奶留下我可，这孩子寻给人家养活。"（《醒世姻缘传》第四十九回）[②]

(2) 你若先说令兄来可，俺也没有这些闲屁，也不消又劳宾梁费这们些事。（又第三十回）

(3) 我待怎么？要是光我可，我死活受你的。我全是为只有一个娘。（又第四十四回）

(4) 郭氏道："看你湖涂么！你拿着生死簿子哩？打哩你那老婆先没了

---

① 本文只谈"可""着"和"的"的假设语气助词用法，它们也都还有其他用法，此处一般不作涉及。

② 例（1）—（8）原引书断句有误，今已正之，下文将对此作出说明。

可，这不闪下你了？（又第五十三回）

"打哩"是近代山东方言中的假设连词，亦作"打仔"或"但仔"等，相当于"如果、要是"之类。①

"就、就是"等是表示假设性让步关系的连词，"可"有时也同它们呼应使用，表示假设语气。例如：

（5）他不往那头去，撞不见；就撞见可，这本乡本土的人，说开了话罢，这是什么深仇么？（《醒世姻缘传》第六十四回）

（6）那两个老揌辣，你合他也有帐么，填还他这么些东西？就是你挣的可，你也辛苦来的。（又第九十六回）

也可以不用假设连词，只在假设分句末尾用一个助词"可"表示假设语气。例如：

（7）狄员外上下看了两眼，说道："倒也是个壮实孩子，童奶奶看中了可，咱留下他罢。"（《醒世姻缘传》第五十五回）

（8）狄员外道："……公子今年几岁了？"童奶奶道："四岁了。才往姥姥家去。在家里可，不叫他见狄爷么？"（又第五十四回）

例（7）"童奶奶看中了可"意为"要是童奶奶看中了的话"，例（8）"在家里可"即为"要是在家里的话"，都暗含着一个假设连词。

"可"有时也写作"呵"。例如：

（9）你要跟我去呵，我把那匹蓝丝绸替你做个夹袄，剩下的替你做个夹裤，再做个绫背心子，好穿着上山朝奶奶。（《醒世姻缘传》第六十八回）

（10）珊瑚说："但得娘知道我没有二意，不怪我呵，就死了也甘心！"（《聊斋俚曲集·姑妇曲》第二回）

也许有人认为这里的"呵"应读·a，跟语气助词"啊"相通，而不是"可（·ke）"。如果不考虑方言的因素，这一看法似乎不无道理。因为在元曲和其他元明白话作品（包括《水浒传》）中确实有不少这类用法的"呵"，一般都认为它应当读·a，相当于今天的"啊"。但是《醒世姻缘传》和《聊斋俚曲集》都是用地道的山东方言写成的作品，而在今天山东方言中同样用法的语气助词"可（呵）"仍然存在，那么我们就没有理由不承认这里的"呵"即是"可"的假借字了。更何况这两部作品中"可"与"呵"通用的例子多有存在。先比较：

① 徐复岭：《〈醒世姻缘传〉中的"打哩（打仔）"》，载《中国语文》1993年第4期。已被收入本书。

(11) 狄希陈道："哥儿，你漫墩嘴呀。凤冠霞帔，通袖袍带，你还没试试哩。你别要也倒穿了可。"（《醒世姻缘传》第八十三回）

(12) 承恩把那块银子看了看，说道："是好银子呀？你别又是那首饰呵。"（又第七十回）

"你别要也倒穿了可"与"你别又是那首饰呵"，句法构造相似，语气情态相同，可见"呵"与"可"相通。再如：

(13) 但这些人做生意，朝朝南北去奔波，家中并无人一个。方且是停丧在地，怎使的合人闹呵？（《聊斋俚曲集·墙头记》第四回）

(14) 热闹呵，热闹呵，天上的仙子会嫦娥，朝朝每日受孤单，今宵才晓得夫妻乐……（《聊斋俚曲集·蓬莱宴》第三回）

从押韵情况看，也足以证明"呵"应读·ke，即"可"。

这两部作品中"可""呵"通用也不限于其语气助词用法，其他场合有时也可相通。如《醒》三十回副词"可是"写作"呵是"（449页），蒲松龄《聊斋俚曲集》中拟声词"可叉"（1140页）亦作"呵叱"（918页）等。

"可"偶尔也写作"科"。例如：

(15) 媒婆道："周大叔，你难道不晓得这人么？要好与你老人家科，俺从八秋儿来合你说了。"（《醒世姻缘传》第七十二回）

有时"可"之后再带一个"哩"或"呢"，这是语气助词连用，其中"可"仍表示假设语气，"哩"或"呢"则表示疑问语气。例如：

(16) 晁夫人笑道："打仔你媳妇儿教你养活他可哩，你没的也不听？"（《醒世姻缘传》第五十七回）

"打仔你媳妇儿教你养活他可哩"意即"要是你媳妇儿教你养活他呢"，既提供一种假设的情况，又含有询问在这种情况下应该怎么办的意思。

由于不习近代山东方言中这个"可"的用法，人们在标点、注释用近代山东方言写成的文献时便往往出现纰缪。如例（1）—（7），所引原书均将"可"断属下句，致使句子意思殊难理解，今将"可"断属上句，便恢复了文献所体现的山东方言的本来面貌，而且文意通顺，易于理解。例（8）"在家里可"之后原书没有逗号，容易让人误将"可"读归下一部分。现在的逗号是笔者加上去的。《汉语大词典》"可"条下引该例，标点与《醒世姻缘传》相同，释为表示反诘的副词，相当于"岂、难道"。① 尽管这一解释也能够把意思顺下来，但在《醒世姻缘传》中我们只看到这样一个可勉强作此解释的例子，大量例子还是作语气助词使用。所以我们认为把这句的"可"与其看成

---

① 《汉语大词典》第3卷，第31页，上海辞书出版社1989年版。

反诘副词，不如看成假设语气助词更符合作品的方言实际。至于例（16），如将"可哩"之后的逗号改用问号，则表意更为准确。

以下再看几个误点或误释的例子：

(17) 龙氏道："我问他要人，可他说甚么？"再冬道："他怎么没的说？他说害病死了。"龙氏道："我问他要尸首可呢？"（《醒世姻缘传》第九十四回）

(18) 这要是我做了这事，可实实的剪了头发，剥了衣裳，赏与叫花子去了，还待留我口气哩！（又第八回）

这两处的"可"都是表示假设语气的助词，都应断归上句才是。其中例（17）"我问他要人，可他说甚么？"孤立地看似乎亦无不可，但参照后文，可以断定"可"应属上。因为"我问他要尸首可呢？"实为"我问他要尸首可，他说甚么呢？"的省略形式，而"我问他要尸首可，他说甚么呢？"是紧接着"我问他要人可，他说甚么［呢］？"而来的，发问句式应该相同才是。例（18）原书不仅断句不妥，而且竟将"可实实"看成一词并出注，这更是错上加错了。究其原因，乃是不习山东方言所致。

着（著）

"着"（亦写作"著"）用于假设分句末表示假设语气，前边也常有"若、若是、设或、万一"等假设连词相呼应。例如：

(1) 大姐说："怎么费你的钱？若是娶你着，待不扎挂哩么？"（《聊斋俚曲集·翻魇殃》第七回；扎挂，修理，此处指修缮房屋）

(2) 我这二年若是嫁了着，你待上那里找我的？（又第九回）

(3) 关爷说："……他虽然待俺有情，我已是报了他了。他若来时，我怎放他！"孔明说："这等极好。设或放了他着，该怎么处？"（《聊斋俚曲集·快曲》第一回）

(4) 只是如今人合那脆草哇似的。打起你死了著，那左邻右舍说：有小六哥，不是他么？（《聊斋俚曲集·增补幸云曲》第八回）

其中例（3）"着"与"时"用法完全相同。例（4）中的"打起"与上节"可"例（4）中的"打哩"、例（16）中的"打仔"一样，都是表示假设关系的连词。

"着"也可以与"就算"一类表示假设性让步关系的连词呼应使用。例如：

(5) 就算另替那奴才娶一个着，你要了他这老婆，往后倘忽你两个坐在

一答里，那奴才或走来根前回话做甚么，见了有个不气的？（《金瓶梅词话》第二十六回）

也可以不用假设连词，只用助词"着"表示假设语气。例如：

（6）何大娘说："我儿，你待家去着，我也不肯留你。"（《聊斋俚曲集·姑妇曲》第二回）

（7）大相公，你不弃嫌着，你闷了就来找我。（《聊斋俚曲集·翻魇殃》第二回）

例（6）"你待家去着"意即"你若是回家去的话"，例（7）"你不弃嫌着"意为"若是你不嫌弃的话"，都可以看作暗含着一个假设连词。

再看一例：

（8）他说，那个妖猴来时，剥他的皮！（古本戏曲《西游记·白虎岭》第148页）

古本戏曲《西游记》，是据流行于淄博市临淄区的一种名叫八仙戏的地方戏曲的几种不同抄本整理而成的。上引例句系据清同治八年重录本，而另一抄本"时"则写作"着"（见该书校记），足证二字用法相同，都是表示假设语气的助词。

"着"有时连着"不"使用，"不着"意即"如果不的话，不然的话"，表示对前边所说情况的否定，并引出否定这一情况后所产生的结果。例如：

（9）娘子见的也是，不着就是这等。（《聊斋俚曲集·磨难曲》第六回）

跟"可"与"呢"可以连用一样，"着"与"呢"也可以连用。连用后"着"仍然表示假设语气，"呢"则表示疑问语气。例如：

（10）今日跟到山里，万一撞见犸虎着呢？（《聊斋俚曲集·慈悲曲》第四回）

（11）万岁……说道："我若去了，你可送给曹重，他自然看顾你。"周元说："他发作了著呢？"（《聊斋俚曲集·增补幸云曲》第五回）

这两句"着（著）"仍然是用在假设分句之后，只是表示结果的分句没有明白说出。如果把隐含的部分补说出来，则分别是"万一撞见犸虎着，那可怎么办呢？"与"他〔若〕发作了著，那可怎么处呢？"

由于不习近代山东方言中假设语气助词"着"的用法，文献中点校乃至注释失误也时有发生。例如：

（12）万岁说："给他什么？"二姐说："给他银子，或给他钱。"万岁说："有那个着不是穷汉了。"（《聊斋俚曲集·增补幸云曲》第十六回）

（13）哎，细思量，早知道是这着来做嗄。（《聊斋俚曲集·慈悲曲》第三

回；嗄=啥）

以上两句"着"都是用于假设分句末尾表示假设语气的，在它之后都应加一逗号表意才明确，否则易使人产生误解。如例（13）董遵章《元明清白话著作中山东方言例释》将"这着"当作一词并加以解释①，这便大错特错了。因为作为语气助词"着"，它是粘附于整个假设分句的末尾，而不是仅仅粘附于"这"上的。"这着"不为词。

（14）他娘说："你吃了饭了么？"姜娘子说："吃了。"徐氏说："你没吃着。我剩下的，你吃些罢。"（《聊斋俚曲集·翻魇殃》第三回）

这里"着"也是用于假设分句之后表示假设语气的，它后边的句号不妥，应改用逗号。

（15）那皇帝罢，他在京里；江老爷差官往来常走，得罪着他，着叫俺有死无活。（《聊斋俚曲集·增补幸云曲》第三回）

"着"仍为假设语气助词，应归从上句；否则句子难以读通。

再看两个与"着"有关的校勘方面可能有问题的例子：

（16）他若来是来着，可问问他要多少身价。（《聊斋俚曲集·禳妒咒》第二十九回）

（17）这点小事就上吊，若大似这个着呢，就该怎么着呢？（《聊斋俚曲集·增补幸云曲》第十一回）

例（16）要么说成"他若来着"，要么说成"他若是来着"，现在的句子不伦不类，难以成句，其中疑有衍文。例（17）头一个"呢"也可能是衍文，因为根据方言句法的特点，这句话要么说成"……若大似这个着呢？"（不再跟有后续分句，就像例（10）（11）那样），要么说成"……若大似这个着，就该怎么着呢？"而现在的句子，当是以上两种句式杂糅的结果。

的（得）

近代山东方言中，助词"的"也可以用在假设分句之后表示假设语气，前边也常有"若、要、要是"或"就、就算"等假设连词相呼应。例如：

（1）晁夫人看见，问说："你要做了奶子，这孩子怎么发付？"他说："如奶奶留下我可，这孩子寻给人家养活。"晁夫人又问："万一没人肯要，你可怎处？"他说："若没有人要的，只得舍了。"（《醒世姻缘传》第四十九回）

（2）你要今日不打杀我的，就是那指甲盖大的鳖羔儿！（又第三十二回）

---

① 董遵章：《元明清白话著作中山东方言例释》，山东教育出版社1985年版，第574页。

(3) 今日是俺婆婆生日，叫他送了几碗菜来与我；要没事的，他来这里做什么？（又第四十三回）

(4) 你就有布有棉花的，这一时间也做不出来。（又第七十九回）

例（1）"若没有人要的"与"如奶奶留下我可"同出自一人之口，上下对举，足证"的"与"可"同系假设语气助词。"若没有人要的"，即"若没有人要的话"；其余类推。

假设语气助词"的"有时也写作"得"。例如：

(5) 谢奶奶道："你怕丑就好了。如今若不学得，还丑哩。"（《醉醒石》第十五回）

"如今若不学得"即"如今若不学习的话"。

也可以不用假设连词，只在假设分句之后用上"的（得）"表示假设语气。例如：

(6) 韦美瞪了眼骂道："……有人来找寻的，你领他去寻我便是！"（《醒世姻缘传》第八十六回）

(7) [王龙]说道："长官，俺输了的，罚银二十两，吃酒三盅。"万岁说："赛观音输了呢？……"（《聊斋俚曲集·增补幸云曲》第十九回）

(8) 午间勤力得，煮锅大米或小米饭，吃两餐。不勤力得，买些面下吃。（《醉醒石》第九回）

其中"的（得）"都相当于"的话"，例（6）"的"后原无标点，今加一逗号，表意才更为清楚。

《水浒传》的方言归属问题虽然尚未有定论，但说其中含有相当数量的山东方言成分恐怕不会有太大的争议。该书中也保存着一些假设语气助词"的"的用例：

(9) 我若是躲闪一棒的，不是好汉。（第二十八回；此系武松语）

(10) 如是相从者，只今收拾便行。如不愿去的，一听尊命。（第四十一回；此系宋江语）

(11) 若是那一个再阻我的，教他知我拳头的滋味！（第六十一回；此为卢俊义语）

(12) 若有人活捉得方腊的，高官任做，细马拣骑。（第九十九回；此为柴进语）

作品中这些个带假设语气助词"的"的句子多从山东、河北籍好汉口中说出，这可能是作者对其笔下人物说话时的方言特点着意描摹的结果。

"的"也可以连着"不"或"再不"使用。"不的"或"再不的"意即"如果不的话、不然的话"。例如：

(13) 房子卖的卖，不的你着人来看守，你早把奴娶过去罢。(《金瓶梅词话》第十六回)

(14) 再不的，房子盖完，我烧了灵，搬在五姐那边楼上住两日，等你盖了新房子搬移不迟。(又)

【引例书目】

施耐庵、罗贯中：《水浒传》，人民文学出版社 1975 年版。
兰陵笑笑生：《金瓶梅词话》，人民文学出版社 1985 年版。
西周生：《醒世姻缘传》，上海古籍出版社 1985 年版。
东鲁古狂生：《醉醒石》，上海古籍出版社 1985 年版。
《蒲松龄集·聊斋俚曲集》，上海古籍出版社 1986 年版。
古本戏曲《西游记》(八仙戏)，山东文艺出版社 1991 年版。

(载《济宁师专学报》1996 年第 1 期)

《醒世姻缘传》中的语气助词"可"
——兼及相关的标点、注释问题

《醒世姻缘传》（以下简称《醒》）的人物说白中有个使用频率颇高而且用法独特的"可"字（间或写作"呵"或"科"），至今尚未引起研究者的注意。如果按照通语的语法规则，这个"可"似乎多余，这些带"可"的句子简直无法读通。例如：①

(1) 狄希陈道："哥儿，你漫嬚嘴呀。凤冠霞帔，通袖袍带，你还没试试哩。你别要也倒穿了可。"（第八十三回）

(2) 小玉兰道："我这们说，奶奶打我可哩。"（第五十二回）

(3) 媒婆道："周大叔，你难道不晓得这人么？要好与你老人家科，俺从八秋儿来合你说了。"（第七十二回）

(4) 晁夫人笑道："打仔你媳妇教你养活他可哩，你没的也不听？"（第五十七回；打仔，假设连词，相当于"如果、要是"）②

(5) 惠希仁道："不好，事体决撒了。我且不合你说，俺还得安排另铺谋哩。不是可二两银子就打发下来了么？"（第八十一回）

(6) 那消一大会子，当时气喘咳嗽，即时黑了疮口，到点灯的时候，长的嫩肉都化了清水，唬的可一替两替的使人寻找。（第六十六回）

(7) 素姐说："贼忘八羔子！你敢往那去？"狄希陈揉着眼道："我可问爹要银子给你去。"（第五十六回）

谈及近代汉语中"可"字用法的论著，最详者莫过于张相的《诗词曲语辞汇释》。该书"可"条下收列九大义项，分属动词、助动词、副词、连词等类，但都解释和说明不了上述"可"的用法。首先不会是动词，因为照动词

---

① 本文所引《醒》书例句均据上海古籍出版社1985年排印本。文成后又与齐鲁书社1980年排印本一一对照核实，均未发现有文字或标点不同之处。（两种新排本均以上海亚东图书馆1931年排印本即汪乃刚标点本为直接工作底本）

② 关于"打仔"的用法，详见拙文《〈醒世姻缘传〉中的"打哩（打仔）"》，原载《中国语文》1993年第4期，已被收入本书。

"可"的几个意义（如适合义、痊愈义等）来理解，这些句子都无法读通。其次头四例中"可"也不会是助动词、副词或连词，因为这三类词绝不可能用于现在这个位置上。至于后三例中的"可"倒是这三类词可能出现的位置，但也不会属于它们中间的任何一类。因为作为这三类词的"可"，在结构和语义上总是与后边的有关部分首先组合的。例如："这件事丨可暂时不办。""我丨可没说过这话。""我倒是愿意，可他又不肯。"而例（5）—（7）却不符合这一组合原则，有关部分如切分成"不是丨可二两银子就打发下来了么""唬的丨可一替两替的使人寻找"和"我丨可问参要银子给你去"，要么句意不通，要么走失原意。因此后三例中的"可"也不属于助动词、副词或者连词。像上述这样的"可"字句在《醒》书人物说白中俯拾即是，因此也不可能是作者或刊印者的偶然失误。那么究竟应该怎样解释和说明这一语法现象呢？我们认为只有从方言中才能寻找到答案。

《醒》书是用"东方土音"即山东方言写成的长篇说部，而在今天山东一些地区的口语中，就有一个附缀于有关语句之后、使用灵活的语气助词·ke。高文达《山东方言语法特点掇例》对此曾有些说明，有关部分照录如下：[①]

"呵"（读 ke，轻声）是济南方言的语气助词，表示时间。它在句中的位置很灵活，既可以用在句尾，又可以用在句中。在句尾只表示语气，有将要进行的意思。如：你等一等，我同老王说句话呵。丨我们在这里玩儿玩儿呵。丨大家打扫一下这里的卫生呵。丨好好走，看摔倒呵。在句中，"呵"有"的时候"的意思。如：我吃了饭呵就走。丨你学习完呵咱俩说句话。丨刚才来呵他没吃饭。丨等杀演呵咱们再研究。

《山东方言志》编委会编印的《山东方言调查提纲》（1984、9），便把语气助词"可（呵）"收进了"语法"部分。笔者也曾从多人口里听到过该词。如上中学时有个济南籍的教俄语的王老师，上大学时有个济南籍的同学章××和高唐籍的同学王××，参加工作以后有个兖州籍的学生王××和禹城籍的学生张××，他们说话时都常常带出这个·ke 来。又据滨州师专刘凯鸣先生函告："历城口语中有这个'可'，早年一位同事是历城西梁王庄人，'××可'就挂在嘴上。"笔者的同事马乃田同志也说，他有一位同事是嘉祥人，说起话来也是"××可"不断，总之，山东方言中有个语气助词"可"是千真万确的事实。它有舒缓语气、表示停顿的作用，兼表说话时的不经意或从容、随便的情态；有时则很难确切说出有什么具体作用，似乎只是说话人的口头禅而已。高文达说句中·ke 有"的时候"的意思，观察未必准确，如"你看人家·ke 年

[①] 载《语言学通讯》第 5 期，山东省语言学会编印，1982 年 11 月。

年都评上先进"就没有这个意思,"我等一会儿·ke 就去"中·ke 也不能用"的时候"对译(参见下文例(27)按语)。从·ke 使用的地域范围来看,大致以鲁中的济南市(包括城区和郊区)为中心,并扩散到鲁北、鲁南的部分地区。① 我们知道,《醒》书描写的两世姻缘故事主要发生在济南府绣江县(即章丘县),这正在现今语气助词·ke 使用的区域范围之内。由此可以推定,例(1)—(7)中的"可(科)"就是山东方言中的语气助词·ke。语气助词一般有三个特点:①没有实在意义,只表示某种语气;②总是后附的,即附缀于有关语句之后;③读轻声。如果按照这三个特点来阅读、理解例(1)—(7)这些"可(科)"字句,不仅文意通顺,毫无障碍,而且地方味十足,尽得山东乡土文学之真韵。头四例自不待言,因为"可"用在句子或分句末尾,语气助词的特点十分明显(例(2)和例(4)实为语气助词"可"与"哩"连用)。后三例有关部分如果分别读成"不是可∣二两银子就打发下来了么""唬的可∣一替两替的使人寻找"和"我可∣问参要银子给你去",即把"可"当成句中语气助词,它们就不难理解了。

聊斋俚曲的创作时间和它所使用的方言都与《醒》书十分相近,其中也有不少这类用例,这更进一步证实了近代山东方言中语气助词"可"的存在。例如:

(8) 我给樊子正做女婿,或者他也肯可。(《禳妒咒》第六回,《蒲松龄集》第1165页)②

(9) 炕上铺着席头子,头枕着块半头砖,就死了可何人见?(《墙头记》第一回,同上第829页)

(10) 于氏说:"珊瑚虽然强及如今的,只是可不如您那媳妇。"(《姑妇曲》第二段,同上第878页;强及,等于强于、比……强)

这些句子也是只有把"可"当成后附的语气助词才能读通。

《醒》书和聊斋俚曲中语气助词"可(呵、科)"多用于以下三种位置:

一是单独或结合语气助词"哩(呢)"用于句尾。如上举例(1)(2)和(8)。又如:

(11) 承恩把那块银子看了看,说道:"是好银子呀?你别又是那首饰

---

① 山东以外的其他地区是否也有这个语气助词·ke,还未见有人论及。赵元任在《汉语口语语法》中提到:"和'来'相对的助词'去',除·qu 外还可以说·ke,是北京土话,例如我拿了枪打猎·ke'。"(吕叔湘译本,122页)据此,北京土语里也有一个·ke,不过这个·ke 的性质和来源,与山东方言中的·ke 似乎很不相同。

② 《蒲松龄集》,上海古籍出版社1986年新1版。

呵。"(《醒世姻缘传》第七十回)①

二是单独或结合语气助词"哩(呢)"用于分句(一般是表示假设或时间的分句)之后。如上举例(3)(4)和(9)。再如:

(12) 晁夫人看见,问说:"你要做了奶子,这孩子怎么发付?"他说:"如奶奶留下我可,这孩子寻给人家养活。"(又第四十九回;标点者误将"可"断归下句,今正之)

(13) 姑夫,你到明日叫人做帽套呵,你可防备毛毛匠,别要叫他把材料偷了去。(又第八十四回)

三是用于单句或短语内部的某个词语之后。如例(5)"可"附于动宾短语的动词"不是"之后,例(6)附于动补短语的中心语"唬的(得)"之后,例(7)附于主语"我"之后,例(10)附于连词"只是"之后。再如下例则是用于表示时间的动词短语"等他两个砍头的死了"之后:

(14) 素姐吆喝道:"待怎么呀?没要紧的嚎丧!等他两个砍头的死了可再哭,迟了甚么?"(又第七十四回)

总之,"可"和"可"字句是山东方言中的特殊语气助词和特殊句式,通语中似乎还找不到与之相应的虚词和句法格式。掌握这一点对于我们研读用山东方言写就的《醒》书甚有裨益。此书历来被视为明清白话小说中的难读、难解、难校、难标点者,恐怕与"可"等方言虚词及相关句式的使用不无关系。自20世纪30年代汪乃刚首次标点该书,至80年代齐鲁书社和上海古籍出版社分别约请专家重新校点印行(后者并对一些词语加了注释),都由于不习方言"可"的用法,多有误点、误注之处,影响了对该书内容的理解。下边分别指出。

先说误点。

据初步分析统计,《醒》书上海古籍本和齐鲁本与"可"有关的标点失误都分别达五六十处之多。②这里不便尽数列举,只参照"可"在位置上的使用特点归纳出几种主要误点类型,每一类型各举出若干误例,并附以简短按语。

---

① 该例和下边例(13)的"呵",容易被当作语气助词"啊(·a)",其实是"可(·ke)"。《醒》书中"可"与"呵"不仅作为语气助词可以通用,其他场合有时也相通。例如:晁凤说:"要是这们,咱也就有些不是。"晁夫人道:"有些不是,你呵是倒好了。"(第三十回)按"呵是"即"可是"。(齐鲁本此处径改作"可是",第395页)

② 因为"可"兼属助词、副词或转折连词,所以有时它究竟属上还是属下颇难断定,以至于存在断句两可的情形。例如:我先合你讲开,要是管家来冲撞你,可不许你合他一般见识。(第四十回)书中这样标点显然是把"可"看作表示强调的副词。但也可以将"可"断归上文,看成附于假设分句之后的语气助词。我们的原则是:只要按照原标点能读得通,不影响对作品的理解,均不统计在误点范围之内。

（一）句尾语气助词"可"误点之例：

(15) 这事蹊跷！他那里买的？别要有甚么来历不明带累着咱，可再不只怕把赵杏川的皮袄偷了来，也是有的。（第六十七回）

按："可"应属上，并改用句号。可比较例（1）和例（11）。又，"再不"为假设连词，引进与上文交替的情况，其后如加一逗号，语意将更为显豁。

(16) 这媳妇儿有些不调贴，别要叫那姑子说着了。可这是怎么说，把门闩得紧紧的？（第四十五回）

按："可"应属上。

(17) 奶奶临出京，你没又到了那里？他锁着门。可是相大爷恐怕奶奶再去，败露了事，叫他预先把门锁了。（第八十六回）

按：这里"可是"并非一词。"可"应属上。

(18) [计巴拉] 问说："晁大娘昨夜没做甚么梦？"晁夫人说："做的梦蹊跷多着哩！"计巴拉说："曾梦见俺妹妹不曾？"晁夫人说："梦见的就是你妹妹，可这里再说甚么蹊跷哩？"计巴拉道……（第三十回）

按："可"应断上，并将逗号改为句号。又，上文晁夫人既已点明"做的梦蹊跷多着哩"，下文"这里再说甚么蹊跷哩"，不会是提出疑问，用问号不合情理。体会晁夫人的意思，是想在说完"梦见的就是你妹妹可"之后，接着说明"蹊跷"的事由，只是还未等他说出口来就被计巴拉截住了话头。所以此处问号改为省略号才切合文意。

(19) 着了忙的人，没看见脚底下一块石头，绊了个翻张跟斗，把只草镶鞋摔在阳沟里，那老婆瞪着眼，骂说："没带着眼么？不看着走！这鞋可怎么穿哩？恨杀我！恨杀我！"这在家里可这们一个大身量的汉子，叫他唬的只筛糠抖战。（第四十一回）

按："这在家里可"仍是"那老婆"骂他男人的话，应放在引号内。说这话时他们并不在家里，"这在家里可"实为"那老婆"说的反话，后边应加一叹号或问号。

（二）分句后语气助词"可"误点或漏点之例。这类误例最多，可根据分句性质大致分为假设分句后误点或漏点之例与时间分句后误点之例两种情形。关于前种情形，可参见拙文《近代山东方言的假设语气助词"可""着""的"——兼及相关文献的标点、注释问题》（已收入本书）有关部分，此处再举两例：

(20) 你明日做完了官，家里做乡宦，可俺止合一个徒弟相处好呀，再添上一个好呢？（第九十六回）

(21) 俺也不敢再上那头去，只打听得大嫂往这头来，可俺就来合大嫂说话；还只怕相公嗔俺来的勤哩。（第六十八回）

按：两例"可"均应断上。

底下是时间分句后语气助词"可"误点之例：

(22) 晁夫人道："消停，等完事，可咱大家行个礼儿不迟。"（第二十二回）

(23) 只是珍姨没到咱家时，可一像那班里几个老婆，他没有一个不挂拉上的。（第四十三回）

按：两例"可"亦均应断上。

（三）单句内语气助词"可"误点之例：

(24) 素姐慌道："我怕你，我实不敢了！你有话，我听着！"寄姐道："我可不合你说话了，你听甚么话，且打了，可再讲。"（第九十五回）

按：据此标点，加点的"可"应为助动词，但这与文意扞格不入。这个"可"实为语气助词，附于表示时间的动词短语"且打了"之后，与后一动词短语"再讲"不宜点断。可比较例(14)。

(25) 老婆道："家里姓丁的两口子来了……"麻中桂道："莫不就是丁爷、丁奶奶么？"老婆说："可不是他？可是谁来！"麻中桂问说："如今来在那里？"（第二十七回）

按：照此标点，读来十分别扭。有关部分应改标为：老婆说可："不是他可是谁来！"头一个"可"为语气助词，应放在引号之前；引号内原有的问号去掉。

再说误注。

上海古籍本有三处注释失误跟语气助词"可"有关。

(26) 咱爷儿四个在葡萄架底下尝酒。再把你姑娘也抬了他去，叫他听着咱说话，看着咱可吃酒。（第五十八回）注：可，语尾词。咱可，咱们，含有亲切之意。

按：把"可"注为"语尾词"，即表示多数的"们"，"咱可"即"咱们"，实属不妥。在山东方言里，"咱"即"咱们"，其本身就表示多数，本例中"叫他听着咱说话"即是例证。《醒》书中确也有表示多数的"咱"与"咱们"交互使用的例子，但没有"咱可"用作多数的确凿例证。这里的

87

"可"仍系语气助词,用于主谓短语的主语之后(这个主谓短语又作"看着"的宾语)。

(27) 嫌材不好,这是死才活着可自己买的!(第五十三回) 注:活着可——可,时候;就是活着的时候。(第五十三回)

按:如果仅就本句而论,"可"注为"(的)时候"似乎可通。但是例(14)(20)和例(24),似乎又应注为"以后";例(21)"可"前则直接用了个"时"字,"可"更不可能再作"时候"解。因此我们认为,这里"(的)时候"或"以后"的意义并不是"可"本身所含有的,而是特定句法构造所赋予的(这几句"可"所附的都是表示时间的分句或状语性质的动词短语)。去掉这几句里的"可",其表示时间的意义仍然不变就足以证明这一点。因此,用"时候"等训释"可"这种随文释义的方法,尽管有时似乎可以敷衍过去,但并未说到要害处,而且容易使人产生"可"有实义、属时间名词的错误认识。从根本上说,这里"可"仍系语气助词,无实在意义。

(28) 这要是我做了这事,可实实的剪了头发,剥了衣裳,赏与叫花子去了,还待留我口气哩!(第八回) 注:可实实——茁茁实实地、老老实实地。(第八回)

按:"可实实"应为两个词:"可"为语气助词,应断属上一分句;"实实"为形容词,修饰后边的部分。又,"实实"应为确实无疑的意思,注为"茁茁实实"已属勉强,注为"老老实实"更与句意不合。因为从下文"赏与"来看,"剪了头发,剥了衣裳"云云都是被动的行为,可是根据例中"我"即珍哥的性格,她是绝不会老老实实、服服贴贴受人摆布的。

(见《〈醒世姻缘传〉作者和语言考论》,齐鲁书社 1993 年版。收入本书时,个别地方调整到本书的《近代山东方言的假设语气助词"可""着""的"——兼及相关文献的标点、注释问题》之内)

【补记之一】

近日在齐鲁书社本《醒世姻缘传》第七十七回发现这样一个例子:

等救过他来科,你可问他是为甚么。(1012)

这个"科"显然就是本文所谈的语气助词"可",用在表示时间的分句之后。查同德堂本也有此"科"字,唯上海古籍本无此"科"字,当是被后人误删了。因"可"记作"科"的例子难得,故补记于此。

(1998 年 3 月 4 日记)

【补记之二】

1998年第4期《中国语文》发表了一篇题名《〈醒世姻缘传〉里的句末语气词"可"》的文章,该文的观点与拙文几乎完全相同,引用《醒》书的例证也有一大半左右是我所用过的,而且这些例句大部分是我重新断句和标点过的。我公开发表过的涉及《醒世姻缘传》里语气词"可"的论文,除本文外,还有《〈醒世姻缘传〉注释补议》(载《中华文史论丛》第47辑,上海古籍出版社,1991年版)、《〈醒世姻缘传〉里的"打哩(打仔)"》(载《中国语文》1993年第4期,并与本文同时收入拙著《〈醒世姻缘传〉作者和语言考论》)、《近代山东方言的假设语气助词》(载《济宁师专学报》1996年第1期)。当时国内研究《醒世姻缘传》语言问题的学者只有屈指可数的三五个人,本人的这几篇文章都不难看到(除本人外,还有杜爱英《〈醒世姻缘传〉语词拾零》涉及"可"字,载《古汉语研究》1997年第3期),我想该文作者在为文时不会不拿来作为参考的。但该文发表时连个"参考文献"都没有列出来,真是匪夷所思!往轻里说,这是一篇缺乏原创性、没有什么新意的文章,但就是这样的文章,居然蒙过了编辑、审稿们的眼睛,堂而皇之地刊登在全国权威性的语言学刊物上,这又不能不令人惊诧莫名!看来,提倡学术规范和杜绝学术腐败,还有很多很多的工作要我们去做啊!

该文有一点与拙文不同,这就是它认为《醒》中的"可"是对元曲中"呵"的"继承和发展",《醒》中"可"是元曲"呵"的"后代方言变体"。这一结论能否成立,还是个大问题。因为元曲中的"呵"到底读·ke(可)或·he,还是读·a(啊),意见并不一致,如明臧晋叔《元曲选》"音释"作"呵音啊",《汉语大词典》也注音·a;元曲中的"呵"是怎么演变成《醒》中的"可"的,该文也并没有给出一个"路线图"来。把这样不成熟的意见就拿出来,是带有极大的冒险性的。

(2003年5月20日记,时非典肆虐,余将于三日后应邀赴泰国执教)

【补记之三】

2008年第5期《山东社会科学》发表了一篇题为《〈醒世姻缘传〉中助词"可"的语法特点》一文,该文谈了三个问题:"可"的三种分布环境(句末、分句末、句中),两种表达功能(假设、时间),标点错误的校正。很明显,这三个问题都是拙文所谈过的,只是前两个问题该文谈的稍为详细一些而已(但也不乏可商之处)。该文曾举到一些参考文献,甚至有些跟该文并没有直接关系的论著也列入其中,奇怪的是跟该文论题、论点乃至论据关系"非常密切"的拙文却只字未提。是该文作者压根儿没见到拙文呢,还是有意回避?着实耐人寻味。

(2009年8月10日记,时在泰国朱拉隆功大学中国研究中心做特聘教授)

《醒世姻缘传》中的"打哩(打仔)"
——兼及相关的校注、标点问题

"打哩(打仔)"是《醒世姻缘传》中一个特殊的口语虚词,全书凡十五见。由于该词冷僻,绝少见于辞书,多为不习"东方土音"(《醒》书"凡例"语)的人所不解。齐鲁书社和上海古籍出版社于1980年和1981年分别整理出版的《醒》书(后者有注释),出现多处与该词有关的误校、误点和误注问题,影响了对作品的理解。

先看"打哩"的几个用例(本文所举《醒》书例句均据上海本,并与齐鲁本一一复核;两种本子不同的地方则予以说明):

(1) 杨春说:"他打哩真个申到县里,那官按着葫芦抠子儿,可怎么处?"(第三十四回)

(2) 薛教授道:"他待说甚么?他有甚么好话说?"薛夫人道:"他打哩有好话说可哩,你到后头看他说甚么。"(第五十六回)

(3) 郭氏道:"看你糊涂么!你拿着生死簿子哩?打哩你那老婆先没了,可这不闪下你了?"(第五十三回)

(4) 祝其嵩道:"'道路不平旁人躐',打哩不是他拾得,可为甚么就扯破人家的帽子,采人家的胡子?我刚才倒在四牌坊底下拾了一个白罗汗巾……"(第二十三回)

(5) 晁夫人道:"这几件衣服能使了几个钱,只这些人引开了头就收救不住,脱不了我这个老婆子叫他们就把我拆吃了!打哩天爷可怜见,那肚子里的是个小厮也不可知,怎么料得我就是绝户!"(第二十四回)

(6) 秦继楼说:"你只管合他说去,怕怎么的?各人的主意不同。打哩他有没甚么话说,我没的好合他为仇?落得'河水好洗船'哩。"(第三十四回;有没,疑应为"没有")

由以上诸例可以初步断定,"打哩"是个表示假设关系的连词,相当于通

91

语中的"如果""要是"之类。①

《醒》书中假设连词"打哩"有时也写作"打仔"。例如：

（7）晁夫人道："打仔你媳妇儿叫你养活他可哩，你没的也不听？"（第五十七回）

另外还有个"得只"，疑亦为假设连词"打哩（打仔）"的变音。例如：

（8）狄希陈道："我心里只待要做个都堂，你二位得只遂了我的愿，我倾了家也补报不尽的。"（第九十六回）

基础方言和创作时间都与《醒》书大体相同的《聊斋俚曲集》，其中虽未发现"打哩（打仔）"或"得只"的用例，但也有个方言味十足的假设连词"但仔"，其意义和用法与"打哩"非常接近。例如：

（9）我不知前世伤了多少天理，才生下这样儿郎。天那天，但仔有一个好的，也还好过。（《墙头记》第一回，《蒲松龄集》第835页）②

（10）刚才东头老孙婆子来说，您小达达往您养汉头姐姐家里去了。你看但仔是个人，怎么就不来说声。（《慈悲曲》第二段，同上书，第900页）

我们认为，《聊斋俚曲集》中的"但仔"和《醒》书中的"打哩（打仔）"或"得只"当系同一个词的不同形式，这种差异大概是由于作者方音的细微差别或写作习惯的不同造成的。至今山东一些地区仍然保留着"但仔"或"打仔"的说法，用以表示假设或条件关系。例如，"你但仔听我一句话，也不会落到这个下场！""打仔多看几遍，我也就考及格了。"显见"但仔""打仔""打哩"等音义是相通的。

下边是几个与该词有关的误注、误点或误校的例子。

（11）师姐道："这四分就不公道。他亏了就只一个老婆，一个儿打哩，有十个老婆，十个儿，匀成二十分罢？"（第九十二回）注：打哩——在那里的意思。

按：将"打哩"看成"在那里"不通。"打哩"应断归下句，"打哩有十个老婆，十个儿，匀成二十分罢？"（罢=么）构成假设复句，就通了。又，齐鲁本径将此例"打"改为"子"，"一个儿打哩"进而误成了"一个儿子哩"（1211页），此处"儿子"的说法与该书单用"儿"的惯例不合。据笔者观察，《醒》书人物说白中凡称谓"父母的男孩子"一般作"儿"，极少作"儿子"。

---

① 例（3）和例（4）断句有误，"可"应属上。此两处"可"实与例（2）和下文例（7）中的"可"用法相同，都是用于假设分句之后的语气助词（只是例（2）和例（7）又连用了一个语气助词"哩"）。详见拙文《〈醒世姻缘传〉中的语气助词"可"——兼及相关的标点、注释问题》（已被收入本书）。

② 《蒲松龄集》，上海古籍出版社1986年新1版。

(12) 狄员外道:"这眼下待不往京去哩?且教他躲一日是一日打哩。天老爷可怜见小陈哥,还完了他那些棒债,他好了也不可知的。"(第五十二回)

按:"打哩"为假设连词,理应断归下句。齐鲁本即作此处理。

(13) 没的你这们个小伙子就治不犯他?你打哩,得空子,撞着这们个美人,你就没法处治他罢?(第四十五回)

按:标点者或许认为这个"打"是动词,故在"打哩"后点断。其实,书中薛三省娘子对狄希陈说这番话,绝不是唆使狄动手去"打"新娘子素姐,而是暗示别种"处治""美人"的办法。"打哩"和"得空子"之后的逗号都去掉才合原意。齐鲁本"打哩"后未点断,"得空子"后点断(591页),仍有不妥。

(14) 麻从吾道:"打哩他嫌少不肯去,在外头嚷嚷刮刮的。这如今做了官,还同的那咱做没皮子光棍哩?"(第二十七回)

按:"他嫌少不肯去,在外头嚷嚷刮刮的"都是"打哩"引起的表示假设的偏句,表示结果的正句没有说出,但听者心里都很明白。如果说出来,则是"那可怎么处"或"那多不好看相"之类的话。这里用句号,不能表达出这种"言外之意"来,且易造成误解(把"在外头嚷嚷刮刮的"看成表最终结果的正句)。宜将句号改为省略号。

此外,齐鲁本尚有两处断句失误。一是例(4)"打哩"断上,作"道路不平旁人躐打哩"(306页);二是例(5)"打哩"断上,作"脱不了我这个老婆子叫他们就把我拆吃了打哩"(258页)。标点者也许认为例(4)中"躐打"为一合成词,例(5)中"打"为动词,皆系臆断,应从上海本。

"打仔"或"但仔"除用作假设连词外,还可以用作范围副词,相当于"但只""仅只"或"单单"。("打仔"或"但仔"与"但只"语音上也可相通)

先看《聊斋俚曲集》中"但仔"的用例:

(15) 飘飘摇摇,路上的行人沸似潮,但仔是跟着走,不知是那里的道。(《慈悲曲》第五段,《蒲松龄集》第920页)

"但仔是跟着走"意即仅只是跟着走,"但仔"系表示限定范围的副词。

《醒》书中"打仔"也有这一用法。只是由于该书校注者未能注意到这一点,因而也出了一些差错。例如:

(16) 他打仔合我说誓:"我要没吃了你的豆腐,这嗓子眼长碗大的疔疮;你要没让我吃小豆腐,你嘴上也长碗大的疔疮。"叫我说:"谁这里说你没吃小豆腐儿么?你可给布给钱来没?"(第四十九回)注:打仔——打算、准备。

按：由下文"我"所说的话，可知"他"那"誓"已经说出了口。将"打仔"注为"打算、准备"，有悖于事理，实难讲得过去。这里"打仔"就是"但只""仅只"，是表示范围的副词。

(17) 我就不做官，我在京里置产业，做生意，丁仔要往家里火坑内闯么？（第七十五回）注：丁仔——同紧仔、赶着。

按："紧仔"有本来、原就的意思，一般用于并列复句的头一分句，构成"紧仔……，又（还）……"的句式，如第二十一回："紧仔年下没钱，又叫你们费礼。"① 例 (17) 的"丁仔"显然与"紧仔"的这一用法不合。释为"赶着"亦纯属臆测。此处"丁仔"当系相当于"但只"的范围副词"打仔"之讹误，疑因旧版模糊难辨而失校。

(18) 管他依不依，咱给他说声去。他就不依，没的有打罪骂罪么？丁仔缘法凑巧，也是不可知的事。（同上）

按：同上例，"丁仔"失校，应为"打仔"。仍是相当于"但只"的范围副词。又，此例"打仔"亦可理解为相当于"要是"的假设连词，只是隐去了结果分句（如"他依了"之类）；比较例 (5) 和例 (12)，"打仔"的这种用法愈益明显。这一现象表明，"打哩（打仔）"的副词用法和连词用法的界限有时并不那么截然分明，以至于存在着可此可彼的情形。

(载《中国语文》1993 年第 4 期；又见拙著《〈醒世姻缘传〉作者和语言考论》，齐鲁书社 1993 年版)

【补记】

《聊斋俚曲集》中还有一个表示假设的连词"打起"，当与"打哩（打仔）"等属于同一连词系列。例如：

只是如今人合那脆草哇似的。打起你死了著，那左邻右舍说：有小六哥，不是他儿么？（《增补幸云曲》第八回，《蒲松龄集》第 1588 页）

其中"著"即"着"，系近代山东方言中表示假设语气的助词，大约相当于今北京话的"的话"。"打起……著"即"要是……的话"。可参见拙文《近代山东方言的假设语气助词："可""着""的"》（已收入本书）。

(1997 年 1 月 8 日记)

---

① 关于"紧仔"的用法，可参见拙文《近古齐鲁方言的几个虚词：紧仔、没的、不着》（已收入本书）。

《聊斋俚曲集》中"漫（慢）"的特殊意义和用法

蒲松龄《聊斋俚曲集》（以下简称《俚曲》）[①]中的"漫"或"慢"除作一般实词使用外，还有一些比较特殊的虚词意义和用法，《汉语大词典》等工具书多未收释。近年来虽也有人对《俚曲》中的"漫（慢）"做过一些解释，但多为隔靴搔痒，甚至存有误读、误释现象。笔者认真考察了《俚曲》中该词的使用情况，归纳出它有三种虚词意义和用法，兹略陈浅见如下。

一、"漫（慢）"是否定副词，相当于"莫""别""不要"

先看例句：

(1) 拿不着人，漫怕他，明明的张鸿渐来了家，怕他怎的！（《富贵神仙》第九回）

(2) 拿不着人，漫怕他；明明在家，怕他怎的！（《磨难曲》第十九回；按《磨难曲》据《富贵神仙》扩写而成，故有些语句相同或相近）

(3) 诗曰：利害分明漫说陈，是非已听圣明君。（《磨难曲》第三十回）

(4) 我说你慢翻错了，我伺候下四指老面条。（《禳妒咒》第二回）

四例中的"漫（慢）"都是表示"莫""别""不要"意义的否定副词。"漫（慢）"表示禁止义，至今仍保留在"漫（慢）说""漫（慢）道"等合成词中，《俚曲》中就有这方面的用例：

(5) 万岁爷一笔到底，六哥看了看，改的是："也漫说那酒高壶大"，第二句是"清香赛过屠苏"。（《增补幸云曲》第七回）

其实，"漫（慢）"表示否定，《汉语大词典》和《重编国语辞典修订本》[②]已经收释，前者还列举了唐以后的数个例证，只是未见引用《俚曲》的例句而已。

---

① 见《蒲松龄集》第三、四册，路大荒整理，上海古籍出版社1986年新1版。
② 台湾"教育部国语推行委员会"编纂《重编国语辞典修订本》网络版，台北1997年。

王群《明清山东方言副词研究》①，将头两例中的"漫"视为"表示程度高，意近'极'"，也就是说，"漫怕他"就是"极怕他、很怕他"的意思，这正好把意思解释反了。实际上这里的意思是说"不要怕他"。

二、"漫（慢）"是程度副词，相当于"蛮""很""挺"

"漫（慢）"的确有"表示程度高"的用法，但不是上述例句中的"漫（慢）"。现在让我们来看别的例句：

(6) 好眉好眼全不知羞，他漫不觉可叫人怎么抬头！（《禳妒咒》第二十一回）

(7) 这人眼也漫俗：他坐监的时节，人都说方娘子俊的忒也嫩，没厚福；到了此时，人都说方太太又齐整，又福相。好不可笑的紧！（《磨难曲》第二十一回）

(8) 皇爷说："二姐，你错相了，穷军家有什么好处？"二姐说："不然，人眼慢俗，我却有个小斤称。"（《增补幸云曲》第十七回）

例（6）"漫不觉"意思是很不自觉，例（7）（8）"漫（慢）俗"应该是蛮俗气、很世俗的意思：这三例中的"漫（慢）"都是程度副词，相当于"蛮""很"或"挺"。

关于程度副词"漫"的来源，王群认为"当由其形容词意义'遍布'发展而来"②，是表示"量度大"的形容词"漫""进一步变化产生的"。③ 此议可聊备一说。不过据笔者私见，与其如此拐弯抹角地解释，不如把"漫（慢）"看成程度副词"蛮"或"满"的近音借字更为合理。"蛮"或"满"是带有方言色彩的程度副词，相当于"很"或"挺"。《俚曲》中就有"满"的用例：

(9) 酒肉赔着满欢喜，那有这样混账货！（《俊夜叉》）

"蛮"的用例在《俚曲》中虽然没有发现，但在同为反映山东方言的《醒世姻缘传》中却用到过这个词：

(10) 三间高高的门楼，当中蛮阔的两扇黑漆门。（第五回）

(11) 二人穿着大红绉纱麒麟补服，雪白蛮阔的雕花玉板，拖着牌穗印绶，摇摆进去了。（第五回）

我们知道，《俚曲》中借助同音或近音现象写"别字"的情况相当普遍，蒲氏将"蛮"或"满"记写成"漫（慢）"是完全有此可能的。

---

① ② 王群：《明清山东方言副词研究》，山东大学博士学位论文，2006年。
③ 王群：《词义系统考察与汉字规范化》，载《山东社会科学》2006年第1期。

三、"漫"是表示对举和停顿的语气助词，相当于"么"

如果说"漫（慢）"的前两种虚词用法还比较容易辨认的话，那么"漫"的第三种虚词用法辨认起来就有一定的难度了。还是让我们先看例句：

(12) 世间有一等没良心的，看着自己的达漫是达，人的达就不是达。（《墙头记》第一回）

(13) 俺嫂子漫会唠，我老实不会叨，谁能弄那花花哨？（《墙头记》第三回）

(14) 强人呀，俺漫去受罪，你可去快活！（《禳妒咒》第十五回）

(15) 你漫有儿望生长，弄的我无儿嘴咕答。（《磨难曲》第十五回）

(16) 别人是决科决甲的好秀才漫，在傍里观榜；你不过是完了场就该归家，在那里做甚么？（《磨难曲》第二十一回）

例（12）是"自己的达"（达，父亲）和"人的达"对举着说，"漫"用在第一个对举项"自己的达"之后，暗示后边还有一个对举项，口语中此处要有一个小小的停顿。例（13）"俺嫂子"和"我"对举，"漫"用在第一个对举项"俺嫂子"之后，暗示后边还有个对举项，并表示较小的停顿。例（14）"俺"和"你"对举，"漫"用在第一个对举项"俺"之后，暗示后边还有个对举项，兼表停顿。例（15）"你"和"我"对举，"漫"用在第一个对举项"你"之后。只有例（16）的两个对举项较长，显得比较特殊：前一个对举项是"别人是决科决甲的好秀才"，后一个对举项是"你不过是完了场就该归家"，"漫"用在前一个对举项之后，其表示暗示和停顿的作用不言自明。总之，这几个例子中的"漫"都是表示对举和停顿的语气助词，大致与通语中的"么"相当。

其实，表示对举和停顿的语气助词，在《俚曲》中偶尔也写作"么"。例如：

(17) 店主［对解子］说："我只说你混帐行子！相公不嫌晚，你慌的是甚么！他么，着你解着来，我也着你解着来么？"（《磨难曲》第十八回）

"他"和"我"对举，"么"用在第一个对举项"我"之后。

同为反映山东方言的《醒世姻缘传》中也有类似用例：

(18) 您么，是为做官图名图利，吃着牢食，坐着软监就罢了；我是为甚么，犯下甚么罪来，诓我在死囚牢里？（第七十七回）

(19) 你嫂子惯会背地里听人，这天黑了，只怕他来偷听，万一被他听见

97

了，这是惹天祸，你么跑了，可拿着我受罪。（第五十八回）
两例中"您"与"你"分别跟"我"对举，"么"用在第一个对举项"您"与"你"之后。

　　拿例（12）—（16）五句跟这里的例（17）—（19）三句相比较，"漫"就是语气助词"么"的方音变体或异写形式不是非常明显、非常清楚的吗？

　　由于对这个语气助词"漫"缺乏了解，即使《俚曲》的校注者也难免出些差误。例如例（12），邹宗良先生将"漫是"视作一个语言单位，解作"很是，极是"①，把此处的"漫"也看成了表示程度的副词。例（16），路大荒先生误将"漫"断归下句，致使"漫在傍里观榜"不可索解。至于王群先生，更是把例（12）—（16）句的"漫"统统看成表示"程度高"的程度副词。②如果真的套用程度副词"很、极"的意义和用法来解释这五个例句，除例（12）属于偶然的巧合、勉强可通外，其余四例没有一句是能解释得通和令人信服的。

（载《蒲松龄研究》2010 年第 1 期）

---

①　见《聊斋俚曲集》第 12 页，国际文化出版公司 1999 年第 1 版。
②　《明清山东方言副词研究》，山东大学博士学位论文，2006 年。

《汉语大词典》语法问题指瑕

编写语文词典，有些语法问题是无法回避且必须解决的，比如释义同词目的词性相应与否的问题，例证同词目的词性吻合与否的问题，等等。笔者在翻检《汉语大词典》（以下简称《汉大》）的过程中，觉得它对这些语法问题的处理一般来说是妥帖的，但也发现个别地方存有一些问题，现略作梳理，草成此文，也许对日后该词典的修订和其他语文词典的编写不无参考价值。

一、释义同词目词性不符

从理论上讲，语文词典是应该标出所有词目的词性的，但是由于汉语词的分类至今仍有不少问题没得到圆满解决，所以多数汉语语文词典未能明确标出词性，尤其是名词、动词、形容词等实词的词性。作为一种变通处理的办法或权宜之计，可以采用同词目词性相对应的语言表达形式或使用某种形式标志进行释义，从而揭示词目的词性。在这方面，《现代汉语词典》（以下简称《现汉》）作了十分有益的探索，并取得了较大成功。《汉大》借鉴了《现汉》的成功经验，沿着这条路子继续走了下来，但也出现少数词目的释义同其词性相乖违的情况。

先看两个名词误释为动词的例子。"干系（係）"（以下所举各例除另注明者外，均选自《汉大》）释为："犹关系。谓对某事有责任牵连。""关系"云者，虽然笼统，但至少与词性相符；"对某事有责任牵连"这样的动词性短语，显然同"干系"的名词性特征不相对应。《现汉》此条释为"牵涉到责任或能引起纠纷的关系"，既照顾到了词性，又对"关系"作了必要的限制性说明，这一释文是可取的，可惜《汉大》没有认真吸收。再看"水利"，《汉大》释为"利用水力资源和防止水害"，是并列的两个动宾短语，据此释义，"水利"当系动词，但实际上它是名词，《汉大》所引古今书证均可证明。如《吕氏春秋·慎人》："掘地财，取水利。"朱德《和谢老泛舟游古田水库》："四级梯田多发电，层堤水利用无余。"两例中"地财""梯田"分别同"水利"前后对举,"地财""梯田"均为名词性,"水利"亦应同样视之。那么"水利"究竟应如何释义呢?愚意"对水力资源的利用和对水害的防止"是一种可供考虑的选择,或径释为"水资源给予人类的利益"亦无不可。顺便提一句,《现汉》对"水利"的释义跟《汉大》基本一致,同样不妥,《汉大》释义的错误可能是受其影响所致。

再看动词误释的例子。"一般见识"释作:"谓同样浅薄的见解和气度。"显然是名词性。但在语言实际中,"一般见识"总是用作谓语中心,如"谁和你一般见识""我不跟小孩子一般见识",后边还可以跟有动态助词或趋向动词等,如"我从没跟他一般见识过""你若与他一般见识起来,他敢过不去"(《汉大》该条引《金瓶梅》例),可见它应属动词性。《现汉》释为"不跟知识、修养较差的人争执,叫作不跟他一般见识",不仅揭示出了该条目的动词性,而且暗示出了它的用法特点(不单独作谓语,前边总伴有用作状语的介词短语"跟/和……")。应当承认,《现汉》的释义是比较符合词语实际、切合实用的。(不过《现汉》的释义在措辞上也有美中不足:"修养较差"可说,"知识较差"则不通。)《汉大》的释义如果增添一个"持"字,并删去"和气度"三字,说成"谓持同样浅薄的见解",虽然仍不如《现汉》释义具体贴切,但在词性上总算对应起来。再如"内含"义项①,《汉大》释为"内心所具有的;内部包含的",显然是看成了形容词。实际上它应是动词,就是"内心具有、内部包含"的意思。释文中的两个"的"字和一个"所"字都不应该用。

以下是几个形容词有关义项的释文:

【暗昧】②不光明磊落;不可告人之阴私、隐私。

【苍白】①白而略微发青;灰白色。

【苍黄】②黄而发青;暗黄色。

"不可告人之阴私、隐私"显系名词性偏正短语,同"暗昧"的形容词性不相符合,也同"不光明磊落"不相谐调。语法常识告诉我们:"白""黄"等属形容词,而"白色""黄色"等是名词(就其本义而言)。同理,"苍白""苍黄"属形容词,而"灰白色""暗黄色"则是名词,用后者解释前者便有违词性相应的原则。《汉大》字头"苍"下释义存有类似问题的还有"苍黑""苍苍"和字头"苍"本身。《现汉》"苍白"释为"灰白",不带"色"字,这是正确的;但"苍黄"释为"灰暗的黄色",同样不妥。"苍苍"和字头"苍"本身的释义,《现汉》也有类似情形。对于其他表示颜色的形容词,不管是《汉大》还是《现汉》,释义中也都有类似的词性照应不周的问题,在此不再一一细列。看来，对于表示颜色的形容词，释义如何准确无误地体现其词性，是语文辞书编写中一个需要认真对待、统一考虑解决的问题。

二、例证同词目词性不合

举例是语文词典编写中一个十分重要的环节，规范性语文词典是如此，历史性语文词典也是如此。好的书证不仅可以辅助释义、体现源流，而且可以印证词性、提示用法。《汉大》取例丰富是众所共认的，但偶尔也有例证同词目词性或用法照应不到的地方。

例如，"气息"义项④释为"气味"，显系名词。下引四条书证，有三条同词性、词义相符，唯有《红楼梦》一例"这么气息，倒熏坏了我！"同其他三例情形有别，把它看成名词不妥。这个"气息"实为形容词，意思是"有气味"或"气味难闻"。《醒世姻缘传》第四回中也有这种用法："又使被子蒙了头，被底下又气息，那砍头的又怪铺腾酒气，差一点儿就鳖杀我了！"《汉大》"气息"条这一形容词义失收。

又如"赢利"条的释义和部分例证：

> 【赢利】经营某事所得的利益。《商君书·外内》："故农之用力最苦，而赢利少，不如商贾、技巧之人。"高亨注："赢利，获得余利。"

从词典释义看，"赢利"显系名词性；但《商君书》例证中的"赢利"应是动词性，这从它与"用力"这一动词性短语的上下对举中可以看出，从高亨的"获得余利"的注释中更可得到充分证明。高注明明点出了该条的动词性，《汉大》并引用高注作为书证，但却作出了以上名词性的释义，实不应该。实际上，"赢利"既是动词，又是名词。作为动词，它是"获得利润"的意思，书证如上举《商君书》例及高注；作为名词，它是"获得的盈余"的意思，书证如《汉大》该条所举其他各例。《现汉》对这两种词性的意义分别作出了解释，而《汉大》却忽略了它的动词义。

再看"决斗"条义项①的部分释文：

> ①决定最后胜败的战斗。《后汉书·吕布传》："布弯弓顾曰：'诸君观布射[戟]小支，中者当各解兵，不可留决斗。'"《魏书·侯莫陈说传》："黑獭至，遥望见说，欲待明日决斗。"郭沫若《战声集·诗歌国防》："如今他要在最前线和猛恶的帝国主义决斗。"

三条书证中的"决斗"都用作谓语中心词，都是动词，但释义"决定最后胜败的战斗"为一名词性偏正短语，二者显然不相吻合。如果在原释义前加一动词"进行"，"进行决定最后胜败的战斗"这一动宾短语便跟例证中的"决

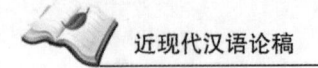

斗"词性相合了。

另如"伏贴"条的部分释文：

> 亦作"伏帖"。①平伏而紧贴在上面。《广群芳谱·茶谱四》："箬性峭劲，不甚伏帖，风湿易侵。"朱自清《阿河》："覆额的留海也梳得十分伏贴。"萧红《生死场》三："叶子是安静的伏贴在那里。"

释义中"而"前后的词性不同："平伏"《汉大》释作"平整"，显然为形容词，"紧贴在上面"则为动词性。前边两个书证因有程度副词"甚"或"十分"修饰，故同形容词"平伏"相对应，最后一个书证则同动词短语"紧贴在上面"相对应（但意义有重复）。同一义项中既包含形容词义，又包含动伺义，不符合一般语文辞书按词性分立义项的原则，也难以把词目的意义和用法解释清楚。愚意此处"伏贴"实应分作两个义项：其一是动词，可释为"紧贴"或"紧紧贴住"（原释文中"在上面"三字应删），后引《生死场》书证；其二是形容词，可释为"平伏，熨贴"，后引《广群芳谱》和朱自清《阿河》书证。这样，例证同词性便一一相合了。

再如"着[4]"，注音 zhe，轻声，并标明为助词，其义项④释为"紧接在某些动词后或放在祈使句末，表示强调、催促、商量、请求等语气"。书证引有《红楼梦》一例："［宝玉］着焙茗去先踏看明白，回来再作主意。"该例中之"着"既非"紧接在某些动词后"，也非"放在祈使句末"，同释义中所说的用法和标出的助词词性扞格不入。这个"着"实为表示使令义的动词，相当于"教"或"使"，读音也不是 zhe，而应是 zhuó，应归入该词典的"着[1]"这一字头下的义项⑫。

三、"名动词"的义项分合问题

由于汉语的动词可以出现在句子主语和宾语的位置上，这便给汉语动词和名词的区分增加了困难，无疑也给语文词典中某些动词的释义带来了麻烦。不过情形也不完全一样。像"锁""代表""练习"这类词，动词的语法特征和名词的语法特征都很明显，它们属于动、名兼类词应该是没有问题的，词典中应该而且可以按词性分别立目或立项。另外像"笑""感动""整理"这类词，虽然偶而也可用在主、宾语的位置，但一般情况下它们并未取得名词的特征，仍属于动词，词典中当然不应另立名词一条或名词一项。比较难办的是像"学习""批评""建设"这类意义比较抽象的词，其动词的语法特征和名词的语法特征兼而有之，而且表现为不同语法特征时基本意义又没有可以被觉察的明显区别。对于这类词，语法学家看法不一：有的认为仍是动词；有的认为是动词名物化；有的认为是动、名兼类；有的则认为是"名动词"，是一个"新的词类"。语文词典中动词标注和释义的困难主要就体现在这类所谓"名动词"上（我们姑且采取这一术语）。从目前《汉大》等语文词典编写的实际情况来看，这类词释义中义项的分合带有很大的随意性，缺乏统一的规定，需要认真研究，通盘考虑，妥善处理。

例如"倡议"，《汉大》分为动词义（"首先建议；发起"）和名词义（"首先提出的建议"）两个义项，而名词义项的书证是袁鹰的诗句："你们每一个发明，每一个纪录，每一个倡议，每一个创造，都使我们兴奋，都使我们自豪！"其中主语位置上的"发明""纪录""倡议"和"创造"四个词，除了"纪录"跟上边所谈的"锁""代表""练习"情形相同，明显属于动、名兼类词之外，其余三个则跟"学习""批评""建设"一样，属于名动词一类。按理讲，既然"倡议"分为动、名两个义项，跟它情形一样的"发明""创造"也应该分为动、名两个义项才是，然而实际上《汉大》的这两个词却只有动词义项，没有名词义项。如果我们再扩大一下视野，连带着考察一下《现汉》试用本和1996年修订本对这三个词释义立项的情况，便可得出下表：

词目与义项		《汉大》	《现汉》试用本	《现汉》修订本
倡议	动词义项	有	有	有
	名词义项	有	无	有
发明	动词义项	有	有	有
	名词义项	无	有	有
创造	动词义项	有	有	有
	名词义项	无	无	无

由表中不难看出，不仅不同的辞书对名动词的义项分合没有统一标准，即使是包括《现汉》在内的同一种辞书或同一种辞书的同一种版本，对名动词的义项分合也没坚持统一标准。我们认为这一情形是不应该发生和存在下去的。至于名动词究竟是明确分为动、名两个义项释义好，还是不另立名词义项而只是笼而统之地"浑释"好，还有待我们深入进行研究、展开讨论方能取得一致认识，当然这需要时日，不是马上就可以得出结论的。不过在此之前，至少同一部词典（或同一种版本）应该采用统一的标准，坚持前后一致的释义方法，要么分项释义，要么"浑释"，而不应该像现在这样各行其是，有的

词目分项释义，有的词目又不分项。不知《汉大》及其他语文词典的编者以为然否？

四、某些虚词的释义问题

虚词不仅是词汇的重要组成部分，而且是汉语重要的语法手段。一般语文词典对虚词的主要的语法意义和用法应该而且必须作出准确而简明的解释和说明。《汉大》在这方面也存在一些有待改进之处。

例如，有的虚词因断词失察和语法方面考虑不周而导致立目和释义方面的失误。请看以下两个字头有关义项的释义和例证：

着[4]［zhe］助词。②用在某些形容词后面，表示程度的比较等。《红楼梦》第五十回："这才是十月，是头场雪，往后下雪的日子多着呢。"老舍《微神》："怜比爱少着些味道，可是更多着些人情。"

著[8]［zhe］助词。②用在某些形容词后面，表示程度的比较等。《儿女英雄传》第八回："那说书说古的、菩萨降妖捉怪的多著呢。"

"着呢"（有的书写作"著呢"）实为一个双音节的语气助词，用在形容性词语后面表示某种性状程度之深，大体相当于"……得很"的意思，语含夸张意味，如"今年冬天冷着呢""春节晚会热闹着呢"。这个"着呢"同出现在动词后面的"着呢"（如问：吃饭了吗？答：吃着呢）不同：后者实为两个词，即动态助词"着"+语气动词"呢"，它必要时可以被宾语分开（如说：吃着饭呢），而前者永远是一个不可分离的整体。①《汉大》收有"着呢"而未收它的异形词"著呢"，"着呢"条也只有自造例句而未举原始书证。"着"[4]所引《红楼梦》"着呢"一例实应移至"着呢"条下，"著呢"也应单独出条，并将"著"[8]的书证置于其下。② 这样一来，"著"[8]义项②下便没有了书证，"着"[4]义项②下虽还有老舍《微神》一条书证，但这条书证果真是"表示程度的比较"的吗？我们不妨比较一下这个句子用"着"和不用"着"在意义表达上的异同：

---

① 参见《现代汉语词典》和《现代汉语八百词》"着呢"条；又见孟琮《谈"着呢"》，载《中国语文》1962年第5期。

② 还有一个跟"着呢"意义用法相同的"着哩"，如孔尚任《桃花扇》第三十三出："人多着哩。只记得几个相熟的，有冒襄、方以智、刘城、沈寿民、沈士柱、杨廷枢。"蒲松龄《聊斋俚曲集·姑妇曲》第二段："于氏说：'我如今就待要他，他也未必肯来。'沈大姨说：'倒未必，他贤惠着哩。'"《现汉》收有"着哩"，注明〈方〉，未举例。《汉大》未收此词，这对一部大型历史语文词典来说不能不算是一个缺失。

a. 怜比爱少着些味道，可是更多着些人情。

　　b. 怜比爱少些味道，可是更多些人情。

不用"着"的 b 式同用"着"的 a 式一样，仍然含有"程度的比较"的意义，可见这一语法意义不是"着"所具有的（实际这一意义是"甲比乙……"这一特定句式所具有的）。另外，a 式却比 b 式多了一层"少"或"多"这种性状存在着或持续着的意思，而这种意思正是"着"字所赋予它的。《汉大》"着[4]"义项①："紧接动词后，表示动作、状态的持续。"老舍《微神》这条书证实同这一义项相合。（例中"少"和"多"都带有宾语，不妨看成动词）由此看来，"着[4]"和"著[8]"的"用在某些形容词后面，表示程度的比较"这一义项的确立未免失之轻率，缺乏事实根据。这一义项应该去掉。

汉语的虚词多数是由各自同形的实词发展演化而来的，即是说，有些词在现代汉语里是虚词，但在古代汉语里未必也是虚词。词典在给这些词释义时必须坚持历史发展的观点，而不能以今律古或者相反。例如"关于（於）"条的释义部分：

　　①关系到。②介词。（1）引进某种行为的关系者，组成介词结构做状语。（2）引进某种事物的关系者，组成介词结构做定语。现代汉语也在"是……的"式中做谓语。

其中义项①为实词义（古汉语中"关于"实为两个词：动词"关"+介词"于"，词典可否把它作为一个词收入尚需研究；这里暂依从《汉大》，将"关于"视作一个语词），义项②为虚词义，其中两小项说明文字则是从《现汉》原封不动照搬过来的，所不同的是：《现汉》只举有今例，而《汉大》除有今例外，还加进了宋司马光、苏轼和明宋濂三个古人的书证。现在的问题是：古代汉语里"关于"当真作介词使用吗？不妨先听听语法史学家们的意见。日本太田辰夫认为，用"关于"表示关连"是很新的东西，找不出清代以前和清代的用例"。[①] 吕叔湘则说："白话里'关于'的发展是受了外来语法的影响。"[②] 看来他们都认为古代汉语里并不存在介词"关于"。再看看《汉大》所列举的书证是不是介词。如司马光《请建储副或进用宗室第一状》一例："臣窃惟陛下天性纯孝，振古无伦，事无大小，关于祖宗者，未尝不勤身苦体，小心翼翼，以奉承之。"其中"关于祖宗者"意即关系到或涉及祖宗的（事情），"关于"仍属义项①的实词义，并非是后来的介词。其他二例情形类此，限于篇幅，恕不详列。总之，在"关于"的介词义项下列举古证，显

---

① [日] 太田辰夫：《中国语历史文法》，蒋绍愚等译，北京大学出版社1987年版，第239页。
② 吕叔湘：《中国文法要略》，商务印书馆1982年版，第207页。

然是"文不对题",是同汉语史的实际情形相违背的。那么《汉大》所举的今证是否也都"对题"呢?请看第(1)小项下鲁迅《书信集·致唐弢》一例:"来信问我的几件事情之中,关于书籍的,我无法答复。"这里"关于书籍的"的结构层次是:"(关于+书籍)+的",也就是"关于"先跟"书籍"组成介词结构,然后这个介词结构再加"的"组成"的"字结构。"的"字结构"关于书籍的"意即关于书籍的事情,它也不是作什么状语,而是作"我无法答复"的主语。因此,这条今例也同"组成介词结构做状语"的释义不相吻合。根据此例和词典中最末一例"今天在厂里开了一个会,是关于爱国卫生运动的",《汉大》(以及《现汉》)介词"关于"条下似应增写第(3)个小项:"介词结构'关于……'加'的'组成'的'字结构作主语、宾语。"①并删去原释义第(2)小项中"现代汉语也在'是……的'式中做谓语"这句话。

(载《辞书研究》1999年第6期)

---

① "关于……的"除可用作"是"的宾语外,还可用作"有"的宾语,如:"他写的书很多,有关于战争的,也有关于经济建设的。"

近代汉语词语因失校而释义错误举例

一、氅、裳（误作"襒"）

周志锋《大字典论稿·近代汉语词义札记》（浙江教育出版社1998年版）："襒，衣。……《集韵·屑韵》：'襒，衣也。'蒲结切。"文中引书证六例，均出自《绿野仙踪》。这里只引其中两例："于是亲到缎局内买了一件红青缎~料，一件鱼白缎裙料。"（第四十七回）"绿蝶裙，红鸳~，偏是他穿衣讨厌。"（第七十二回）

按：周君所据《绿野仙踪》系何种版本，因文中未有交代，故不得而知。笔者手头有两种版本：一为人民中国出版社1993年校点本，它以北京大学馆藏一百回本为底本；一为华艺出版社1993年影印本，它以中国社会科学院语言研究所馆藏手抄本为底本。周君所引六例中的"襒"，人民中国本一处作"氅"，两处作"裳"，三处作"裳"，而华艺影印本一律作"裳"。《汉语大词典》收有"氅""裳"二字，皆音 chǎng。"裳"字释为"鸟羽制成的外衣"，似显过实，但又说"同'氅'"。（第九卷第137页）"氅"字义项②即为"泛指鸟羽制成的外衣；外套大衣"（第六卷第1016页），这一释义是正确的。"裳"可视为"氅"的异体字。近代汉语中由"氅（裳）"组成的词语有"鹤~""云~""~衣"等（《醒世姻缘传》中"~衣"也写作"厂（廠）衣"），现代北方方言中则有"大~"一词，指的即是外套或大衣。华艺影印本的六处"裳"字当属可信；人民中国本的一处"氅"亦属可信，两处"裳"当系"裳"的形误，三处"裳"当系"裳"的省误（省去偏旁"夂"而误）；至于周君所引书中六处"襒"（音 bié）字，当由其异体"裳"变化而来。"裳→裳"和"裳→裳→襒"，便是该字辗转讹变的轨迹。即以上引两例而言，"襒"为"氅（裳）"才与文意相合：一处说"氅"（上边的大衣），一处说"裙"（下衣），"氅料"与"裙料""绿蝶裙"与"红鸳氅"分别上下对举，而且第七十二回例最后还以"穿衣"总括上文（"氅"与"裙"分属"衣的不同类别），合情合理。例中"襒"若为"襒（襮）"或"裳"（人民中国本第四十七回例作"襮"，第七十二回例作"裳"），则不仅不能与"裙"并列对举，而且第七十二回例与下文的"衣"词义重复，故不可取。负责华艺本影印工作的刘洁修先生认真对比研究了包括北大馆藏本在内的几种版本，认为语言研究所藏本抄工"一丝不苟"，文字较少讹误，是优于其他抄本的"精抄本"。（见附于书后的《对〈绿野仙踪〉几个手抄本的几点看法》）从这一"氅（襮）"字也可印证这一看法是正确的。

二、熟化（误作"热化"）

李申、王文晖《〈汉语大词典〉近代汉语条目订补》一文，对《汉语大词典》（以下简称《汉大》）"热化"条作出如下"订补"："尚有'接近、亲热'义。《醒世姻缘传》第十九回：'从这日以后，唐氏渐渐的就合晁大舍热化了。''热化'犹今口语词'热乎'，形容亲热的态度，与人接近，不显生分。hua 音节的汉字如'化''划''滑''花'等，轻读时主元音 a 常脱落，韵母变成 u。……故'热化'实即'热乎'。"（载《徐州师范大学学报》1997 年第 2 期）

按：首先，李、王二君这个"订补"是多余的。因为《汉大》"热化"条义项①的"引申义"即为"形容感情融洽，难分难解"，正是李、王二君"形容亲热的态度""热乎"云云，而且《汉大》所引书证也正是李、王所用的例子。（第七卷第 233 页）估计李、王为文时未及细审《汉大》"热化"条全文，否则不会出现这样明显的纰漏。其次，这个"订补"是否正确也还大可商榷。拙文《〈醒世姻缘传〉校勘献疑》（以下简称《献疑》）第（29）条曾对上引《醒》书第十九回例证提出过疑问，不妨抄录如下："'热'当系'熟'之误。'熟化'书中亦作'熟滑''熟话'，谓熟识，不生分。第四十五回：'再待几日，熟滑下来，只怕你留他住下他还不住下哩。'第九十五回：'你新来乍到的，熟话也没曾熟话，你就这们乔腔怪态的？''熟化'尚有驯顺一义。如第七十回：'承官儿，你不希罕银子罢了，你没的也不希罕会花哨的腊嘴么？是养活熟化的。'"① 还应指出，李、王引例所据的版本是上海古籍出版社 1981 年本，《汉大》此处所据的版本大概与之相同，这也正是拙文《献疑》所评改的本子，而齐鲁书社 1980 年本此例则作"熟化"，不作"热化"。《汉大》也收有"熟化"一词，释为"相熟"，所举书证共有两个。一个出自《儿女英雄传》第十五回："那大爷才坐下，瞅着那么怪腼腆的，被我怄了他一阵，这会

---

① 见徐复岭《〈醒世姻缘传〉作者和语言考论》第 265 页，齐鲁书社 1993 年版。

子熟化了。"再一个就是上引《醒》书第十九回的例子（第七卷第243页）。我想这里《汉大》所依据的《醒》书的版本大概就是齐鲁书社1980年本了。本为同一例证的同一个词，却分别列出"熟化"与"热化"两个词条，《汉大》如此处理也许是出于慎重，为了保存"异文"。但"存异"是辞书编写者在对材料无法进行校勘、难以定夺孰是孰非的情况下所采取的权宜之计，是苦于无奈而为之；倘能对材料进行对比校勘、分出真伪，还是以不"存异"为上策。即以本条而言，看成"热化"翻来覆去只有上引《醒》书那么一条孤证，缺乏可信性；而若看成"熟化"，不仅有《醒》书内的多个例证①，而且有《醒》书外的例证②，足可使人信服。综上，《汉大》"热化"义项①的"引申义"与李、王二君的"订补"，都是由于失校又强作解释而致误。

三、探业（误作"认业"）

白维国《金瓶梅词典》（中华书局1991年版）"认业"条释为"知道罪孽；懂好歹"，引《词话》第四十六回例："好个不认业的，人家有这一件皮袄，穿在身念佛。"

按："探业"为一山东方言词。任君泽《鲁西、河南方言词汇补》该词记作"探业儿"，释为"节俭，不追求享受"。（载《语言研究》1986年第1期）张鹤泉《聊城方言志》该词记作"贪业儿"，解释为"知足、安分"。（语文出版社1995年）《汉语大词典》也收有该词，释为"方言词，听话"，引蒲松龄《穷汉词》中一例为证："孩子绝不探业，老婆更不通情。"（第六卷第721页）蒲松龄《聊斋俚曲集·墙头记》第一回："这肚子又不探业，这不是还不曾晌午，早晨吃了两碗糊突，两泡尿已是溺去了，好饿的紧。"路大荒《〈聊斋俚曲集〉土语注解》云："探业——安分、有出息。"（《蒲松龄集》第1690页）拙文《〈醒世姻缘传〉方言土语选释》释为"安分守己，对现状满意"，并引《醒》第九十五回例："你要不十分探业，我当臭屎似的丢着你，你穿衣我也不管，你吃饭我也不管。"③ 总之，近代和现代山东方言中存有"探业"

---

① 这里不妨再多引两条《醒世姻缘传》的用例："陈儿，你还往我屋里睡去罢，他明日情管就合我熟化了。"（第四十五回，此例义为"熟识，不生分"）"这腊嘴养活了二三年，养活的好不熟化。"（第七十回，此例义为"驯顺"）

② 《金瓶梅词话》第八回有"熟化"的异体"熟滑"一例："妇人尝与他浸润，他有甚不是，在西门庆面前替他说方便，以此妇人往来熟滑。"该书香港梦梅馆梅节重校本（1993年）作"熟滑"，齐鲁书社张竹坡评点本（1987年）亦作"熟滑"，但人民文学出版社1985年校点本却作"就滑"。"就滑"不辞，"就"当系"熟"的讹误，其讹误轨迹为："熟"丢落四点底儿而省误成"孰"，而后"孰"因字形相似而误成"就"。

③ 见徐复岭《〈醒世姻缘传〉作者和语言考论》第338页，齐鲁书社1993年版。

一词是不争的事实,至于其意义,以上四家当以张鹤泉和本人的解释比较确当。

现在的问题是,《金瓶梅词话》第四十六回例中的"认业"是怎么回事?李申《金瓶梅方言俗语汇释》认为这里的"认业""意同'探业'",是"知足"的意思。(北京师范学院出版社1992年版)其释义符合方言实际,无疑是正确的,这比白维国《金瓶梅词典》的释义前进了一大步,但还有一个疑团没有解开,那就是为何"认业""意同'探业'"?山东方言是我的母方言,就我所知,现代山东话及其周边的苏北、豫东北、冀南话里并没有意为"知足"的"认业"一词。除上举《金瓶梅词话》第四十六回一例外,李、白二君也没能举出"认业"的第二个用例来。近几年我读书时特别留意了这两个字眼,也没能发现类似用例。这便不能不使人怀疑"认业"词形的真实性和可靠性。我怀疑"认业"是由"谈业"讹误而来的,因为繁体的"认(認)"与"谈(談)"字形近似,加以古籍版面漶漫不清,是很容易致错的。而"谈业"与"探业"(还有"贪业儿"等)则是用近音字记录的同一个词,是同一个词的不同语音变体。由"探业"到"谈业"(近音字借用),再由"谈业"到"认业"(形近致误),也许就是该词讹变演化的轨迹。一孔之见,未敢自以为是,写出来供博雅君子指教。

(载《古汉语研究》2002年第2期)

兖州、曲阜方言中所见元明清白话词语

　　山东省兖州市和曲阜市，地理相连，城区相隔仅 15 千米。两市历史关系密切，元代同属济宁路，明清同属兖州府，解放后同属济宁专区，还曾一度合为一县，现在同为济宁市的两个县级市。[①] 两市尤其两市城区的方言，保持着极大的一致性。兖州、曲阜是儒教和鲁文化的发祥地，文化底蕴丰厚，自明迄清 500 余年，这里是鲁南的政治、经济、文化中心，诞生过贾凫西、孔尚任、桂馥等著名作家和语言文字学家。元明清白话著作中的许多词语，至今仍在兖曲方言中使用；近代文献中不少难解或至今未得确解的词语，兖曲方言可以提供解惑释疑的线索。

　　本文选取保留在兖曲方言中的元明清白话词语 40 余条，逐一加以注音、释义，并示以书证。这里选释的词条《汉语大词典》（以下简称《汉大》）多未收录，少数词条《汉大》虽已收录，但或注音释义有误，或所列书证晚出。所以本文既可为研读元明清文献提供帮助，也可为汉语（包括方言）词汇史的研究和日后《汉大》订误补阙提供参考。本文条目按兖曲方言声母的顺序排列。举例中的"~"代表与条目形式相同的词语。引例书目（及简称）附于文末。

　　兖曲方言的声韵调系统如下（以两市城区为代表）：

（一）声母 21 个（包括零声母）

p　p'　m　f　t　t'　n　l　ts　ts'　s
z　tɕ　tɕ'　ŋ　ɕ　k　k'　x　ɣ　θ

（二）韵母 36 个（不包括儿化韵）

ɿ　a　ə　ɜ　　　ei　ou　æ　ən　aŋ　əŋ
i　ia　iə　iɜ　　　iou　iæ　iən　iaŋ　iŋ
u　ua　uə　uɜ　　uei　　　uæn　uən　uaŋ　uŋ
y　yə　　yæn　yən　　　　　　　　　yŋ

[①] 今兖州撤市改区，隶属济宁市；曲阜市未变。

（三）声调4个（括号内的数字为各调调值）：阴平（213）、阳平（42）、上声（55）、去声（312）。调值标在音标的右上角。不标变调。轻声字在右上角用实心圆点表示。

暴［pɔ^{312}］ 灰尘扬落。亦作"报"。今说成"埲［paŋ^{312}］。俗语有"~土扬尘""~得给（跟）土驴一样"。《醒》第五回：拿罩儿罩住，休要~上土。聊斋俚曲《增补幸云曲》第十五回：佛动心你好邋遢，茶壶放在床底下，没有盖子闭着口，~上灰尘怎么顿茶？又《蓬莱宴》第三回：把火吹，把火吹，一霎报了一头灰。

拨拉［pu^{213}la·］ 拨动；扒拉。清曲阜人桂馥《札朴》卷九《乡言正字·杂言》："手批曰拨擸（声如辣）。""拨擸"即"拨拉"，亦作"拨剌""拨捌"。《金》第四十五回：自古木杓火杖儿短，强如手拨剌。《醒》第三十二回：一日两顿饭，没端碗先打着问心替嫂子念一千声佛，这碗饭才敢往口里~。蒲松龄《日用俗字·器皿》：砝码天平最公道，算盘拨捌更精详。

不犯于［pu^{213}fæn^{312}y·］ 不值得；犯不着。例如："这号人，你~跟他计较。"亦作"不犯"。《忠烈传》第七回：莫信他瞎狗人的挑动，你算过了就罢了，~把有用之钱把给他买劳食（牢食）吃。《三续》第二十回：醋杀我了，也不犯疼得这么着。

爬爬屋［p'a^{55} p'a^{55}u·］ 低矮的小屋。例如："旧社会全家人挤在一间~里。"贾凫西《历代史略鼓词·正传》：~三间当了大殿，衮龙袍穿着一领大布衫。

排［p'ɛ^{55}］ 跺；踩。桂馥《札朴》卷九《乡言正字·杂言》："足拨曰排（上声）。"聊斋俚曲《慈悲曲》第四段：他也不作声，脚~手扳，使得那汗顺着脸往下淌。

赔释［p'ei^{42}ʂʅ·］ 赔罪解释；赔不是。例如："你冒犯了顾客，还不快去~几句！"亦作"培植"。《红》第十六回：你明儿见了他，好歹~~，就说我年轻，原没见过世面，谁叫大爷错委了他呢。《儿》第十八回：邓九公便去培植那位尹先生，又叫褚一官张罗换茶。

烹［p'əŋ^{213}］ 说大话；吹牛。有时含有"吓唬"的意思。俗语有"胡~海嗙"。亦作"嗙"。贾凫西鼓词《孟子齐人章》：刚才问道他，他把大话~。《醒》第四十七回：小的到他门上嗙几句闲话，他怕族人知道，他自然给小的百十两银子，买告小的。

皮脸［p'i^{42}liæn^{55}］ 厚脸皮。形容不知羞耻。俗语有"~屁呲"。元刘

112

唐卿《降桑椹》第一折：我两个一生~无羞耻，油嘴之中俺为祖。《金》第三十五回：天下有没廉耻~的，不相这狗骨朵没廉耻，来我家闯的狗也不咬！《醉醒石》第七回：更有那打不怕、骂不怕~，三七分钱，三分结识人，七分收入己。《醒》第七十五回：周嫂儿道："是了，舍着俺两个的~替狄大爷做去。"聊斋俚曲《琴瑟乐》：~嫂子好多气，一戏不了又一戏。

莽 [maŋ⁵⁵]　胡猜乱蒙。歇后语有"一个眼的长虫——瞎蟒（莽）"。聊斋俚曲《增补幸云曲》第二十回：你这又是一个虎（谜语）。寻思寻思的，没里（莫非）他是"胡寻思"？这又不像个人名，只怕是"胡想"。我~~他罢。长官，尊讳是"想"。

娩卧 [miæn⁴²uə³¹²]　生孩子。《札朴》卷九《乡言正字·杂言》："妇产曰娩卧。"今口语中儿化，讹读成"娩窝儿"。聊斋俚曲《慈悲曲》第一段：亏了这一日那李氏又~了，虽然生了个小厮，张炳之也不甚欢喜。

带犊子 [tɛ³¹²tu⁴²tsʅ]　妇女再嫁带到新夫家的子女（包括跟前夫已生的和怀孕待生的），含贬义。亦作"带肚子"。贾凫西《历代史略鼓词·正传》：后来如赵国不杀秦家的异人，那~吕政却先灭了赵家。又：长子早亡自然该孙承重，那带肚子燕王为何谋了幼君？（后例据潍县和记印刷局铅印本《木皮子传》）

地处 [ti⁴²tsʻuˑ]　地方。今口语中儿化。例如："那个~儿可难找了。"清无名氏《草木传》第六回：天色昏暗，两眼看不甚真，也不知道这是什么~。《白雪遗音·马头调·寂寞寻春》：自己的汉子不回家，赖着人家把吊上，却有个~不能去找，我看你白跑这一蹚。

冻着 [tuŋ³¹²tsə]　伤风，感冒。例如："小孩们抵抗力差，一不小心就~。"《金》第七十二回：你有多少尿，溺在奴口里替你咽了罢，省的冷呵呵的热身子下去~，倒值了多的。（据张竹坡批评本）《醒》第二回：咱昨日在围场上，你一跳八丈的，如何就这们不好的快？想是脱衣裳~了。

剟 [tuə³¹²]　字亦作"剠""掇""跢"。(1) 扎；刺。桂馥《札朴》卷九《乡言正字·杂言》："针刺曰剠。"《金》第七十五回：叫刘婆子来瞧瞧，吃他服药，再不头上~两针，由他自好了。《醒》第十三回：又有在那夹的碎骨头上使大棍敲的，在那被掇的手上使针掇的，千式百样。又第五十二回：[小玉兰] 又说素姐拿着纳底的针浑身跢他姑夫。(2) 用手掌或扁平的东西打。聊斋俚曲《姑妇曲》第二段：[于氏] 就拿过珊瑚那手来，使力气照着自家那脸乱掇。又《增补幸云曲》第二十三回：就该脱下那小鞋底，照着嘴儿只管掇，打煞怨的那一个？按：用作此义的"掇"《汉大》注为 chǐ，音误。

塌 [tʻa²¹³]　浸湿（衣服、被褥等）。桂馥《札朴》卷九《乡言正字·杂言》："借湿润物曰溚。""溚"即"塌"，亦作"搨"，现多写作"渇"。《醒》第九十二回：看那陈师娘……穿着汗~透的衫裤，青夏布上雪白的铺着一层虮虱。聊斋俚曲《磨难曲》第六回：一伙差人连跑了两回，还没歇过来，喘呼呼的，把衣服都搨了。《儿》第十一回：你老人家瞧，他身上的纽襻子都撕掉了，那条裤子湿漉漉的~在身上的，叫人怎么受呢！

拿糖 [na⁴²tʻaŋ⁴²]　拿架子；装模作样以抬高身价。亦作"拿堂"等。冯惟敏《海浮山堂词稿》卷三《杂曲·盹妓》：也不想软款温柔，也不想丢可留修，也不想拿堂扭柳。聊斋俚曲《增补幸云曲》第四回：看上你眼就~，谁没见你那乔模样。又第八回：这妮子~捏醋，看不上公子王孙。

闹腮胡 [nɔ³¹²sɛ²¹³xu⁴²]　络腮胡。桂馥《札朴》卷九《乡言正字·身体》："腮多胡曰髶。""髶"即"闹"。贾凫西《澹圃恒言》卷四《百戒》：干父即亲父，儿子王小祜，父是光嘴巴，儿是~。《白雪遗音·南词·闹腮胡》：别人儿夫多风俊，奴的儿夫~。

脓 [nuŋ⁴²]　将就；凑合；勉强应付。例如："再~几天，发下工资来日子就好过了。"亦作"农""浓""哝"。《金》第四十一回：姐姐，你知我见的，将就~着些儿罢了。又第九十一回：你来在俺家，你识我见，大家~着些罢了。《醒》第八十四回：大家外边浓几年，令亲升转，舍亲也或是遇赦，或是启用的时候了。又第七十三回：农着过了门，慢慢的你们可拣心爱的做。孔尚任等《小忽雷传奇·私寻旧院》：只求老爷帮衬，将就~~罢。《海上花列传》第四十四回：无姆母亲打过歇个哉，耐你就哝哝罢，管俚他做啥？

来 [lɛ·]　方位词。相当于"里"。《金》第五回：我先去惹那老狗，它必然来打我，我先把篮儿丢在街心~，你却抢入。《醒》第一回：[晁源]后来知识渐开，越发把这本千字文丢在九霄云~。《忠烈传》第四回：你们在我家~，也有初来的，也有年久的，我从没有一句重言语到你们。《孔府档案》第三编第三册：你路上来那~水大？

琉璃 [liou⁴²li·]　冰；冰锥。例如："三九天树上挂满了~。"《醒》第八十八回：靴底厚的脸皮，还要带上棉眼罩；呵的口气，结成大片的~。

缕唇 [ly⁵⁵tsʻuən·]　身上突起的条状肿块。亦作"缕楚"。聊斋俚曲《寒森曲》第七回：一鞭一道~起，两鞭就见鲜血流，百鞭打烂皮合肉。又《禳妒咒》第十三回：从夜来见他袄领解开，那脖子上有两道缕楚，我也没敢问他，想是不大好了！

砸死［tsa⁴² sʅ⁵⁵］ 把价钱说死、敲定，不再更改。亦说成"砸杀"。《金》第八十六回：薛嫂当下和月娘~了价钱。（据张批本，人文本误作"砧死"）又第三十三回：谁知伯爵背地与何官儿砸杀了，只四百二十两银子，打了三十两背工。

找算［tsɔ⁵⁵ suæn³¹²］ 找碴儿；谋算。贾凫西鼓词《齐景公待孔子五章》：此人平地得了志，他必然寻思方法~俺。聊斋俚曲《磨难曲》第十八回：张相公，你不要泼，你除到分文不给，还要~人么？

支蒙［tsʅ²¹³ məŋ⁵⁵］ 竖起、张开（耳朵）。桂馥《札朴》卷九《乡言正字·身体》："张耳曰瞷瞑。""瞷瞑"即"支蒙"。冯惟敏《海浮山堂词稿》卷一《大令·对驴弹琴》：他~着两耳朵长勾一尺，俺摩弄着七条弦弹了三回。贾凫西鼓词《孟子齐人章》：住了脚，~起耳朵才听一听，说了个东郭墦间就心慌。又，旧时用泥巴烧制的油灯，两侧各有一个耳朵似的把手，这种灯叫"~灯"或"~灯碗"。《醒》第八十四回：［那丫头］荞面颜色的脸儿，洼塌着鼻子，扁扁的个大嘴，两个~灯碗耳朵。

至［tsʅ³¹²］ （1）名词，作为土地或宅基边界的标志物，多为石柱。也叫"至子"。《醒》第三十五回：你只依他耕到的所在立了石~罢了。《孔府档案》第三编第七册：恁这些没良心的人，嫌吾封的大，拔了~子，另请别的官来封罢。又：旧~在界牌沟，上年老爷去查山，白日里还在王家的边上立着，到夜里就没了。（2）动词。以为参照物；以为标准。《孔府档案》第三编第七册：吾现在又有禀贴替恁安排着，许恁买卖，料想租银有大粮~着，也不能多，有么难为恁处？

走草［tsou⁵⁵ ts'ɔ⁵⁵］ 狗发情。《札朴》卷九《乡言正字·杂言》："犬求子曰走草。"《醒》第七十三回：遇庙烧香，逢寺拜佛，合煽了一群淫妇，就如~的母狗一般。聊斋俚曲《禳妒咒》第十五回：好人说的上了他道，节妇也说的解了裙，不~叫他婆了对。（"婆对"指雌雄交配，书中误作"蟞对"）

作［tsuə²¹³］ 作践；胡干乱来。如："他家的孩子可能~了。"《醒》第十一回：贼欺心淫妇！我倒说你那祸在眼底下近了，叫你自家~罢，我慢慢等着。《续》第四十五回：损人利己惯奉承，伤天害理由他~。

作蹬［tsuə²¹³ təŋ］ 同"作"。"蹬"为后缀，无实义。亦作"作登"。《醒》第六十八回：你就强留下他，他也~的叫你不肯安生。聊斋俚曲《磨难曲》第十八回：张相公，你一回一回作登，弄把的都是俺。

裁房［ts'ɛ⁴² faŋ］ 裁缝，成衣工。例如："他当过~，衣服做得很好。"《三续》第三十七回：过了三月，甘小姐打点细软，叫~做了道台的袍衬，银匠钉了一条蓝鞋玉带，帽匠做下三品乌纱，靴匠做了方头朝靴。

呲 [tsʻɿ²¹³]　或作"泚""雌""刺"等。（1）吹。例如："理发店里吹风——~毛。"（歇后语，意为差劲儿，不好）《醒》第七十七回：素姐叫调羹合童奶奶雌了一头冷灰，只得含羞而出。又第六十八回：[狄员外] 把两个道婆雌得一头灰，夹着两片淹屄跑了。《蜃楼志》第十四回：史氏叫家人来接素馨，被岱云一顿臭骂，来人雌着一头灰回去了。（雌一头灰，字面儿上是说吹了一头灰，引申为被斥责、羞辱一顿）（2）申斥；斥责。聊斋俚曲《增补幸云曲》第十三回：二姐被万岁泚了几句，就羞的低了头。（3）液体挤出、喷涌或猛倒。《金》第十二回：前边跟马的小厮……把门前供养的土地翻倒来，便刺了一泡稠谷都的热尿。（张竹坡批评本）贾凫西鼓词《孟子齐人章》：可笑那作法商鞅自丢白，可笑那范睢当年被尿泚。《醒》第二十一回：[小孩子] 照着晁夫人的脸合鼻子，碧清的一泡尿雌将上去。聊斋俚曲《禳妒咒》第二十四回：锅子里泚上瓢水，抓上把盐，把豆腐切把切把，扑棱翻上。

呲喇 [tsʻɿ²¹³laˑ]　恶语伤人；斥责。桂馥《札朴》卷九《乡言正字·杂言》："怒斥曰~。"例如："他可不讲理了，动不动就~人。"聊斋俚曲中写作"訾喇"。《禳妒咒》第十五回：他就恼了脸儿，把我訾喇，说道李婆子放屁，说的是什么！

治鱼 [tsʻɿ⁴²y⁴²]　把鱼的鳞和内脏去掉；宰鱼。桂馥《札朴》卷九《乡言正字·杂言》："剖鱼曰治（平声）。"《济宁县志》卷四（民国十六年刊本）："治鱼，剖鱼也。治读若池。"字或作"刵"。元关汉卿《望江亭》第三折：这个是势剑，衙内见爱媳妇，借与我拿去治三日鱼好么？（《元曲选补编》"治"作"持"）贾凫西《澹圃恒言》卷三《饮食碎录》：河豚鱼治不净，血有大毒，不可食。蒲松龄《日用俗字·饮食》：清水洗刵鱼脏肚，汁汤浓煮鳖裙斓。

除 [tsʻu⁵⁵]　用锨盛取粪土、垃圾等物。《醒》第五十八回：你只开门试试，我这里~着一木锨屎等着你哩！又第八十五回：为甚么揽下这堆臭屎！拿掀~的离门离户的好！聊斋俚曲《翻魇殃》第十一回：仇大郎把灰~，鼻也黑嘴也乌，自己去把活路做。孔尚任《木皮散客传》：因指墙角一~粪者曰："此亦故人子也。"

失脚 [sɿ²¹³tɕyə²¹³]　赤脚。例如："哥哥总是失着脚在地里干活。"《孔府档案》第三编第十八册：见李润失着脚，披着头，往南跑。

数量 [su⁵⁵liaŋˑ]　列举过错，加以指责。例如："她没完没了地~起老头子来。"元无名氏《货郎旦》第一折：休犯着黄蘖肚小麽，~着哦过，紧忙里做作，似蝎子的老婆。贾凫西鼓词《齐景公待孔子五章》：他说道："我看你使牛撒种都不会，芝麻麦子也认不全……"~了一回仍然去锄地，他那里全然不把弟子搁心间。聊斋俚曲《翻魇殃》第三回：仇福也不做声，听着姜娘子~着哭，一日没吃饭，就暗宿了。

夹鱼头 [tɕia²¹³ y⁴² t'ou⁴²] 形容吝啬、小气，也指吝啬、小气的人。例如："白天借不出个干灯来，真~！"亦作"甲鱼头"。清无名氏《草木传》第五回：我看你舍命不舍财，也是个~。

将 [tɕiaŋ²¹³] 动词。(1) 带领；携带。《札朴》卷九《乡言正字·杂言》："携持小儿曰~。"例如："他~着个孩子过了马路。"此为古汉语词义的留存，《汉大》举了先秦至宋的书证，然未有元以后的例证，容易给人已成"死义"的错觉。其实，"将"可用于小孩，也可用于成年人，还可用于动物。《醒》第五十三回：你看着我的平日的恩情，你~这几个孩子过罢，也不消另嫁人了。又第四十九回：早饭以后，小魏~着老吴婆子来了，替晁夫人磕了头。又第五十回：待不多时，狄周~了头口，把钱驮得去了。(2) 哺乳动物产仔。如："他家的老母猪~了。"贾凫西《澹圃恒言》卷四：晨起，其仆人闵承诏报："~一杂毛牸犊。"蒲松龄《日用俗字·走兽》：牸牛大奶多~犊。

焌 [tɕ'y²¹³] 形容词前缀，用于"黑、紫、青"等深暗颜色的词的前头，表示这种颜色更深，程度更甚。字亦作"黢""俱""趣"等。桂馥《札朴》卷九《乡言正字·杂言》："暗曰黢黑。"《汉大》认为"焌"或"黢"表示"很黑"，未必确当，因为"~黑"才是"很黑"，而"~紫""~青"总不能说也是"很黑"吧。《醒》第四回：~黑张飞脸，绯红焦赞头。又同回：[珍哥] 觉得下面湿沥沥的，摸了一把，弄了一手~紫的血。又第八十六回：做了一领缸青道袍，一件蓝布夹袄，一件俱青坐马……通共搅计了四两多银。曾衍东《小豆棚·驴市雷》：李家人群视所击之物，跪阶泥中，头髻尽秃，面目~黑若炙。《红》第八十四回：[巧姐儿] 脸皮趣青，眉梢鼻翅微有动意。

下下凉 [ɕia³¹² ɕia·liaŋ⁴²] 落落凉。即等炎热的时间过去，稍稍凉快一点。《醒》第八回：郭师傅，你光着呼子头，这们赤白大晌午没得晒哩，快进家去吃了晌饭，~走。

虚火 [ɕy²¹³ xuə⁵⁵] 故意夸大；夸张。例如："这事八字还没一撇呢，你就~出去了。"《醒》第八十九回：狄大嫂，你可有些~，让你家坐倒不好来，就这们叫唤。

跍堆 [ku²¹³ tuei⁵⁵] 蹲。《札朴》卷九《乡言正字·杂言》："踞曰跍颐。""跍颐"即"跍堆"，也作"估堆""孤堆"等。聊斋俚曲《寒森曲》第八回：大相公没奈何，常在旁估堆着，夜儿也在旁里卧。又《禳妒咒》第二十回：你就在这门外孤堆着，好思想你那美人。

贵客［kuei⁵⁵ k'ei²¹³］ 专指女婿。《醒》第七十五回：他只待替你老人家做门~哩。

杭……杭……［xaŋ⁴²…xaŋ⁴²……］ 有时……有时……。亦作"行……行……"。《醒》第七十一回：那内官儿的性儿是拿不住的，杭好杭歹。

横［xəŋ³¹²］ 扔。聊斋俚曲中作"撗"。《墙头记》第二回：合他大家过不成，大石头往他那锅里撗。又《富贵神仙》第八回：家有丈夫，教子成名，难道没达就把书本子撗？

淹缠［iæn²¹³ ts'æn⁴²］ 久病不愈，拖延时日。《札朴》卷九《乡里旧闻·淹缠》："乡语以病久为~。"亦可重叠为"淹淹缠缠"。元刘唐卿《降桑椹》第二折：他病痛苦~，良方治不痊。《金》第六十六回：久病~，气蛊瘫痪类。又第六十二回：生了个拙病，淹淹缠缠也这些时了。《醒》第二十回：从此即淹淹缠缠的再不曾壮起。

痒痒刷刷［iaŋ⁵⁵ iaŋ· sua²¹³ sua²¹³］ 发痒。感觉像虫子在身上爬似的。《醒》第四十五回：我这心里~的，睡不着。（据同德堂本）聊斋俚曲《琴瑟乐》：~，~，心里滋味不知待怎么。

用急［yŋ³¹² tɕi⁴²］ 急需。聊斋俚曲《俊夜叉》：~才卖堂前地，回家一个渣也无，你说你是个什么物？

由咱［iou⁴² tsæn·］ 副词。表示事情发生得比预想的要早、要快，有"已经"或"就"的意思。例如："还不到晌午，你~饿了？"亦作"又咱""又喈""已咱"等。《醒》第五十五回：狄员外……叫他切碗肉来，又切的甚是方正。刚吃着，童奶奶过来了，笑道："~试手段了？"聊斋俚曲《磨难曲》第二十五回：恨那打更人，打的更点未必真，交四鼓多大雾，又咱五更尽？又《翻魇殃》六回：正议论着，只听的那喇叭一声子哩响，范公子又喈进来了，在那书房里挂帐子。又《慈悲曲》第四段：到了次日，张讷想他不去，谁想到了山里，他已咱到了。

屋圹子［u²¹³ k'uaŋ³¹² ts·］ 屋子只有四壁而没有顶，叫"屋圹子"。缓读则为"屋壳郎子"。《续》第九回：又没个家伙，一把壶还是拾的~里的，这几日才买了个盆洗脸。

原是［yæn⁴² sɿ³¹²］ 是，是的。表示同意或附和对方的意见。《忠烈传》第二十五回：梦兰道："我与老爷虽有凤因，理当先难后易，不可以寻常测度。"顾进士道："~。从今后誓与你两人同心，做鸳鸯一样，永不相抛。"

118

《老残游记》第三回：老残道："……只是河工一事，听得外边议论，皆是本贾让三策，主不与河争地的。"宫保道："～呢。你看，河南的河面多宽，此地的河面多窄呢。"

【主要引例书目及简称】

《元曲选》，中华书局1958年版。

《元曲选外编》，北京中华书局1959年版。

冯惟敏：《海浮山堂词稿》，上海古籍出版社1981年版。

戴鸿森校注本《金瓶梅词话》（简称《金》），人民文学出版社1985年版。

又张竹坡批评本《金瓶梅》，齐鲁书社1987年版。

《醒世姻缘传》（简称《醒》），黄肃秋校注，上海古籍出版社1985年版。又同德堂本，北京文学古籍刊行社影印，1988年版。

《贾凫西木皮词校注》，关德栋等校注，齐鲁书社1982年版。

贾凫西：《澹圃恒言》，抄本，藏山东省博物馆。

《蒲松龄集》，上海古籍出版社1986年版。

《清初鼓词俚曲选》，台北正中书局，1968年版。

丁耀亢：《续金瓶梅》（简称《续》），见《金瓶梅续书三种》，齐鲁书社1988年版。

孔尚任：《桃花扇》，王季思等校注，人民文学出版社1959年版。

《忠烈传》，古本小说丛刊，中华书局影印。

曹雪芹：《红楼梦》（简称《红》），人民文学出版社1982年版。

文康：《儿女英雄传》（简称《儿》），浙江文艺出版社1986年版。

《三续金瓶梅》（简称《三续》），中州古籍出版社1993年版。

曾衍东：《小豆棚》，中州古籍出版社1989年版。

《曲阜孔府档案史料选编》（简称《孔府档案》），齐鲁书社。

《白雪遗音》，中华书局，1959年版。

桂馥：《札朴》，中华书局，1992年版。

（载《济宁师范专科学校学报》2004年第1期）

明清小说词语误释举例

一、因不习方言而误释

百吗儿似的

《儿女英雄传》第二十一回："昨日听见这个信儿，就把我俩乐的百吗儿似的。"

弥松颐《〈儿女英雄传〉语汇释》（载《中国语文》1981年第5期，以下简称"弥释"）："不知如何是好，无所措手足的意思。"《宋元明清百部小说语词大辞典》（陕西人民教育出版社1992年，以下简称《大辞典》）袭用此说，释为"不知如何是好，高兴得忘乎所以"。

按：张淑静《河北满城方言的特点》云满城有"百吗儿"一词，是"任什么"的意思，如"他百吗儿不懂"。①《北方土语辞典》收有"百吗"一词，注云："河北土语。有时写作'百么'。任什么，无论什么。"并引杨朔作品《北线》一例："你听这个排炮吧……砸的西南谷变成一团烟，百么不见。"②可证"百吗"为河北方言词，是什么或任什么的意思。若溯其源，则可能产生于修辞上的仿词格：汉语中原有"什么（吗）"一词，"什"者，十也，仿"什么（吗）"而造出"百么（吗）"一词。"百吗儿似的"是一表示比况的自由短语，一般不应在辞书中出条。弥释于该句文意虽勉强可通，但未抓住根本、点到要害。《大辞典》"高兴得忘乎所以"云云，其意义已不限于该自由短语，连它前面的"乐"也给包含了进去，这种释法更不可取。

擦括　擦扛

《二刻拍案惊奇》卷三十五："况我当不得这擦括，受不得这腌臜，不如死了，与他结个来生缘吧。"

陆澹安《小说词语汇释》（上海古籍出版社1979年，以下简称"陆

---
① 载《方言》1988年第2期。
② 任明：《北方土语辞典》，上海春明出版社1952年版。

释"）注为"磨折"。新版《辞源》与《汉语大词典》（以下简称《汉大》）第六卷均释为"折磨"。《大辞典》则释为"折磨；刺激"。

按：皆误。"擦括"指用尖酸刻薄的言辞指斥或讥讽别人，使之难堪，含挖苦、奚落义。此语今鲁西南菏泽一带犹存，只是"擦括"说成了"擦刮"（"刮"轻读）。如说"我不对，你批评我中，可不能擦刮人"，谓我有错误你可以进行实事求是的批评，但恶语伤人、挖苦嘲笑可不行。《二刻》卷三十五是写方妈妈误认为其女贾闰娘勾引野男人，劈头盖脸用粗话把她"脏污"了一顿，闰娘"委是冤屈"，但又有口难辩，便发出"我当不得这擦括，受不得这腌臜"的慨叹。"当不得这擦括"即受不了这无端的指摘、奚落和责骂，"擦括"并无"折磨"或"磨折"义。《金瓶梅词话》中有"擦扛"一词，如七十九回："你不知道这小油嘴，他好不兜胆的性儿，着紧把我也擦扛的眼直直的！""擦扛"实为"擦括"的又一变体，也是挖苦、奚落、恶语伤人的意思。《汉大》以及白维国《金瓶梅词典》、李申《金瓶梅方言俗语汇释》（北京师院出版社，1992年）等或释为"顶撞、冲撞"，或释为"抬扛"，均未得确解。

饿答

《金瓶梅词话》第七十二回："想着一来时，饿答的个脸黄皮寡瘦的，乞乞缩缩那个腔儿。"

《汉大》第十二卷释为"饥饿貌"。

按："饿答"就是"饿"，"答"是山东方言的动词后缀，无义，其作用是与前边的单音节动词构成双音节动词，使之口语化。《金瓶梅词话》中的"V答"式动词还有"看答""揽搭""丢搭"（"搭"同"答"）等。如第二十三回："在后边李娇儿、孙雪娥两个看答着，是请他不请他是？"第六十七回："饿眼见瓜皮，甚么行货子，好的歹的揽搭下。"第九十六回："我的姐姐，山子花园还是那咱的山子花园哩？自从你爹下世，没人收拾他，如今丢搭的破零二落，石头也倒了，树木也死了。"《醒世姻缘传》中这类"V答"式合成词更常见，如"唬答""雌答""剁搭""添搭"等。[①]《汉大》"饿答"释为"饥饿貌"不确，因为"脸黄皮寡瘦的"云云才是饥饿的样子。较早出版的白维国《金瓶梅词典》与李申《金瓶梅方言俗语汇释》均收有此词，释义正确，而晚出的《汉大》却未能吸收这一成果，实属不该。

[①] 徐复岭：《〈醒世姻缘传〉中某些特殊的语法现象》，载《〈醒世姻缘传〉作者和语言考论》，第138页。已被收入本书。

探业（认业）

《醒世姻缘传》第九十五回："你要不十分探业，我当臭屎似的丢着你，你穿衣我也不管，你吃饭我也不管。"｜《金瓶梅词话》第四十六回："好个不认业的，人家有这一件皮袄，穿在身念佛。"

《醒世姻缘传》上海古籍出版社1985年排印本黄肃秋注为"安分守己"，《大辞典》依从此说。董遵章《元明清白话著作中山东方言例释》（山东教育出版社1985年）释为"听话；安分"。《汉大》第六卷释为"听话"。白维国《金瓶梅词典》"认业"条释作"知道罪孽；懂好歹"。

按："探业"为山东方言词，今聊城、淄博、济宁、枣庄等地犹说。其确切意思应是知足，对现状满意。如《牧马人》中的李秀芝嫁与许灵均，尽管许政治上戴着右派帽子，经济上拮据不堪，但李仍感到满意、知足，用山东话说就是李"很探业"。蒲松龄笔下也用到该词，如俚曲《墙头记》第一回："天不教我死了，这肚子又不探业，这不是还不曾响午，早晨吃了两碗糊突，两泡尿已是溺去了，好饿的紧！"又《穷汉词》："孩子绝不探业，老婆更不通情。"其中"探业"都是知足的意思。"安分""听话"云云，未中该词肯綮，似是而非。至于《金瓶梅词话》第四十六回例中"认业"，愚意当为"谈业"之误（"谈（談）"与"认（認）"形近致误），也即是"探业"。这例是说潘金莲嫌皮袄不好看，不愿穿，孟玉楼便说："好个不谈（探）业的……"意思便是你不要不知足了。《金瓶梅词典》释作"知道罪孽；懂好歹"，当是据"认业"字面穿凿其意，不足信。李申《金瓶梅方言俗语汇释》也让"认业"出条，释为"知足"，意思不误，然未指明"认业→谈业→探业"之演化关系，似有欠缺。

得故子　　特故里

《西游记》第四十九回："八戒正行，忽然打个蹑踵，得故子把行者往前一掼，扑的跌了一交。"｜《金瓶梅词话》第七十四回："近新来把不住船儿舵，特故里播弄心肠软，一似酥蜜果。"

《西游记》人民文学出版社1980年第2版黄肃秋注释："得故子——借机会，抓住机会。"《大辞典》一字不差援用此释。《金瓶梅词典》"特故里"条释作"多半；大概"。

按：二释皆误。"得故子"与"特故里"实为同词异形。"得""特"读音相通自不待言，"子"和"里"都用如状语语尾"地"，在古白话作品中亦不乏其例。① 此语在今鲁南、苏北仍可听到，其意思是故意地、特意地。也常写作"特古里""特骨地"等。如《古今小说》卷三十六《宋四公大闹禁魂张》："特骨地在那里解腰捉虱子。"又："再走到王秀架子边，漾下六文钱，买两个酸馅，特骨地脱一文在地下。"《金瓶梅词话》第七十四回例本出自《词林摘艳》卷一，也就是在这部散曲选集中，就有不少这类用例。例如，张善夫小令《月中花》："回来时无酒伴装着醉，特古里打草惊蛇，到寻我些风流罪。"又如，无名氏小令《象牙床》："我欲待把鞋帮点，他特古里扇灯光。"②"特古里""特骨地"也都是故意地、特意地的意思。《汉大》第三、六两卷分别收有"得故子"和"特故""特骨"，释义大体可信。《大辞典》未参考《汉大》，而盲从《西游记》黄注，故误。又，张相《诗词曲语辞汇释》亦对"特故（里）"等有所涉及，《金瓶梅词典》未加利用而妄自臆测，以致释误。

二、因未顾及上下文意而误释

底脚

《水浒传》第八回："那人唤酒保问了底脚。"

陆释为"地址"。胡竹安《水浒词典》（汉语大词典出版社，1989年）注为"住址"。《汉大》释为"落脚处；住址。"

按：均误。应为底细、详情。该例上文写陆谦奉高俅旨意，为害林冲去收买董超、薛霸。他先通过酒保找到了董超，问道："薛端公在何处住？"董道："只在前边巷内。"接着陆谦（例中"那人"）便"唤酒保问了底脚"，并命他"去请将来"。陆既已向董问过了薛的住址，就没有必要将此问题向酒保重问一遍，他不过是进一步问个详细，弄个清楚，好让酒保去请。此语今山东济宁、曲阜等地犹存。如人们不知某事的详细情况或来龙去脉，便常说"摸不着底脚"，或径说成"摸不着脚"。《汉大》"底脚"条下另有一义项即为"底细"，所举书证为《平山冷燕》第十二回："却说张寅只指望借宋信之才压倒燕、平二人，不期被燕白颔搜出底脚。"极是。故"落脚处；住址"这一义项不能成立，所举《水浒传》第八回例应归入"底细"义项之下。《金瓶梅词话》中有"底脚里人儿"一语，意即知道事情底细的人，如第六十九回："今日贼小淫妇儿不改，又和他缠，每月三十两银子教他包着，嗔道一向只哄着我，不想有

---

① 例如，《金瓶梅词话》第四十一回"平白子扳亲家"，第四十回"平白里叫薛嫂儿使了十六两银子买了人家一个……姐儿"，《醒世姻缘传》第十五回"驾远子去墩着"，《儿女英雄传》第五回"没口子只叫"等。

② 此二例转引自张相《诗词曲语辞汇释》卷四"大古"条下。

个底脚里人儿又告我说。"又："我猜已定还有底脚里人儿对哥说，怎得知道这等切，端的有鬼神不测之机。"《水浒》人民文学出版社七十一回校注本即将"底脚"注为"地址"①，陆释与《汉大》等辞书的失误或本于此。

没折至

　　《醒世姻缘传》第四十四回："谁家一个没折至的新媳妇就开口骂人，雎答女婿？这是你爹那半夜教道你的？"

　　《醒世姻缘传》上海古籍出版社1985年排印本黄肃秋注云："折至，鲁东方言。形容崭新白纸的舒展、纯洁，叫做没折至。好像一张白纸似的没有折叠、没有污染。"

　　按：黄释过于牵强，不可取。"没折至"应是没有规矩、没有教养、不成体统的意思。《金瓶梅词话》中有"没张置"一语，如第二十六回："待要说是奴才老婆，你见把他逗的恁没张置的，在人跟前上头上脸，有些样儿！"实与《醒世姻缘传》书中"没折至"为同词异形。也简作"没折儿"。如《金瓶梅词话》第七十五回："你也管他管儿，惯的通没些折儿。"其反义语则为"有折儿"，即有规矩、成体统。如《金瓶梅词话》第四十六回："如今惯的你这奴才们，想有些折儿也怎的？"

顿下

　　《醒世姻缘传》第六回："那西番人进完了贡，等不得卖这猫，我与他二百五十两银子，顿下打发那番人回去了。"

　　《汉大》第十二卷释为"当下，立刻。"

　　按：例中"顿下"应从上句。"顿"当为"趸"的近音借字，整批买进或一总买下的意思；"我与他二百五十两银子顿下"，即用这些银子把猫买下。《汉大》字头"顿"义项㉟释为"用同'趸'"，书证亦为《醒世姻缘传》中例："往那盐店里顿了盐来"（五十四回），极是；该书六回例中"顿"字意义与此相同，应归入这一义项之下，不一定让"顿下"出条。《醒世姻缘传》上海古籍出版社1985年排印本标点不误，且有黄肃秋所作的注释，惜《汉大》未能用作他山之石。

三、词性误释

硬挣子

　　《醒世姻缘传》第五十三回："没要紧听人挑挑，出来作硬挣子待怎么？"

---

① 《水浒》，人民文学出版社1953年第2版，第104页。

《醒世姻缘传》黄肃秋注云："硬挣子——充好汉、装英雄。"

按：北京方言有"硬正（挣）"一词，意为"坚强；硬气"。[①]如《红楼梦》第九回："他是东胡同子里璜大奶奶的侄儿，那是什么硬正仗腰子的，也来唬我们！""硬挣子"意思是硬汉、好汉、英雄，是名词。黄注"充好汉、装英雄"是两个动宾短语，用来解释"作硬挣子"倒还可以，但与"硬挣子"不合。

调坎儿

《小五义》第五十六回："那个就调坎儿说：'把合抱迷子伸托'。"

《大辞典》释为"暗语；行话"。

按：鲁豫一带，把说暗语、讲俏皮语、说歇后语等谓之"调坎儿"，也叫"调坎子""玩坎子"。此为动宾短语。"暗语、行话"都是名词，只是"坎儿"的意义，而非"调坎儿"的意义。

胡歌野调

《金瓶梅词话》第三十四回："坐在门首，胡歌野调，夜晚打砖，百般欺负。"

《大辞典》释为"内容不健康的歌曲小调"。

按：应为胡唱乱叫，指胡乱唱低级庸俗的歌曲小调。此为动词性俗语，而非名词性。又如书中第六十回："捣喇小子胡歌野调，那里晓的大关目悲欢离合。"意义、用法与上同。

倘棍儿

《金瓶梅词话》第十七回："家中不算丫头，大小五六个老婆，着紧打倘棍儿，稍不中意就令媒人领出卖了。"

《金瓶梅词典》释为"打棍子以示惩戒"。

按：倘棍儿，亦作"躺棍儿"，指令人躺倒施打的棍子或棍法，是名词。"打棍子以示惩戒"云云，应是动宾短语"打倘棍儿"的意义，而非名词"倘棍儿"的意义。

下气声

《一层楼》第十四回："忽闻下气声，接着苦辣酸甜咸也不知是甚么滋味，只觉臭不可耐。"

《大辞典》释为"放屁"。

按："下气声"指放屁的声音，不是放屁。"下气"才是放屁。

直当的

《醒世姻缘传》第三十四回："这直当的买二亩地种；你给我的那点

[①] 陈刚：《北京方言词典》，商务印书馆1985年版，第313页。

子，当的什么事?"

《大辞典》释为"只值；仅仅够得上"。

按："直"同"值"；"直当的"即"值当得"，也就是值得、够得上。该辞典把"直"训释成副词"只"，表示"仅仅"，实误。

（载《济宁师专学报》1995年第5期）

《金瓶梅词话》注释、校勘拾误

20世纪90年代以后，训释《金瓶梅词话》（以下简称《词话》）词语的专书出了好几部，1993年年底出齐的《汉语大词典》（以下简称《汉大》）也注意了对该书词语的收录和诠释，《词话》香港梦梅馆1993年梅节重校本（简称梅校本）也对该书许多词语作了注释。从整体上看，这一阶段对《词话》词语训释的质量和研究的水平，比90年代以前提高了一大步，但也不可否认，还有不少词语并未得到确解，甚至存有误解乃至曲解。造成这一状况的原因当然是多方面的，而校勘失误或不精窒碍了释义工作当是重要原因之一。本文指出的"俏"等八条词语释义中的错误，都或多或少地与校勘方面的问题有关。文中所引《词话》例句，除另有说明者外，均据人民文学出版社1985年戴鸿森校点本（简称戴校本）。

俏（误作"拍""伯"）

《词话》第十一回："他还说娘教爹收了我，俏一帮儿哄汉子。"又："有人说我纵容他，教你收了，俏成一帮儿哄汉子。"第十二回："谁知被有心的人听见，两个背地拍成一帮儿算计我。"

白维国《金瓶梅词典》（中华书局，1991年版；以下简称《白典》）"俏"条："聚结（成伙）；凑。悄，'凑'的方言写法。"引上举后两例，第十二回例中的"拍"亦作"俏"。

李申《金瓶梅方言俗语汇释》（北京师范学院出版社，1992年版；以下简称《李释》）"俏一帮儿"条："谓结成一伙儿卖俏。"只引上举头一例。

梅校本第十一回有注："俏一帮儿——俏成一伙。"

按：有一种手工缝纫方法：做衣服边儿、鞋帮儿或带子时把布边儿往里头卷进去，然后藏着针脚缝。这种缝纫方法叫作qiāo，如qiāo边儿、qiāo带子等。qiāo的本字应作"繑"或"繰（缲、𦈎）"，《汉大》两字均收，《现代汉语词典》只收了后一个字。蒲松龄杂著《日用俗字·裁缝章》记下了该词的用法，字写作"撽"："鞋底方使挌线扨（纳），带儿只用细针撽（悄）。"（《蒲松龄集》，二）蒲氏把"撽"注为"悄"音，或取音近，或为方音。《儿女英雄传》也曾用到该词，它是用同音的"跷"来替代的。如第二十四回玉凤姑娘道："横竖这会子缝个缝儿，跷个带子，钉个纽襻儿的，我也弄上来了。"《词话》中有时也写作"缴"，如第七十三回："〔潘金莲〕三不知走到房里，拿过针线匣，拣一条白绫儿，用扣针儿亲手缴龙带儿。"《白典》让该例中的"缴龙"出条，释为："缝纫法，把衣服的边折回卷进去，然后藏着针脚缝实。"这其实是"缴"（qiāo）的意思，"缴龙"不为一词，"龙"当属下，"龙带儿"才为一词。在第十一回和第十二回中，该词则写作音近的"俏"。例中的"帮"字有表里两层意思，既是"鞋帮"的"帮"，又是"结帮拉伙"的"帮"。"俏一帮儿"或"俏成一帮儿"应是当时市井间流行的双关语，表面是说缝制成鞋帮，内里则指结帮拉派成为一伙。以上三释皆未得其本源。《白典》释"俏"为"'凑'的方言写法"显然不妥，因为二者读音相差甚远。《李释》"卖俏"云云，则是据字面作出的臆断，亦不可信。梅校本用"俏成一伙"注"俏〔成〕一帮儿"，等于未作任何解释。

《词话》第十二回例，戴校本有校记云："拍，原作'伯'，径改。崇本作'做'。"第十一回两例的"俏"没有校记。比较两回例句，可以推知戴校本所据底本——万历本第十二回例中的"伯"，当是"俏"的形误。而戴校本的"拍"，则又是万历本"伯"的臆改。至于崇本的"做"，当亦是由"伯"臆改而来。由此可知，这个"俏"字先是误成了"伯"（万历本），接着误成了"拍"（戴校本）或"做"（崇本）。此三例梅校本均作"俏"，不误。

会胜（误作"合胜"）

《词话》第十九回："想必那矮王八打重了，在屋里睡哩，会胜也得半个月出不来做买卖。"第三十一回："若不是我那等取巧说着，他会胜不肯借这一百两银子与你。"第七十六回："娘们会胜看不见他，他但往那里去，就锁了门，住了这半年，我只见他坐轿子往娘家去了一遭。"

《白典》"会胜"条："也许；恐怕。"引上举第十九回例和第三十一回例。又"合胜"条："何尝；哪里能够。"引第七十六回例，文字据万历本，与上略异："娘们合胜看的见他？他但往那里去，每日只出锁，见住了这半年，我只见他坐轿子往娘家去了一趟。"

《汉大》第五卷"会胜"条："无论如何；反正。"引第十九回和第七十六回例，后例作："娘每会胜也看不见他，他但往那里去就锁了门。"又同卷"浑深"条义项②："方言。反正，横竖。强调在任何情况下都不改变结论或结果。"引《醒世姻缘传》第十八回"浑深满临清唱的没有这们个容颜"和第八十回"我也有房屋地土，浑深走不了我"二例。

《李释》"会胜"条："反正，横竖，无论如何，表示坚决肯定的语气。"除上举三例外，又引第六十回例："会胜买东西也不与你个足数。"并引《汉大》所引的《醒世姻缘传》第十八回例，认为"'浑深'系'会胜'的音转"。

按："会胜"在《词话》中，更常见的记写形式是"恒属""恒数""恒是"。例如：

(1) 如今老爹上边既发此言，一些半些恒属打不动两位官府。（第四十七回）

(2) 你们千差万差来人不差，恒属大家只是要图了事，上司差遣不由自己。（第六十九回）

(3) 你恒数不是爹的小老婆就罢了，是爹的小老婆，我也不怕你！（第二十四回）

(4) 你汉子恒是问不的他死罪。（第二十六回；张批本作"恒数"）

(5) 恒是看我面不要你利钱，你且得手使了。（第三十一回）

(6) 他好胆子，恒是杀不了人，难道世间没王法管他也怎的！（第八十九回）

在另一部也是用山东土白写成的小说《醒世姻缘传》中，该词则又写作"浑深""浑身""浑是"。例如：

(7) 我得空子赶上，浑深与你个没体面。（第五十八回）

(8) 已是两考，这眼下就要上京，浑深待不的几个月就选出官儿来。（第七十二回）

(9) 嫂子，你是也使了些谷，浑身替你念佛的也够一千万人。（第三十二回）

(10) 抗着咱那谷……留着咱秋里荫枣麸，也浑身丢不了。（又）

(11) 俺闺女养汉来？没帐！浑是问不的死罪。（第七十二回；比较例(4)）

(12) 狄希陈道："凤冠霞帔，通袖袍带，你还没试试哩，你别要也倒穿了可！"素姐道："浑是不像你，情管倒穿不了！"（第八十三回）

以上"恒属""恒数""恒是"和"浑深""浑身""浑是"，还有"会胜"，都出现在作品人物的对白中，当为明清山东方言。该词表示两种意义，源于两个不同的副词。一是"反正，左右，无论如何，不管怎样"的意思，是一种强调的说法。它应该是由"横竖"或"横是"音变而来。① 二是"大概，或许"的意思，表示揣测或不十分确定的语气。它则是副词"或是"的变体。上举例（1）—（12）和《汉大》所引《醒世姻缘传》例都属第一种意义，第二种意义则如：

(13) 这会说书，浑深又是一顿好打。(《醒世姻缘传》第六十六回)

(14) 那婆娘有二十二三罢了，那汉子浑身也有二十七八。（又第四十一回）

现在回过头来检查一下以上各家的看法。《白典》"会胜"条看出了该词的第二种意义，却没看出第一种意义。《汉大》与《李释》则与之相反：道出了该词的第一种意义，却没涉及第二种意义。各家看法不同，而所用《词话》书证却基本相同，这便有必要对有关书证做一番分析。《词话》第十九回例，从"想必"一词的使用来看，这句应是揣度语气，"会胜"当表示也许、恐怕，《汉大》与李释似有不妥。第三十一回例，愚以为二释皆可说得过去，不必偏执一端。至于《白典》"合胜"条，因为没能校出它是"会胜"的形误而硬作解释，视为表示反问语气的"何尝，哪里能够"，误甚。戴校本已据崇祯本将"合胜"校定为形近的"会胜"，极是②，同时将后边的"看的见"改为"看不见"。《汉大》等据此释为"无论如何，反正"，意思倒也说得过去，只是"的"与"不"形不相近，"看的见"改为"看不见"证据不足，难免臆改之嫌。其实，"看的见"不改也解释得通，不过前边的"会胜"就不是"无论如何，反正"的意思了，而是"大概，或许"的意思。"娘们会胜看的见他"，是说娘们也许看得到他，表达一种猜测、不太确定的语气。

揭条（误作"扬条"）

《词话》第二十五回："在外边对人扬条。"又："早是奴没生下儿长下女，若是生下儿长下女，教贼奴才扬条着好听。"

《李释》："扬条，即扬挑，宣扬，声张。"引上举两例。

吴士勋等《宋元明清百部小说语词大辞典》（陕西人民教育出版社，1992年版）"扬条"条："揭发别人阴私，传扬别人短处。"书证同上。

---

① 近代山东方言中"横"与"浑"或"混"音近易混，在曲阜人孔尚任《桃花扇》第十九出中有绝好的一例。剧中刘泽清说："高杰，你不要逞强，我刘河洲也带着些人马哩，咱就混战一场，有何不可。"高杰答话："我翻天鹞子不怕人的，凭你竖战也可，横战也可。"高杰说的"横战"，即从刘泽清（山东曹县人）"混战"一语谐音"飞白"而来。

② 《金瓶梅词话》万历本中"会"有时误为"合"。如第五回武大对郓哥道："你合吃酒，跟我来。"《水浒传》第二十五回写同一件事则作："你会吃酒，跟我来。"戴校本亦改作"会"。

按：除以上二书外，包括《汉大》在内的一些辞书均未收有"扬条"或"扬挑"，这便使人怀疑其"面目"的真实性和可靠性。《词话》中与"扬（揚）条"形近的有"揭条"一词，意思就是揭露别人的短处。例如：

(1) 各人冤有头，债有主，你揭条我，我揭条你，吊死了，你还瞒着汉子不说。(第二十九回)

"揭条"书中亦写作"揭调（tiáo）"或"揭挑"。例如：

(2) 那薛姑子和王姑子两个，在印经处争分钱不平，又使性儿彼此互相揭调。(第五十九回)

(3) 贼老狗，怎的说我散话，揭挑我醉了！吃了你家酒了？(第八十六回；此据张批本，戴校本等作"揭起"，误。)

其实，"揭挑"是近代汉语里的一个常用词，其他作品里也经常出现。不妨摘引几例：

(4) 哥啊，救他救儿罢，不要只管揭挑他了。(《西游记》第三十一回)

(5) 叫人这们揭挑着骂，还腆着尿脸活呀！(《醒世姻缘传》第八十七回)

(6) 他……最怕人揭挑他这个事，你必定说出来，他才恼的。(《儒林外史》第二十三回)

(7) 这两个婆子一则吃了酒，二则被这丫头揭挑着弊病，便羞激怒了。(《红楼梦》第七十一回)

在《聊斋俚曲集》里，该词既写作"揭挑"，又写作"訐挑"。例如：

(8) 这是好心不得好报，到反揭挑起来了。(《禳妒咒》第三十一回)

(9) 赵大姑因着一句话，就訐挑出来了，他怎能忍的？(《慈悲曲》第三回)

"訐（jié）"，《玉篇》释为"攻人之阴私也"，这应是蒲松龄采用"訐挑"这一词形的原委。

综上可以断定，《词话》第二十五回中的"扬条"当是"揭条"的形误，因为"扬"字的繁体跟"揭"极易相混。"揭条"（"揭挑""揭调""訐挑"），其意思就是揭露别人的短处和阴私。《李释》等"宣扬""传扬"云云，显然是据失校的"扬"字作出的臆解。

梭梭、睃睃（误作"拨拨""酸酸""骏骏"）

《词话》第三十七回："[王六儿]说着，眼酸酸的哭了。"第八十五回："这两日眼皮儿懒待开，腰肢儿渐渐大，肚腹中拨拨跳。"

《白典》"睃睃"条："jùnjùn，眼睛眯缝着的样子。"引第三十七回例，"酸酸"作"睃睃"。

131

《汉大》第六卷"拨拨"（音 zùnzùn）条："跳动貌。"引第八十五回例。

梅校本第八十五回"拨拨跳"注："肌肉连续跳动的感觉。"

按：形容肌肉连续跳动之状，山东、河北一带有 suōsuō 一词，记作"梭梭""睃睃"或"索索""瘘瘘"等。清曲阜人桂馥《札朴》卷九《乡言正字·疾病》云："气脉跳动曰瘘瘘。"说的就是该词。明临朐人冯惟敏《海浮山堂词稿》多次用到该词，写作"梭梭"。例如：

(1) 扇鼓儿狠敲，背膊儿磙摇，不住的梭梭跳。（卷二上小令《四术·巫》）

(2) 眼睁睁打盹，跳梭梭发昏，犹如混沌未全分，黑旋风乱滚。（卷二下小令《李中麓醉归堂夜话》）

(3) 因他这场，头皮儿阵阵麻，指尖儿个个冷，心坎儿梭梭撞。（卷三散套《十美人被杖》）

《醒世姻缘传》中亦记作"梭梭"，例如：

(4) 恰好这一日身上的肉倒不跳，只那右眼梭睃的跳得有二指高。（第六十回）

当代作家梁斌在《红旗谱》中则写作"索索"。例如：

(6) 严萍……嘴唇发紫，索索的摇颤着，说什么也爬不上这座土山。（第四十三回）

(7) 他心上索索的抖颤个不停。（又）

《词话》第三十七回例中的"酸酸"（张批本、梅校本同此，均作"酸酸"），戴校本并出有校记："'酸酸'，原作'骏骏'，从崇本改。"戴校本所据的底本与《白典》所据的本子相同，都是万历本，但后者却认定是"睃睃"。由此可以想见该词在原书中已模糊不清，特别是字的左偏旁一时难于辨认，这才出现了"睃睃""酸酸"乃至"骏骏"的种种臆测。令人百思不得其解的是，《白典》既已认为是"睃睃"，为何又注出"jùnjùn（骏骏）"这样的读音？其释义"眼睛眯缝着的样子"更是据"睃睃"的"目"字旁望文生训。《白典》注音和释义皆误。当然，戴校本等校为"酸酸"亦属臆改，不足为训。其实，该词校改为与"梭梭"同音同义的"睃睃"说得过去，或径校为"梭梭"亦无不可，说不定后者正是该词的"庐山真面目"呢。至于《汉大》所引《词话》第八十五回例中的"拨拨"，则是"梭梭"或"睃睃"的形误。《汉大》等释义虽然大体不差，但没能校出字误，总是一大缺憾。《汉大》认为"拨拨"（zùnzùn）有跳动义，但只有这么一个可疑的孤证，这是十分靠不住的，徒为汉语词汇史的研究增加纷扰和麻烦。

追节（误作"送节""近节"）

《词话》第四十二回："他家既先来与咱家孩子送节，咱少不的也买礼过去，与他家长姐送节。"

《白典》"送节"条："送礼祝贺节日。"引上例，"与咱家孩子送节"未变，但"与他家长姐送节"中的"送节"却成了"近节"。

《汉大》第十卷"送节"条义项④："谓节日送礼。"引上例，两处皆作"送节"。并引胡朴安《中华全国风俗志·广东·广州之中秋节》"节前人亦多买之送亲友，名曰送节"作为佐证。

按：我国民间古来就有"追节"的习俗，宋人吴自牧《梦粱录·嫁娶》曾有详细记载："自送定之后，全凭媒氏往来，朔望传语，节序亦以冠花、彩缎、合物、酒果遣送，谓之追节。"《醒世姻缘传》第三十三回："〔狄员外〕因年节要与薛教授家素姐追节，备了衣服花粉，果品腥肴，停停当当的，只等赵鹤松写帖。"可为一证。这一风俗仍保留在鲁南民间，只是现在逢年过节只兴男方向女方追节送礼，不再像古代那样，男方要向女方追节，女方也要向男方追节。《词话》第四十二回写的正是这一风俗。此事首见于第四十一回，乔大户与西门庆结为儿女亲家，乔家趁向西门庆之妾李瓶儿送生日礼物之机（李的生日是正月十五），顺便也托媒人给未来的女婿、李瓶儿所生的官哥儿送来了果点、鞋帽、官缎和灯等礼物。而在下一回里，西门庆家也托媒人给乔家长姐儿送去了果肴、衣帽、首饰和灯等，月娘并说："他家既先来与咱家孩子送（?）节，咱少不的也买礼过去，与他家长姐送（?）节，就权为插定一般，庶不差了礼数。"《词话》中所写这一情节，与《梦粱录》中关于追节习俗的记载，包括追节的时间、方式和送些什么礼品等，完全相合。"送节"系"追节"之误显而易见。

现在要问，"追节"是怎么误成了"送节"的呢？在第四十一回里，"送节"也出现了两次，戴校本并有校记云："'送节'，原作'近节'，从崇本并参据下文改。"这里所谓下文，当指第四十二回里的两个"送节"，然而据《白典》，该词万历本至少有一处原来也是作"近节"的。"近节"不辞，"近"与"追"形近，"近节"当是"追节"的形误。崇本以及戴校本等未察"近节"与"追节"的讹变关系，只为求"顺"，而将不辞的"近节"妄改为"送节"。由此可知，该词经历了"追节→近节→送节"两次讹变过程。

综上，《白典》与《汉大》虽也道出了"节日送礼"的意义，但未揭示出"追节"的风俗，故不可取。至于《中华全国风俗志》所说的广州风俗"送节"，系指中秋节前人们买某种礼物"送亲友"，这跟青年男女订亲后年节互送礼品的"追节"习俗是两码事,不得混为一谈。

顿捽(误作"顿捽")

《词话》第五十八回:"我来你家讨冷饭吃,教你怎顿捽我。"

《白典》"顿捽"条:"dùnzuó,推搡。这里指发脾气,冲撞人。明顾起元《客座赘语》:'拟抑人曰拄擦,曰敦捽。'"书证引上例。《白典》"笔画索引"中该词写作"顿捽"。

《李释》"顿捽"条也引用此例,释云:"顶撞,冲撞。张竹坡评点本作'顿捽'。《红楼梦》六十:'你倒会扭头暴筋,瞪着眼撒捽娘。''顿捽''顿捽''撒捽'乃同词异写。"

《汉大》第十二卷"顿捽"条释为"折挫,折磨",书证同上。又"顿捽"条列出两个义项,义项②释义与书证均同"顿捽"条,只是书证中的"捽"字变成了"捽"字;义项①则云:"犹顶撞。元刘庭信《新水令·春恨》套曲:'来时节吃我一会闲顿捽,我可便不比其他性格。'"

按:十多年前,笔者曾在《中国语文》上发过一篇短文《"撒捽"释义辨正》(1991年第1期),认为"撒(顿)捽"的意思是"以恶语伤人","与山东方言中的'刺打'(或作'刺搭'、'雌答')或'擦刮'义近",并怀疑《词话》第五十八回中的"顿捽"是"顿捽"的讹误。《李释》等出版在拙文发表之后,拙议似乎未引起注意,但张惠英《金瓶梅俚俗难词解》(社会科学文献出版社1993年)释为"斥责,呲儿",与拙议颇为相近,张并云该词"河南邓县等地口语仍说"。《客座赘语》云"敦捽"为"拟抑人"、为"拄擦",顾起元为明代人,其说当比较可信。而"拟""拄"分别有"击刺、推击"和"抗、讥刺"义,[①]"拟抑""拄擦"也即拙议"以恶语伤人"或"刺打""擦刮",也即张释"斥责,呲儿"。根据《现代汉语词典》的解释,"顶撞"指"用强硬的话反驳别人",其中"反驳"二字至关重要,若不是"反驳别人",便谈不上"顶撞"。而"顿捽"虽也是"用强硬的话"来表达,却不一定都用于"反驳"的场合,如果甲并没说什么话而乙仍以恶言恶语相加,这种情况同样谓之"顿捽"。故"顿捽"释为"顶撞"不妥。"顶撞"云云其实是陆澹安《小说词语汇释》(上海古籍出版社1979年)旧释"挺撞"的因袭。至于《汉大》释为"折挫,折磨",《白典》释为"推搡",不妥更甚,无须赘言。

再谈校勘问题。"顿捽"系"顿捽"之误,证据确凿,理由充分,应成定论。首先,"捽"误成"捽"在《词话》中不止一处。另如第五十九回,回目

---

① 详见《辞源》第二卷第1230页"拄""拟"二条或《康熙字典》相关条目。

是"西门庆摔死雪狮子,李瓶儿痛哭官哥儿",但万历本等正文内却是西门庆把那雪狮子(猫名)"轮起来只一摔"和把它"摔死了",戴校本据回目将正文中的"捽"校改成"摔",极是。实际上,"捽"的草写与"摔"颇为相近,传抄过程中极易相混致误。其次,从词的构成与来源来看,"顿摔"是由"顿"和"摔"两个同义语素联合而成,近代汉语中它们往往上下并举着单用,如关汉卿《蝴蝶梦》第四折:"空教我哭啼啼自敦自摔,百般的唤不回来。"康进之《李逵负荆》第三折:"打这老子没肚皮揽泻药,偏不的我敦葫芦摔马杓。"("敦葫芦摔马杓"是一俗语,《醒世姻缘传》等中也多次用到)丁耀亢《续金瓶梅》第四十三回:"生来一种凶性,一副利嘴,没事的防篱察壁,骂儿打女,摔匙敦碗,指着桑树骂槐树,炒个不住。""自敦自摔""敦葫芦摔马杓"和"摔匙敦碗"中的"敦(顿)"和"摔"都是"重放(手中器物)"的意思。这两个原本常常并举单用的词,使用的时间长了,人们便将它们合并起来放在了一起,于是构成"敦(顿)摔"这一"新词"。最能体现这一成词过程的还是下面一例。《龙图耳录》第二十九回先写妇人"摔筷箸、墩酒杯",次写妇人"稍有不合意之处,不是墩摔就是嚷闹,故意触怒丈夫之心","墩摔"显然是由上文的"摔筷箸、墩酒杯"缩减而成。当然,这里的"墩(顿)摔"还没有完全脱离"重放(手中器物)"的本义。如果把《词话》第五十八回中的"顿捽"看成"顿摔","顿"和"捽"似乎很难构成同义并举的合成词,而且除该例外,我们也并没有见到过第二个"顿捽"的例子。

总之,"顿捽"应校订为"顿摔",否则徒增混乱。《白典》让"顿捽"出条,但在释义和笔画索引中又把它作"敦摔(顿摔)"视之,反映出编写词典时"捽"与"摔"难于定夺的矛盾心态。《李释》认为"'顿捽''顿摔''撤摔'乃同词异写",这与张惠英《金瓶梅俚俗难词解》认为"'顿捽'就是'墩摔'……'捽'是'摔'的俗写"一样不妥。因为"异写"和"俗写"都是指同一个字(词)的不同写法,而这里的"捽"和"摔"是两个音义都不相同的字(词),"捽"明明是"摔"的误写,这怎么可以跟同一个字的不同写法即"异写"或"俗写"相提并论呢?至于《汉大》既让"顿捽"出条又让"顿摔"出条,可能是出于"保留异文"的苦心,但保留异文是在无法确定文字真伪的情况下采取的办法,是不得已而为之,如有确凿的证据可校订出真伪来,还是去掉所谓的"异文"还原出一个真面目来为好。

煳包气(误作"煳包气")

《词话》第七十五回:"也有这大娘,平白你说他,争出来,煳包气!"

135

《李释》:"煳包气,犹今俗语'把肚子都气大了'。"引上例。

梅校本"煳包气"注云:"犹惹出一包气。"

《汉大》第七卷"㷭包气"条:"煮粥过火时所生的焦臭味。比喻闷气。"引上例,文字稍有不同:"也有这大娘,平白说怎的,争出来㷭包气。"

按:《汉大》引例当据崇本或张批本,《李释》等则据戴校本。《汉大》"㷭"字注音为 hú,与"煳"同音,"㷭"字没单独释义,该字头下只有"㷭包气"这么一个词条。从释义情况看,《汉大》也是把"㷭"当成"煳"的借用字来对待的。现在的问题是,仅凭这么一条十分可疑的孤证,就为"㷭"立项并把它当成"煳"的"借字"是否失之轻率?笔者以为,"㷭"实为"煳"的形误,因为字迹模糊,传抄者误将"煳"右边的"月"看成了"力",于是"煳"字便误成了"㷭"。

再说释义。山东很多地方有"煳包子味"一语,与"煳锅底味"义近,指煮饭煮过火时所产生的焦煳气味。《词话》中的"煳包气"就其本义而言,即今鲁语中的"煳包子味",不过这里用的并非本义,而是比喻义——喻指没有原味了,变了味了,也即不鲜了,没有多大意思了。例中上文说,西门庆被潘金莲把拦,不到别的妻妾房里去,月娘气愤不过,狠说了西门庆一顿,西门庆这才来到孟玉楼房中,于是引出孟的这一番言论来:"也有这大娘,平白说怎的,争出来煳包气。"孟是在埋怨月娘不该把西门庆从潘那儿争过来,即使勉强争过来也跑了味了,没有什么意思了。《李释》"把肚子都气大了"和梅校本"惹出一包气",都在"生气"上做文章,大谬,其实"煳包气"中的"气"乃"气味"之"气",非"生气"之"气"也。《汉大》指出了本义,这点应予肯定,但把比喻义释为"闷气",仍未能摆脱"生气"的窠臼。

四不着地(误作"四脯着地""四捕儿,着他""回扑着地")

《词话》第九十九回:"实指望和他同谐到老,谁知天不从人愿,一旦他先死了,撇的奴四脯着地。"第三十八回:"谁想你弄的我三不归,四捕儿,着他,你撇的人有上梢来没下梢。"第五十九回:"撇的我回扑着地树倒无阴来呵,竹篮打水落而无效。"

《白典》"四脯着地"条:"躯体贴地趴着,形容人没有依靠和指望。"所引第九十九回和五十九回例均作"四脯着地",第三十八回例作"四脯儿着地"。

《汉大》第三卷"四脯子着地"条:"指胳膊与腿全部着地。形容摔得实在。《醒世姻缘传》第七十四回:'素姐跑到跟前,揪着头发,往床底下一拉，把个狄希陈拉的四脯子着地，哼的一声，像倒了堵墙的一般。'亦作'四脯着地'。形容事情彻底。"接着便引《词话》第九十九回例为证。

《李释》"四脯着地"条："本指人四肢伸开地趴倒在地上，言摔得沉重厉害。"引第九十九回例，并云："'撇的奴四脯着地'，借喻人落入悲惨的境地。今鲁南方言仍有此语。"亦引《醒世姻缘传》第七十四回"四脯子着地"一语作为旁证。又"四捕儿"条："即四脯儿，四肢。"引第三十八回例，并云："'他'当为'地'之误刻，'着'前亦不应点断。"认为"四捕儿着地"即"四脯着地"。

按：《汉大》等对《醒世姻缘传》中"四脯子着地"的释义当然是正确的，问题在于《词话》中的"四脯着地"跟《醒世姻缘传》中的"四脯子着地"是不是一回事。① 细察《词话》中三处"四脯着地"（据《白典》引例），都是用在动词"撇"或"弄"之后作补语，表示被撇闪的境况。第五十九回"撇的我四脯着地树倒无阴来呵，竹篮打水落而无效"（最后四字梅校本作"劳而无功"），出自李瓶儿痛哭官哥儿的第一首《山坡羊》，下边还有两首《山坡羊》，用同样的句式描写官哥儿夭亡后李瓶儿被撇闪的这一境况："撇的我前不着村后不着店""撇的我无有个下稍"。所有"撇"的补语有一个共同点，那就是表示没有着落、无依无靠，其中"四脯着地"与"树倒无阴""前不着村后不着店""无有个下稍"等意义相似才说得过去。再看第九十九回例，是说韩爱姐原指望"和他同谐到老"，不料他现在死了，"撇的奴四脯着地"，也是说指望落了空。至于第三十八回例"弄的我三不归四脯儿着地"，首先应该搞清"三不归"的意思。"三不归"即没着落、没依靠，除本例外，另如《词话》第十四回："到明日没的把这些东西儿吃人暗算夺了去，坑闪的奴三不归。"也是这个意思。"三不归"既然是没着落、无依靠的意思，与之并列的"四脯儿着地"照理也应该意思相类才对，同时也与下文的"有上稍来没下稍"意思相近。总之，白释"形容人没有依靠和指望"是对的，而《汉大》和李释"形容摔得实在""摔得沉重厉害""形容事情彻底"等则误。也就是说，《词话》中的"四脯着地"与《醒世姻缘传》中的"四脯子着地"并不是一码事，甚至意思相左。"四脯着地"，《白典》《李释》与《汉大》"躯体贴地趴着"云云，都是据"脯"字望文生训，殊不可取。其实，《词话》中的

---

① 据我所见到的《醒世姻缘传》的诸种版本，包括现存较早的清同德堂刊本（首都图书馆收藏）和"文革"后较早出版的齐鲁书社1980年校点本、上海古籍出版社1981年黄肃秋校注本等，第七十四回中的"四脯子着地"均作"四铺子着地"，不知《汉大》与李释所引"四脯子着地"据何种版本。

"四脯着地"（还有"四捕儿，着他""回扑着地"）就是"四不着地"的辗转讹误。"四不着地"，即双脚双手都不接触地面，形容没有着落、无依无靠。"四脯子着地"确实是流行于鲁南一带的方言俗语，而"四不着地"则是通语里面的几乎用不着解释的常用语。梅校本以上三例均作"四不着地"，不误。

（载《济宁师范专科学校学报》2003年第1期）

《金瓶梅词话》语词释义辨正

　　《金瓶梅词话》（以下简称《词话》）是一部难读的奇书。自 20 世纪 80 年代以来，关于它的辞书陆续出版了多部，《汉语大词典》等大型语文工具书也注意了对其语词的收录和训释，《词话》中的许多难解的语词逐渐得到了比较确切的解释。但也不容否认，至今尚有不少语词聚讼纷纭，未得确解，对读者研读和认识这部文学名著带来诸多不便，甚至产生负面影响，有待继续深入探索。本文试图对书中十余个语词的旧有释义加以辨析匡正，并将旧释致误原因大体分为不明时代习俗或社会风尚、不习方言俗语、不辨语音通借、校点不精和未顾及上下文意而望文生训等五种情形。每种情形各列举数个语词；每个语词条目先举例句，次列旧释，最后加以辨正。《词话》例句均据人民文学出版社 1985 年戴鸿森校点本（以下简称"戴本"）；有个别例句对照香港梦梅馆 1993 年梅节重校本（以下简称"梅本"），并随文指出。

　　本文涉及的辞书主要有以下几种（文中多用简称）：

　　罗竹风主编：《汉语大词典》（简称《汉大》）第二、四、六卷，汉语大词典出版社 1988 年版、1989 年版、1990 年版。

　　白维国：《金瓶梅词典》（简称《白典》），中华书局 1991 年版。

　　李申：《金瓶梅方言俗语汇释》（简称《李释》），北京师范学院出版社 1992 年版。

　　张惠英：《金瓶梅俚俗难词解》（简称《张解》），社会科学文献出版社 1992 年版。

　　吴士勋等主编：《宋元明清百部小说语词大词典》（简称《吴典》），陕西人民出版社 1992 年版。

　　台湾"教育部国语推行委员会"编纂：《重编国语辞典（修订本）》，网络版，1997 年。

　　许少峰：《近代汉语大词典》（简称《许典》），中华书局 2008 年版。

一、因不明时代习俗或社会风尚致误

包髻儿[①]

[例句] 第三十一回:"书童也不理,只顾扎包髻儿。"第四十九回:"正值月娘与李娇儿送院里李妈妈出来上轿,看见一个十五六岁扎包髻儿小厮,问是那里的。"第六十回:"那个扎包髻儿的清俊小优儿是谁家的?"

[旧释]《汉大》第二卷"包髻"条:"古代用来包发髻的头巾。"征引上举第三十一回例。《白典》"包髻儿"条:"裹扎发髻用的巾帕,也指用巾帕扎成的发髻。"

[辨正] 不管是《汉大》"用来包发髻的头巾"的释义也好,还是《白典》"裹扎发髻用的巾帕"的释义也好,都是将"包髻儿"跟"头巾""巾帕"或"包巾"画上了等号。其实这是一个很大的误解。《词话》中的"包髻儿"其实并不是"巾"或"包巾"(即包裹发髻的巾帕)这类具体的实物,而是一种发髻样式——将红绳、花枝乃至钗簪等饰物包扎或插缀于髻上或鬓间,使得这种发髻显得蓬松俏丽,吸引人的眼球。上举第三十一回例上下文曾对书童"扎包髻儿"的情形有所涉及,整个过程就是在室内"梳头"与"拿红绳扎头发",自始至终看不到扎裹"头巾""巾帕"或戴"包巾"的一丝踪影,可见"包髻儿"与"巾"并无必然联系。(《白典》虽也指出"也指用巾帕扎成的发髻",然仍与"巾帕"脱不了干系) 该词本作"宝髻",这种发髻式样本为年轻妇女所专有,明代自武宗(正德)以后,男风大行于世,不少年青男性特别是娈童、男妓为了取悦于人,也多喜梳这种发式。上举《词话》三处例子无一不是写的娈童或"小优"(实为男妓)的男扮女装的特点,这一细节描写恰恰反映了明朝中后期男风炽盛的社会风气,是这部小说高度写实性的具体体现。由于在古代扎戴头巾是所有人都采用的装扮形式,并不仅限于年轻女性或优伶、娈童等特定人群,所以如果解释为"巾帕"或"头巾",就会使读者无缘窥见到明季那种畸形的社会形态,从而降低甚至掩盖了小说的写实意义和认识价值。由此看出词语训释事关重大,绝非无关宏旨的区区小事。

二、因不习方言俗语致误

抱裙

[例句] 第三十九回:"那孩子穿着衣服害怕,就哭起来。李瓶儿走

[①] 近代汉语中还有不带"儿"缀的"包髻"一词,本文不予讨论。

来连忙接过来，替他脱衣裳时，就拉了一抱裙奶屎。"

[旧释]《白典》"抱裙"条："兜在婴儿臀下接屎尿的布片。"

[辨正] 所谓"兜在婴儿臀下接屎尿的布片"，就是北方话所说的"褯子"，此释误，应指婴儿的衣服。据陈刚《北京方言词典》，北京便把婴儿的衣服叫作"抱裙儿"。[①] 清陈端生弹词《再生缘》数次用到该词。例如卷二十第七十七回："夹单尿片俱绫缎，抱裙褓褯锦裁成。"[②] 上文既已提到"尿片"，下文"抱裙"一般不会再指"接屎尿的布片"；而从它与包裹婴儿的被子即"褓褯"连文并举来看，也知其当为较宽大的包裹婴儿的衣服，而不会是只能"兜在婴儿臀下"又窄又小的尿片。

坊子

[例句] 第五十回："原来这条巷唤作蝴蝶巷，里边有十数家都是开坊子吃衣饭的。"第九十五回："不提防这平安儿见财起心，就连匣儿偷了，走去南瓦子里开坊子的武长脚家，有两个私窠子……在那里歇了两夜。"又："来晚了，城门闭了，小的投在坊子权宿一夜。"第九六回："侯林儿向经济说：'兄弟，你今日跟我往坊子里睡一夜。'"

[旧释]《汉大》第二卷"坊子"条："指窑子，妓院。"《白典》该条："私娼人家。"《李释》该条："妓院。"台湾《重编国语辞典》该条："私娼馆。"《许典》该条："即私窝子。"

[辨正] "坊子"的确有妓院、窑子或私娼馆之类意思，如上举《词话》第五十回例和第九五回的两例即是。但第九六回例并非此义，而是指供旅客住宿（有的还提供饮食）的一般旅店或旅馆。此回后文接着说："［侯林儿］搭伏着经济肩背，同到坊子里，两个在一处歇卧。二人都醉了，这侯林儿晚夕干经济后庭花，足干了一夜。"原来侯林儿邀陈经济"同到坊子里……一处歇卧"，是为了"晚夕干经济后庭花"（男子肛交的隐语），可知他们去的"坊子"并不是妓院，而是一般旅店。表示旅店意义的"坊子"在清山东淄川人蒲松龄的俚曲中也有用例。例如《磨难曲》第十八回："店主上。解子问道：'这边有开坊子的么？'答应：'有。'三人进了店。店主说：'二位要吃甚么？'"《增补幸云曲》第五回："［万岁］抬头见个老婆婆，便说：'夫人，你家有闲房借宿一晚何如？'那夫人道：'俺不是坊子的人家，我是幼儿寡妇，自己吃的没有，怎留下你？'"[③] 两处"坊子"均系旅店义。"坊子"的这一

---

① 陈刚：《北京方言词典》，商务印书馆1985年版，第12页。
② 陈端生：《再生缘》，北京古籍出版社2002年版。
③ 《蒲松龄集·聊斋俚曲集》，上海古籍出版社1986年新1版。下同。

意义在今鲁东、鲁东南话中仍然保存下来，如临沂话中就把旅店叫作"坊子"或"坊店"①，潍坊市下辖的坊子区，便是因清朝时此处有一家坊子店即旅店而得名的。《汉大》等各辞书均失收"坊子"的旅店一义，《白典》非但未收此义，反将表示此义的《词话》第九六回例当作"私娼人家"即妓院的书证加以征引，其误尤甚。

嫌腥

[例句]第七十五回："你走千家门，万家户，在人家无非只是唱。人叫你唱个儿，也不失了和气，谁叫他拿班儿做势的？他不骂的他嫌腥！"

[旧释]《白典》"嫌腥"条："形容骂得很凶。腥，血腥气，指骂的话刻毒。"《李释》该条："意为'莫非嫌他腥！'魏子云《金瓶梅词话注解》'不骂的他嫌腥'条解作'意为不骂他让他腥的难闻下去哪！'误。"

《许典》该条："形容使人厌恶得难以忍受，腻烦。"

[辨正]诸释皆非。要弄懂"嫌腥"的确切含义，必须对"嫌"与"腥"二字的意义作出正确的判断。关于"嫌"，此处并非它通常所具有的"嫌疑"或"嫌恶"一类意义，而是表示"怕、担心"的意思，今山东方言中有"嫌冷怕热"一语，意即怕冷怕热，还有"嫌苦嫌累"的说法，意即"怕苦怕累"。又如新泰话有"嫌丑"一词，意思就是怕羞、怕难为情。②"腥"本指气味腥臭难闻，转指人蛮横难缠乃至动武行粗，而不是诸释所谓"刻毒"或"腻烦"。蒲松龄《聊斋俚曲集·姑妇曲》第二回："只听的那屋里娘呀娘呀，动了腥荤了。"其中的"腥荤"即指打骂行粗，与此处"腥"义近。嫌腥，即"怕腥"，也就是怕对方难缠、担心沾惹不起。此语常用于反问，上举第七十五回例"他不骂的他嫌腥"意即"他不骂他难道嫌他腥么"，也即"他不骂他难道担心他惹不起么"，也就是不怕他难惹难缠。第七十三回也有一处用例："金莲笑道：'你问他敢打我不敢！'月娘道：'他不打你嫌腥！'""他不打你嫌腥"，意思是"他（指西门庆）不打你难道怕你难缠惹不起么"。在《醒世姻缘传》中，"嫌腥"则直接说成"怕腥"或"怕腥气"，理解起来就容易得多了。例如第四十八回："我不打他怕他腥么？"第六十回："他要欺心，怕他腥么不打他？"第九十六回："我怕他腥气不打他？打够七百棒棰！"③各例都用于反问句，也都是不怕他难缠、不好惹的意思。

---

①② 董绍克：《山东方言词典》，语文出版社1997年版。
③ 《醒世姻缘传》，上海古籍出版社1981年版。

三、因不辨语音通借致误

百胜

[例句] 第五十八回:"那潘金莲且只顾揭起他裙子,撮弄他的脚看,说道;'你每这里边的样子只是恁直尖了,不相俺外边的样子趫。俺外边尖底停匀,你里边的后跟子大。'月娘向大姊子道:'偏他恁好百胜,问他怎的?'"

[旧释]《白典》"百胜"条:"逞强,争风头。"《李释》"好百胜"条:"处处争强好胜。"

[辨正] 细审文意,此处月娘并不是在夸奖潘金莲如何,而是对潘的轻浮举动表示不满和不耐烦,故释为"逞强"或"争强好胜"不合文意。《词话》中有"百势"一词,表示故作姿态、装腔作势,其中"百"当为"摆"的同音借字。如第五十八回潘金莲借李瓶儿让西门庆请太医给官哥儿看病一事讥讽李瓶儿:"偏你会那等轻狂百势,大清早辰刁蹬着汉子请太医看。"其中"百势"即为此义。(此例《白典》《李释》均以"轻狂百势"出条,前者解为"举止轻狂嚣张",似乎"百势"意即"嚣张",误甚;后者解为"做出各种轻狂的样子",亦不确)《词话》中时有 sheng 与 shi 音近混用的情形,如副词"横竖"既写作"横是",也写作"会胜"。《词话》中"百势"的"势"偶尔也写作"胜",上举第五十八回例中"百胜"即为"百势"的异写,其意义当是故作姿态、装腔作势。如此解释,方能跟此处月娘不满潘金莲的轻浮举动的语境相吻合。

禁

[例句] 第四十六回:"别人睡到日头半天还未起,你人早在堂前禁转。"第八九回:"没廉耻的囚根子,没天理的囚根子!淫妇出去吃人杀了,没的禁,拿我煞气。"

[旧释]《白典》"禁"条义项②:"发泄(怒气)。"《李释》"禁转"条:"转来转去,打转转。"梅本第八九回让"没的禁"出条,释作:"禁不住,受不了。"

[辨正] 诸释皆误。此处"禁"(jīn)乃是"尽"(jǐn)的近音借字,《词话》中多有阴平和上声字混淆的情形[①],今天山东多数地区方言的上声调值(55 或 44)便与官话的阴平调值相同或十分接近。尽,即"尽自",系北

[①] 张鸿魁:《金瓶梅语音研究》,齐鲁书社 1996 年版,第三章第十八节。

方话的副词，表示"老是、总是、一直"。第四十六回"在堂前禁转"，意即在堂前老是转来转去。《李释》"转来转去，打转转"仅仅是指出了"转"的意义，并未对"禁"的意义作出解释，而且让"禁转"一起出条也不妥。至于第八九回例，应标点为："淫妇出去吃人杀了，没的禁拿我煞气。"此处"禁"仍借作副词"尽"，"没的禁拿我煞气"，意即"反倒总是拿我煞气（出气）"。《白典》囿于戴本标点，让"禁"与下文断开，标点、释义并误。梅本视"没的禁"为一语并出条，还将"没的"视作否定词（实际相当于"反而"或"却"，表示跟上文意思相反），亦误。探究诸释错误的原因固然有多种，但有一点却是共同的，那就是忽视了"禁"与"尽"（jǐn）的语音通借关系。如果各家能充分注意到这一点，也就不至于尽在"禁受"一类意义上打转转了。

撇

[例句] 第十四回："玉楼在席上看见金莲艳抹浓妆，鬓嘴边撇着一根金寿字簪儿，从外摇摆将来。"第六十八回："[吴银儿]头上戴着白绉纱鬏髻，珠子箍儿，翠云钿儿，周围撇一溜小簪儿，耳边戴着金丁香儿。"

[旧释]《白典》"撇"（piě）条义项④："垂；斜坠。"《李释》"撇"条（一）："斜插。"《张解》第十四回"撇着"条："这儿是斜插着。"

[辨正]《白典》误，《李释》《张解》近是，然未能指明理据。其实很简单——此处"撇"乃动词"别"（bié）的借用字，意为将一物（多为条状物）附着或固定在另一物上。上举两例"鬓嘴边撇着一根金寿字簪儿"和"周围撇一溜小簪儿"中的"撇"均用同"别"。另如第三十四回："只见书童正从西厢房书房内出来，头带瓦楞帽儿，紧着玄色段子总角儿，撇着金头莲瓣簪子。"其中"撇着金头莲瓣簪子"也就是"别着金头莲瓣簪子"。这种用法的"撇"还可以构成"撇杖儿"一词，如《词话》第五十八回："[潘金莲]一回又取下他头上金鱼撇杖儿来瞧。"撇杖儿，意即可以别在鬓发间的条状物，实际乃指簪子。《许典》"撇"（piě）义项③释为："插戴。通'别'。"可信。关于"撇"的这一用法的注音，白、李、张、许各家都注为 piě，但《集韵》"撇"有"必结切"一读，据此，将这儿的"撇"注为 biē，当与被借字"别"（bié）的读音更为贴近。《汉大》第六卷"撇"有 biē 一读，其义项④"用环、扣等把一物固定在另一物上"，与《词话》中的"撇"词义十分接近。只是《汉大》所举书证为现代作家用例，过于滞后。

点韭买葱

[例句] 第七十二回："要俺每在这屋里点韭买葱，教这淫妇在俺每

手里弄鬼儿!"

[旧释]《白典》"点韭买葱"条:"点的是韭,买的是葱,比喻名实不符。"《李释》该条:"意为作小服低,听从使唤。点,点播。"

[辨正] 此是潘金莲骂奶子如意儿的话。不管怎样,潘金莲总是主子,如意儿属于奴婢,潘不可能说自己是"作小服低,听从使唤",故《李释》难以成立。又,《白典》"比喻名实不符"云云也属臆测,不足信。理解此语的关键在于"点"字,它不是什么"点播"之"点",也不是什么"点名要什么东西"之"点",而是"典"之同音借字,是"典押、典卖"的意思。点韭买葱,指只做些买卖韭呀葱呀之类鸡毛蒜皮的小事,比喻不受重用。揆之上述《词话》第七十二回潘金莲之语,恰是潘金莲大骂如意儿"弄鬼儿",赚得西门庆的宠爱,致使潘金莲失宠,受到了西门庆的冷落。潘金莲"在这屋里点韭买葱"的慨叹正是由此而发。

四、因校点不精致误

比时(误作"比对")

[例句] 第十一回:"比对我当初摆死亲夫,你就不消叫汉子娶我来家。"

[旧释]《白典》"比对"条:"连词,相当于'既然'。"《李释》该条:"评说,指责。《小说词语汇释》(陆澹安著)释作'就算',语气不顺。"《许典》该条:"就算、即使。"梅本第十一回作"比是",注为"既然"。

[辨正] 李、陆、许释义皆误,《白典》与梅本释为"既然"不误,惜未道出或准确指出原由。原来此处"对"乃"时"之形误,"比对"本为"比时"。比时,表示推论因果关系的连词,相当于"既然",后边有时有"就"搭配使用。该词在《词话》中时有出现,例如第二十六回:"比时你怎害怕,当初大家省言一句便了。"第五十八回:"比时怎地快(会)使性子,到明日不要来他家……随我和他家缠去。""比时"皆为"既然"义。上举第十一回例与之相同,而且后文有"就"呼应,"既然"义尤为明显。《词话》中这种用法的"比时"也写作"比是",例如第十二回:"比是你怎怕他,就不消剪他的来了。"第十五回:"比是哥请俺每到酒楼上,咱何不往里边望望李桂姐去?"两处"比是"都与"比时"意义、用法相同。梅本校为"比是",意义、用法不差,惟"是"与"对"字形不相似耳。若能校为"比时",或许更接近《词话》用字的本来面貌。

灯台不照自己（误作"灯台不明，自己"）

[例句] 第七十五回："女妇人家，通把个廉耻也不顾，他灯台不明，自己还张着嘴儿说人浪。"

[旧释]《李释》"灯台不明"条："意为尽在暗中行事，隐指性生活过多。"《吴典》"灯台不明"条："比喻行为不检点，缺乏自知之明。"

[辨正] 明，"照"之讹误。戴本断句有误，"自己"当属上文，即有关部分应作"他灯台不照自己，还张着嘴儿说人浪。"梅本即校点若此，不误。"灯台不照自己"实为一歇后语，意为灯台只能照亮别处而照不到自身，比喻不对照自己、看不到自己的短处，今言"灯下黑"是也。书中也作"灯台不照自"。例如第六十九回："[你]老鸦笑话猪儿足（黑），原来灯台不照自。你自道成器的，你也吃这井里水，无所不为，清洁了些甚么儿？"《醒世姻缘传》中也用到此语。例如第三十六回："昏君老者不防他灯台不照自己，却喜他是正气的女人。"第九十七回："太守却灯台不照自己，说道：'我们等狄经历好了出来的时候，分付叫他整起夫纲，不要这等萎靡。'"皆为此义。由于未作校勘、未审标点而只是望文生训，《李释》"暗中行事，隐指性生活过多"云云，误甚；《吴典》"缺乏自知之明"语近是，然"比喻行为不检点"语同为望文生训致误。

马抬（误作"马，抬"）

[例句] 第二十四回："女婿陈经济躧着马，抬放烟花火炮与众妇人瞧。"

[旧释] 辞书未见有收释"马抬"者。《白典》"躧"条："骑。"《张解》第二四回"躧着马"条："这儿是跟着马的意思。"二释皆引上例，标点皆从戴本。

[辨正] 据白、张二释，似乎陈经济已经骑在马上或跟在马后走了，但从下文来看，并没有出现任何有关马的文字，而且从接下来的陈经济"俺们如今就行"的声口判断，陈等此时还没有"行"，即仍停留在西门庆家大门口。看来二释均有悖于文意。那么问题出在哪里呢？一是由于戴本的断词、断句不当，对白、张二释起了误导作用。"马抬"实为一词，不应断开，当作如下标点才是："女婿陈经济躧着马抬，放烟花火炮与众妇人瞧。"二是"马抬"的词形笼罩着一层烟雾，未被揭开识破。原来此处"马抬"实为"马台"之误。马台者，马台石也，即旧时大户门前供踩着上下马的石台。《词话》中就有"马台"的用例，如第六十八回："一面牵出大白马来，搭上替子，兜上嚼环，躧着马台，望上一骗（骗），打了一鞭。"第七十回："何太监道：'舍下在天汉桥东文华坊双狮马台就是。'"如果要问"马台"的"台"是怎么变成

"抬"的？这便不是用"同音借字"或"写白字"之类的话可以交代得清楚的了，内中要有比这复杂得多的原因。笔者私见，"台"在《词话》的母本中本该作"臺"，而"臺"又异写为"檯"，因"檯"与"擡"形近，在《词话》流传过程中便误写或误刻成"擡"，然后再由"擡"经过简写而成了"抬"。也就是说，由"台（臺）"到"抬"大体经历了"臺→［异写］→檯→［误写］→擡→［简写］→抬"这样一个辗转衍变的过程。"马抬"既然就是"马台"，上举第二十四回例的意思即："陈经济躧（踩、趿）着马台石，在西门庆家大门口放烟花火炮与众妇人瞧。"显而易见，此处并未言及"马"如何如何，陈经济也未曾离去，二释所谓"骑马""跟马"的错误昭然矣。

五、因未顾及上下文意而望文生训致误

祟风卖雨

［例句］第九十二回："这杨大郎名唤杨光彦，绰号为铁指甲，专一祟风卖雨，架谎凿空，挝着人家本钱就使。"

［旧释］《白典》"祟风卖雨"条："比喻虚夸不实，好说大话。"《李释》该条："兴风作浪。"

［辨正］"祟风卖雨"即又卖风又卖雨，而风、雨是飘忽不定、用不着任何本钱的东西，故用其比喻买空卖空、招摇撞骗，犹今言开皮包公司。上例下文接着说："他祖贯系没州脱空县拐带村无底乡人氏；他父亲叫做杨不来；母亲白氏；他兄弟叫杨二风；他师父是崆峒山拖不洞火龙庵精光道人，那里学的谎；他浑家是没惊着小姐，生生吃谎唬死了。他许人话如捉影扑风，骗人财似探囊取物。"此段文字实为"祟风卖雨"的绝好注脚，而此正与"买空卖空、招摇撞骗"意义契合。不难看出，白、李二释均属臆断，李释其误尤甚。《全元散曲》（中华书局，1981年版）中即有此语，如无名氏《中吕·满庭芳》："红儿侍寝，云窗共枕，月馆同衾。俺家里祟风卖雨无门禁，处了亲临。"此语《许典》释为"犹言弄虚作假，坑蒙拐骗"，应是。

张睛　张眉瞪眼儿　张眼露睛　张眼儿溜睛

［例句］第五十九回："金莲问：'是谁说的？'月娘指着：'是奶子和迎春说来。'金莲道：'你着（看）这老婆子这等张睛，俺猫在屋里好好儿的卧着不是，你每乱道怎的！'"同上回："你这丫头也跟着他恁张眉瞪眼儿、六说白道的！"第七十二回："那淫妇的汉子说死了，前日汉子抱着孩子没在门首打探儿？还是瞒着人捣鬼，张眼儿溜睛的！"第七十九回："还是我姨娘在他家紧隔壁住，他家有个花园，俺每小时在俺姨娘家

住，常过去和他家伴姑儿耍去。就说我在他家来，我认的他甚么？也是个张眼露睛的老淫妇！"第八十三回："秋菊［对小玉］说：'俺姐夫如此这般，昨日又在俺娘房里歇了一夜，如今还未起来哩……'小玉骂道：'张眼露睛奴才，又来葬送主子！'"

［旧释］关于"张睛"条，《白典》释作："大惊小怪。"《李释》则谓："张眼露睛的省辞，形容人发怒或争吵时竖眉瞪眼的样子，借以指人凶狠、厉害。"

关于"张眉瞪眼儿"条，《白典》释作："展开眉毛，瞪大眼睛。形容为人助声势的表情。"《李释》谓："义同'张睛'。"

关于"张眼儿溜睛"和"张眼露睛"条，《白典》释作："睁大眼睛四下看，形容警觉的神情。"又云："这里指窥察人隐私。"《李释》谓："张眼溜睛，同'张睛'。"

［辨正］这四个语词虽然形式不同，实际意义或曰真正意义只有一个，那就是形容没根据地胡说、瞎说。今天人们常把不顾事实地胡说八道说成"睁着眼睛说瞎话"，其中"睁着眼睛"只是"虚晃一枪"而已，"说瞎话"才是要表达的实际意思所在。《词话》中的"张睛"等与此情形颇为相近，所不同的是《词话》中以"虚"（指"张睛"等）代"实"（指"胡说、瞎说"），即实际意义不明说出来，而是隐藏在那"虚晃"的"一枪"之中，其用法跟只说上半部分而隐去下半部分的歇后语或缩脚语十分相似。如第五九回头一用例：金莲的话"你看这老婆子这等张睛"是由上文月娘"是奶子和迎春说来"之语引发，下文金莲并说"你每乱道怎的"，此足以证明"张睛"即胡说、乱说。第五九回后一用例"张眉瞪眼儿"后紧跟"六说白道"，第七二回和第七九回的"张眼儿溜睛"与"张眼露睛"，也分别是针对上文的"那淫妇的汉子说死了"与"说我在他家来"之语有感而发，也都说明这几个词语都跟"说"密不可分。再如第八三回例小玉骂秋菊的话："张眼露睛奴才，又来葬送主子！"所谓"葬送"，指以言辞坑陷，也就是说人坏话。此处"张眼露睛"显然也是说瞎话、说胡话的意思，这既照应了上文秋菊所言，也与下文的"葬送"一语意义相符。总之，"张睛"这组语词均表示睁着眼睛胡说的意思，以上有关这组语词的各种解释都是只看表面文字的望文生训，没能跟"说"或"胡说"挂起钩来，隔靴搔痒，未中肯綮。《汉大》第四卷收有"张眼露睛"一语（其余三语未收），释为"瞪着眼睛说瞎话"，其义不误，但所举书证出自《醒世姻缘传》，晚于《词话》一百余年。

（载《济宁学院学报》2012 年第 2 期）

《醒世姻缘传》疑难词语考释

《醒世姻缘传》（以下简称《醒》）是一座丰富的语言宝库，它保存了大量的近代汉语词汇，尤其是口语词汇和方言词汇。1981年上海古籍出版社出版了该书的校注本，由黄肃秋先生对其中一大批词语作了开创性的注释工作。此后不断有学者或对黄注提出匡议，或对黄氏未曾注释的疑难词语进行考释，有关辞书也开始注意了该书词语的选收和释义。这些都使我们对《醒》书词汇的研究大大深入了一步。但也必须看到，由于年代久远、方言隔阂等原因，该书仍有不少疑难词语至今未得确解或被注家有意避开而未作训释，有待我们去继续探究和"破译"。笔者不避愚驽，对该书十几条难解词语试作考释，以求教于博雅。

文中《醒》书例句均据上海古籍1981年校注本，括号内的数字，短横前者为回数，后者为页数。

作兴

那时去国初不远，秀才出贡，作兴旗匾之类，比如今所得的多；往京师使费，比如今所用的少。因此，手头也渐从容，随与晁源娶了计处士的女儿计氏为妻。（1—3）| 若说那梁安期，不过是刘锦衣姑表外甥，胡君宠也不过是苏都督闺女的儿子，两个原不曾帮了他两家作恶，也不曾指了他两家的名色诈人，不过是每人作兴了千把银子，扶持了个飞过海的前程。（15—217）

按：首例书中注为"或许、大约、可能"（1—14）；次例陆澹安《小说词语汇释》解为"赚进"；《汉语大词典》第一卷释为"赚进、捞进"；李之亮《〈醒世姻缘传〉释词摭误》认为解为"赚进"于理甚悖，应释为"上下打点、耗费"[①]。愚意以上各注皆误。"作兴"在某些方言如吴语中确有"或许"一类意思，用作副词，但在用山东方言写成的《醒》书中未见此种意义和用法。经笔者考察，书中"作兴"一律用作动词，意义有二，其中一义略等于

---

① 载《郑州大学学报》1990年第1期。

资助或补助。旧制秀才出贡，地方政府要发给一定数量的"旗匾银"，以供置备旗杆匾额和作交纳接待之用。首例"作兴旗匾之类"，即资助的一些旗匾银，其中"作兴"是动词作定语。（其后本应有一"的"字）整个例句意思是说：那时秀才出贡，政府发给的旗匾银多，而往京师使费较少，因此手头有些剩余。注者误将"作兴"看成揣度副词作句首状语，于是把"作兴旗匾之类比如今所得的多"连着读了下来，意思成了：或许那时旗匾银比如今所得的多。然而这一不合文意（此处并不含揣度意味，而只是客观地交待有关事实），二不合该书语言实际（书用山东方言写成，山东方言中"作兴"无此用法，书中亦无此类用例），故此解不可取。另如："麻从吾出了贡，丁利国教他把那所得作兴银子一分不动，买了十来亩地。"（27—395）其中"作兴银子"也是"资助［的］银子"之义，与"作兴旗匾之类"结构、意思都相同。

至于第十五回例，"作兴"仍是资助义。由于这里用的是被动句式，并隐去了有关词语，理解起来才稍感困难。若把隐去的词语补加上去，其意自明："……［梁、胡］不过是每人［被刘、苏］作兴了千把银子，扶持了个飞过海的前程。"其中"作兴"和"扶持"都是刘、苏两个势要发出的动作，梁、胡二人则是动作的承受者。书中此事始见于第五回。晁思孝为了谋到通州知州的美缺，通过梁、胡两个戏子的关系走刘、苏的"后门"。刘、苏便向晁索要二千两银子，并商定"把这二千头……就作兴了梁家、胡家两个外孙，也是我们做外公、做舅舅的一场，……扶持他做个前程，选个州县佐贰。"（71）只要把有关此事的前后文对照一下，"作兴"的资助或帮助义就越加明显。而且两处都是"作兴"和"扶持"上下并举，也可证明两词词义应该相近。《小说词语汇释》《汉语大词典》和李文之所以误释，没有搞清主动、被动关系固然是个原因，同时跟不熟悉有关情节、未顾及前后文意也不无关系。《小说词语汇释》认为"作兴"一词另有抬举一义，不过据它所出例句，我们觉得释为扶持、照料也许更确切些。"作兴"一词的资助、帮助义，当是由抬举或扶持义引申而来的（以钱财扶持便是资助）。

另外，书中"作兴"还有高兴、来了兴致一义，应读 zuòxìng，与上述"作兴（xīng）"并不同音，实为另一个词，此处不赘。所有这些"作兴"均不作副词"或许、大约、可能"解。

掠掇

　　枕头边两个彼此掠掇将起来。（1—10）

　　按：书中注为："拾夺、啰嗦、动手动脚。这里含有猥亵的意思。"（1—16）

《小说词语汇释》注为"计划",《宋元明清百部小说语词大辞典》[①]注为"商议、计划"。以上三注皆误,后两注其误尤甚。"掠掇"当系"撩逗"一词的转写,是撩拨、挑逗的意思,常指男女之间戏弄、逗引。"撩"与"掠"互训,书中多见。如"只怕你抱了人家孩子掠在井里了"(60—863)与"抱着你家孩子撩在井里"(89—1269)即是。至于"逗"(dou)与"掇"(duo)两音相通,书中也多有旁证,副词"都"便往往写作"多"。如"不消多话,快快多送上来"(96—1372),后一个"多"便是"都"的借字。或径谓"掇"即"掇弄"之"掇",亦含逗引、拨弄义,也解释得通。清山东曲阜人桂馥在其《札朴》卷九"乡里旧闻"附"乡言正字·杂言"中云:"相戏曰嫽,又曰谹浑。"其中"嫽"当为"撩逗"之"撩",也即《醒》中之"掠"。曲阜方言将"相戏"或"谹浑(鬼混)"叫作"嫽",更大范围的北方话则谓之"撩逗",《醒》中则写作"掠掇",三者实为同词异形。黄注"动手动脚""猥亵"虽欠确当("猥亵"亦与词性不合),但总算还沾着点边儿,注为"拾夺、啰嗦"则与实际含义相去远矣;至于《小说词语汇释》等"计划"云云,则纯属臆测耳。

没投仰仗

那大舍没投仰仗的不大作声。珍哥也就没趣了许多,问道:"你回来路上欢欢喜喜的,你如何便恼巴巴起来?你一定又与禹明吾顽恼了。"(2—17)

按:书中有注:"投,投奔;仗,依靠。没投仰仗,即没精打彩,无依无靠。"(2—28)《宋元明清百部小说语词大辞典》亦释为"没精打采"。二释皆误。就在此例上边,作者已经交代过晁大舍"没情没绪,垂了头坐在椅上",这里再说没精打采,上下重复,实无此必要。愚意"没投仰仗"当是"没得怨怅"的变音,是没处埋怨,说不出对谁恼恨或为何恼恨的意思。晁大舍兴致勃勃地打完猎并送走客人,回来时"恍似被人劈面一掌,通身打了一个冷噤",兴致顿消,所以才有"没投仰仗"即没得怨怅的表现。也正由于此,珍哥才问他为何"恼巴巴起来",并猜测是与禹明吾"顽恼了"的缘故。"恼巴巴"与"顽恼了"二语承接"没投仰仗"而来,它们应该在意义上有密切的联系才是。书中还有一处用例:"狄婆子上山回来,看着狄希陈没投仰仗的,说:'这可不干我事,我可没撺他呀!'"(44—595)狄希陈因其所狎的妓姐被鸨子带走,怅然若失,心中怨恨无处发泄;狄婆子生怕儿子恼恨自己,连忙加以洗白。其中"没投仰仗"仍是"没得怨怅"的转写形式。书中有时

[①] 吴士勋等:《宋元明清百部小说语词大辞典》,陕西人民教育出版社1992年版。

也径写成"没得怨怅"。如第二十回写晁思才等人到乡下打抢，并把季春江打伤，季要赴县告状，众人劝他不要把仇结深了，暂且忍一忍，并说："这些人……毕竟还要城里去打抢，守着大爷近近的，犯到手里，叫他自去送死，没得怨怅。"（20—298）其中"没得怨怅"即没处怨恨、埋怨不着别人的意思，这是不用多作解释的。

促狭　　促搯

我虽是妇人家，不曾读那古本正传，但耳朵内不曾听见有这等刻薄负义没良心的人，干这等促狭短命的事，会长命享福的理！（15—228）[①]｜儿阿！你一些好事不做，专一干那促搯短命的营生，我久知你不得好死！（20—290）

按：书中注为"刻薄、爱捉弄人"。（15—239）《小说词语汇释》和《宋元明清百部小说语词大辞典》均释作"刁钻刻薄"。皆不确。近代汉语中该词有两个既有联系又有区别的意义。一为爱捉弄人、刻薄，今言"促狭鬼"即取其义。如《醒》第五十八回："你看俺哥干的好事：哄得我醉，睡着了，替我污了红眼黑眼，把头发握了两个鬏髻，插上两杆白纸旗……这们促狭，姑夫合姑娘不说他说么？"（58—842）"这们促狭"即这么爱捉弄人，这么不厚道。但开头所引二例中的"促狭（搯）"与此不同，它已不止是不厚道或一般所说的刻薄，更非爱捉弄人所能解释得了的。这两例都是说晁大舍的为人，此人忘恩负义、过河拆桥，甚至设计骗奸良家妇女，干尽伤天害理、"促狭短命"的勾当。显见这里"促狭（搯）"应是狠毒奸险之义，在程度上远远超出爱捉弄人甚至刻薄。以上两处例句都系直接出自晁夫人之口，第十六回晁书还对人转述过晁夫人的这话："他干这样刻毒短命的事，那有得长命在世的理！"（16—239）说的是同一个人同一件事，这里将"促狭（搯）短命"换成了"刻毒短命"，也可证明"促狭（搯）"与"刻毒"同义。桂馥《札朴》卷九"乡里旧闻"附"乡言正字·杂言"："狠曰秃揭。秃，音讹促。"又，揭音qià，古乐器名，这里借其读音。故"秃揭"当读作"促qià"。又据俞敏《北京口语里的多音入声字》，"搯"应读·qie（"客"有些地方读qiè，明熹宗的乳母、魏忠贤的死党客氏之"客"，音qiě），"促搯"亦写作"促狭"，但"狭"仍读·qie。[②] qia和qie轻音相通，故"促狭""促搯"（别处也作"促揸""促洽"）和桂馥所谓"秃揭"实为同一个词的不同写法，都是狠毒之

[①] 此例原标点有误，此已改过。参见徐复岭《〈醒世姻缘传〉标点失误举例》之（23）例，收入《〈醒世姻缘传〉作者和语言考论》，齐鲁书社1993年版。

[②] 载《方言》1995年第1期。

义。《汉语大词典》释为"阴毒奸刁",应是。黄注等未细究该词的不同含义,没有揭示出狠毒这层意思,释义"避重就轻",似是而非。

咸案

叫小厮们:"外边流水端果子咸案,中上座了。"(21—317)

按:书中未出注。有关辞书亦未见有释。此系方言。曲阜人桂馥在其《札朴》卷九"乡里旧闻"附"乡言正字·饮食"中记下了它的意义:"酒肴曰咸案。"宋元以来的白话作品中把佐酒的菜肴多说成"案(按)酒",曲阜方言的"咸案"当是由此而来。我们曾说过,《醒》书所使用的当是鲁南兖州、曲阜一带方言①,这又是一个新的佐证。

姐

又问晁夫人要了几点子纱罗,叫他沈姐与他做"豆姑娘"。春莺说:"我不做,我待嫁人家去哩。"小和尚又跑到晁夫人怀里问说:"俺沈姐说她要嫁人家去哩。怎么是嫁人家?"(36—536) | 晁梁说:"娘合我的床,沈姐的床,都铺在那里?"晁夫人道:"我合你沈姐在炕上睡罢。怎么又铺床?"(49—710)

按:这里"沈姐"系晁梁即小和尚对沈氏的称谓。沈氏是晁思孝之妾,晁梁的生母。晁梁为什么称其生母曰"姐"?这恐怕是今天一般读者所难于理解的。书中未见出注。原来旧时确有称母为姐的习惯,尤其在某些方言中。《说文》"女部":"蜀谓母曰姐。"近人章炳麟《新方言》卷三"释亲属":"今山西汾州谓母曰姐。"清代山东栖霞人郝懿行在其《证俗文》卷四"释母"案语中说得更为具体明确:"今妾子亦呼其母为姐。"证之《醒》书例句,完全相合。山东淄川人蒲松龄的俚曲《禳妒咒》第九回,长命说江城"骂了姐又骂娘,好眉好眼不贤良"②,其中"姐"与"娘"应是同义异词互文并举,实指一回事,跟上文江城"掘他娘一阵"相照应(山东方言谓骂曰"掘")。此更进一步印证了《醒》书"姐"即娘之义。时至今日,山东省有些地区还流行一詈语"肏他姐",其骂人程度之重与别处"肏他娘"或"操他妈"无异。笔者怀疑,此一詈语的始作俑者大概就是把"姐"当作娘或妈的意义来使用的,只是由于时过境迁,人们对"姐"的初始意义已习焉不察,反认为它就是姐妹的"姐"了。

趸

素姐没梳头,趸着首帕,小玉兰跟着,待回家去。(45—660)

---

① 徐复岭:《〈醒世姻缘传〉系兖州府人所作》,收入《〈醒世姻缘传〉作者和语言考论》一书。
② 《蒲松龄集》(第三册),上海古籍出版社1986年新1版,第1180页。

按："䅎"本有盘旋、盘绕一义，如书中"上头一大些鹰䅎着"（85—1219），即指鹰在上边盘旋。又如王实甫《西厢记》第四本第四折："四野风来，左右乱䅎。"也是此义。山东西路方言中"䅎"还可作名词解，指头顶上头发呈旋涡状的部位。多数人头上有一个"䅎"，也有人有两个"䅎"。还有"䅎子"一词，是指用苇席等圈成的圆形贮粮器具。名词"䅎"和"䅎子"也写作"苼"和"苼子"。它们与动词"䅎"在意义上的联系清晰可见，都跟"旋""绕"有关。《醒》书第四十五回例中"䅎着首帕"，当指用手帕把头部绕着圈儿包裹即盘绕起来的意思，其中"䅎"显然仍含"旋""绕"义。书中此语注为"包裹"（45—666），但未注明怎样包裹，未尽词义，欠妥。

决裂　蹶劣

他虽也不能如主母一了百当，却也不甚决裂。凡事俱先到主母前禀过了命，他依了商议行去，也算妥帖。（56—813）｜纱帽笼头，假妆乔，几多蹶劣。（91—1292）

按：书中未见出注。《汉语大词典》虽也分别收目，但据其所列各义项揆之此二例，均难相合。愚意此处"决裂"与"蹶劣"实为一词，其义为乖戾、乖谬，指行为或性情别扭、不合常理。首例是说调羹处理事情虽然不像其主母那样十分妥当，但也不是乖违情理、独断专行，所以"也算妥帖"。此处"不甚决裂"即不很乖谬、不背常理之意。次例引自第九十一回开场词"满江红"。这回书是写狄经历、吴推官"这班惧内大将军"的种种丑态的。他们在外边装模作样，"笑人绕指软如棉，自夸劲节坚如铁"，这就是所谓"假妆乔"；但在家里受制于妻妾，以至于被罚跪、被棒打、遭火烧，他们"膝多棉，性少血，气难伸，腰易折"，做出种种荒唐乖谬的事来，这便是所谓"几多蹶劣"。此处"蹶劣"仍然是乖违情理、不合常态之义。

立断

偏生的又撞见员外，没叫俺进去，给了俺四五十个钱，立断出来了。（68—973）

按：书中"断"出注，释为"逼迫谢绝"。（68—981）邵则遂《〈醒世姻缘传〉注补》认为"没有逼迫的意思"，"断"即"断路"之"断"，"是阻拦的意思"。[①] 愚意"立断"实为一词，系山东方言，意思是立逼，表示逼使着别人立刻去做某事。此例"立断出来了"实即"立逼着［俺］出来了"之义。第七十三回还有一处用例："［狄员外］又嗔你姐姐咬了他儿一下子，立断着

---

① 载《语言研究》1992年第2期。

要休。"(73—1045;"休"指休妻)其中"立断着"亦即立逼着,若用"谢绝"或"阻拦"来解释此例中的"断",实难读通。综上,黄注"断"为"逼迫"近是,但又注为"谢绝"则非;邵释为"阻拦"则愈加不妥。

多索

　　[龙氏]望着薛三省娘子多索了两多索,说道:"你二位好嫂子,好姐姐,不拘谁,劳动一位跟我跟儿。"(73—1046)

　　按:书中未出注。此处"多索"不是通常意义上的"哆嗦",而特指旧时妇女行礼的动作:双手微微抱在一起在胸前右下侧上下轻轻颠动。这种礼节通常叫作"福"或"万福",也就是"拜","多索(哆嗦)"当是它的形象化说法,且带有几分戏谑意味。俗语有"三十六拜就差一哆嗦了",谓已经尽了很大努力,只差最后一把力了;此语中"哆嗦"与"拜"为同义并举。

那里放着

　　两口子合气,是人间的常事,那里放着就要跳河?(87—1237)|这孩儿,不当家,那里放着丑!这要生在大人家,搭胭抹粉儿的,这不像个画生儿哩!(84—1195)

　　按:两例代表此语的两种意思和用法。书中未见出注。《汉语大词典》第十卷和《宋元明清百部小说语词大辞典》均收入该语,但只解释了首例所表示的第一种意思。前者释为"哪里值得、不值得",近是;后者释为"怎么",仅是顺顺例句意思而已,未中肯綮。关键在"放着"该怎么解释。此系山东方言,亦写作"犯着"。"放""犯"同系鼻韵母字,声母声调又都相同,近代山东方言中可以相通。通语中有"犯得上、犯得着"和"犯不上、犯不着"的说法,前者表示值得(多用于反问),后者表示不值得。但在近代山东方言中表示不值得或用不着做什么事,常用反问句式"'那里犯着'+动词性词语"或"'那里放着'+动词性词语"。"'那里犯着'+动词性词语"多见于聊斋俚曲。如《寒森曲》第三回:"一家里死了人一个,那里犯着来逞凶?"《增补幸云曲》第十一回:"叫姐姐你好嘲,那里犯着就上吊?"① (方言中谓傻曰"嘲")"'那里放着'+动词性词语"多见于《醒》书。除上举例句外,另如:"[素姐]也不过是被人打了几下子,抢了几件衣裳去了,又没吃了人别的亏,就那里放着休!"(73—1045)"你怕见等,咱收拾往家去,相大娘也没有强拉着你的理,那里放着干这勾当?"(77—1104;"干这勾当"指以死相威胁)其中"放/犯着"都是值得或用得着(有必要)的意思,"那里放/犯着"

---

① 《蒲松龄集》第三册第1180页,第四册第1589页,上海古籍出版社1986年新1版。

构成反问句式，是不值得或用不着（没有必要）做某事的意思。

"那里放着"还有另一种意思和用法，如开头所引第八十四回例所示。这时其后多跟形容词性词语，其中"放着"是显着、透着的意思，此处"放"疑为"泛"的方言记音字。又如第八十八回："贱瞎眼的狗头！我那里放着不巧？"（88—1252）《金瓶梅词话》中也有此类用例，只是更换了疑问词："我是破纱帽穷官？教丫头取我的纱帽来，我这纱帽那块儿放着破？""你看老娘这脚，那些儿放着歪？"①"那块儿放着破""那些儿放着歪"，也就是哪里显着破、哪里显着歪的意思。这一用法的"放着"似未见有人做过解释，包括训释《金瓶梅》词语的工具书在内。

骑着门子骂

叫人骑着门子骂，说关着门子别理他！叫人听着，你可是贼呀，你可是忘八呢？（89—1271）｜素姐扎煞两只烂手，挠着个筐大的头，骑着左邻陈实的门大骂。（89—1269）｜晚间孟指挥正待成亲，这明吾骑了孟指挥的大门，一片声的村骂。（63—899）

按：书中未出注，他处也未见有释。曲阜方言谓紧紧堵住人家门口骂个不止为"骑门大骂"。如孔府档案"乾隆年间处理孔氏族人讼案"（七）中云："孔毓楷就骑门大骂，还要找启事打架。"②《醒》中三例与此相同。"骑"本有兼跨两边义，如俗所谓"骑缝"，即指"跨两纸之中缝也。"（胡祖德《沪谚外编·俚语考》）另如《金瓶梅词话》："西门庆让大舅房内坐的，骑火盆安放桌儿，摆上春盛果盒。"③"骑火盆"即跨放在火盆儿上。"骑着门子骂"之"骑"当由此而来，但也不可理解过实，认为一定就是一脚门里一脚门外地跨在门坎儿上，而只是形容紧紧逼到门口，好像已把门坎跨在了脚下，再前进一步就到了人家门内似的。

红头发野人

适间本厅实因得罪了房下，羁绊住了，不得即时上堂。堂翁与两厅的僚友俱将言语讥讪本厅，难道他三个都是红头发的野人，不生在南赡部洲大明国的人？（91—1304）｜刘振白吆喝道："了不的！那里这们红头发野人，敢在京城里撒野！"（80—1142）

按：书中未出注。邵则遂《〈醒世姻缘传〉注补》认为指"蛮不讲理的人"，颇是；但又说此语可能源于"山大王"，因为绿林好汉以红巾缠头，有

---

① 《金瓶梅词话》，人民文学出版社1985年版，第四十三回，第541页。
② 《曲阜孔府档案史料选编》第三编第四册，齐鲁书社1981年版，第168页。
③ 同①，第七十八回，第1172页。

156

"红头子"之称。① 此与事实不符，当系臆测。愚意"红头发野人"当由那些有着红褐色头发的西洋人而来。明末至清，先是荷兰后是其他西洋殖民大国从海上用炮舰打开中国大门，侵占我台澎港澳等许多地方，横行无忌，屠杀百姓，掠夺财富，其野蛮行径与海盗无异。一般文献上把他们称作"红夷"或"红毛"。如张煌言《上延平王书》："而今守御单弱，兼闻红夷搆虏乞师，万一乘虚窥伺，胜败未可知也。"魏源《圣武记》卷十四："红毛戈船火器，横行海外，及郑成功一战，逐红夷夺台湾而有其国，亦即闽厦之兵。"在老百姓的口语中则把他们叫作"红毛子"或"红头发野人"，意思是说长着红褐色头发的野蛮不讲理之人。按第九十一回例，"红头发的野人"与"南赡部洲大明国的人"前后对照着说，更可证明"红头发野人"非指"大明国"之内的某一类人（如以红巾缠头的"山大王"们），而是指"大明国"之外的"红夷"即"红毛子"者流。邵文列举了第八十回例及其他两处例证，唯独落下了第九十一回例证。大概邵君为文时未发现此例；倘若他能注意到此例，"源于山大王"这样的臆测也许能以避免。

（载《济宁师专学报》2001年第1期）

【补记】

冯春田先生《〈醒世姻缘传〉含"放着"句式的分析》一文（载《语言教学与研究》2001年第6期），将《醒》中含"放着"的句子分成三类：A."放着+名/代"类，如"家里放着姐夫，你可关门哩！"B."放着+名/代+不+动"类，如"放着饭不吃。"C."那里放着+谓词性短语"类，例见拙文"那里放着"条所举。冯文认为C类"放着"同A、B两类中的"放着"一样，仍是"摆放、存放"的意思，"表示存在的状态"。所不同的是，A、B两类还可说成"见（现）放着"，而C类不行。

拙文的看法显然与冯文不同。拙文认为"那里放着+谓词性短语"中的"放着"即"犯着"，"放"是"犯"的方言借字或方音变体，"犯"有值得的意思，故"那里犯及/放着+谓词性短语"构成的反问句式，便是不值得或用不着（没有必要）做某事的意思。这里的"放着"与摆放、存放义无关，也并非"表示存在的状态"，当然与A、B两类句式也扯不上边儿。冯文说A、B两类可说成"见（现）放着"而C类不行，如果究其原因的话，大概也就在于此吧。冯文还说在聊斋俚曲中并没有发现C类句式"放着"的用例，这便

---

① 载《语言研究》1992年第2期。

无怪乎它做出上述错误的推断了。如果他能注意到"放着"在聊斋俚曲中摇身一变变成了"犯着",其结论恐怕另是一个样子了。

又,"犯"有值得义,除了文内所举的"犯得着""犯不着"等例证外,还有"不犯""不犯于"等说法,意思是不值得、用不着。例如,《忠烈传》第七回:"你算过了就罢了,不犯于把有用之钱把他买牢食吃。"《红楼梦》第二十回:"就算你比世人好,也不犯见一个打趣一个。""不犯""不犯于"的说法仍保留在今天的山东方言中("不犯于"有的地方说成"不犯如")。

(2006年4月16日记)

"这咱晚""那咱晚"等词语的来源和释义

"这咱晚""那咱晚"等，是《金瓶梅词话》《醒世姻缘传》等某些明清文学作品中经常用到的一组指示时间的词语，带有浓重的北方方言色彩。吕叔湘著、江蓝生补《近代汉语指代词》未曾论及这组词语，《汉语大词典》及其他历史语文辞书或未收录，或虽已收录，但对其意义、来源的解释可疑、可商。因此，有必要对它们的真实含义和源流变化分辨清楚。

一

"这咱晚""那咱晚"等中的"咱"也写作"昝"。

先看"这咱（昝）晚"的用例：

(1) 这咱晚武大还未见出门，待老身往他家推借瓢看一看。(《金瓶梅词话》第四回)

(2) 要不是，过了午斋我就来了，因与众人在吴道官房里算帐，七担八柳缠到这咱晚。（又第十四回；张批本"七担八柳"作"七担八捱"）

(3) 从黄昏掌上灯烛，且干且饮，直耍到一更时分……玳安来了，西门庆道："我分付明日来接我，这咱晚又来做甚么？"……这西门庆听了只顾犹豫："这咱晚端的有甚缘故？须得到家瞧瞧。"（又第十七回）

(4) 你每自在吃的好酒儿！这咱晚就不想使个小厮接接娘去？（又第三十四回）

(5) 想必两个打伙儿养老婆去来，去到这咱晚才来。（又第五十一回）

(6) 老身……说："老爹今日来，你早些起来收拾了罢。"他不依，还睡到这咱晚。（又第五十九回）

(7) 李瓶儿催促道："你睡去罢，这咱晚了。"（又第六十二回）

(8) 金莲道："昨日往谁家吃酒，这咱晚才来？"（又第七十九回）

159

(9) 这吴月娘一面叫小玉摆茶与薛嫂吃，薛嫂儿道："这咱晚了，不吃罢。"（又第九十五回）

(10) 经济道："这咱晚了，回去不得，明日起身去罢。"（又第九十八回）

(11) 我还只说姐夫在屋里，这昝晚还没起来哩，原起是如此！（《醒世姻缘传》第四十五回）

(12) 晁夫人道："这昝晚的了，咱各人收拾睡觉。"（又第四十九回）

各例中的"这咱（昝）晚"都是指示时间晚，意思是"这怎么晚""这么晚"或"如此之晚"。这可以从例中"还""才"的搭配使用或具体的上下文语境中体会得出来。

再看"那咱（昝）晚"的例子：

(13) 你爹昨日坐轿子往谁家吃酒，吃到那咱晚才来家？（《金瓶梅词话》第五十九回；张批本作"那早晚"）

(14) 晚夕众人听薛姑子宣黄氏女卷，坐到那咱晚。（又第七十五回）

(15) 今日林太太在席，与荆大人娘子好不喜欢，坐到那咱晚才去了。（又第七十九回）

(16) 姐姐，你没的说，他那咱晚来了，醉的行礼儿也不顾的。（又）

(17) 谁家一个拜年拜到那咱晚？（又）

(18) 昨夜三更才睡，大娘后边拉住我听宣红罗宝卷，坐到那咱晚，险些儿没把腰累罗锅了，今日白扒不起来。（又第八十二回）

(19) 叫我呆的坐着等他，等到那昝晚才来，说有几个哩，他明日清早叫我在家里等他。（《醒世姻缘传》第五十五回）

(20) 狄员外道："昨日我合他大舅散了，弟兄两个吃到那昝晚，我倒怪喜欢的。"（又第五十八回）

同样，各例中的"那咱（昝）晚"也都是指示时间晚，意思是"那怎么晚"或"那么晚"。

二

1. 《近代汉语指代词》指出，"这/那早晚""多早晚"也作"这/那咱（昝）""多咱（昝）"，其中"咱（昝）"为"早晚"的合音字。（见该书357—364页，学林出版社，1985）这一意见无疑是很正确的。现在要问，"这/那咱（昝）晚"中的"咱（昝）"是同样也来源于"早晚"的合音呢，还是另有来源？《近代汉语指代词》一书不曾涉及这一问题，但有关的几本辞书却曾试图回答这个问题。李申《金瓶梅方言俗语汇释》中说："'这咱晚'，同

'这咱',即'这早晚'。后又加一'晚'字,是口语中的一种羡余现象。"(327页,北京师范学院出版社,1992)这实际是说,"这/那咱晚"中的"咱",跟"这/那咱"中的"咱"一样,也是"早晚"的合音。白维国《金瓶梅词典》则认为:"'咱晚'是'早晚'的音变,指时候。"(656页,中华书局,1991)这即是说,"咱"是由"早""音变"而来,也即"咱"是"早"的变音。董遵章《元明清白话著作中山东方言例释》认为,"那咱(昝)晚""又作'那早晚'","义同'那咱'"(328页,山东教育出版社,1985)似乎也是把"咱"看成了"早"的变音或者"早晚"的合音。以上看法正确与否,颇值得进一步探讨,因为这不单是"这/那咱晚"的来源问题,还关系到对这组词的意义如何理解。

笔者觉得,不管是把"这/那咱晚"中的"咱"看成"早晚"的合音,还是看成"早"的音变,都不符合语言实际,因而缺乏解释力和说服力。我们认为,这里的"咱"是由表示程度、其意义略等于"很"的"怎么"音变而来的,"这/那咱晚"即是"这/那怎么晚"的快读变音。"怎么"音变为"咱"的大体过程如下:zěn+me(a)→zǎ。这从历史文献资料和当代方言中都可以得到证明。

《近代汉语指代词》在论及"怎么"时即明确指出,"北方官话区方言里也有说'咱'的",并从元杂剧《燕青博鱼》和清代小说《儿女英雄传》等中举出一些"怎么"说成"咱"的用例。(见该书308页)这里我还想补充几个时间上介于上述两种文献之间、跟《醒世姻缘传》差不多同时的《聊斋俚曲集》里的例子。在蒲松龄笔下,"怎么"的快读变音zǎ,有时写作"咱",有时写作"囋"。例如:

(21) [内云]咳!令尊是这么死的来么? [丑云]你道是咱着来呀?(《禳妒咒》第一回)

(22) 先伸头儿去瞧瞧那客,看咱样的个客。(又第二十四回)

(23) 我只顾留着他,你待囋着我罢?(《姑妇曲》第一段)

(24) 自此以后,那婆婆就是降下来的户子,待囋支使,就囋支使。(又第二段)

(25) 打了一阵,才待歇手,小姐出来说:"囋不打了?再给我另打!"(《富贵神仙》第四回)

(26) 你那里孤孤单单,独抱绣枕眠,不知如何的盼、囋样的难。(又第五回)

至于在今天的河南、四川和东北等地方言中,"怎么"说成"咋"(zǎ,

与"咱"同音）更是人人皆知的常识，无须赘述。

近代汉语的"这/那咱晚"仍鲜活地保留在当代山东济宁话中。这里我想谈一下我生活中的一支小插曲。20世纪60年代中后期，我初次到我爱人的济宁老家，那时当地的习惯要八九点钟以后才吃晚饭。晚饭时岳母总是抱歉地说："见天那咱晚的吃饭，可别把你饿着了哇！"我的母方言中本没有"那咱晚"的说法，那时候也还没有读过《金瓶梅词话》等书，所以听得满头雾水，心想岳母说的可能是"拿着碗子吃饭"吧（济宁话声母 zh 与 z 不分，"着"听起来像"则"或弱化的"咱"）。于是我私下里问我爱人："老人家说拿着碗子吃饭，怕我饿着了；难道你家原来不是拿碗吃饭，而是拿盆吃饭不成？"她听了先是哈哈大笑，接着当胸狠狠捶了我一拳，嗔道："你家里才用盆吃饭呢！俺娘说的是天天让你那么晚才吃饭，这你也听不懂？装蒜！"从此以后，"那咱晚"便在我脑子里留下了挥之不去的印象。在济宁话中，"那咱晚"中的"咱"读 zǎ 或 zě，"怎么"留下的痕迹尤为明显。济宁方言中也有"这/那咱"和"多咱"的说法，其中的"咱"读 zán，显然是"早晚"的合音（zán←zao+wán）。方言中"这/那咱晚"中的"咱"和"这/那咱"中"咱"读音的不同，有力地证明着二者来源的各异。

2. 由于"这/那咱晚"中的"咱"（zǎ）来源于表示程度的"怎么"，"这/那咱"中"咱"（zán）来源于表示时间的"早晚"，所以"这/那咱晚"和"这/那咱"或"这/那早晚"表示的意义并不相同。就拿"这咱"或"这早晚"来说，诚如《近代汉语指代词》一书指出的，它有三个意义："一个意义是中性的，等于'这会儿'。""其次的一个意义是言其晚，等于'这么晚'。""还有一个比较少见的意义是言其早，等于'这么早'。"（363页）"那咱"或"那早晚"情形与此类似。而"这/那咱晚"，就我们所能见到的明清文献中的全部用例来看，都是"言其晚"的，没有"中性的"，更没有"言其早"的。（这为我们"这/那咱晚"源于"这/那怎么晚"的论断提供了事实依据）这就是说，"这/那咱晚"指代的意义范围小于"这/那咱"或"这/那早晚"——前者只有后者中的"言其晚"这一意义，即后者中"言其早"和"中性的"意义是前者所不具有的。这也就是说，若把"这/那咱晚"简单地用"这/那咱"或"这/那早晚"来训释，便未能揭示出它所具有的"言其晚"的意义内涵和特征，因而是不确当的。

然而目前有关历史语文辞书凡涉及"这/那咱晚"的，都未能免于这一错误。如上举李申《金瓶梅方言俗语汇释》"这咱晚"条、董遵章《元明清白话著作中山东方言例释》"那咱晚"条，都认为它们跟"这咱"或"那咱"即

"这时候"或"那时候""义同",而所列书证实际都是表示时间晚的。为节省篇幅,恕不一一赘引例证。又如《汉语大词典》"那₃(nà)咱晚"条释为"那时候",引本文的例(17)为书证。(第十卷第599页,汉语大词典出版社,1992;该词典未收"这咱晚")认真读过《金瓶梅词话》的人都会明白,这例恰恰是潘金莲说西门庆在外边耽搁的时间长、回家太晚的。需要特别指出的是白维国《金瓶梅词典》收有"咱晚"条,释为"早晚""时候",引两条书证。其一即本文例(3)的头一个"这咱晚",显而易见,它的确切含义应该是"这怎么晚"。其二出自《金瓶梅词话》第八回:

(27) 至晚,[妇人]旋叫王婆来……央往西门庆家走走,去请他来。王婆道:"咱晚来,茶前饭后,他定也不来,待老身明日侵早往大官人宅上请他去罢。"

除此以外我们再找不出第二个"咱晚"在句子里打头使用的例子,所以我觉得这一孤证很不可靠,怀疑"咱晚"前脱漏了一个"这"字。("这"的繁体与"道"形近,很可能是传刻者误将"这"当成由上文衍出的"道"字删去)"这咱晚来"即"这怎么晚了",当然是言其晚。退一步讲,即使原书没有脱文,这个"咱"也只有解释成"怎么"才说得通:"咱晚来"即"怎么晚了",也是言其晚;若套白维国《金瓶梅词典》的解释,"咱晚来"当是"早晚了"或"时候了",这成话吗?

3. 由于"那咱晚"的"咱"来源于表示程度、略等于"很"的"怎么",这种意义的确定性决定了"咱晚"前的"那"只能是读去声的指示代词,而不可能是读上声的疑问代词(现在写作"哪")。"那(nǎ哪)咱晚"一词实际是不存在的。《汉语大词典》收有"那₂(nǎ)咱晚"条,释为"哪时候",只引本文例(19)这么一条孤证。(第十卷第599页)该词条从立目到注音、释义乃至引例,无一不错。其所以如此,当然跟编者误把该例看成了疑问语气(实际它是肯定语气,是说"我"等得时间长即"他"来得晚的)有关,但从根上来说,还是由于没能搞清楚"那咱晚"的来源所致。

三

近代汉语中还有两个跟"这/那咱晚"关系密切而现有辞书未见收录的词语:"只咱晚"与"老咱(昝)晚"。

请看例句:

(28) 谁请姥姥去了?只咱晚还不见来!(《忠烈传》第三十七回)

(29) 怎的只咱晚才来?(又)

(30) 天够老咱晚的了，睡去罢！我也待睡哩。(《醒世姻缘传》第四十回)

(31) 这天老昝晚的了，你往屋里去合媳妇作伴去罢。(又第四十五回)

(32) 天已老昝晚了，你不吃酒，留下定礼，咱往家去罢。(又第七十二回)

(33) 这天也老昝晚的，我的酒也够了，姑父要起五更进朝谢恩哩，早些歇息，五更好早起来。(又第八十三回)

"只咱晚"即为"这咱晚"，这当没有什么问题。因为"只"用作指代词"这"，在近代汉语中习见，就是在《忠烈传》中，即有"只么""只里""只人"（相当于"这么""这里""这人"）的例证。那么"老咱（昝）晚"呢？笔者认为它是"那咱晚"的变体。因为"那"与"老"声母同属舌头音，故可相通。在出现该词的《醒世姻缘传》中，我们即发现有声母 n 与 l 混用的情形。如表示一套衣服，书中时作"一弄衣服"，时作"一榄衣服"；"脑袋瓜"，书中写作"老大瓜"。这可能反映了该书作者方音的特点。既然如此，"那咱晚"首先变读为"la 咱晚"极有可能。又因为"那咱晚"与"老晚"义近，"la"与"老"音近，所以"那咱晚"的变体"la 咱晚"很容易被写成"老咱晚"。"那咱晚→la 咱晚→老咱晚"，应该就是该词的音变轨迹。

【引例书目】

《金瓶梅词话》，人民文学出版社 1985 年版。

《金瓶梅》（张批本），齐鲁书社 1982 年版。

《醒世姻缘传》，上海古籍出版社 1981 年第 1 版。

《聊斋俚曲集》，见《蒲松龄集》第三、四册，上海古籍出版社 1986 年版。

《忠烈传》，古本小说丛刊，中华书局影印。

(载《现代语文》(语言研究版) 2006 年 4 月下旬刊)

词义札记二则

一、"查"字别义

《醒世姻缘传》等几种明清小说中"查"字有一种特殊的意义和用法。请看例句：

(1) 当铺里查件旧棉袄、旧棉裤叫他换上，再买顶帽子、买双鞋给他。(《醒世姻缘传》第八十八回)①
(2) [陈公] 又分付人查橱柜与他使。(又，第七十一回)
(3) 来典当中查了两件青杭绢女袄，一条绿绸裙子，一条玉色绸裙，自己买了一身布衣。(《忠烈传》，卷二)②
(4) 次日梳洗，穿了昨日典当内查的衣服，竟自到穆老爷家来贺节。(又，卷三)
(5) 小的明早去当铺中查几件大小内外衣服，与他讲明价钱，不拘几时与他，小的还有这个脸。(《绿野仙踪》第九十五回)③

例句中"查"字，有关小说的注释者和工具书，如《汉语大词典》《近代汉语词典》等均未作解释，似乎这个"查"就是"查找"之"查"，没有什么特别之处。其实并非如此。

此"查"跟当铺或典当有某种联系。旧时典当人可将衣物抵押给当铺，或将房产、土地等出典与人。出典人在议定期限将钱还上，赎回原物，此谓之"查"。曲阜孔府档案中保存有清朝乾隆年间的一份出典地约，明确记录下了"查"的这一用法：

(6) 孔广俊因无钱使用，凭中说合将沟南崖南北地一段计地七分五厘正

---

① 《醒世姻缘传》，上海古籍出版社1985年排印本。
② 《忠烈传》，收入中华书局影印出版的《古本小说丛刊》第三十七辑之第三册与第四册内。
③ 《绿野仙踪》，华艺出版社1993年影印语言研究所藏乾隆抄本。

（整），出当于兴俊名下，耕种三年为满，言定当价钱十二千五百文，其钱当日交足，年满之日原钱查下回赎。恐后不明，立约存照。①

出典人如不能按期"查"去即赎回原物，当铺或承典人即可自行处理。一般人如从当铺里买回这类过期的处理物品，也谓之"查"。这也可以从例（1）和例（3）"查"与"买"两字的交互使用中得到印证。

（载《古汉语研究》1999 年第 3 期）

---

① 《曲阜孔府档案资料选编》，齐鲁书社 1983 年版，第三编第七册第 202 页。

二、"矇瞪（瞢瞪）"释义小议

孔尚任《桃花扇》传奇第一出《听稗》中有这样一句话："凭世上沧海变田田变海，俺那老师父只管矇瞪着两眼定六经。"其中"矇瞪"是什么意思？人民文学出版社1959年出版的该书王季思等校注本解释为"形容老眼昏花的样子"。该校注本1993年和2002年分别作为"中国古典文学读本丛书"和"大学生必读丛书"之一种再版，虽然书中有的词语的注释作了些修改，但"矇瞪"一词的注释一仍其旧。《汉语大词典》收有该词，释义为："模糊不清。形容老眼昏花。"引用的唯一书证便是《桃花扇·听稗》中的这句话。（第七卷，第1260页）《汉语大词典》所谓"形容老眼昏花"，当系袭用王季思等的解释；而所谓"模糊不清"，则因缺乏书证而给人以悬空无凭之感。其实，《桃花扇·听稗》中的这段稗词并非孔尚任的原创，而是转引自他的父挚、同乡前辈贾凫西的《太史挚适齐章》鼓词。关德栋等《贾凫西木皮词校注》同样沿用王季思等《桃花扇》校注本的注释，并对《听稗》中的这句话作出如下串释："意思说我们那老夫子只管老眼昏花地去删定那六经。"（见该书第156页，齐鲁书社1982年版）由上看来，把"矇瞪"解释为"老眼昏花"，似乎已成不刊之论。

然而笔者总觉得这么释义实在可疑。因为不管是"老眼昏花"还是"模糊不清"，总是多多少少含有些贬义成分在内，而在贾凫西根据《论语·微子》创作的这段鼓词乃至孔尚任的《桃花扇》传奇里，都是正面表彰孔圣人的"正乐"和删定六经之功的。贾凫西鼓词中称颂孔子"手把一管笔，眼看几本书（指六经）"，通过删定六经，轻而易举地"把权臣势家闹烘烘个戏场霎时冰冷"。孔尚任在《桃花扇》中则借助柳敬亭之口说出这段鼓词，喻指南明"（复社）防乱揭出，柳苏散场，阮衙冰冷"的"时事"。（引自《桃花扇·听稗》眉批）不管是贾凫西还是孔尚任，在这里都是把孔子当成"圣人"甚至"神灵"来称颂的，试想怎么可能会说出"老眼昏花"或"模糊不清"这类有损孔子形象与尊严的话语来呢？尤其是孔尚任，作为孔子的裔孙，更不可能对其先祖说出这样不恭不敬的话来。

那么，"矇瞪"到底是什么意思呢？我们知道，贾凫西和孔尚任创作中都喜用"邹鲁乡谈"，"矇瞪"是否有可能是个方言词呢？贾、孔都是曲阜人，清代曲阜还有一位文化名人，是个语言文字学家，那就是稍晚于孔尚任的桂馥。桂馥在其《札朴》卷九《乡言正字》中记下了家乡的不少方言土语，《札朴》中有没有留下有关的记载呢？笔者认真阅读了该书，果然在《乡言正字·身体》一节里找到了这样一条："弇目曰䔖瞪。""䔖瞪"是"矇瞪"的同词异体，这应该没有什么问题，那么"弇目"又是什么意思呢？

《尔雅·释诂上》："弇，合也。"《说文》："弇，起也。"段玉裁注："鸟将起必敛翼也。"由此可知"弇"当为闭合、收敛之意，"弇目"就是合目，也就是收敛目光的意思。而收敛目光的动作，通常是用微微地合起眼睛或者说眯缝着眼睛来完成的，这样看来，桂馥所谓"弇目曰䔖瞪"，说白了即是"眯缝着眼睛就叫䔖瞪（矇瞪）"。今天曲阜及其附近地区方言中仍把眯缝着眼睛说成"矇瞢（seng，轻声）着眼"，与"䔖（矇）瞪着眼"读音十分接近。眯缝着眼睛多用来形容人神色安详、心态平和、镇定从容的样子，所以上引《听稗》中那句话是说："任凭世上沧海桑田、发生多大变化，俺那老夫子都微合着双目（即眯缝着眼睛）、安详平和、镇定从容地从事删定六经的工作。"这样的解释恐怕才符合贾凫西和孔尚任表彰孔圣人的本意吧！

"䔖瞪"不见于《汉语大词典》，却见于《汉语大字典》。这里很有必要对《汉语大字典》"䔖瞪"条的释义也顺便议一议：

[䔖瞪]（1）目小作态。《广韵·登韵》："瞪，目小作态，䔖瞪也。"（2）目不明。《集韵·登韵》："瞪，䔖瞪，目不明。"清桂馥《札朴·乡里旧闻·身体》："弇目曰䔖瞪。"（第四卷，第2514页）

《汉语大字典》据宋代初年的两部韵书总结出"䔖瞪"的两个义项，这应该说是对的。但问题在于：第一，"目小作态"是什么意思呢？《汉语大字典》只照搬《广韵》原文，未作任何进一步的解释，让读者去猜谜，未免让人失望。其实解释起来也很简单："目小作态"者，眼睛睁得不大的样子也，也就是指眼睛半开半合或者说微合的状态。这不就是说的眯缝着眼睛吗？第二，《汉语大字典》虽然也举出了桂馥《札朴》"弇目曰䔖瞪"的佐证，可惜义例不合，放错了位置。正如笔者以上所议，桂馥所谓"弇目"实指眯缝着眼睛，与《广韵》中说的"目小作态"是同一个意思，而不是指"目不明"。应将《札朴》书证置于义项（1）之下。

总起来看，"矇瞢（䔖瞪）"有"目小作"（即眯缝着眼睛）与"目不明"（即老眼昏花）两义，贾凫西鼓词和孔尚任传奇中的"矇瞪"，当属"目小作"义，也就是桂馥《札朴》中所谓的"弇目"，用今天的话说就是眯缝着眼睛，而不是"目不明"即老眼昏花的意思。从《广韵》与《集韵》二书可知，"矇瞪（䔖瞪）"的这两个义项，特别是易被人忽视的眯缝着眼睛一义，在贾、孔二位之前六七百年的宋朝初年或者比这更早的时期，就已经存在了。

（载《汉字文化》2009年第5期）

连展、碾转、<ruby>糌<rt></rt></ruby><ruby>糙<rt></rt></ruby>和麦饵
——《汉语大词典》等误释或失收的一组词

宋陆游《剑南诗稿》卷五十六《邻曲》诗云:"拭盘堆连展,洗釜煮黎祁。"诗人自注:"连展,淮人以名麦饵。""黎祁,蜀人以名豆腐。"《辞源》和《汉语大词典》便据此将"连展"一词释为"麦饵"。前者仅仅释为"麦饵"而已,没有作出进一步的说明,后者却另有阐释。不妨将释文照录如下:

【连展】麦饵;面条。宋陆游《邻曲》诗:"拭盘堆连展,洗釜煮黎祁。"自注:"淮人以名麦饵。"清王士禛《池北偶谈·谈艺三·唐诗字音》:"今山东烧新麦作条食之,谓之连展。连读如辇。"清吴振棫《麦贱》诗:"重罗白胜雪,连展甘若饴。"(《汉语大词典》第十卷,第862页)

据此释义,"连展"是"麦饵",也是"面条"。

那么,"麦饵"又是什么呢?《辞源》未收录该词,笔者身边现有的工具书只有《汉语大词典》有解:

【麦饵】麦饼。用小麦浸泡后连水磨成麦糊(不去麸皮),然后做成饼,贴锅上烧烤而成。宋陆游《邻曲》诗:"拭盘堆连展,洗釜煮黎祁。"自注:"淮人以名麦饵。"(《汉语大词典》第十二卷,第1019页)

按照这里的解释,"麦饵"是用带麸皮的麦糊做成的锅饼或烤饼。也就是说,被"淮人"名为"连展"的"麦饵",就是"麦饼"。

综合《汉语大词典》以上两处的释文,读者便很自然地得出以下的结论:"连展"这种"麦饵",有时指"麦饼"(如陆游诗),有时指"面条"(如王士禛语)。也就是说,"连展"既是"麦饼"又是"面条"。现在要问:《汉语大词典》传输给读者的这种认识究竟是正确的还是不正确的呢?

笔者确信,被称为"连展"的"麦饵",既不是"麦饼",也不是"面条",而是另有所指。不错,"饵"是有"糕饼"一义,但是它还有"泛指食物"一义。《汉语大词典》便列出了这一义项,并引用了《老子》"乐与饵,过客止"等多个书证。陆游诗中提到的被"淮人"名为"连展"的"麦饵",

就是一种泛指，指"用麦做成的食物"或"麦类食品"，不必就是用麦糊做成的饼状食物，即"麦饼"。《汉语大词典》将"麦饵"释为"麦饼"，乃是忽略了"饵"另有"泛指食物"一义所致。还有，王士禛所谓"烧新麦作条食之"，此处"条"也绝不是人们通常所说的的"面条"，哪怕是用麦子面做成的"面条"也不是。《汉语大词典》将"连展"这种"麦饵"释为"面条"，乃是因不明"连展"的制法、形状而对王士禛语的一种误解。那么，"连展"这种"麦饵"究竟是一种什么样的"麦类食品"呢？

实际上，《汉语大词典》所引王士禛《池北偶谈》中的记述，已为我们解决这个疑难问题提供了可资利用的十分珍贵的线索，只是被词典编者忽略了而已。根据这条记述，清朝时山东话（王是山东桓台人）将"连展"读成"辇展"。"连""辇"同属舌头音，故可相通，今天不少方言（包括山东地区有些地方）里也还存在声母 l 与 n 不分的现象。王士禛还在"连读如辇"后特别注明："连，上声。"这就是说，这里"连""辇"不仅声母、韵母相同，而且声调也相同，属于同音字，故可同音假借。可惜的是，王氏的这三个很能说明问题的文字，词典编者在引用他的话时一笔勾掉了。① 时至20世纪二三十年代，在山东半岛东端个别地方仍还保留着"连展"的说法。据民国十七年《胶澳志》（胶澳，今青岛市胶州、即墨）记载："青麦穗上磨谓之连展。"民国二十四年《莱阳县志》记载："磨熟麦粒成条曰连展。"

还有比陆诗中"连展"更古旧的说法。成书于北宋初年的韵书《广韵》中说："䴬，大麦新熟作䴬连也。"晚于《广韵》31年的《集韵》也有类似的记载和说明："䴬，䴬连，屑新麦为饵。"清代鲁南曲阜、邹县一带仍将此物叫作"䴬䴭"。乾隆、嘉庆间邹县人王本仲《邹鲁岁时记》云："芒种前，有鸟名麦黄甚熟，其名自呼。大麦初黄，农以为饵，名曰䴬䴭。"② 除"䴬䴭"这一名称外，当地是否还有什么别的叫法呢？王本仲没有交代，不过，跟他大约同时且又是邹鲁同乡的语言文字学家桂馥（桂是曲阜人），在其《札朴》卷九《乡言正字·饮食》中明确告诉我们："烧新麦曰䴬䴭，音讹为碾转。""碾"与"辇"或"连"同音，"转"则是由"展"变读而来。故桂馥所说的由"䴬䴭"音讹而来的"碾转"，就是王士禛所谓"辇展"，也就是陆诗中的

---

① 其实，早在明朝时"辇"或"撵"与"连"在山东方音中就存有不分的现象，《金瓶梅词话》中便透露出了这方面的信息。如第三十八回："你另叙上了有钱的汉子，不理我了，要把我打开，故意的连我，嚣我，讪我……"此据该书现存最早的版本——明万历丁巳刻本，其中"连我，嚣我"即"撵我，羞我"。此当反映了当时的实际读音，语料弥足珍贵。后世诸种版本或将"连我"删去，或据文意径改为"撵我"，此乃因不习方言而误删、误改，实不足取。

② 转引自光绪十八年《邹县志》卷八。王氏原文已轶。

"连展"。"䴲麪"一词，晚近诸辞书只有《中文大辞典》（台湾中国文化大学印行）和《汉语大字典》收录。两辞书的释义分别为：

  䴲 䴲麪，大麦新熟所作之饵也。……（《中文大辞典》第十卷，908）

  䴲 䴲麪，新熟大麦所作的糕饼。……（《汉语大字典》第七卷，4067）

两辞书均引用上举《广韵》和《集韵》语为证，再无其他佐证。然而《集韵》"屑新麦为饵"一语，意即将新熟的麦子磨成或碾成碎屑状的食品，这里"饵"也是泛称，并非专指"糕饼"而言。《汉语大字典》此条释义犯了与《汉语大词典》"麦饵"条相同的认识错误。至于《中文大辞典》，释义过于笼统，《集韵》还有"屑新麦"这样的信息，而它连这么简单的信息都没有。

  其实，不仅山东，河北、京师等地区也有此语。清人潘荣陛《帝京岁时记胜·时品》云："麦青作撵转，麦仁作肉粥。"今人陈刚《北京方言词典》收有"碾转儿"一词，并注明又叫"碾碾转儿"。潘氏所云"撵转"和陈氏所云"碾转儿（碾碾转儿）"，跟上文所说到的"连展""辇展""碾转"，还有"善连"，实乃同为一物，只是在不同时期或地区，叫法或写法稍有差别而已。

  从王士禛、桂馥、潘荣陛等人和有关地方志的记载中可以看出，"连展"这种食品是用"新麦"（或曰"青麦穗""麦青"）做成的，而且是"作条食之"或"磨熟麦粒成条"。这两点对认识"连展"到底是何物至关重要，不可轻易放过。笔者的故乡在山东菏泽农村，乡亲们把这种食物叫作"碾碾转儿"，童年时曾在老家跟随母亲、姐姐做过和吃过这种食品。做法大致如下：先把接近成熟的麦穗割下，放在大铁锅里稍经烘烤后搓去麦芒和麦粒外壳，然后把干净的麦粒用石碾或石磨碾磨。因为是"新麦"，含有一定的水分，所以碾磨出来的碎屑不是粉状物；又因为"新麦"经烘烤后水分所剩不多，所以碾磨出来的也不是"麦糊"，而是呈短条状（磨出来的）或片状（碾压出来的）。至今我还清楚地记得一条条的毛毛虫般的小东西从两扇磨隙中间被挤压出来纷纷滚落到磨盘上的情景（陆诗"拭盘堆连展"中之"盘"，也许就是磨盘或碾盘，不一定就是杯盘或盘盏），"碾碾转儿"这个形象化的叫法，说不定就是由此而得名。我也清楚地记得当时把它吃到嘴里后那种甜丝丝、香喷喷的滋味（吴振棫《麦贱》诗云"连展甘若饴"，信然），今天回想起来也还满口生津。它可以鲜吃，也可以加点儿蒜泥、香油什么的拌着吃或者煮粥喝。它是一种时令性食品，只有在麦子接近成熟的季节用"新麦"才能做成，过了麦熟季节，用完全成熟晒干的麦子是做不成的。王本仲《邹鲁岁时记》记述吃"䴲麪"是在"芒种前""大麦初黄"时，并具体指出此时正值名叫"麦黄葚熟"的布谷鸟昼夜啼叫的季节。（这种鸟各地有不同的名称，如"张三拐古""光棍扛锄""割麦藠豆"……都是模拟其叫声来命名的）做"碾转"的这种"新麦"，既可以是大麦，也可以是小麦，大麦做成的远没有小麦做成的可口好吃。不过因为大麦比小麦一般要早熟半个月左右，过去农家粮食短缺，一般人能在熬过漫长春荒、青黄不接时吃到用大麦做成的"碾转"，也就大喜过望了。北方很多人可能都有像我这样的经历。笔者 2005 年 12 月 25 日从因特网烟雨红尘文学频道（http：//www.up2c.com.htm）上读到署名草原阳光的一篇文章，题目就叫《麦子青黄吃碾转》（原创发表于 2005-05-16），便是回忆他童年时吃碾转的那段往事的。

"碾转"（或加"子"缀）一词也常出现在明清时期一些用山东话或北京话等北方方言写成的小说作品中。例如：

（1）待了一月，沈裁的婆子拿了一盒樱桃，半盒子碾转，半盒子菀豆，来看晁夫人。（《醒世姻缘传》第三十六回）

（2）麦子一熟，吃新鲜面不算外，还带着不搀假，要拌个碾转子吃，也不用买。（《儿女英雄传》第三十三回）

值得注意的是，《儿女英雄传》例中明确点出吃"碾转子"是在"麦子一熟"的时候，《醒世姻缘传》例中字面上虽没明确说出时间，但从沈婆子所拿的礼品除"碾转"外还有樱桃、豌豆这些时令鲜货，亦可推知是在麦子初熟季节。而这正与王士禛等人和有关方志所记的"新麦""青麦穗""麦青""大麦初黄"等语表示的节令相合。其实，就是陆游《邻曲》诗同样也为我们暗示出了他在邻家吃"连展"即"碾转"是在初夏时节。诗中道："乌犉将新犊，青桑长嫩枝。丰年多乐事，相劝且伸眉。""青桑长嫩枝"，"丰年多乐事"，这不就是麦子和蚕茧丰收在望的初夏时节才有的景象吗？

总之，"连展"这种"麦饵"，其名称大体经历了"䴭麫→连展→辇（碾）展→碾转（撵转、碾转子、碾碾转儿）"的演化过程。它是以黄、淮、海河流域为主体的广大北方产麦区的一种时令性麦类食品，它用烧烤后的新麦碾磨而成，多呈短条状。"连展"这种"麦饵"既不是"麦饼"，也不是一般意义上的"面条"。通常所说的"面条"是用磨好的面粉加水，然后和成面团擀压而成的，"条"长且细；而"连展"或"碾转"则是用新鲜麦粒连皮带麦仁直接碾磨而成的，"条"短而粗，有时呈片状。《汉语大词典》"连展""麦饵"二词释义皆误，"碾转""䴭麫"二词失收。《汉语大字典》虽收了"䴭麫"一词，但释义同误。但愿将来能有机会加以纠正和增补。

(载《现代语文》（语言研究版）2006 年 7 月下旬刊，又见香港《语文建设通讯》总 85 期，2006 年 12 月）

【补记之一】

近日在《曲阜诗钞》（清道光二十三年刻本）卷二中读到颜肇维的一首《连展》诗，曰："小麦青青制法精，中厨连展有嘉名。搓来似线丝丝结，断处如钗股股轻。家食正当初夏令，客盘岂是故乡情。物微价贱宜京宦，却笑何曾误一生。"

颜肇维，山东曲阜人，颜光敏之子，生活于清康熙—雍正—乾隆年间，曾任旗学教习和临海知县，工诗，有《锺水堂诗》四卷。颜肇维的这首七律不仅印证了王士禛"今山东烧新麦作条食之，谓之连展"语，而且形象地写出了"连展"的形状，以及制作原料、食用时间等，为我们了解和注释"连展"提供了新的资料。

（2016年3月20日记）

【补记之二】

写这篇短文时我正在泰国执教，能接触到的国内刊物十分有限。回国后才发现此前《辞书研究》上已有两篇讨论"连展"的文章——孙书安的《"连展"释义质疑》（1996年第3期）和吴连生的《也说"连展"》（1997年第2期），二文皆指出《汉语大词典》等"连展"释作"麦饵"与"面条"之非，拙文所议与之不谋而合。二文还分别指出"连展"在苏北某些地方叫作"冷珍"，在太仓、昆山一带方言中称作"麦蚕"，这是拙文未曾涉及的，使笔者眼界洞开。看来，"连展"一词的流行范围比笔者所说的还要广些，而且还有"冷珍"一类的江淮方言语音变体（我做了简单的调查，苏北盐城与南通某些地区将"连展"说成"冷珍"或"冷蒸"）和"麦蚕"这样的吴语异称。然而吴连生文中云"连展""普通话中没有对应的词语"，则值得商榷。"连（碾）展"或"碾转"流行于包括冀鲁官话、中原官话、胶辽官话以及江淮官话等在内的北方官话的广大区域，而普通话又是以北方方言为基础方言即以北方官话的词汇为基本词汇的，所以我们没有理由将"连（碾）展"或"碾转"这个词排除在通语（即今日所说的普通话）之外。这里我们不妨再补充一个用作"官话"或"通语"的"连展"即"碾展""碾转"的书证。清人吴振棫《养吉斋丛录》卷二十四云："碾䴬榆钱饼，北方民间常食之。宫中亦每以进贡，乾隆间有御制诗。"吴振棫并引乾隆诗句云："碾䴬本连展，诗见陆家游。"所谓"诗见陆家游"，即指见陆游《邻曲》诗也。

（2016年8月16日记）

《汉语大词典》近代汉语条目释义摭误

作为一部大型的历史语文辞书，《汉语大词典》（以下简称《汉大》）注重了近代汉语词语的收录和注释。从整体上来看，在这方面它所取得的成就超出了此前所有历史语文辞书的水平。但也无庸讳言，由于种种原因，《汉大》在近代汉语词语的训释方面也还存有这样或那样的欠妥乃至错误之处。我们不揣愚陋，将使用该词典过程中发现的它在近代汉语条目释义方面的问题，按致误原因分类举例如下，以供词典编者、汉语史研究者和广大读者参考。

一、因不谙方言俗语而释误

【乱哄】（—hōng）乱哄哄。《醒世姻缘传》第三十三回："他妈说：'好，好，好长进的话！你参信了那神灵的话，只怕还哄杀你不偿命哩！'乱哄一后晌。"（1—800）[①]【乱烘】乱哄哄。《醒世姻缘传》第三十二回："你看我通是做梦，外头这们乱烘，我家里一点儿也不晓的。"（1—801）

按："乱哄（烘）"为山东方言词，今鲁南一带仍说。亦写作"乱轰"。第二个音节"哄（烘、轰）"读轻声，不读阴平。"乱哄（烘、轰）"为动词。它有时表示"忙，忙乱"的意思。例如，《醒世姻缘传》第九回："连夜传裱褙匠，糊仰尘，糊窗户；传泥水匠，收拾火炕；足足乱哄到次日日西。"又第三十九回："我叫魏运合你做去，只怕你一个人乱哄不过来。"有时表示"吵嚷，吵闹，闹乱子"的意思。《汉大》所引《醒世姻缘传》第三十三回例是说狄希陈与其父母吵嚷了一下午，第三十二回"外头这们乱烘"是说外头这样吵闹、闹腾。再如同书第九回："计大官跪下谢了他计家的本家，起来说道：'我的妹子已是入了房了，咱可乱哄一个儿！'"第四十回："正说着话，只听得外边乱轰。"两处"乱哄（轰）"也是吵闹、打闹的意思。按照《汉大》的解释，"乱哄哄"是"形容嘈杂纷乱"，属于形容词，故用它解释"乱哄（烘）"词性、词义皆不相符，读音也不相合（"乱哄哄"的

[①] 短横前面的数字表示《汉大》卷次，后面的数字表示页次；下同。

"哄"读阴平)。

【嫌好】(—hǎo) "嫌好道歉"之省。清贾应宠《木皮词·正传》: "嫌好那毛鞑靼的皮子不中看，弄出来古董斯文又制上衣冠。"参见"嫌好道歉"条。(4—397)

按：《汉大》"嫌好道歉"条注云："说好道坏，谓挑剔苛求。"此处"好"为好坏之"好"，读上声；"嫌好"与"道歉"并列，同为动宾式。然上引《木皮词·正传》中的"嫌好"之"好"应读轻声，为动词后缀，无实义；"嫌好"就是"嫌"，即嫌弃，不喜欢，不满意。"嫌好"系山东方言词，更常见的记写形式为"嫌乎"。如王安友《李二嫂改嫁》："大娘，你只要不嫌乎，我给俺六兄弟说个，好吗？"董均伦《鬼》："我倒有个房间，就是不大清净，要不嫌乎，你就来宿。"《汉大》注音、释义皆误。

【扒街掏空】犹言游手好闲。《醒世姻缘传》第十五回："却道那些扒街掏空的小人，你一疏，我一本，又说有甚么未尽的遗奸，又说有甚么伏戎的余孽。"(6—338)

按：此系山东方言，破解它的关键在弄懂"扒""掏"二字的含义。此二字均作"说"解，且多指说闲话、瞎话，含贬义。"扒"，通"吧"或"巴"，山东方言"说话"也叫"扒话"。例如，聊斋俚曲《翻魇殃》第八回："院里官，问他实有多少钱。他只是信口吧，说是收着几千万。"《禳妒咒》第二十四回："已是完了一天的大事，且找个人去巴巴瞎话。""掏"，《醒世姻缘传》中亦作"淘"。例如第二十二回："别要掏瞎话，且说正经事。"第三十二回："你要说甚么正经话，你说罢，别没要紧的瞎淘淘。""扒街掏空"，意思是说谎骗人。《醒世姻缘传》第十五回例是说，有些"小人"无中生有，栽赃陷害，危言耸听地给朝廷上疏奏本。这也正是"扒街掏空"的含义，显与"游手好闲"无涉。

【圪拉】方言。土块。亦指小块土地。《醒世姻缘传》第三十四回："我除了这两间草房，还有甚么四房八圪拉哩？"(6—345)

按：清曲阜人桂馥《札朴》卷九《乡言正字·名称》："隐曲处曰阁落。""阁落"即"圪拉"，角落的意思。《醒世姻缘传》第七十回有"屋肐拉子"一语，"肐拉子"与"圪拉"相通。该书上海古籍出版社黄肃秋校注本释云："圪拉——角落，北京话叫做旮儿。"可谓一语中的。今鲁南地区仍有"犄角圪拉儿"和"一个屋子四个圪拉儿"（形容家中一无所有）的说法。《汉大》未注意到前人的研究成果，又臆测"圪拉"为"坷拉"的异体，故误。

【抵搭】犹言当配角。《醒世姻缘传》第五回："这个州县佐贰，虽是

175

低搭,也还强似戏场上的假官。"(6—477)

按:《札朴》卷九《乡言正字·杂言》:"贪鄙曰呧嗒。""呧嗒"即"抵搭"。《汉大》收录了"低搭"和"低歹"两个词,释为"卑微""低贱",极是。"抵搭"与"低搭(歹)"或"呧嗒"为同词异体,都是卑贱、低微的意思。

【捌】批打。《字汇·手部》:"捌,批也。"《水浒传》第二十六回:"[武松]提起刀来,望那妇人脸上便捌两捌。"(6—84)

按:胡竹安《水浒词典》"捌"条:"用刀就皮、布之类物上反复推刮。本字为'鐴'。《集韵》:'鐴,治刀使利。'"引例与上同。① 胡注是。今山东济宁、菏泽、聊城和安徽绩溪等地仍有此语,读若 bì。如说:"刀子不快了,在缸沿儿上捌捌再用。"另据陈刚《北京方言词典》,北京话也有此语,不过读 bèi。②

【操兑】兑取现金。《醒世姻缘传》第三十六回:"你这二两可往那里操兑?"又第七十九回:"我流水家去看他老子,别处操兑,弄点子袄来。"(6—914)

按:"操兑"为鲁南、鲁西南一带方言,是"筹措、筹备"的意思。"操兑"的对象可以是钱粮,也可以是别的生活用品。例如,"俺娘为这个家操兑吃,操兑穿,真是使碎了心。"《汉大》释为"兑取现金"误。

【老赵】方言。衔食哺雏的母鸟。清郑燮《范县诗》之三:"小虫未翅,窈窕厥声;哀呼老赵,望食延颈。"原注:范以黄口为小虫,以衔食哺雏者为老赵。(8—625)

按:范县方言称作"老赵"的,只是老麻雀,并不是任何一种"母鸟"。郑注隐去了"麻雀"这个前提,实际是说"范县以麻雀黄口者为小虫,以麻雀衔食哺雏者为老赵"。与范县仅一河之隔的山东菏泽,也是把小麻雀叫小虫或小小虫,老麻雀叫老赵(音如爪,上声),与范县相同。又据民国十五年《济宁县志》卷四:"小小虫,麻雀之小者;老赵子,麻雀之大者。"可见称老麻雀或大麻雀为"老赵",在鲁西南和豫东北相当普遍。《汉大》因不谙方言而误释。

二、因未顾及上下文文意或望文生训而释误

【下₂意】③随意。《醒世姻缘传》第二十七回:"[他养活着咱一家子

---

① 胡竹安:《水浒词典》,汉语大词典出版社1989年版。
② 陈刚:《北京方言词典》,商务印书馆1985年版,第14页。

这么些年，咱还席也该养活他，］下意的送二两银子，也不叫他住两日，就打发他家去了！"（1—327）

按："下意的"是个常见词，意思是"忍心，下得狠心"。另如《醒世姻缘传》第七十五回："他合你有那辈子冤仇，下意的这们咒他！"第九十八回："咱姊妹的情长，别人下这们狠罢了，咱是一路的人，你也下意的？"其否定形式则是"下意不的"或"下意不去"，如《金瓶梅》第九十五回："我见你老人家刚才凄惶，我倒下意不去。"《醒世姻缘传》第四十九回："我下意不的这们个旺跳的俊孩儿舍了。"以上诸例用"随意"均解释不通。再看《醒世姻缘传》第二十七回例，联系被词典编者略去的上文（方括号内），"下意的"之"忍心，下得狠心"的意义自明。又，该词似应让"下意的"出条。

【直缕】形容直而细。缕，线。《金瓶梅词话》第三十七回："才吊起头儿没多几日，戴着云髻儿，好不笔管儿般直缕的身子儿。"（1—867）

按："直缕"亦作"直缕缕"，形容笔直、挺直的样子。"缕"或"缕缕"为形容词生动形式后缀，无实义。《汉大》释为"直"已足够了，"细"义则为该词所无。至于这里将"缕"释为"线"，则更是望文生训，纯系蛇足。"直缕（缕）"亦作"直溜（溜）""直柳（柳）"等，"直溜（溜）"《汉大》已收，"直柳（柳）"未见收录，兹补例如下。《儿女英雄传》第十八回："有的两手扶定迎鞍，后胯竖起，直柳来翻身趱过去的。"（来＝的，也即今之助词"地"）又第二十四回："姑娘此时是怎么教怎么唱，捧了香炉，恭恭敬敬直柳柳的跪在那边。""直溜（溜）""直柳（柳）"同"直缕（缕）"一样，都是形容笔直、挺直，总不能说它们也都有"细"或"线"的意思吧！其中"溜（溜）""柳（柳）"也都是后缀性质，很难求其实义。

【没皮子光棍】指无羞耻的流氓、地痞。《醒世姻缘传》第二十七回："打哩他嫌少不肯去，在外头嚷嚷刮刮的。这如今做了官，还同的那咱做没皮子光棍哩？"（5—982）

按：此例是书中人物麻从吾自己说自己的话，自己说自己是"无羞耻的流氓、地痞"有悖常理。理解此语关键在"没皮子"三字。原来这里"没皮子"并非说不要脸皮或赖皮，即"无羞耻"，而是指没有外皮包装。这个"外皮包装"实际就是指"官"，即通常所说的"官皮"。"没皮子光棍"即指没有披上官皮、不当官的光棍，这从例中"如今做了官"与"那咱（那时候）做没皮子光棍"的上下对举中也可看出。又，此处"光棍"也非"流氓、地痞"之义，而是指识时务的人，即"光棍不吃眼前亏"中的光棍。麻从吾原是一个一文不名的穷秀才，由于得到丁利国的接济资助才发了迹，做了官，所以他才有这一番言论。

【攮丧】(-sāng) 方言。詈词。犹咒丧。《醒世姻缘传》第二十一回："这七个族人，一个家攮丧的鼾僧儿一般。"(6—996)

按：《汉大》收有"攮嗓（颡）"一词，释为"填喉咙；谓人吃相不雅，狼吞虎咽者的不敬之词"。此解大体不错。"攮丧"义同"攮嗓（颡）"，也是憨吃愣喝的意思，其中"丧"是"嗓（颡）"的近音借字，非取"哭丧"义也。

【焌灯】黑灯，未点燃的灯。《醒世姻缘传》第五回："就如焌灯在火上点的一般，也没有这等快。"(7—84)

按：《汉大》"取灯儿"条注云："削竹木成薄片或细条，顶端涂硫磺少许，用来点火，叫'取灯儿'，也叫'发烛'。"此注甚是。"焌灯"即"取灯"（口语中常儿化）的异体，《醒世姻缘传》的作者之所以采用"焌"字，大概是考虑到它有"火烧"一义。古人用火石、火镰打出火来再点燃"取（焌）灯"，过程较长，如果把它直接放在现成的火上点燃，一触即着，当然要快多了。这便是上引例句的意思。"焌"通"燋"，另有"灭火"一义，词典编者大概据此望文生训，将"焌灯"误释为"黑灯，未点燃的灯"了。

【走水】④经手银钱出入，管账。《醒世姻缘传》第二十五回："这样一个大去处，做这独行生意，一日整二三十两的卖银子。薛三槐两个轮着：一个掌柜，一个走水。"(9—1068)

按：《醒世姻缘传》上海古籍出版社1981年版校注本注为："店铺中专管跑外、进货的人"近是，只是词性不妥，如改成"店铺中专管跑外、进货的工作"就没有问题了，惜《汉大》未采纳此说。另如东鲁古狂生《醉醒石》第十回："[浦肫夫]便道江湖上险，不思外出，止发本，著几个伙计走水。"（著＝着）义与上同。此语今鲁南话仍说。

三、因未分清是反问语气还是直陈语气而释误

【仔敢】方言。怎敢。《醒世姻缘传》第四十五回："你仔敢开！放他进来了，我合你算帐！"(1—1154)

按："怎敢"即怎么敢，表示反问语气，与本例直陈语气不合。此处"仔"是"只"的借字，而非"怎"的借字，"敢"则是"管"的讹读。"仔敢"即"只管"，是只顾、尽管的意思。《醒世姻缘传》中"仔敢"亦写作"只敢"。如第九十七回："仁兄，你只敢脱了衣裳先就睡了，这就是粗心。女人们打汉子，就乘的是这点空子。"其中"只敢"即"只管"，也即只顾的意

思。《汉大》所引《醒世姻缘传》第四十五回例意思是：你只管开门吧！放他进来了，我和你算账！"仔敢"或"只敢"还有一义："只要敢"。例如，《醒世姻缘传》第三十三回："好小厮！你仔敢哭，我就一顿结果了你！""仔敢哭"即只要敢哭。《汉大》所引上例若标点为："你仔敢开，放他进来了，我合你算帐！"则这时"仔敢"相当于"只敢"的第二个意思，全句是说：你只要敢开门把他放进来，我就和你算账。

【没的】②倒不如。元杨显之《潇湘雨》第四折："一个烧饼我与你些儿吃，你嫌少，没的我都与你吃了罢！"（5—985）

按："没的"是近代汉语中一个常用的副词，有"难道、莫非"和"反倒"的意思，但未见有"倒不如"一义。细揣上引例句文意，乃是反问语气，"没的我都与你吃了罢"意思应是：难道我统统把烧饼给你，让你都吃了吗？（罢＝吗）"没的"仍相当于"难道"。《汉大》以为是直陈语气，导致释误。

四、因断词或断句不当而释误

【做】⑭使。多用于假设语气。宋秦观《江城子》词："便做春江都是泪，流不尽，许多愁。"元李寿卿《伍员吹箫》第一折："便做道人生在世有无常，也不似俺一家儿死的来忒枉。"（其余例略）（1—1525）

按："便做（道）"为一连词，意思是"即使（是）""纵然（是）""就算（是）"。《汉大》同卷第1366页收有"便做""便做道"两个条目，并分别引以上二例及其他书证，极是。这里却将完整的"便做（道）"一词拆开，认为"做"为"使"义，"用于假设语气"，欠妥；至少在本义项所举的书证中没发现单独一个"做""用于假设语气"的情形。

【鸢】②用同"屁"。《醒世姻缘传》第十五回："你夹着屁股鸢远子去墩着。"（8—480）

按：该例宜标点为："你夹着屁股，鸢远子去墩着。""鸢远（子）"为一词，是"远远（地）、偏远（地）"的意思；"子"为状语语尾或结构助词，相当于"地"。该例是说：你夹着屁股，远远地蹲一边去。词典编者肢解了"鸢远子"一词，把"鸢"看成与"屁股"并列的"屁"，误甚。另如《醒世姻缘传》第十一回："你不待叫，夹着你狗屁嘴，鸢远子去！"与上例同。《醒世姻缘传》中"鸢远子"亦作"吊远子（的）"。如第七回："快把恁答拿到吊远子去！"（恁答，即您达，您爹，此处指会学人说话的八哥）第六十八回："他把那觅汉兜脖子一鞭打开吊远的。"《汉大》收有"鸢远"一词，第十一回、第十五回例应归入该条下，或另立"鸢远子"条。"吊远（子）"条

179

《汉大》失收。

【顶脖】方言。指后颈。《醒世姻缘传》第五七回："那老头儿提留着那孩子的顶脖，揪去了。"（12—222）

按：旧俗，孩童后脑勺靠近脖颈的一块头发往往留住不剃，此谓之"顶搭"。又因它常扎结成鬏儿，且靠近脖子，所以又叫"顶脖鬏儿"，《醒世姻缘传》中记作"顶脖揪"。上引该书第五十七回例本应作："那老头儿提留着那孩子的顶脖揪，去了。"编者硬将"揪"字从下，"顶脖揪"点断为两个词，并对"顶脖"做出了错误的解释。书中该例上文描写晁思才（即例中"那老头儿"）抢走小琏哥（即例中"那孩子"），"提留着顶搭飞跑"，路人看见责备道："多大点孩子，看提留吊了他的顶脖揪！"此可为"顶脖揪"是一个词的佐证。

五、义项（或词目）分合不当或义例不合

【枉】徒然；白费。唐李白《清平调》之二"一枝红艳露凝香，云雨巫山枉断肠。"《红楼梦》第九十八回："将来你成了人，老太太也看着乐一天，也不枉了老人家的苦心。"（4—793）

按：同一义项里边，既有副词义，又有动词义，羼杂不清。宜分为两个义项：一为"徒然，白白地"，李白例从之；一为"白费，辜负"，《红楼梦》例从之。

【攮刀子】亦作"攮血刀子"。詈词。挨刀的。《金瓶梅词话》第二十一回："怪攮刀子的，看谁撒了酒在爹身上。"《醒世姻缘传》第五十八回："这天多晌了？还不家去，在人家攮血刀子叨瞎话！"（6—995；《金》例"谁"乃"推"之误）

按：这里"攮刀子"与"攮血刀子"并不是一个意思，不能合为一条。前例释为"挨刀"似无大碍，而后例则另有他义。明清时北方许多地方，把烧酒叫作"烧刀子"，大概因为"其性凶憯，不啻无刃之斧斤"。（明谢肇淛《五杂俎·物部三》）如果烧酒颜色是红的，则叫作"血刀子"或"血条子"。如《醒世姻缘传》第六十七回："我又后悔，没要紧大清早神差鬼使的吃了这血条子，甚么脸儿见你员外？羞煞人！""攮血刀子"义为吃酒、灌酒，其中"攮"即"攮丧（嗓）"之"攮"，是"吃、喝"的粗俗说法，该字头下此义项失收。"攮血刀子"应另出条，《醒世姻缘传》例从之。

【毛衣】③兽的皮毛。《西游记》第三十三回："把他（猪八戒）且浸在后边净水池中，浸退了毛衣，使盐腌着。"（6—999）

按：按常理，"浸退"的应该是"毛"，而不会是"皮毛"，"皮"是浸退不掉的。"毛衣"确也有"皮毛"义，这时"衣"读阴平；"毛衣"还有"毛、细毛"义，这时"衣"读轻声。后者主要用于口语中。例如《清平山堂话本·西湖三塔记》："宣赞耳畔只闻风雨之声，用手摸卯奴脖项上有毛衣。"因为卯奴是一乌鸡精，故其脖子上长有毛衣。再如元杂剧《杀狗劝夫》第三折："口边拔了七八根家毛衣，脸上拿了三四个家狗蝇。"① 此"毛衣"亦写作"毛尾"，"尾"读 yi，不读 wěi。如元无名氏《黄花峪》第四折："我分付着，把羊头退的干净，上面是毛尾。"（退的又是"毛尾"，而不是"皮毛"；比较上引《西游记》例）《汉大》收有"毛尾"条，但"尾"注音误，且所引《醒世姻缘传》书证晚于《黄花峪》杂剧二三百年之多。"毛衣"条应按本词典体例分为"（—yī）指皮毛"与"（—yi）指毛"两个不同的义项。"毛尾"条亦应作相关条目处理。

【熟滑】①熟练；习惯。元无名氏《九世同居》第二折："这张英机谋广大，策论熟滑，堪做武举状元。"《醒世姻缘传》第四十五回："再待几日熟滑下来，只怕你留他住下他还不住下哩。"（7—245）

按：《醒世姻缘传》第四十五回例是说，再过几天素姐（例中的"他"）同丈夫及丈夫家的人熟滑了，就不老是住娘家了。此处用"熟练"很难解释得通，用"习惯"解释亦似是而非，其实它是"熟识，不生分"的意思。另如《金瓶梅》第八回："妇人尝与他浸润，他有甚不是，在西门庆面前替他说方便，以此妇人往来熟滑。"《醒世姻缘传》第九十一回："后来南瓜渐渐的熟滑，又看了荷叶的好样，嘴里也就会必溜必辣，骂骂括括的起来。"两处"熟滑"也都是"相熟，熟识"义，以"熟练，习惯"解之同样不妥。"熟滑"应另立"熟识"这一义项。又，各义项中"滑"读音也不相同：作"熟练"解时"滑"读去声，作"熟识"解时"滑"读轻声。后者亦写作"熟化"或"熟话"。例多见，恕不赘举。

【着⁴】（zhe）助词。②用在某些形容词后面，表示程度的比较等。《红楼梦》第五十回："这才是十月，是头场雪，往后下雪的日子多着呢。"③紧接在某些动词后或放在某些祈使句末，表示强调、催促、商量、请求等语气。《红楼梦》第三十九回："宝玉信以为真……按着刘老老说的方向地名，着焙茗去踏看明白。"④加在某些介词后面，使变成复合介词。（例略）（9—169）

---

① 此据脉望馆钞校本《古今杂剧》，载《古本戏剧丛刊四集》；臧晋叔编《元曲选》"毛衣"作"狗毛"。

按：义项②例句中的"着呢"为一个词，表示程度深，含夸张语气。《汉大》收有"着呢"条，但无一书证，该例可移于此。(其实早于《红楼梦》的"着呢"用例多的是，不赘举) 义项③例句中有两个"着"。第一个"按着"的"着"不符合该项释义要求，倒与义项④吻合。第二个"着"更非位于"动词后"或"祈使句末"，它实际是个役使义动词，表示"教，使"，也不读 zhe，而读 zhuó。应将它归于字头"着[1]"（zhuó）义项⑫之下。如此一来，义项②和③便无一书证，应补出。

【绝】⑫副词。(1) 极，最。宋张先《木兰花》词："西湖杨柳风流绝，满缕青春看赠别。"（9—833）

按：例中"风流绝"的"绝"是绝妙、超绝的意思，是形容词，作"风流"的谓语。而副词是不能作谓语的，故将该例归于副词"极、最"义项之下欠妥。"绝"义项⑪为"独特，独一无二"，该例可勉强置于其下。

【還[1]［还］】⑫连词。表示假设关系，相当于"如其""假使"。清李渔《奈何天·闹封》："若还只封一位，就有无限的争端。"（10—1248）

按："若还"是近代汉语里一个常见的假设连词，晚唐以来用例绵延不绝。如王梵志《幸门如鼠穴》诗："幸门如鼠穴，也须留一个。若还都塞了，好处却穿破。"《水浒传》第二回："教头只得去走一遭。若还不去，定连累众人，小人也有罪犯。"《儒林外史》第十三回："他家里交结钦犯，藏着钦赃，若还首出来，就是杀头充军的罪。"亦作"若还是"。如聊斋俚曲《禳妒咒》第二回："放学来家吃了饭……一直径往书房去。若还是去的晚了，你看恁师傅不依。"李渔例置于"还"下误甚，应让"若还（是）"单独出条。"若还（是）"条《汉大》失收。

（载《济宁师范专科学校学报》2007 年第 1 期）

《白话小说语言词典》献疑

白维国先生主编、商务印书馆 2011 年出版的《白话小说语言词典》，是一部收词量大、"资料扎实""引证丰富""释义精当"的近代汉语语词词典（引语见该词典封底）。该词典出版以来，有周志锋、程志兵等先生撰专文评述其成就，也指出其不足，皆为中肯之言。笔者也深感该词典编著者和出版者都付出了艰辛劳动，创获甚丰，是近年来近代汉语词汇研究不可多得的佳作，功不可没。但由于所收词语涉及小说文献多达 240 余种，而这些小说的方言背景、社会背景等又各不相同，词典工程浩大艰巨，疑难词语多而又多，操作起来诚非易事，因此出现一些瑕疵在所难免。为使该词典精益求精，打磨成上乘佳品，笔者不揣谫陋，将拜读该词典时记下的主要与《金瓶梅词话》《醒世姻缘传》（下文分别简称《金》《醒》）中的词语有关的一些疑惑问题稍加分类整理，连缀成文，呈献给编著者和广大读者。一孔之见未必确当，尚祈编著者和读者不吝赐教。

一、立目务求审慎精准，杜绝伪词目入典

词典的条目是构成词典的基本元素，是编写词典的基础和前提。一部好的词典，首先必须要有相当数量的按一定标准选收的条目作为支撑。而词典中的这些条目，必须是实际语言生活中客观存在的，既不能凭空杜撰，也不能盲目信从书面材料，不加任何甄别地拿来就用，这在编写历史语文词典中尤其应该引起注意。本词典收词丰富、齐全是其优点，但有时收词把关不严，不免混进一些不该收录的条目。

下面这些不该收录或误收的条目，都是由于过于盲从某些历史文献、缺少必要的校勘订误工作而造成的：

【挨内】承受。内，同"纳"。[例]我的奶奶，我原~了这大行货子？（《金》第九十五回，6；此为《白话小说语言词典》页码，下同）

按：无论是"挨（捱）内"还是"挨（捱）纳"，都不成辞。笔者怀疑

"内"字本当为"的"字（因版面漫漶、字迹模糊而致误），"挨（捱）内"应为"挨（捱）的"。查有关文献，《金》万历丁巳本和人文社戴鸿森校点本均作"捱内"，当为该词典引例所本，但《金》张竹坡批评本却作"捱的"，坐实了笔者的怀疑。"挨（捱）的"，也作"挨（捱）得"，意为承受得住，受得了。如《金》第九十六回："你恁年小小的，原干的这营生，挨的这大扛头子？"其反义词则是"挨（捱）不的"。如该词典所引九十五回例之后，紧接着就是"比你家老头子那大货差些儿，那个你倒捱了，这个你倒捱不的。"又第七十三回："我也挨不的，身子已软瘫热化的。"皆其例。

【丁仔】注定。［例］我就不做官，我在京里置产业，做生意，～要往家里火坑内闯么？（《醒》第七十五回）他就不依，没的有打罪骂罪么？～缘法凑巧，也是不可知的事。（《醒》第七十五回，275）

按："丁仔"当为"打仔"之误。打仔，表示限定范围的副词，由"但只"音变而来。《醒》第四十九回即有用例："他打仔合我说誓：'我要没吃了你的豆腐，这嗓子眼长碗大的疔疮！'"该词典为本例出条"打仔"，并作出正确释义。(217) 但可惜《醒》第七十五回二例失校，所出注释亦因附会而致误。应与"打仔"合并出条，并作出简要的勘误说明。①

【更发】越发；更加。［例］［割股不可令父母知道；］如知道了，～不好。（《醒》第三十六回，422；方括号里的文字是本文作者加上去的，下同）

按：查阅《醒》之同德堂、齐鲁书社、上海古籍、中州古籍等诸家版本，例中"更发"皆作"更反"。"更反"意为"反而、反倒"，其中"更"犹"反而、却"，与"反"属同义复用。又如《醒世恒言》卷三十五："细细访问时，比苏州更反胜。你道为何？元来贩漆的都道杭州路近价贱，俱往远处去了，杭州到（倒）时常短缺，常言道'货无大小，缺者便贵'，故此比别处反胜。""更反胜"与"反胜"上下文对举使用，更可证明"更反"即"反"。揆之词典书证原文，前后意思相反，用"更反"比用表示"越发、更加"义的"更发"更切合原意。再者，"更发"属于西南官话和湘方言词②，与《醒》的方言背景也相去甚远。笔者孤陋，不知该词典"更发"引自何种版本，抑或编著者在抄写过程中不经意间将"反"误成了"发"？

【拣省】挑出重要的，省去次要的。［例］催促子弟快吊关目上来，

---

① 徐复岭：《〈醒世姻缘传〉中的"打哩（打仔）"》，《中国语文》1993年第4期；收入《〈醒世姻缘传〉作者和语言考论》，齐鲁书社1993年版。

② 许宝华、宫田一郎：《汉语方言大词典》，中华书局1999年版。

分付~热闹处唱罢。(《金》第六十三回，662)

按："拣省"乃"拣着"之误。张批本即作"拣着"，不误。"拣"或"拣着"意为拣选、挑选，是个常用词，包括《金》在内的白话小说中多见。如《金》第二十二回："我的儿，你若依了我，头面衣服随你拣着用。"又第六十八回："靠背将军柱，夜对木伴哥，随他拣着要！"该词典未加甄别便让"拣省"出条，并附会生训，徒增混乱耳。

有些不该收录或误收的条目则是由于断词或断句不当所致。例如：

【不的些】不丁点儿；一点儿。[例] 有~事儿，诈不实的告这个说一汤，那个说一汤。(《金》第七十二回，80)

按：例中"有不的些事儿"的结构层次是"有不的+（些+事儿）"。其中"有不的"为动词，表示"有"的反义，即"没有"，今山东方言仍有此用法；"些"为"一些"的省略，"些事儿"即"一些事儿"，作"有不的"的宾语。显然，"不的些"不为一词，不应出条；不当出条而出，释义有误就在所难免了。"有不的"至今未见有词典收释，让其出条才是。

【吃看】①一边吃一边欣赏。[例] 十五日请乔老亲家母……郑三姐来赴席，与李瓶儿做生日，并~灯酒。(《金》第四十二回，145)

按："吃看灯酒"的结构层次应该是"吃+（看灯+酒）"，"吃"和"看"并不是同一层次上的并列关系。"看灯酒"也即赏灯酒，是灯节时为观赏花灯摆设的饮宴，用作"吃"的宾语。这里"吃看"显然不能出条或设立义项；例中如有词语可以出条，"看灯酒"倒可以考虑。

【腲脓血】偎在脓血中。形容人萎缩窝囊。[例] 拳头上也立得人，胳膊上走得马，人面上行的人，不是那~搠不出来鳖老婆！(《金》第二回，1616)

按："腲脓血"不为辞，释义更是穿凿附会。其中"腲脓"是一词，意为窝囊、软弱无能。词也作"偎侬""伍浓"，如《醒》第七十九回："幸得他不像别的偎侬孩子，冻得缩头抹瞎的。"第九十六回："我恼那伍浓昏君没点刚性儿，赌气的教他拿了去。""血"则从后，与"搠不出来"组成一语，"血搠不出来"即"搠（戳、扎、攮）不出血来"，也就是没有血性、懦弱无能之意。故该例应在"腲脓"之后点断，标作："不是那腲脓、血搠不出来鳖老婆！"

词典中这类由于失校或断词不当而错立误收的条目，实际上是并不存在于语言生活中的伪词目。周志锋先生将它们称之为"虚假词条"①。笔者认为有

---

① 周志锋：《读〈白话小说语言词典〉札记》，载《宁波大学学报》（人文科学版）2015年第1期。

185

必要提醒辞书界对这类伪词目或虚假条目引起足够的重视。按说词典是不容许有伪词目或虚假条目的存身之地的，因为它只能使词语增添杂质、异质，使词汇徒增混乱。但是要做到完全拒绝伪词目或虚假条目"入典"，也并非一件轻而易举的事，我们现在的绝大多数历史语文词典都程度不同地存在着误收伪词目的问题。同时笔者也注意到了这样一个事实，那就是词典中几乎所有的伪词目一般只有一个书证即孤证，个别的虽然有两个或稍多一点的书证，但也都出自同书甚至同书的同一章节（如上举【丁仔】条），其实跟孤证差不多。这便再次提醒词典编纂者，对于只有孤证的条目，入典时一定要慎之又慎，务必再三再四地斟酌推敲，做些必要的文字考证和比勘工作；如有疑点而一时难以定夺，宁可存疑不收，也比勉强入典要好一些。

二、释义再求确当到位，严忌臆测附会

释义是编写辞书的主体工程，是决定辞书质量的关键。该词典在释义方面总的来看是准确精当的，而且胜意、新意迭出不断，但也有某些条目释义不够确当到位，存有臆测附会、望文生训等弊病，导致一些释义错误，有待进一步修正、完善和提高。例如：

【搐气儿】只吸气不出气；抽气。[例] 那孩子在他娘怀里，把嘴一口口~。(《金》第五十九回，166)

按：例中"搐"乃"出"的音近借字，"搐气儿"即出气儿，也就是㨄气儿，指人或动物临死前只出气不吸气。这只要对照一下书中上文奶子对李瓶儿所说的话便可证实笔者的释义不误："娘，你来看哥哥！这黑眼睛珠儿只往上翻，口里气儿只有出来的，没有进去的。"本词典认为"搐气"就是"抽气"，是"只吸气不出气"，正好把意思说反了。

【红馥馥】红润有香气貌。[例] 黑鬖鬖两朵乌云，~一点朱唇。(《金》第六十一回) 只见两个吃得~的脸弹子，欢天喜地而来。(《醒》第七十五回，541)

按：《汉语大词典》收有该词，释为"形容鲜明的红色"，可信从。本词典谓"红润"尚可，"有香气"则纯系望文臆断。该词亦作"红拂拂"。如《清平山堂话本·洛阳三怪记》："风亭敞陋，惟存荒草绿萋萋；月榭崩摧，四面野花红拂拂。"清蒲松龄《聊斋俚曲集·禳妒咒》七："红拂拂的脸儿真可爱，瘦小小的金莲只半揸。"而晚近更为常见的形式则是"红扑扑"（"馥、拂、扑"均系唇母字，故可相通）。本词典收有"红扑扑儿"，释为"形容面色泛红"，并举《红楼梦》《儿女英雄传》例，基本可信，唯是否只限于"面

色",似乎可商。

【朗素】素净淡雅。[例]起来梳洗完了,换上~帽子、天蓝绉纱道袍。(《醒》第五十四回,875)

按:蒲松龄《聊斋俚曲集》中也用到该词:"头上戴着朗素儿,身上穿着粗布儿,腚上穿着破裤儿。"(《禳妒咒》第二十四回)从《醒》例和《俚曲》例来看,"朗素"应该是一种帽子的名称,属于名词。明范濂《云间据目钞》卷二:"万历以来,不论贫富[巾]皆用鬃,价亦甚贱,有四五钱七八钱者,又有朗素、密结等名。"① 这一记载恰好印证了我们的看法,说明"朗素"是一种用鬃编织成的便帽,它之所以名曰"朗素",盖因这类鬃帽用料较少,给人一种疏朗素淡之感(可比较"密结")。该词典误把名词当成了形容词,故而导致误释。

【戎戏】军旅中的游戏。[例]秋千虽是北方~,南方人不打他。(《金》第二十五回,1295)

按:应为古代少数民族的游戏。秋千相传是春秋时齐桓公从北方山戎(位于燕国以北)引入,故称"戎戏"。该词典误读此处"戎"为军戎、军队。

【五棍儿】指拶子。拶子有五根小木棍,用来夹手指,故称。[例]那怕他二娘,莫不挟仇打我~也怎的!(《金》第二十二回)我若有~衙门,定不饶你!(《金》第六十八回,1639)

按:按照本词典的释义,例中"打我五棍儿"就应该是打我五拶子,拶子岂不成了用来"打人"的刑具了吗!可见释义有误。原来旧时官府衙役杖责犯人,第一个衙役连打犯人五棍,接着由第二个衙役再打五棍,如此轮番施刑,此称"打五棍儿",泛指杖责或打棍子、打板子,并由此衍生出"五棍儿衙门"一语。宜将"打五棍儿"与"五棍儿衙门"分别出条释义。

有的条目本该指出语源或取义理据,但却没有指出或语焉不详,致使释义不到位,甚至根本就解释错了。例如:

【靠山桌面】送葬时在坟前摆设的酒席。[例]到明日出殡,饶饱餐一顿,每人还得他半张~,来家与老婆孩子吃着[两三日,省了买烧饼钱]。(《金》第八十回,807)

按:释误,实指锅饼。锅饼铺大多临街而设,铺子外面靠山墙的地方放一小桌,桌上竖一锅饼作为招来顾客的标志。"靠山桌面"便由此得名。至今山东济南、济宁、临沂、郯城等地还保留有丧家出殡时在新坟上把预备好的锅饼

---

① 《笔记小说大观》第六册,江苏广陵古籍刻印社1995年版。

掰开分给众人的习俗，据说吃了这种锅饼吉利，小孩吃了壮胆子，晚上睡觉不咬牙。① 对照词典删去的书证下文（方括号内的文字），"靠山桌面"是饼类食品而非"酒席"愈加明显。

【七大八小】③指众多的妻妾。［例］狄亲家房中又没有～，膝下又没有三窝两块，只有一男一女。（《醒》第四十四回）④指眨动眼睛。［例］怎禁的贼人胆虚，一双眼先不肯与他作主，眈眈稍稍，～起来［其次，那脸上颜色又不合他一心，一会红，一会白，一会焦黄将去；再其次，他那舌头又不与他一溜，搅粘住了，分辨不出一句爽利话来］。（《醒》第八十八回，1183）

按：义项③误。此处"七大八小"其实是偏指"小"而"大"无义，指小老婆（即妾），而非"众多的妻妾"。《醒》第八十二回："［刘振白］后来又搭识了个来历不明的歪妇，做了七大八小。"也是这种用法。本词典的这一释义可追溯至《汉语大词典》和《近代汉语大词典》，皆属误释。义项④其实是个寓意兼谐音的歇后语：七大八小——不整齐（争气），只是歇后语的后半截没有明说出来而已。对照词典未引出的书证下文（方括号内的部分），说的不都是贼人的眼、脸和舌头不给贼人"争气"的具体表现吗？显然，释为"眨动眼睛"纯属臆断。

任何语文词典的释义都绕不开语法问题。如果释义有违语法规则，势必影响辞书的质量。例如：

【嗏】①语气词，表示惊讶、叹息等。［例］～，书寄两三番，得见艰难。（《金》第四十四回）～，是谁家，把我不住了偷睛儿抹。（《金》第五十三回，108）

按：此处"嗏"不是语气词，而是叹词。

【起】qǐ ⑫助词。b）用在形容词之后。表示比较。［例］我长～狄大哥好几岁，我还是大伯人家哩！（《醒》第八十九回）大～我好几岁，我赶着他叫姐姐哩。（《醒》第八十九回，1195）

按：此处"起"应读轻声，不是助词，而是相当于"于"的表示比较的介词，为山东方言，文献中也写作"其"（qi）或"的"（di）等。②

【提偶】提线木偶。一种木偶戏，艺人用线牵引木偶表演。［例］打发僧人去了，叫了一起～的。（《金》第五十九回）晚夕伙计每伴宿，你

---

① 曲文军：《金瓶梅鲁南风俗考》，载《民俗研究》1998年第1期。山曼：《山东民俗》，山东友谊出版社1988年版。

② 徐复岭：《山东方言比较句式溯源简说》，载《中国语文》1995年第2期。

每看了~的，明日去罢。(《金》第八回，1508)

按："提偶"即玩木偶、弄傀儡，指艺人通过提拉木偶身上的悬线使之做出各种动作，表演戏剧故事。它是一个动词。该词典所谓"提线木偶"意即木偶戏，视为名词，释义与该词词性不合，意义本身也欠允当。该词典此处释误乃源自《汉语大词典》。

三、某些字词特别是多音字有注错音的现象

例如：

【处窝】chǔ wō 遇事怯懦，见不得世面；怵窝。(例略，下同)（165）

按："处"有 chǔ、chù 二读，这里"处"显然是"怵"的同音假借字，应当读 chù（怵）。

【啜赚】chuò zhuàn 诱骗；哄骗。（176）

按："赚"表示"哄骗、骗人"义时，读 zuàn，不读 zhuàn。

【大请大受】dà qǐng dà shòu 国家供给武将的高俸厚禄。（224）

按："大请大受"实际是由表示领受、享受、承继意义的双音节词"请受"变化而来，也写作"情受、擎受、赠受"，其中首字"请"与"情、擎、赠"音同，均读 qíng。①

【肥喏】féi nuò 大喏。唱喏时打躬的幅度大，扬声高，表示格外恭敬。（350）

按："喏"此处音 rě，不读 nuò。

【后晌】hòu shǎng ①午后。②傍晚；晚上。（546）

按：两义项读音不同。义项②"晌"当读轻声。

【揪采】jiū cǎi ①揪；扭。②犹"瞅睬"。理睬；搭理。[例]情默默，有谁~？(清平·风月相思) 把奴冷丢，不来~。(《金》第六回，758)

按："揪采"既然同"瞅睬"，"揪"理应读"瞅"（chǒu）。《汉语大词典》从历史语言实际出发，"揪"便设有 chǒu 这一音项。《现代汉语词典》"揪"只有 jiū 音，这是根据现代汉语的实际读音而定的，无疑是正确的。本词典取音可能是依据《现代汉语词典》，但作为历史语文词典，笔者认为类似的情形还是依从《汉语大词典》的注音方式为好。

【忒】tè 太；过于。（1502）

按："忒"表示太、过分义，应读 tuī 或 tēi。又，同页复音词【忒个】

---

① 徐复岭：《道是此"请（qǐng）"实彼"请（qíng）"——成语"大请大受"小议》，载《汉字文化》2014 年第 5 期。

【忒杀】【忒甚】【忒也】等，"忒"字注音同误。

【提】tí ④扔；丢。[例]那西门庆听了这话，却似~在冰窨子里。（《水浒》第二十五回，1506）

按：表示"扔、丢"义的"提"，读dǐ（《广韵》："都礼切。"），不读tí。《汉语大词典》设有dǐ这一音项，可从。

【调】tiáo ③表演。[例]老爷在新庄，差小的来请小奶奶看杂耍~百戏的。（《金》第八十九回，1524）

按：表示"表演、扮演"义的"调"，音diào，不读tiáo。字亦作"吊"。如《金》第五十八回："先是杂耍百戏，吹打弹唱，队舞吊罢，做了个笑乐院本。"又第六十五回："各样百戏吊罢。"明陈大声《醉花阴·赏灯》套曲："妆一个姜子牙大雪里钓磻溪，吊一个杜子美骑驴醉灞西。"《汉语大词典》这一用法的"调"注音同误。

【央倩】yūng qiàn 央请；邀请。（1806）

按：表示请义的"倩"音qìng，不读qiàn。《汉语大词典》和《现代汉语词典》均设有此音项。

此外，轻声字注音前边的小黑点加不加似乎很随意，体例不统一。如36页【半截汉子儿】的"子儿"注作zi·er，一个不加点，一个加点；1084页【内骨子】的"子"作zi，而紧接其后的【内官子】的"子"却作·zi，小黑点也是一个加一个不加，随意得很。

四、文字方面存有硬伤，校对工作不可马虎

有伤在条目上的。例如：

【赤精】光着身子。[例]如今两个还~了睡哩。（《醒》第二十回，150）

按：查同德堂、上海古籍等诸版本，例中皆作"精赤"。条目颠倒文字致误。

【索罗休】罢了；算了。[例]你恁地薄情，便去着，也~；只到了其间，又丢你不的。（《金》第五十五回，1472）

按："罗"当为"罢"字之误。又，"索罢休"不为一词，"索"为助动词，作须、应、得（děi）解，应与动词"罢休"分别出条。

另如410页【哥儿舞女】为"歌儿舞女"之误；633页【集拢】为"集扰"之误；1519页【添手垫脚】为"替手垫脚"之误（其实1513页已收【替手垫脚】，书证相同，此条当删）等。

有伤在释文上的。如289页【都堂】条下"外族"应为"外派";437页【姑待】条下"姐且"应为"姑且";1652页【锡镴】条下"焊结金属"应为"焊接金属"等。

有伤在书证上的。如294页【端自】条下书证"治平端自亲贤格","格"应为"恪"字;845页【宽绰绰】条下"穿着轻涨","轻涨"当为"轻纱";1617页【为缘】条下"供养修时","修时"当为"修持"。甚至于还有将例证所出的书名弄错或张冠李戴的。如747页【经年累月】条下例证出处"野嫂",当系"野叟"(《野叟曝言》的简称)之误。398页【敢则】和399页【干办】条下均引有出自"醒世"的书证,照该词典所规定的引书简称,"醒世"指《醒世姻缘传》,但我们从该书中却查不到所引例证,反而在《醒世恒言》中才得以找见,然而据该词典的规定,《醒世恒言》却是简作"恒言"而不作"醒世"的。

(载《宁波大学学报(人文科学版)》2016年第4期)

一部有严重质量问题的辞典
——《宋元明清百部小说语词大辞典》评略

随着辞书热的兴起，一向显得冷落萧条的有关近代汉语的辞书也开始变得红火起来，近年来陆续出版了好多种。其中当然有像《水浒词典》《金瓶梅方言俗语汇释》等这样的精品，但也不乏东拼西凑、粗制滥造之作。偶尔翻检陕西人民教育出版社1992年出版的《宋元明清百部小说语词大辞典》（吴士勋、王东明主编），发现该书从立目、释义、例证、注音到编排体例乃至校对等方面，都存有严重问题。这里仅就翻检该书时记下的部分问题略作归纳整理，评述如下，以就教于该书编者和广大读者。

一、关于立目

立目是否妥当是一部辞书尤其是语词辞典质量优劣的基础和前提。该辞典虽然在"凡例"中对条目的收集范围作了某些规定，但过于笼统，而且在具体掌握上失之于过宽，随意性太大，影响了该书的质量。

作为以记录一般语词为主的语文辞典，对"语"的收录范围一定要有严格的限制，除成语典故、习惯用语等固定短语外，自由短语一般不应收录。该辞典在这方面缺乏明确的标准，因而有立目过滥的情形。如辞典收有"急杀人""够得紧"等这类动词或形容词性短语。愚意"杀（煞）"和"紧"是近代汉语中经常用作程度补语的两个词，只要辞典中收进了它们并对其意义、用法交代清楚，"急杀人""够得紧"等这类自由组合就不应再收。辞典中还大量收有"回些""脓着些""挨上""合出"等这类动补（包括动趋）式自由短语，它们也都不应出条，而只应让前边的动词单独出条。

词类活用是一种临时性的修辞现象，只要没有形成新词新义，就不应另立条目或另立新义项。例如，该辞典收有"牛酒"，释为"杀牛置酒"，好像"牛酒"也是动词，实属不妥。

收目随意性大还表现在对一些所谓外来语词的处理上。外族语言的有些语词，只是在个别文献中偶尔出现一两次，并未在汉语中使用开来，这恐怕还算不上外来语词，不能收入汉语辞典。如"阿那他喇博"（"不能推诿"的满语记音形式）等即属此类情形。

该辞典还有些语词应该合并或删汰。如"打张惊儿"和"反打张惊"，不仅条目有重出之嫌，而且引用的系同一书证。后者应删。"走水"和"走了水"应合为一条，分为两个义项。"大济"不宜出条，应合并到"得济"条中，因为"济"或"大济"并不单用，只是出现在"得济"或"得了大济"这类固定格式中。

两位主编在"前言"中声称，他们编的这部辞典的第一个"显著特点"是"语词容量大"，"囊括了宋元明清四代白话小说中的全部语词"。"囊括"前连个限制语"几乎"都舍不得用，这话说得实在玄而又玄。且不说自宋至清小说著作汗牛充栋，而该辞典不过从中选取百余部小说而已，这百余部小说的语词无论如何是"囊括"不了宋元明清所有小说的全部语词的；就拿该辞典所涉及的这百余部小说而言，也很难说其中所有的语词都被该辞典"囊括"已尽。当然，我们并无责备该辞典收词不全之意，我们只是想借以说明该辞典之所以出现收目过滥、随意性太大的问题，大概跟主编者企图"囊括"四代小说全部语词这一不切实际、有悖于科学性的指导思想不无关系。

除了立目过滥外，因断词失察而致出条不当的错误也频频发生。如"待善"，该辞典释为"就要；将要"，证以《醒世姻缘传》第二回"你那'秋胡戏'待善摆布我哩"。愚按"待善"实为两个词："待"大致相当于"会、将"，"善"则是"好"的意思。"待善摆布我"即会好好地摆布我。"待善"不应在一起出条。还有一些意义比较固定的"的"字短语或由"似的"构成的比况短语，辞典出条时往往将"的"字丢弃不顾，如"装外"和"狗颠儿似"，实应为"装外的"和"狗颠儿似的"。尤其是后者，"似的"本是一词，编者硬是将其拆开，不知是出于粗心呢，还是出于语法上的无知？

二、关于释义

条目确定下来之后，释义便是决定辞书质量的关键。该辞典在释义方面虽也偶有新意，但总的看来问题相当严重，释义混乱乃至错误之处所在皆是。

先看由于不习方言俗语而释误的例子：

【割】分手。《醒》九十回："万一后来同住不的，好~好散，别要叫他过不得日子。"

愚按："割"当为"合"的借字，山东方言读作 gē（鲁西）或 gā（胶东），意思是合伙、结交。今方言中谓不团结人曰"不割（合）人'。"好割好散"为一方言习用语，意为在一起时是好朋友，分开时也不闹翻。上引《醒世姻缘传》例前还有一句话："况且他又是个秀才，好合你作伴读书。"这便是说的"割（合）"；例中"万一后来同住不的"，这便是说的"散"。把"割"释为"分手"，恰恰把意思说反了。

再看由于不解成语典故或旧时习用语而释误的例子：

【呼牛应牛，呼马应马】比喻名实相符。《老》续一回："［譬如你叫老残，有这们一个老年的残废人，有什么可贵？又有什么雅致处？］只不过也是被人叫开了，随便答应罢了。怕不是~的道理？"（方括号中文字为笔者所补引，下同）

愚按："呼牛应牛，呼马应马"为一成语，简作"呼牛呼马"。语出《庄子·天道》："昔者子呼我牛也，而谓之牛；呼我马也，而谓之马。"后世即以此语指随人怎么称呼都随缘相应，不作分辩，也指毁誉随人，不予计较。上例即此用法，如果把辞典中删去的文字补出来，其义益明。显见与"名实相符"绝不相类。

【脑塔】〈方〉头顶。《醒》第二十一回："徐老娘把小和尚抱到跟前，月白~上边顶着个瓢帽子。"

愚按：月白色为淡蓝色，试想哪有孩子的头顶呈现这种颜色的！此释当系臆断。原来脑塔是一种用以保护人（尤其是未成年人）的脑门的环状佩戴物，无顶，多以绸缎等织物做成，而不是什么"头顶"。词又作"脑搭"。如《醒世姻缘传》第三十六回描写11岁的喜姐的装束，便有"青绸子脑搭"一语，明确点出脑搭的质料，足见其为佩戴之物。

另如"胡姑假姨"，辞典解为"辈分错乱的姑、姨"，实际应指胡乱攀扯上的、几乎沾不上边儿的亲戚。"胡姑假（贾）姨"是一种泛指，并非真的指"姑、姨"。"终不成"，辞典释为"决不能"和"大不了，干脆"二义。愚按二释皆误，实只有"难道"一义。其所以释误，是错把反问语气当成了直陈语气。然而"终不成"为表示反问语气的副词，这应是近代汉语的常识，该辞典出现这样的错误是不能原谅的。

还有因望文生义、未顾及上下文意而误释者。例如：

【打躺棍儿】打能使人躺倒的棍子，形容打得很重。（例略）

愚按："躺棍儿"，一般作"倘棍儿"，指令人躺倒施打的棍子或棍法。"打倘棍儿"即打棍子，以此表示惩戒。"能使人躺倒"云云，穿凿附会得实在可以！

又如：

【方便主子】浮浪子弟。《醒》18回："［夫人问说：'人材何如？家里也过得么？'舅爷说：'人材齐齐整整的，］这是武城县有名的～，那还有第二家不成？'"

愚按："方便"指吃穿不愁、生活便利，"主子"指人家。"方便主子"即指吃穿不愁、生活便利的人家，也就是所谓财主。词亦作"方便主儿"。上例舅爷的两句答话是针对夫人的两句问话而来的，其对应关系为：人材何如？——人材齐齐整整的；家里也过得么？——是武城县有名的方便主子。足见"方便主子"是言其家境，而非指人品。"浮浪子弟"云云显系臆断。

多义词义项的确立和分合是释义工作中非常重要且又相当棘手的课题。义项确立得是否科学合理，分合得是否准确清楚，颇能反映出编者的功力和辞书的水平。试比较该辞典和《现代汉语词典》（以下简称《现汉》）对"消乏"一词的释义（例略）：

　　该辞典　　①消耗；贫乏。②消耗；折损。③贫困；拮据。

　　《现汉》　　①消耗。②贫乏；败落。③疲劳。

该辞典未收《现汉》中的义项③，这姑且不论。就以它现在分出的三个义项来说，①和②、①和③都有纠缠现象，显得拖泥带水。如果精减合并成《现汉》的头两个义项，就清楚利索了。

至于有些语词的重要义项失收，该辞典也不乏其例。如"合"，作为虚词，只收了相当于"和"的连词用法，但它还有相当于"和"的介词用法，如《醒世姻缘传》第八回："咱合那知书达礼的讲，咱如今和他说出甚么青红皂白来？"此一用法该辞典失收。又如"离了眼"，该辞典释为"瞎了眼睛"。实际上"离眼"一语有多义，但唯独没有"瞎眼"一义。此语的本义应是离开视线不使看到，由此引申出两个意义：一是眼花，视物不清，一是'死了'的委婉语。这三个义项该辞典均阙如。

由于汉语的词类问题有些尚待研究解决，目前一般语词辞典都没有标注词性，尤其是实词的词性。作为一种权宜之计，应该而且可以在释义中通过相应的表达形式将有关语词的词性反映出来。在这方面，《现汉》的经验可资借鉴。例如"调坎儿"，《现汉》释为"同行业的人说行话"，便实际上道出了它的动词性。该辞典也收入了这个词，却释为"暗语，行话"，这个解释成了名词性，与其词性不符。再如：

【掸鼓儿】掸掇；怂恿。犹"敲边鼓儿"。《金》第三回："王婆一面打着～说……"

195

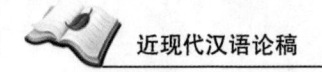

愚按：㨷鼓儿，即拨浪鼓儿，《水浒传》中亦作"串鼓儿"。此是名词。"㨷掇"云云是动词，应是"打㨷鼓儿"的意思。

【共】共同；一起。《前》上卷："寡人到长安再~文武商议。"

愚按："共"应为介词，相当于"跟、同"。释为"共同，一起"，变成了副词性，意义也不相合。

三、关于例证

例证是释义的基础，也是释义的一种补充手段。可以这样认为，义项归纳得全不全，释义正确与否，释义与例证相不相符，在很大程度上决定于编者手中掌握的例证即第一手资料是否丰富、是否典型。"例不十，法不立。"语法研究是如此，辞书编纂也是如此。没有相当数量的资料储备就动手编写辞典，只能是东拼西凑，破绽百出，质量也就难以保证。上节举到的释义中的有些问题，实际都跟编者手中的资料不足有关。下边我们再从其他方面谈谈该辞典引例中存在的问题。

众所周知，编写辞书应尽量避免同一个例证在不同条目里反复引用。但在该辞典里，一例二用乃至三用的情形却屡见不鲜。如"打破头屑""做张做智"和"做"的义项①，引用同一书证；"攦戗""若不着"和"阴了信的炮仗"共用一例（末条"攦"误作"搅"）；"欺"和"细欺雀舌""起火"和"起火轩天"，分别同用一例；等等。这种情形，充分暴露了编者手中资料的缺乏和编写态度的轻率。

有的义项没有例证。这对言必有征的历史性语词辞典来说是绝不允许的。如"歪辣"，只有本义的书证，缺比喻义的书证。

有的虽列举了书证，但其中并没有出现所释的语词。如"抱怨"条所引书证中连该词的影子都没有找到。"扯臊淡"条所引书证只有"扯臊"而无"扯臊淡"，释文中也未指出"扯臊"和"扯臊淡"的关系。

至于有些词或义项引用的书证并不是最早的或较早的，这类问题更是普遍，恕不详列。

作为历史性的语文辞典，书证的排列无疑应以时代先后为序，因为只有如此才能反映出词义的源流，才便于读者"了解宋元明清语词的结构变化和词义演变过程"（该书"前言"语）。然而遗憾的是，编者并没有很好地坚持这一原则，例证的安排极其随便，不少地方都是晚期的例子在前，早期的例子在后。如"答应"义项①、"回"义项①和"官名"条等，皆属此种情况。

四、关于注音

该辞典注音方面也存在不少问题，略举数例：

diào 音下收有"调嘴弄舌"，tiáo 音下亦有"调嘴弄舌"，二者释义、书证均同。愚按从该词亦作"掉嘴弄舌"（辞典收入），可证"调"应读 diào，不读 tiáo。后者应删。同样的情形，diào 音下有"调嘴""调谎"，tiáo 音下亦有这两个词，这个"调"也应读 diào。tiáo 音下的"调嘴""调谎"应系误收。又，tiáo 音下还有"调喉"一词，应与 diào 音下"吊喉"为同词异形，故"调喉"之"调"也应读 diào，《现汉》即注此音。

"阿哥"，作为满族父母对儿子或清代皇室对未成年皇子的称呼，该词应读 à·ge，不读 āgē。只有称呼兄长或跟自己年纪差不多大的男子时，"阿哥"才读 āgē，这是汉语固有的用法，且带方言色彩。该辞典不细作分辨，将外来词的"阿哥"之音注误。又，"阿郎杂碎"之"阿"，应读为 ē，辞典误标为 ā。此系方言，笔者所居的山东地区犹在使用。此语本指脏臭的动物内脏，喻指不屑一顾、猥琐卑下的人或物。该辞典释为"烦杂罗嗦"亦误。

"合气"之"合"注为 hé，误，应读 gě。该词亦写作"各气"，该辞典也已收入，便是证明。"合（各）气"为鲁豫方言，今仍用之。

"尿泡种"，"尿"误注为 niào，应为 suī。"尿泡"即膀胱；"尿泡种"应是对婴儿的蔑称，辞典释为"爱撒尿的小孩子"，似显过实。

五、关于编排体例

以上各节已经涉及这个问题。除已经谈到的外，还有一些地方也反映出编排体例的混乱和不够统一。

比如，对"×儿""×子"等带缀词的出条，有的出后缀，有的不出。即使是同一个词，有时处理起来也不一致。如"杉刺"条，不出后缀，尽管书证中明明是"杉刺子"；而指同一事物，别处又让"栅刺子"出条，带缀。又如"格格儿""隔帛儿"，均带缀，但"行行"条却又不带缀，尽管书证中分明有个"儿"字。愚按出缀与否应以文献为准，文献上有"儿"或"子"的一定要在条目中反映出来。

再如，异形词本应作相关条目处理，统一释义。即以其中之一为主条，余者为附条，释义只在主条下进行，附条下只注明"见××"即可，不再释义。但该辞典常常违背这一原则，将同一语词处理为不同的语词，释义且有不妥。请看：

【擦扛】顶撞。(例略；下同)

【擦括】折磨；刺激。

二者实为一词，今鲁西南犹存，说成"擦刮"。指用尖酸刻薄的言辞指摘、讥讽别人，含挖苦、奚落义。该辞典二释均不准确。

【合该】①应该。②活该；命该。

【活该】幸亏。

"活该"条释误。"活该"即"合该"，有些方言中"活""合"同音。

为了反映词义的源流演变，多义词的各个义项理应按照本义、派生义的先后次序排列。该辞典有些条目义项排列恰好与此相反。例如"揉搓"条收有两个义项：①折磨。②来回反复地搓擦。愚按义项②为本义，又是常用义，义项①为引申义，且系方言。应该把两个义项的顺序颠倒过来。

还有方言词的标注问题。编写历史性语词辞典与编写现代汉语规范辞典相比，前者方言词的标注难度更大。因为历史上的通俗文学作品如小说、戏曲等，几乎都是用某一特定方言写成的，带有或多或少的地域性。该辞典在这方面大胆探索，应当鼓励。体会其编写意图，大约是能确定为吴语语词者，或者虽为北方话的语词但只限于冀、鲁、豫或江淮等某个局部地区使用者，一般用〈方〉标出；否则不标。其中也有不少可疑、可商之处。

有该注而未注的。如"混堂""学生子"，分别是"澡堂""学生"的吴语说法，均未注明〈方〉。"俺"标明〈方〉，而"俺们"未标，为何不统一处理？

有不该注而注的。如"起屋""生恐"，均注明〈方〉。愚按表示建造义的"起"和意思大体相当于"很"的"生"，都是通语用法，不属于某一特定方言。后者辞典中引《海上花列传》和《儿女英雄传》各一例，也可证明此语南北皆用之。而且，"起"和"生"都还可以构成其他复合词，该辞典收列的即有"起盖""起造"和"生怕""生疼"等，也都未注明〈方〉。另如"姜擦"（亦作"蹉躇""礓磜子"）、"诓"，都广泛流行于北方地区，标〈方〉不妥。而且这两个词也都见于《现汉》，均未注明系方言。至于"三礼拜六点钟"，纯属拆白道字，是旧时文字游戏的一种，更不应算成方言词。

此外，该辞典校对极不认真，用"错误百出"来形容并不过分。其中有条目失校者。如164页"刺八"，应为"剌八"，"刺八"不成词。"剌"音lǎ，而非cì。577页收有"喇喇叭叭"，当为"喇叭（剌八）"的重叠形式。192页"打劝献趣"，应为"打勤献浅"。186页收有"打勤"条，所引书证与本条完全相同，例中即作"打勤献浅"。531页"疢头怪脑"，应为"疢头怪脑"。"疢"音 chèn，为"磣"的借字，而非 jiù。

辞典"凡例"中云外来语词用尖括号表示，举例只有"答剌酥〈外〉"一条。但找遍辞典正文，却怎么也见不到它。

有例句失校者。如 245 页"顶搭子"条引《西游记》第三十回例，实际在三十一回。1355 页"坐窝子"引《醒世姻缘传》第九回例，实际在九十七回。而 876 页"神差鬼使"条引例云出自《醒》（指《醒世姻缘传》）第九回，实乃出自另一书《醉》（指《醉醒石》）第九回。"醉"误作"醒"，真是"神差鬼使"了！这是引例回数、书名张冠李戴的情形，至于引例中一般文字失校之处，更是举不胜举，恕不赘。

再看一个释文部分失校的例子。396 页"衍院"条下"【见鹦性骸峻邸！兜础罚罚够兀骸傲跏廊"，这 18 个文字和符号不知怎么冒出来的，让人莫名其妙，比天书还难索解！

不必再罗列更多的实例，该辞典所存问题的严重性已十分清楚。有人把这部辞典誉为"巨著"，称它的编撰与出版"无疑是一件不朽之盛事"，笔者着实不敢苟同。

当今出书时兴在书前排出一长串顾问名单（当然都是些名人或领导）。这本来无可厚非，但作为编者或作者，立意一定要正，切不可心存拉大旗作虎皮之想。须知一本书的质量，顾问们的指导固然起着重大作用，但起决定作用的还是编著者本身的学术水平、学风和写作态度。很多时候是顾问们提出许多有价值的意见或建议，而编著者却不能虚心地听取、认真地贯彻。本辞典的编写和出版似乎即是如此。如顾问周祖谟先生曾建议编者"抓三件事：(1) 编排次序是否正确；(2) 字音有无错误；(3) 释义是否准确妥当。"顾问胡文彬先生也曾建议："终审工作宜严把关，发稿后的校对工作，更需要认真进行，不然容易出差错，影响书籍质量。"（均见该书"后记"）从上举实例来看，恰恰就是周、胡两先生预先告诫的几个方面出了问题。可见辞典编者并未真正采纳并认真落实顾问们的宝贵意见。笔者不禁怀疑，顾问们的崇高声望是否被人作了他用？倘若真的如此，那才是学术界的一大悲哀。

(载《辞书研究》1996 年第 1 期)

《宋元明清百部小说语词大辞典》释义举误

《宋元明清百部小说语词大辞典》是由吴士勋、王东明主编，陕西人民教育教育出版社1992年出版的一部近代汉语语词工具书。我们粗粗翻检了一下，发现释义可商乃至疏误之处甚多，现仅就管见所及，举出明显释误语词数十例，以就教于该书编者和广大读者。

一、因不习方言俗语而释误

【不得地】不得已。《水》第十一回："原来是王伦当初～之时，与杜迁投奔柴进。"（67）①

按：应为不得志、不得意或没有发迹。其反义语"得地"也常使用，如元李寿卿《伍员吹箫》杂剧第四折："我父亲其时便说，有一子是个村厮憨郎，久以后你须得地，略把眼照觑休忘。"其中"得地"当然就是得志、发迹的意思。

【疢杭杭子】骂人话。遭瘟的家伙。《醒》第四十八回："李九强说：'～的腔！罢，你问甚么问，你可倒那布袋还我。'"（112）

按：疢，音chèn，本指热疾，但此处与此义无关，而是"碜"的借字，是丢人、不知羞耻的意思。《醒》中"疢"通"碜"非止一处。如八十七回郭总兵的两位夫人为争汉子而展开的一场对骂："戴奶奶道：'真是不知谁没廉耻……这是甚么营生，也敢张着口合人说呀，碜不杀人么！'权奶奶道：'我又没霸占汉子，我倒疢！西瓦厂墙底下的淫妇才碜哩！'"此段文字两处作"碜"，一处作"疢"，交替使用，意义相通，可见"疢"即"碜"也。"疢杭杭子"意即不知羞耻的家伙、不要脸的东西，说是"骂人话"是对的，"遭瘟的家伙"则非。

【乱】为丧事奔忙。《金》第一回："卜志道兄弟死了，咱在他家帮着～了几日，发送他出门。"（622）

---

① 括号内的数字指《宋元明清百部小说语词大辞典》的页数。下同。

按："乱"意为忙乱，不一定专指"为丧事奔忙"。请看《金》第十二回："西门庆前边乱着，收人家礼物，发柬请人。"这是写西门庆庆寿时接待客人、收受礼物的忙乱情形，当然不是"为丧事奔忙"。方言中亦说成"乱哄"。如《醒》第三十九回："我叫魏运合你做去，只怕你一个人乱哄不过来。""乱哄不过来"即忙不过来。"乱"还有调笑、闹着玩一义。如《金》第二十二回："那月娘房里玉箫和兰香众人，打发西门庆出了门。在厢房内乱，厮顽成一块。"《老》第十二回："人瑞招手道：'来，来，来。'老残笑道：'你真会乱！'"两例"乱"均系调笑、戏耍义。此义项该辞典失收。

【汤里来，水里去】随手来，随手去。《醒》第三十九回："［可奈又把一个结发妻来死了，家中没了主人婆。］那汤里来的东西，由不得不水里要去。［只得唤了媒婆要娶继室。］"①《文》第五十三回："王明耀却最工心计，什么钱都会弄，然而却是～，白忙了半世，一些不能积蓄。"(968)

按："汤里来，水里去"意为怎么得来的又怎么丢掉，常比喻钱财之类用不正当的手段得来又被人用同样的手段得去，与"悖入悖出"意思相当。上引《文》书例即此用法。又如《醒》第四十二回："那魏氏盗去的银子……添着买房子、画神像、还愿、跳神、求分上、纳外郎，差不多那汤里得来的东西，将次也就水里去净了。"亦是这一用法。此本系一歇后语，完整的说法是"卖豆腐点（典）了河滩地——汤里来水里去"。此歇后语在今鲁南一带犹可听到。《醒》第九十六回也曾用到："怎么！使了他卖地卖房子的钱了？脱不了是没天理打着人要的！'卖豆腐点了河滩地，汤里来，水里去'呀怎么！"同书五十三回开场词《浪淘沙》："凶德几多般，更是悭贪，欺人寡妇夺田园。谁料水来汤里去，典了河滩。"则是这一歇后语的活用。此语亦作"水里得来水里去"，该辞典亦收入此条，释为："贼偷的东西又被贼偷去，比喻害人之人必将遭到同样报应。"(929) 亦不准确。至于该辞典所引《醒》第三十九回例，结合上下文理解，意思当是：结发妻已经死了，因为妻子原是媒婆说的，"那汤里来的东西，由不得不水里要去"，现在只得再托媒婆讨娶继室。显见将此例置于"汤里来，水里去"条下应属驴唇马嘴，两不相合。如收此例，应单出"汤里来水里要"一条，其义则是：用以比喻人或物原是从哪里得来的再向哪里去讨取。

【脱不了】免不了；难免。《醒》第十九回："～有助忙的哩。"(1014)

按：明清小说中有两个"脱不了'。一个意为逃脱不了、免不了，其中"了"音 liǎo，三声。此为短语动词。如《儿》第八回："便算你不曾遭那骡

---

① 方括号内的文字系笔者补加上去的。下同。

夫的暗算，依然脱不了强盗的明劫。"另一个"脱不了"意为横竖、反正，是副词，其中"了"音·le，轻声。此义当由上义虚化而成，山东方言中多用之。该辞典所引《醒》书例即系此义。另如同书第一回："咱自己做齐整的，脱不了也还有这几日工夫哩。"第四十一回："开坟也用不多钱，脱不了有前边师娘的见成洞子。"都是横竖、反正的意思，若用"免不了；难免"解释，只会陷入方枘圆凿的境地。该辞典对这两个"脱不了"不作认真分辨而又将例证张冠李戴，实不应该。

因不习方言俗语而释误的，还可拾取一些例子。为篇幅所限，以下各例略写：

【丢搭】糟蹋。(248)

按：查该辞典所引例证原文（《金》第九十六回），"丢搭"作"丢搭"，"搭"字当系妄改。"丢搭"就是丢、弃置不顾的意思，"搭"为动词后缀，无义。

【茧儿】名堂；花样。(475)

按："茧儿"本指蚕茧，比喻事情、勾当，多含贬义。

【看常】看得起。(551)

按：应为看得久远，往长远处看；不短见。词本作"看长"。如《醒》第二十一回："既是一族的人，人又不多，凡事看长，不要短见。"

【喃】吃。(695)

按：用手撮取粉（粒）状物送往口中谓之"喃"，与一般意义上的"吃"有别。

【乔乔】装模作样。(779)

按："乔乔"指人性情怪僻、古板、不随和，与"装模作样"不是一回事。

【扔崩】干脆利落，不管后果。(823)

按："扔崩"（亦作"吩嘣"）为一象声词，谓极迅速地离开或远去。陈刚《北京方言词典》记作"日崩"。

【讨愧】道歉。(975)

按：应为惭愧。

【遭子】一会儿。(1240)【造子】见"遭子"。(1243)

按："一会儿"指很短的时间，但"遭（造）子"所指的时间一般不会太短，而是指一段时间，意思与"一阵子"或"一会子"更切近。

二、因不解成语或旧时习用语而释误

【顶搭子】婴儿留在头顶上的一撮头发。《西》第三十回："正戏处，被行者赶上前，也不管他是张家李家的，一把抓来~，提将过来。"(245)

按：首先指出，上例不是出自《西游记》第三十回，而是第三十一回。该辞典把出处搞错了。旧俗，孩童后脑勺靠近脖梗儿的一块头发往往不剃掉，此之谓"顶搭"或"顶搭子"。《醒世姻缘传》第十七回也曾用到此语："晁思才狠狠地在脊梁上几个巴掌，提留着顶搭飞跑。"有时除后脑勺外，左右两边也各留一块"顶搭"，这便在头上形成三个"顶搭"。如《西》第四十二回："[菩萨]就袖中取出一把金剃头刀儿，近前去，把那怪分顶剃了几刀，剃作一个太山压顶，与他留下三个顶搭，挽起三个窝角揪儿。"将"顶搭子"释为"留在头顶上的一撮头发"，显然位置不对，似是而非。又，旧时孩童到十几岁还有留顶搭的，不一定非是"婴儿"。即以《西》第三十一回例而言，行者抓住的留有顶搭子的两个孩子，"一个有十来岁，一个有八九岁"，都不能算婴儿。

【三薄两点】三薄：早、午、晚三顿薄餐。两点：早、午两顿粗点。指简单的饮食。《醒》第四十三回："那晁住乜乜趓趓的不肯动身，只得~打发了打发。"(844)

按："三薄两点"或作"三拨两点"，系口语中的成语，意为随便拨弄拨弄，有草草应付之意。上例是说晁住"乜乜趓趓"（即"乜乜斜斜"）地缠住珍哥，要与她做爱，珍哥因另结新欢而不愿理他，但又碍于旧情，才不得不"三薄两点"草草应付了几下完事。显见这里"三薄两点"实指做爱动作，与"饮食"无关。

【鞲鞋】一种长筒皮靴。（例略；1039）【鞲靴】高统御寒鞋靴。《恒》十卷："这小厮⋯⋯脚下穿一双白布~。"《醒》第一回："七钱银做了一双羊皮里天青苎丝可脚的~。"（同页）

按："鞲靴"条所引两例，经笔者查核原著，均作"鞲鞋"。该辞典"鞲靴"出条失据。"鞲鞋"指深勒的鞋子，一般比较厚实，可以是皮制的，也可以是布、绸等制成的。如上引《恒》书例即是"布鞲鞋"。又如《醒》第三十六回也曾提到"青布棉鞲鞋"。释为"皮靴"不确。或认为鞲鞋供"御寒"之用，亦不尽准确。《醒》第六十八回写素姐朝拜泰山时穿的是"大红连面的缎子鞲鞋"，此时正值农历八月，天气尚热，素姐当然不可能穿"御寒"的鞲鞋爬山。

另如（略写）：

【贱累】对妻子的贬辞。(481)

按：某些方言中声母 n、l 混读，"贱内"便讹读成"贱累"。应释为"对别人谦指自己的妻子"，是谦辞，可不一定含贬义。

【盛介】对别人的尊称。(885)【盛价】见"盛介"。（同页）

按：应为对别人的奴仆或对对方来使的尊称。释为"对别人的尊称"，易使读者将"别人"理解成奴仆或来使的主人，而致乖违原意。

【三窝两块】泛指儿孙。窝、块：指家内之家。(844)

按：不确。凡一母所生的孩子俗谓之"一窝"，前妻所生的孩子则叫"前窝"，后妻所生的孩子叫作"后窝"。"三窝两块"应指不同妻妾及其所生的众多子女。

【团瓢】圆瓢形的顶盖。(1009)

按：应指圆形的草屋，因其外形若瓢状而得名，绝非仅指"顶盖"。

三、因望文生义、未顾及上下文意而释误

【离了眼】瞎了眼睛。《瓶》第三十九回："要是这样东西，倒不如早早~，省得耽搁了人的性命。"(592)

按："离了眼"一语有多义，唯独未见有"瞎了眼睛"一义。《醒》第七回："曹一佳与宋其礼两个的罪是不敢求免的，左右在华亭也住不得了，倒不如问个充军，泄了众人的恨，离了众人的眼，也罢了。"此处"离了众人的眼"即躲开大家的眼睛不使看到，这应是其本义。同书第七十三回："可不是真个怎么？说他儿不休我，他就活不成，要离了我的眼哩。"此处"离了眼"实为"死了"的委婉替代语，当是由本义引申而来。该辞典所引《瓶》第三十九回例即此用法。联系上文，该例是说：梅玉因自己女婿死了，甚感哀伤，后来看到金桂的女婿成了个残疾瘸子，转而感到痛快，心想：要是我女婿也是这个样子，真还不如早早"离了眼"，省得耽搁我的一生。其中"离了眼"仍是"死了"的意思。另外，"离了眼"还有花了眼、视物模糊不清一义，例证易得，恕不赘举。以上诸义项该辞典均失收。

【勤力得】勤劳的人。得：的。《醉》第九回："午间~，煮锅大米或小米饭，吃两餐。不肯~，买下面下吃。"(787)

按：先得据原著校改引例中的两处错误："肯"为多出来的字，应删；头一个"下"字为"些"字之误。这例是说陈大姐家的生活：中午勤力的话怎么样，不勤力的话又怎么样。其中"得"即"的"，是表示假设语气的助词，

相当于"的话"或"的时候"。① 该辞典将"勤力得"释为"勤劳的人",实际看成了指人的"的"字短语,有悖原意——原著此处只说陈大姐如何,并未涉及别的什么人(如"勤劳的人""不勤劳的人"之类)。"勤力得"不应出条。

【一象】一向;从来。《醒》第八回:"大爷~有些不大自在晁相公一般。"(1163)

按:"一象"就是"象(像)",是好像、似乎的意思。"一"在这里起调整音节、增强语意的作用。该辞典可能据"象""向"同音而主观断定"一象"即"一向",但却忽略了两点:一是例句末了的"一般"因此而失去了照应词;二是从下文来看,大爷不大自在晁相公只是"昨日"看了晁的帖子以后才发生的事情,根本谈不上"一向、从来"。另如同书第三十八回:"咱县里通还没有投文,一象还早哩。"这个"一象"也是好像的意思。

其他如(略写):

【赤春头里】指春夏之交,青黄不接之时。(130)

按:"赤春"指春天,"赤春头里"就是春天头上,即开春之时。例中所说之事发生于正月间,恰合于此时。注为"春夏之交"显系臆断。

【刷刮】即搜刮。(924)【刷括】见"搜刮"。(同页)

按:"刷刮(括)"是搜集、凑拢、准备、打点的意思,而"搜刮"指"用各种方法掠夺"(《现代汉语词典》),二者在使用范围、感情色彩等方面都不相同。

【脱气】泄气;没出息。(1013)

按:应为淘气、顽皮的意思。"脱"是"淘"的借音,而不是"脱漏"之"脱"。

【下般的】居然做得出来的意思。(1067)【下般不的】丢放不下。(1068)

按:二者实为一对反义语,宜对比着释义。"下般的"意为忍心、舍得、下得(狠心);"下般不的"则是不忍心、不舍得、下不得(狠心)。

【主要引例书目及简称】

《水浒传》(简称《水》),[元明] 施耐庵、罗贯中著,人民文学出版社

---

① 徐复岭:《近代山东方言的假设语气助词"可""着""的"》,载《济宁师专学报》1996年第1期。已收入本书。

1985 年版。

《金瓶梅词话》（简称《金》），［明］兰陵笑笑生著，人民文学出版社 1985 年版。

《西游记》（简称《西》），［明］吴承恩著，人民文学出版社 1980 年版。

《醒世恒言》（简称《恒》），［明］冯梦龙编，陕西人民出版社 1989 年版。

《醉醒石》（简称《醉》），［明］东鲁古狂生著，上海古籍出版社 1985 年版。

《醒世姻缘传》（简称《醒》），［清］西周生著，上海古籍出版社 1981 年版。

《续金瓶梅》（简称《瓶》），［清］丁耀亢著，齐鲁书社 1988 年版。

《儿女英雄传》（简称《儿》），［清］文康著，人民文学出版社 1983 年版。

《老残游记》（简称《老》），［清］刘鹗著，齐鲁书社 1985 年版。

《文明小史》（简称《文》），［清］李伯元著，上海古籍出版社 1985 年版。

（载《古汉语研究》1997 年第 2 期）

本卷主要参考书目

白维国：《金瓶梅词典》，中华书局1991年版。
白维国（主编）：《白话小说语言词典》，商务印书馆2011年版。
陈刚：《北京方言词典》，商务印书馆1985年版。
辞源修订组、商务印书馆编辑部：《辞源》（修订本，1—4册），商务印书馆1979—1984年版。
丁振芳：《兖州市志·方言卷》，讨论稿，1992年。
董绍克等（主编）：《山东方言词典》，语文出版社1997年版。
董绍克：《阳谷方言研究》，齐鲁书社2005年版。
董遵章：《元明清白话著作中山东方言例释》，山东教育出版社1985年版。
冯春田：《近代汉语语法问题研究》，山东教育出版社1991年版。
[清]桂馥：《札朴》，中华书局1992年版。
胡竹安：《水浒词典》，汉语大词典出版社1989年版。
江蓝生：《近代汉语探源》，商务印书馆2000年版。
江蓝生：《近代汉语研究新论》，商务印书馆2008年版。
蒋绍愚：《近代汉语研究概况》，北京大学出版社1994年版。
蒋绍愚：《近代汉语研究概要》，北京大学出版社2005年版。
蒋绍愚，曹广顺：《近代汉语语法史研究综述》，商务印书馆2005年版。
李荣（主编）：《现代汉语方言大词典》，江苏教育出版社2002年版。
李申：《金瓶梅方言俗语汇释》，北京师范学院出版社1992年版。
李申：《近代汉语释词丛稿》，江苏教育出版社1995年版。
李申（主编）：《近代汉语文献整理与研究》，河北教育出版社2002年版。
刘坚：《近代汉语读本》，上海教育出版社1985年版。
刘坚，蒋绍愚（主编）：《近代汉语语法资料汇编》（唐五代卷，宋代卷，元代明代卷），商务印书馆1990年版，1992年版，1995年版。

刘坚、江蓝生等：《近代汉语虚词研究》，语文出版社1992年版。

[清]刘淇：《助字辨略》，中华书局1954年版。

龙潜庵：《宋元语言词典》，上海辞书出版社1985年版。

陆澹安：《小说词语汇释》，上海古籍出版社1979年版。

罗福腾：《牟平方言志》，语文出版社，1992年版。

罗竹风（主编）：《汉语大词典》（1—12卷），汉语大词典出版社1986—1993年版。

吕叔湘：《中国文法要略》，商务印书馆1956年版。

吕叔湘：《文言虚字》，上海教育出版社1962年版。

吕叔湘：《汉语语法论文集》，商务印书馆1984年版。

吕叔湘：《近代汉语指代词》，学林出版社1985年版。

吕叔湘（主编）：《现代汉语八百词》，商务印书馆1980年版初版本，1991年版增订本。

孟庆泰、罗福腾：《淄川方言志》，语文出版社1994年版。

闵家骥等：《简明吴方言词典》，上海辞书出版社1986年版。

钱曾怡：《博山方言研究》，社会科学文献出版社1993年版。

钱曾怡等：《烟台方言报告》，齐鲁书社1982年版。

钱曾怡（主编）：《山东方言研究》，齐鲁书社本2001年版。

山曼等：《山东民俗》，山东友谊出版社1988年版。

宋恩泉：《汶上方言志》，齐鲁书社2005年版。

孙锡信：《汉语历史语法要略》，复旦大学出版社1992年版。

[日]太田辰夫：《中国语历史文法》，蒋绍愚等译，北京大学出版社1987年版。

王力（主编）：《古代汉语》（上下两册，四分册），中华书局1962—1964年版。

王力：《汉语史稿》（上、中、下册），中华书局1980年版。

王锳：《诗词曲语辞例释》，中华书局1980年版。

王锳、曾明德：《诗词曲语辞集释》，语文出版社1991年版。

吴士勋等（主编）：《宋元明清百部小说语词大辞典》，陕西人民教育出版社1992年版。

[日]香坂顺一：《白话语汇研究》，江蓝生、白维国译，中华书局1997年版。

徐复岭：《〈醒世姻缘传〉作者和语言考论》，齐鲁书社1993年版。

徐复岭：《济宁市志·方言篇》，中华书局2002年版。

徐通锵：《历史语言学》，商务印书馆2008年版。

许宝华、［日］宫田一郎（主编）：《汉语方言大词典》，中华书局1999年版。

许少峰：《近代汉语大词典》，中华书局2008年版。

杨伯峻：《文言语法》，北京出版社1956年版。

杨秋泽：《利津方言志》，语文出版社1990年版。

袁宾：《近代汉语概论》，上海教育出版社1992年版。

张鹤泉：《聊城方言志》，语文出版社1995年版。

张鸿魁：《金瓶梅语音研究》，齐鲁书社1996年版。

张鸿魁：《金瓶梅字典》，警官教育出版社1999年版。

张惠英：《金瓶梅俚俗难词解》，社会科学文献出版社1993年版。

张树铮：《寿光方言志》，语文出版社1995年版。

张相：《诗词曲语辞汇释》，中华书局1955年版。

张志静：《曲阜方言志》，山东史志丛刊增刊，1992年。

赵日新等：《即墨方言志》，语文出版社1991年版。

中国社会科学院语言研究所词典编辑室编：《现代汉语词典》（试用本及1—6各版），商务印书馆。

周志锋：《大字典论稿》，浙江教育出版社1998年版。

朱德熙：《语法讲义》，商务印书馆1982年版。

现代汉语卷

某些双音节动词性词语的 A 不 AB 式

引言

1. 本文所要讨论的双音节动词性词语，包括某些动词、助动词和形容词，还有一些动趋式和动结式短语。为讨论方便，我们把双音节动词性词语记作 AB，其中 A 代表第一个音节，B 代表第二个音节。这类词语的 A 不 AB 式，是现代汉语发展中新出现的句法形式，是否合乎规范，各家看法颇不一致，因而有深入讨论的必要。

2. 所有的双音节动宾短语（如：打球）、连动短语（如：去玩）、助动短语（如：能用）以及动趋短语（如：接上）、动结短语（如：切成），因为其中 A 和 B 都可以单用，这类短语都能构成 A 不 AB 式（如：打不打球｜去不去玩｜能不能用｜接不接上｜切不切成）。这类自由短语的 A 不 AB 式，是现代汉语规范中所固有的，本文不予讨论，只在必要时稍有涉及。

3. 有一种动宾式合成词，A 和 B 结合得不那么紧密，通常可以拆开来用。[①] 这类词的 A 不 AB 式在现代汉语中已趋稳定成型，一般都承认它是合乎规范的。例如：

(1) 正确的政治路线能不能贯彻实行，关键是思想路线对不对头。（《邓小平文选》，第 176 页）

(2) 如果要杀你的时候，你害不害怕？（郭沫若《虎符》）

其中"对不对头""害不害怕"分别是"对头""害怕"的 A 不 AB 式。

现代汉语发展演变的情况表明：双音节动词性词语，即使是可以拆开使用的动宾式合成词，开始时一般只构成 AB 不 AB 式，而对 A 不 AB 式则是持保守态度的。[②] 后来随着语言的不断发展，A 不 AB 式才由少到多逐渐使用开来，

[①] 动宾式合成词能否拆开使用，均以《现代汉语词典》的标注为准。

[②] 关于现代汉语中的这一情况，还需要用大量精确的调查材料加以证明。笔者在写作本文过程中，粗略翻查了代表较早时期北京口语的《红楼梦》《儿女英雄传》和老舍的《老张的哲学》《赵子曰》《骆驼祥子》等文学作品，均未发现有本文所要讨论的 A 不 AB 式，而一律采用 AB 不 AB 式。

形成了跟 AB 不 AB 式并行的格式。从现在可以构成 A 不 AB 式的词语的情况来看，不仅有动宾式合成词，还有联合式合成词及其他结构类型的动词性词语。而且，A 不 AB 式的使用范围似乎还在继续扩大。

下边，我们试就 A 不 AB 式的结构类型即在汉语中的分布情形，这一格式的产生和由来，以及它的规范问题等，谈几点粗浅的看法。

一、A 不 AB 式的类型

这里所谓 A 不 AB 式的类型，是根据 AB 的组合方式而分出来的结构类型。这种分类法可能有不尽完善、有待改进之处，不过我们认为，它大体上能反映出 A 不 AB 这一新兴的句法形式在现代汉语中的分布情形。

（一）"对不对头""同不同意"类

AB 为动宾式合成词。如果 AB 习惯上可以拆开使用，则这类词大部分可以构成 A 不 AB 式。除上举例（1）和例（2）外，再看几例：

（3）只要你妈一来，大娘俺不管玉秀点不点头，由俺和你妈作主，立时就欢欢喜喜地把她的婚事办了。（李存葆《高山下的花环》）

（4）也不管仇应发认不认罪，会上宣布罚五担菜钱。（姜滇《水天苍苍》）

（5）摘不摘帽上边有精神，这是闹着玩吗？（张福先等《月难圆》[评剧]）

（6）要是那些钱给你，你动不动心？（张林《你是共产党员吗？》）

其他如：过不过期｜报不报名｜发不发烧｜中不中意｜丢不丢脸｜放不放心。①

还有一些双音节合成词，本来并不是动宾式（多为联合式），但习惯上常被当成可以拆开的动宾组合来使用。这类合成词不少也可以构成 A 不 AB 式。例如：游不游泳｜洗不洗澡｜睡不睡觉｜考不考试｜登不登记｜赞不赞成｜高不高兴。②

有些动宾式合成词，AB 结合得较紧，一般不能拆开使用。这类词对 A 不 AB 式的适应性较"对头"等稍差，但也有不少可以说的。例如：

（7）大山是我的女婿，他要来，我没个不同意，就看政府同不同意了。（赵象焜《张王李赵》[吕剧]）

---

① 凡"其他如"之后的例子，多数也都有书证，为节省篇幅，不再一一注明出处；少数没有书证的，也都向有关同志咨询过。

② "高兴"本是偏正式合成词，但在"高了兴""高起兴来"中被当成了动宾组合，所以也可以说成"高不高兴"。例如杨朔："这要看野兽高不高兴见客了。"（转引自李临定《"判断"双谓句》，《语法研究和探索》（一）第 13 页）

(8) A：那么，你真的对我没有失望吗？

B：唔，无所谓失不失望，因为我根本没有相信过你。（鲁迅《半夏小集》）

(9) 什么职工宿舍太紧，青年结婚没房，像锅炉水开不开，食堂里卫不卫生，连馒头碱小点，工人都有意见。（姜昆、李文华《花与草》[相声]）

(10) 刘福生……唱着唱着还要问："你听这一口，够不够味？"（杨朔《三千里江山》）

其他如：出不出版｜得不得罪（人）｜满不满意｜（功夫）到不到家｜（电影）动不动人｜吃不吃香。

还有一类以"可"为第一音节的合成词，如"可爱、可恨、可靠、可口"等，有人认为"可"是前缀或类前缀，"可B"为附加式（前加）合成词。我们认为这里的"可"意义实在，表示"值得""适合"等，"可B"为动宾式合成词。这一小类词也可以说成 A 不 AB（可不可 B）。例如：

(11) 眼看谷子熟透了，谁知老美不让咱收，撒下满地的庄家，可不可惜！（同上）

(12) 这小伙子可不可爱，伟不伟大，对社会有没有贡献，在于他的个子高矮吗？（曲啸在天津师大的讲话录音）

（二）"喜不喜欢""应不应该"类

AB 为联合式合成词。A 和 B 若为同义或近义语素，则该词比较容易接受 A 不 AB 式；若为意义相反或相对的语素，则该词对 A 不 AB 式持排斥态度。例如：

(13) 文福，你喜不喜欢干净人呢？（刘亚舟《男婚女嫁》）

(14) 对山寨来人找他的事，告不告诉他呢？（胡柯《乡娘》）

(15) "10℃以上"包不包括10℃在内？（李裕德《科技语言漫谈》）

(16) 现在清不清楚呢？（林斤澜《阳台》）

(17) 我们卖的就是这个玩意儿，合不合适我们不管。（《人民日报》1985年4月4日第7版）

其他如：认不认识｜讨不讨论｜答不答应｜接不接受｜需不需要｜奇不奇怪｜伟不伟大｜要不要紧。

联合式的助动词，其中 AB 均为同义或近义语素，都可以构成 A 不 AB 式。例如：

(18) 现在报上讨论干部子女应不应该继承父母的遗产。（徐怀中《西线轶事》）

(19) 我建议，请同志们议一下，我们提出五年计划好不好……大家研究一下，可不可能？（同例（1），第342页）

(20) 你愿不愿意回到祖国怀抱？愿不愿意调转枪口打击日本侵略者？（李英儒《野火春风斗古城》）

其他如"应不应当""能不能够"也都可以说。

（三）"值不值得"类

这一类中语素B一律为"得"，A得也是合成词。A得式合成词几乎可以列举，对A不AB式相当开放，不少可以说成A不A得。例如：

(21) 有一件小事，我不知道还值不值得提它？（魏巍《我的老师》）

(22) 你在公社科技组成天学习、听课，记不记得有个扎两把小刷子的姑娘？（田芬《金钥匙》）

(23) 山上有座石头坟，你晓不晓得？（林斤澜《竹子》）

其他如：认不认得｜懂不懂得｜觉不觉得｜显不显得｜舍不舍得｜算不算得。

还有一个"知道"，现在还没有最后搞清楚它的构造方式，我们暂时也把它归入A得式一类。① "知不知道"的说法已经十分普遍。这里只举一例：

(24) 问你呢，蒋介石被捉住了，你知不知道？（苏叔阳《大地的儿子》）

（四）"可不可以"类

这一类中B一律为虚语素（后缀），AB为附加式（后加）合成词。这类词有的也可以构成A不AB式。例如：

(25) 社会主义的人道主义，可不可以说就是马克思主义的人道主义？

---

① 陆志韦等认为"知道"是"实在不能归类的例子"，又说"我们简直不能肯定是并列格还是偏正格"。（《汉语的构词法》1965年修订本第12页）赵元任认为"知道"等"近乎不能分析的复合词"，"不合于正常的语法结构规律"，又说，"历史的研究可能发现它们的来源"。（《汉语口语语法》中译本第184页）《辞海》"道"条义项14注为："犹言'得'、'到'。如：知道；怪道（即怪不得）。"（该书合订本第1061页）我们参照《辞海》的解释，把"知道"归为A得式一类词。在明清白话小说中，确有"知道"与"知得"互见的情形。如《水浒全传》第二十四回："老身知得娘子洪饮，且请开怀吃两盏儿。"又："不到半月之内，街坊邻居都知得了，只瞒着武大一个不知。"同书第二十五回："街坊邻居都知道西门庆了得，谁敢多管？"《西游记》第五十六回："这条棍本是如意金箍棒，天秤称的，一万三千五百斤重，那伙贼怎么知得？"又第五十五回："这泼贱也不知从那里就随将我们来，把上项事情就知道了。"再者，"觉得"这个词有时也写作"觉道"。如《水浒全传》第二十四回："今年觉道身体好生不济。"《儿女英雄传》第三十八回："倒显得长姐儿此来得似乎觉道有些不大那个。"（比较同书同回："那个胖女人却也觉得有些脸上下不来。"）由此是否可以这样认为：在近代汉语里，某些A得与A道曾是混用的异形词，到了现代汉语里，其中有的定型于A得（如"觉得"），有的定型于A道（如"知道"）。[补注：此后笔者曾写有《"知道"的构成方式是什么？》一文，已收入本书内，可参看。]

216

（胡乔木《关于人道主义和异化问题》）

(26) 词组作定语时再用"所"字，究竟合不合乎规范，还值得考虑。（张静《汉语句法结构的基本类型》）

(27) 虽然我们不主张学生参加修辞学界关于一些理论问题的论争，但要求学生熟悉这些论争，并动脑筋想一想，如……篇章结构属不属于修辞学的论争……（王希杰《修辞教学的想法和做法》）

其他如：足不足以｜敢不敢于｜等不等于｜在不在乎｜接不接着（往下讲）。

（五）"欢不欢迎"类

AB 为偏正式合成词。这一类词构成的 A 不 AB 式也已开始流行。例如：

(28) 他站在讲桌前，笑眯眯地依次打量着我们，似乎在观察我们欢不欢迎他。（刘元举《我和老师》）

(29) "好不好看？"梁副官忍不住地笑，"这两个都是处里的女同志。"（张天翼《皮带》）

其他如：后不后悔｜难不难过｜好不好吃①｜重不重视。

（六）"借不借给"类

其中 B 仅限于"给""在"等少数几个介词。AB 为动介式短语。这类短语的 A 不 AB 式后边一般要紧接宾语。例如：

(30) 至于借不借给他，那就要看呆会儿搭上话后的自我感觉再做出即兴的反应了。（张一弓《流星在寻找失去的轨迹》）

(31) 你住不住在河西？（转引王艾录《"动词+在+方位结构"刍议》例）

"借不借给""住不住在"等与"合不合乎""等不等于"等很相似，但后者 AB 已凝结为词，其中"乎""于"为后缀，而"借给""住在"等习惯上仍不作一个词看待。

其他如：还不还给（我）｜送不送给（老张）｜放不放在（眼里）｜写不写在（纸上）。

（七）"接不接（得）上"类

1. "接不接上"类

AB 为动趋式短语或复合式趋向动词，这两类词语在构成上很像双音节的连动短语，一般都可以自由采用 A 不 AB 式。例如：

---

① 值得注意的是，在某些方言如烟台话中，"好吃不好吃"和"好不好吃"虽然都能说，但表示的意思并不相同。"好吃不好吃"是说能不能吃，"好不好吃"是说味道好不好。参见钱曾怡等：《烟台方言报告》，齐鲁书社 1982 年版，第 250 页。

(32) 这儿接不接上电源？（转引范继淹用例）①

(33) 孩子都发烧三十八度七了，你回不回去！你回不回去！（张辛欣等《灾变》）

其他如：留不留下｜拿不拿来｜收不收回｜打不打开②｜进不进来｜起不起来｜上不上去。

2."接不接得上"类

这一类和下文"切不切得成"类都有点儿特殊，可以记作 A 不 A 得 B。例如：

(34) 这两股绳子接不接得上？

(35) 不管我吃不吃得下，他们开始张罗起来。（刘心武《银锭观山》）

(36) 你看，够不够得上时髦青年的份儿？（韩蔼丽《眸子》）

(37) 从这条小路过不过得去？

其他如：放不放得下｜离不离得开｜合不合得来③｜上不上得去｜起不起得来。

如果语义许可，同一趋向短语或复合趋向动词可以构成 A 不 AB 和 A 不 A 得 B 两种格式。例如：接上：接不接上∽接不接得上｜出来：出不出来∽出不出得来。A 不 AB 式用于询问主观意愿，A 不 A 得 B 式用于询问客观可能。我们把前者称为一般式，后者称为可能式。可能式比一般式只多了一个"得"字。"得"是可能式的标记。

A 不 A 得（第（三）节）中的"得"跟 A 不 A 得 B 中的"得"不同（虽然都读轻声），前者是实语素，后者应看成结构助词或中缀。

（八）"切不切（得）成"类

1."切不切成"类

AB 为动结式短语。B 表示结果，可以是动词，也可以是形容词。这类词语的 A 不 AB 式一般都不成问题。例如：

(38) 这两个问题都可以说是"一个还是两个？"的问题，不过前一个是一根绳子切不切成两段的问题，后一个是一根绳子掰不掰成两股的问题。（吕叔湘《汉语语法分析问题》）

---

① 范继淹：《是非问句的句法形式》，载《中国语文》1982 年第 6 期。

② A 后的趋向动词也可以是复合式的：拿不拿进来｜收不收回去｜提不提起来｜走不走过去。例如，杨朔《野茫茫》："你让不让出地来？"

③ "合不合得来"没有 AB 的形式（×合来）。又，A 后的趋向动词也可以是复合式的：记不记得起来｜穿不穿得上去｜说不说得出来。例如，金敬迈《欧阳海之歌》："他一会儿指着这棵树问欧阳海认不认得，一会儿又拔起那棵草问欧阳海叫不叫得出名字来。"

218

(39) 颜色变不变黄？（同例（32））

其他如：接不接通｜拿不拿走｜弄不弄碎｜拉不拉紧。

2. "切不切得成"类

例如：

(40) 这把刀不快，还不知道切不切得成呢？

(41) 二是恢复老招牌、旧刊头，不管老百姓、后一代看不看得懂。（《人民日报》1982年2月2日第8版）

(42) 这么重的批评，对一个入伍才一年多一点的兵来说，是不是过了？他受不受得了？（金敬迈《欧阳海之歌》）

(43) 你想，这封信寄不寄得到？（张天翼《大林和小林》）

其他如：搬不搬得动｜睡不睡得着｜行不行得通｜跟不跟得紧｜说不说得清｜来不来得及。①

同第（七）节，如果语义许可，同一动结短语也可以构成 A 不 AB 和 A 不 A 得 B 两种格式。例如：切成：切不切成〜切不切得成｜盛满：盛不盛满〜盛不盛得满。A 不 AB 式用于询问主观意愿，称为一般式；A 不 A 得 B 式用于询问客观可能，称为可能式。两式的区别只在后者多出一个"得"字。"得"是可能式的标记。

（九）杂类

还有主谓式合成词及单纯词的 A 不 AB 式。例如：情不情愿｜心不心疼｜糊不糊涂｜肮不肮脏｜滑不滑稽｜慷不慷慨。这些目前一般还仅见于某些方言。

结合紧密的动补式合成词，如"说明、提高、延长、缩小"之类，一般也不采用 A 不 AB 式。在我们搜集到的资料中，尚未发现有这类 A 不 AB 式的用例。

二、A 不 AB 式的由来

1. 在广东方言和四川方言、胶东方言、辽东方言中，A 不 AB 式的使用范围本来就很宽，它可以用于任何双音节的动词性词语，不管 AB 是由哪种方式构成的，甚至单纯词。② 全国解放以后，由于政治、经济、文化的空前统一，

---

① 最后一例没有 AB 的形式（ˣ来及）。又，A 后的形容词也可以是双音节的。例如：说不说得清楚｜听不听得明白。

② 张一舟：《四川话口语中几个常用虚词的用法》，载《四川大学学报》1983年第1期，这篇文章的注⑨曾谈到四川方言中的这种情况，可参阅。又，钱曾怡等《烟台方言报告》也曾谈及胶东话的这一情况，见该书第244—245页。

交通的极大便利，不同方言区的人员的往来日益频繁，南北方言之间、方言与普通话之间相互影响、交融的机会日渐增多，这就使得方言里有生命力与表现力的词语和句法形式逐渐被吸收到普通话中来。A 不 AB 式使用范围的扩大，显然跟方言句法的影响和渗透有关。

2. 方言的影响和渗透对扩大 A 不 AB 式在现代汉语中的使用范围固然有其积极的促进作用，但还不是起决定性作用的因素。决定性的因素在于语言发展的经济原则和类推变化作用，也就是存在于汉语内部的简易化和规则化的发展趋势。这不仅可以用来圆满地解释现代汉语普通话中 A 不 AB 式的增殖现象，而且同样可以用来全面地解释现代汉语方言中 A 不 AB 式的形成问题。

对于包括方言在内的现代汉语中的 A 不 AB 式的形成，通常认为它是由 AB 不 AB 式减缩而来的。① 一般来讲，这种解释应该说是正确的，无可非议；但从另外一个角度来看，我们又认为这种看法还不够全面。

诚然，如果仅就"打球""去玩""能用"等这类自由短语而言，我们只能做出一种解释，即 A 不 AB 式是由 AB 不 AB 式减缩而成的（打球不打球→打不打球｜去玩不去玩→去不去玩｜能用不能用→能不能用）。但观察问题不能到此为止。接下去再考察"对头""喜欢""值得""可以""欢迎""借给"这些合成词或短语，我们就不能满足于这样一种解释了。就是说，A 不 AB 式的形成不止通过一种途径。一方面，从它们自身来看，这些词语的 A 不 AB 式无疑也是 AB 不 AB 式减缩的结果（对头不对头→对不对头｜喜欢不喜欢→喜不喜欢｜值得不值得→值不值得｜……）。这在下图和第四部分的表中表现为自左至右的横向演变关系。另一方面，从不同语法结构的相互影响和作用来看，我们也不难发现，"对头"等词语的 A 不 AB 式，是参照"打球"等自由短语的 A 不 AB 式的模式而加以类推变化的产物（打不打球：对不对头：喜不喜欢：值不值得：……）。这在下图和第四部分的表中表现为自上而下的纵向演变关系。

上述内容可以图示如下：

---

① 陈建民：《北京口语漫谈》，载《中国语文》1982 年第 1 期，这篇文章就持这种看法。吕叔湘（1963）、范继淹（1982）等实际也是这种看法。

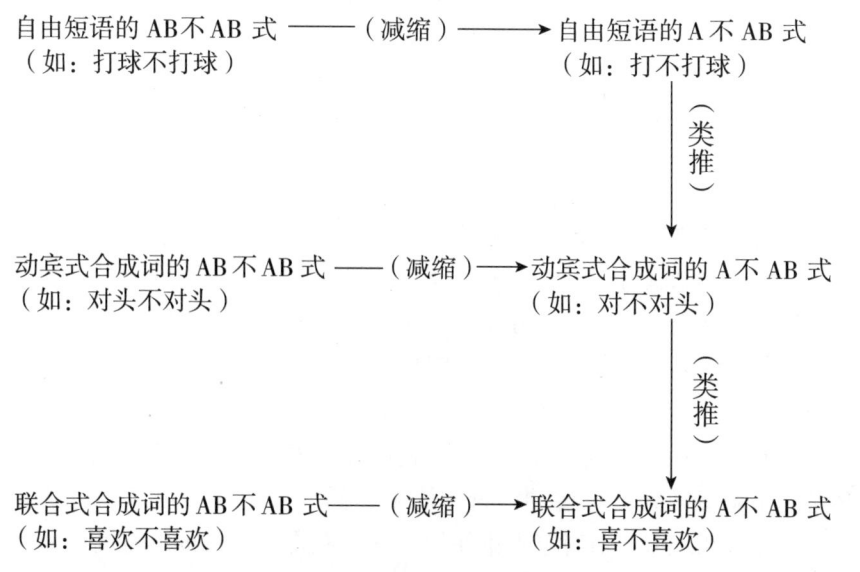

自由短语的 AB 不 AB 式 ──（减缩）──▶ 自由短语的 A 不 AB 式
（如：打球不打球）　　　　　　　　　（如：打不打球）

（类推）

动宾式合成词的 AB 不 AB 式 ──（减缩）──▶ 动宾式合成词的 A 不 AB 式
（如：对头不对头）　　　　　　　　　（如：对不对头）

（类推）

联合式合成词的 AB 不 AB 式──（减缩）──▶ 联合式合成词的 A 不 AB 式
（如：喜欢不喜欢）　　　　　　　　　（如：喜不喜欢）

其他类型的 A 不 AB 式形成的情形类此。至于（七）（八）两节中那种动趋式和动结式短语的 A 不 A 得 B 式，尽管特殊一点，但也可以作如是观：一方面，它是 A 得 BA 不 B 这种完全反复疑问形式减缩的结果（接得上接不上→接不接得上｜切得成切不成→切不切得成）；另一方面，也与自由短语的 A 不 AB 式的不断类推变化不无关系，只不过由于结构和语义的需要，在 A 不 A 与 B 中间另外嵌入一个可能式的标记──"得"字罢了（去不去玩：接不接上：接不接得上：切不切得成）。

总之，造成自由短语之外的双音节动词性词语的 A 不 AB 式有两种方法：减缩法和类推法。包括方言在内的现代汉语中 A 不 AB 式的形成和增殖，就是这两种方法或规则从不同的方面同时起作用的结果。只是以前的论著对后一种方法──类推法多未论及，我们才觉得有着重加以指出的必要。

3. 还应指出，我们说自由短语之外的双音节动词性词语可以构成 A 不 AB 式，并不就意味着任何一种结构类型里的任何一个双音节词都有 A 不 AB 的形式。实际上，有的结构类型里可以构成 A 不 AB 式的词语可能多些，有的可能少些，有的在普通话中目前还不多见。我们从书面材料中共收集到 127 个双音节词的 A 不 AB 式①，其中各种结构类型的词的数量和所占百分比如下表：

---

① 这里说的是"词"，不包括双音节的自由短语（动宾短语、连动短语、助动短语），也不包括动趋式和动结式短语的一般式和可能式。又，重复出现的只计一次，如"应不应该"虽有多个例证，但统计时只按一个词计算。

221

结构类型	动宾	联合	A得	附加	偏正	动介	杂类	合计
例词数量	54	41	10	9	5	3	5	127
所占百分比	42.5	32.3	7.9	7.1	3.9	2.4	3.9	100

可以看出，动词性词语的 A 不 AB 式主要由动宾式和联合式合成词构成，两项约占总数的 75%，A 得式和附加式合成词占 15%，其他类型的词（偏正式、动介式、主谓式和单纯词）只占 10% 多一点儿。

能否构成 A 不 AB 式，一方面跟词语本身所属的结构类型有关，另一方面还受以下各种因素的制约：一是，AB 是口语中的词还是书面语词。一般说来，口语中的词比较容易接受 A 不 AB 式。二是，A 可以单用还是不可以单用。如果 A 可以单用，则整个词对 A 不 AB 式适应性较强；反之则较差。三是，语素的意义。主要指联合式合成词，只有语素相同或相近时才可以构成 A 不 AB 式，语素意义相反或相对时就很难使用该式。四是，动词的体范畴的不同。A 不 AB 式仅适用于未然体，不适用于已然体。已然体可采用 A 没 AB 式。如：看没看见｜借没借给（他钱）。① 五是，还有一个习惯问题。

三、A 不 AB 式的规范问题

1. "对不对头"这类动宾式合成词构成的 A 不 AB 式，以及"接不接上""切不切成"这类动趋式和动结式短语构成的 A 不 AB 式，已在现代汉语普通话中广泛使用开来，并且站稳了脚跟，一般都承认其合法地位。由补充式和主谓式合成词以及单纯词构成的 A 不 AB 式，目前还很少使用，或仅限于某些方言地区，除个别情形外，一般不应承认其在汉语规范中的合法地位。② 以上分属于两种极端的情形，规范与否，大家的意见基本上趋于一致。分歧主要集中在对中间几类 A 不 AB 式即本文第一部分的（二）至（六）节和 A 不 A 得 B 式的认识上。

2. 归纳起来大体有三种不同的意见。一种是较早时期的意见，认为 A 不 AB

---

① 吕叔湘在《现代汉语单双音节问题初探》（载《中国语文》1963 年第 1 期）中曾引过这样一个例子："见不见着无关紧要，横竖人家想的开，不会恼他。"（杨朔《三千里江山》）吕先生指出，这里的"见不见着"是"见着了没见着"的压缩形式。这一分析是符合作品原意的，不过按照一般规律，这里宜说成"见没见着"，"见不见着"也许是方言说法。笔者的资料中再没发现有别的 A 不 AB 式表示已然的例子。

② 因为"慷慨""滑稽""糊涂""肮脏"等有"慷国家之慨""滑天下之大稽""糊里糊涂""肮里肮脏"等说法，所以这几个单纯词的 A 不 AB 式也未尝不可以成立。

式强行拆开了不能拆开的单词,"破坏了词的完整,是应当排斥的"。① 第二种意见是 60 年代开始提出,80 年代逐渐明朗化的看法,以吕叔湘的《现代汉语单双音节问题初探》和他主编的《现代汉语八百词》为代表。《现代汉语单双音节问题初探》已经注意到口语中把 AB 不 AB 减缩成 A 不 AB 的现象,并认为这种现象是符合现代汉语的节奏倾向的。《现代汉语八百词》则作为一种规律指出:"不"用于反复疑问句中,动词或形容词如果"有两个以上音节时,往往只重复第一个音节"。所举例句有"可不可以去""你知不知道这件事情""你认不认得他呢""你搬不搬得动这口大缸"等。② 吕冀平、戴昭铭和邢福义等也都持大体相同的意见。③ 第三种意见,早期的如黎锦熙、刘世儒的《汉语语法教材》,认为 A 不 AB 这种口语中"拆散复合词的习惯""虽不值得提倡,可也有讲得通的";④ 近期的如张志公主编的电大《现代汉语》(试用本),认为"从普通话的角度看",A 不 AB"这种说法是比较特殊的,如果不说它是不规范的话"。⑤

综观上述三种意见,头两种意见正好相对,第三种意见似乎徘徊于前两种意见之间,但就电大教材总的倾向来看,应该说更接近于第二种意见。我们原则上同意吕叔湘和《现代汉语八百词》的看法,认为应该正视现代汉语发展演变的现实,对某些双音节动词性词语的 A 不 AB 式采取比较宽容的态度,承认其在现代汉语尤其在现代汉语口语规范中的合法地位。简述理由如下:

一是,由 AB 不 AB 到 A 不 AB,完全符合汉语发展的简易化趋势,符合语言表达讲求效率、力求经济的原则。"对于语言来说,最理想的效果是在保证准确的前提下,用最经济的手段达到交际的目的。"⑥ 把 AB 不 AB 说成 A 不 AB,信息的传达一般不会出现偏差,而且省掉一个音节,具有简洁明快、省时省力的优点。A 不 AB 式使用范围的扩大,体现了现今快速发展与讲求效率的时代特点对语言表达的影响和要求。

二是,由 AB 不 AB 到 A 不 AB,同样符合汉语发展的规则化趋势,体现了

---

① 陆宗达:《关于语法规范化的问题》,载《现代汉语规范问题学术会议文件汇编》,科学出版社 1956 年版,第 70 页。
② 《现代汉语八百词》,商务印书馆 1980 年版,第 71—72 页,第 142 页,第 365 页。
③ 吕冀平、戴昭铭:《当前汉语规范化工作中的几个问题》,载《中国语文》1985 年第 2 期;邢福义:《谈谈语法规范化的问题》,载《文字改革》1985 年第 6 期。不过吕、戴一文认为,A 不 AB"这种省略的覆盖率极大,几乎所有双音节的动词、形容词,不管是由什么方式构成的,也不管是通俗的还是文雅的,只要是用肯定否定重叠来表示疑问的,就都可以这样用"。我们认为,这一结论对于普通话来说未免失之过宽,还是采取"分别情况,区别对待"的办法为好。
④ 黎锦熙、刘世儒:《汉语语法教材》第一编,商务印书馆 1957 年版,第 355 页。
⑤ 张志公主编:《现代汉语》(试用本),人民教育出版社 1982 年版,第 260 页。
⑥ 吕冀平、戴昭铭:《当前汉语规范化工作中的几个问题》,载《中国语文》1985 年第 2 期。

现代汉语发展的四音节化的节奏倾向。四音节比之五音节来，既显得整齐匀称，又便于口诵，为广大汉语使用者所喜闻乐见。这也是 A 不 AB 式广为流布、迅速发展起来的原因之一。

三是，A 不 AB 式这一既老又新的句法形式（说它"老"，因为汉语中原已有之；说它"新"，因为又有了发展），拥有越来越广泛的群众基础。就上边我们所举例句的作者来看，不仅有南方籍或长期在南方工作的，而且有不少北方籍或长期在北方各省、市（包括北京）生活、工作的。他们中间不仅有中青年同志，也有老同志；不仅有作家，而且有语言学家。这充分说明某些双音节动词性词语的 A 不 AB 式已经冲破了个别方言区域的限制，正在向更大的范围以至民族共同语渗透，并且逐步取得了全民性的特点。它在现代汉语普通话中的合法地位，事实上已经得到了包括语言学工作者在内的广大群众的首肯和承认。

四、小结

为便于比较，我们把双音节动词性词语的 AB 不 AB 式和 A 不 AB 式的使用情况，列表表示如下：

词语结构类型		举例	AB 不 AB 式	A 不 AB 式
自由短语		打球、去玩	+	+
动宾式合成词		对头、同意	+	+
联合式合成词		喜欢、应该	+	(+)
A 得式合成词		值得、记得	+	(+)
附加式合成词		可以、合乎	+	(+)
偏正式合成词		欢迎、好看	+	(+)
动介式合成词		借给、住在	+	(+)
动趋式短语	一般式	接上	+	+
	可能式	接上	+（A 得 BA 不 B）	(+)（A 不 A 得 B）
动结式短语	一般式	切成	+	+
	可能式	切成	+（A 得 BA 不 B）	(+)（A 不 A 得 B）
其他	补充式合成词	说明	+	－
	主谓式合成词	情愿	+	?
	单纯词	慷慨	+	?

224

（说明：表中"+"表示合法格式，"（+）"表示普通话中原来不说现已使用开来并取得合法地位的格式，"-"表示普通话中不说的格式，"?"表示普通话中可疑或暂不接受的格式）

（1983年12月初稿，并在山东省语言学会年会上宣读；后数易其稿，发表于《语文论集》第四辑，张志公主编，外语教学与研究出版社1991年版；收入本书时稍作修改）

【附记】

进入新世纪以来，内地和马来西亚华语学者曾掀起一个对A不AB式讨论的小高潮，《语言文字应用》等刊物发表了十数篇这方面的论文。可是我发现，这些论文中谈到的A不AB式的类型、来源以及规范与否等问题，有不少地方在拙作里都已经谈及，可这些论文没有一篇提到拙作的，即使在参考文献中也没有提及。我想这大概是因为登载拙作的那个丛刊印数太少、不易被人注意的缘故吧。不过俗话说"好酒不怕巷子深"，归根结底还是因为拙作不过是浊酒村醪而已，如果是茅台五粮液之属，还怕湮没于山林草莽之中吗！

另外我还发现，后来的论文谈到A不AB式的来源和扩大化趋势时，似乎没有谁提及"类推"一说，而这一点我认为是万万不可忽视的。最近看台湾电视连续剧《十六个夏天》，在第2集中有这样两句有趣的对话：

　　唐家妮："怎样？我现在看起来O不OK啊？"
　　方韦德："还好啊！只是有点醉样。"

你看，在台湾国语里，连外语缩略语OK都可以采用A不AB式了，类推的作用不可谓不大矣！

（2014年10月23日记）

连动短语前状语的语义指向

一

有的现代汉语教材对连动短语前带有状语的连动句的结构关系做出了下面的划线分析：

例一　他的病假单‖一直揣在口袋里没有交出来。①
　　　　　　　　　｜——Ⅰ——｜——Ⅱ——｜

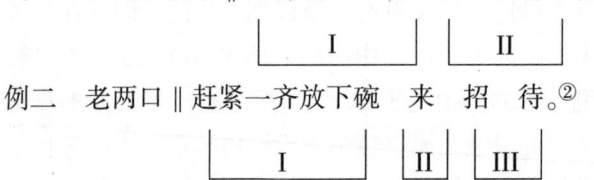

例二　老两口‖赶紧一齐放下碗　来　招　待。②
　　　　　　　｜——Ⅰ——｜—Ⅱ—｜—Ⅲ—｜

根据这样的划线分析方法，这里的状语只能是修饰或限制连动短语的第一个动词短语的，而跟第二个、第三个动词或动词短语无关。如例一，状语"一直"只管"揣在口袋里"，不管"没有交出来"；例二，"赶紧""一齐"也只充当"放下碗"的状语，不做"来"和"招待"的状语。如果用框式图解法来表示，上述的分析则是：

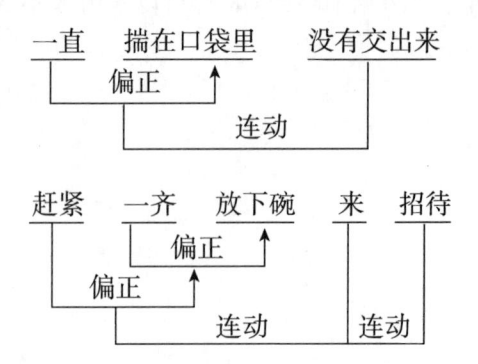

　　一直　　揣在口袋里　　没有交出来
　　｜—偏正—｜
　　　　　　｜————连动————｜

　　赶紧　一齐　　放下碗　　来　　招待
　　　　　｜—偏正—｜
　　｜——偏正——｜
　　　　　　　　　｜——连动——｜—连动—｜

---

① 胡裕树主编：《现代汉语》，上海教育出版社 1981 年增订本，第 363 页。
② 山东省十二师专协作编写：《现代汉语》，1983 年修订本，第 262 页。该书第 262—263 页还有几例情形与此类似，为节省篇幅，不再多举。

226

显而易见，这样的分析是不符合句子原意的，因而是不合理的。实际上，这里的状语不仅管着连动短语的第一个动词短语，而且管着第二个、第三个动词或动词短语。换句话说，这里的状语在语义上是指向整个连动短语而不是仅仅指向连动短语的某一部分（如头一部分）的。如果用图解法来表示，应该是：

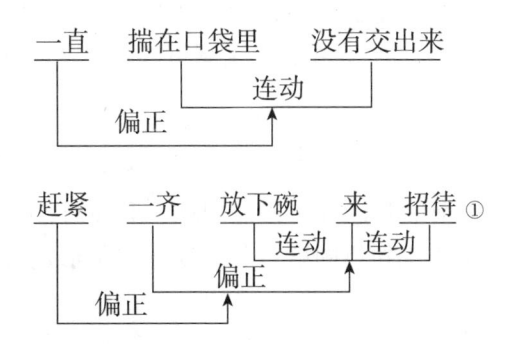

```
    一直    揣在口袋里    没有交出来
                └────连动────┘
      └──偏正──┘
```

```
    赶紧    一齐    放下碗    来    招待  ①
                    └─连动─┘└连动┘
            └──偏正──┘
      └─────偏正─────┘
```

附带说明一下：根据我们所做的分析，"一直揣在口袋里没有交出来"等的最大层次的直接成分应是状心式偏正关系，是否就可以据此而认为"他的病假单一直揣在口袋里没有交出来"等不是连动句了呢？我们认为还不能这样看待。正如胡裕树先生曾经说过的那样，"这样的偏正结构的中心部分如果不止一个词，这个结构的性质决定于它的中心部分"。② 这里"一直揣在口袋里没有交出来"等的中心部分既然是连动关系，整个结构的性质也就同于连动，那么由它们作谓语构成的句子也当然是连动句。这也正像"他确实身体健康"这样的句子，我们绝不会因为"确实身体健康"的直接成分是状心式偏正关系而就认为这类句子不再是主谓谓语句一样。从表达的角度来看，"一直揣在口袋里没有交出来"等是有所省有所合（省状合动），拆开来说，就应该是"一直揣在口袋里一直没有交出来"等。当然，实际上很少有人这么说。

底下的几个例子，连动短语前的状语（画浪线的部分）也都是指向整个连动短语的（但整个句子不一定都是连动句）：

---

① 或者把"下……来"看成被分离的趋向动词也可以：

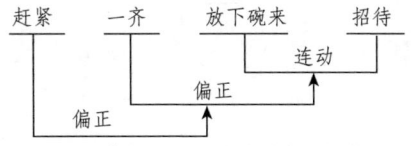

```
    赶紧    一齐    放下碗来    招待
                    └──连动──┘
            └──偏正──┘
      └─────偏正─────┘
```

② 胡裕树主编：《〈现代汉语〉使用说明》，上海教育出版社1981年版，第27页。

(1) 我似乎听到锣鼓的声音，而且知道他们在戏台下买豆浆喝。（鲁迅《社戏》）
(2) 连夜渔的几个老渔父，也停了艇子看着喝采起来。（同上）
(3) 她还记得照旧的去分配酒杯和筷子。（鲁迅《祝福》）
(4) 他想赶紧回去把伊玲的故事告诉每一个人。（何为《第二次考试》）
(5) 晌午，老杨同志到老秦家去吃饭。（赵树理《老杨同志》）

如果用公式表示，这类情形的语义关系可以大致表示为：

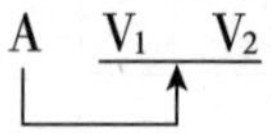

$$A \quad V_1 \quad V_2$$

其中 A 代表连动短语前的状语（可以是副词、形容词、时间名词、介词短语等），V_1、V_2 分别代表连动短语的第一个、第二个动词或动词短语。

二

那么，连动短语前的状语在语义上有没有只指向第一个动词或动词短语的情形呢？当然有，而且还颇常见。例如：

(6) 听到叫他的名字，他大步流星地迈过去牵上。（周立波《分马》）
(7) 我在桌前坐下，随手拿起一张报纸来看。（冰心《小橘灯》）
(8) 这个女孩子完全有条件成为一个优秀的歌唱家。（何为《第二次考试》）
(9) 玉宝被地主逼着去放猪。
(10) 两个人把他死死按在地上低声说……

以上各例，连动短语前的状语都只修饰或限制第一个动词或动词短语，而跟第二个动词或动词短语没有语义和结构上的直接关系。对于这一类连动短语，如果采用本文开头转引的两个例子的划线分析法或图解法，倒是可行的。如例 (6) 和 (10) 可以表示为：

他 ‖ 大步流星地迈过去　牵上。
　　　　　Ⅰ　　　　　Ⅱ

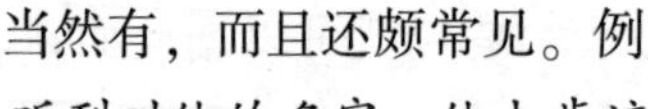

两个人 ‖ 把他死死按在地上　低声说。
　　　　　　Ⅰ　　　　　　Ⅱ

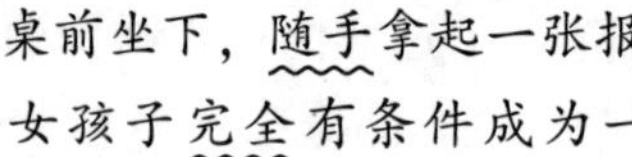

或者：

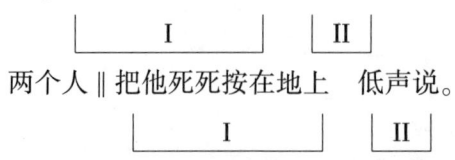

```
大步流星   地   迈过去   牵上
         偏正
              连动
```

```
把他   死死   按在地上   低声说
           偏正
     偏正
          连动
```

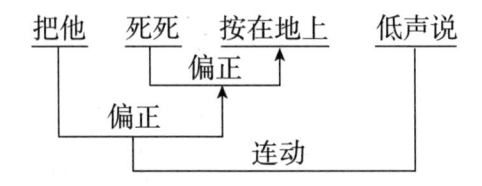

其余三例类此。

这类情形的语义关系大致可以用下列公式表示：

$$A \quad V_1 \quad V_2$$

有的时候，连动短语前有两个状语，其中后一个状语在语义上指向连动短语的第一个动词或动词短语，前一个状语指向整个连动短语。例如：

（11）小顺赶紧一把拉开道……（赵树理《老杨同志》）

（12）早晨和黄昏，有许多白颈老鸦。人走过，就呀呀地叫着飞起来。（汪曾祺《岁寒三友》）

（13）解放前，他爹被鬼子抓去当劳工。

例（11）图解如下：

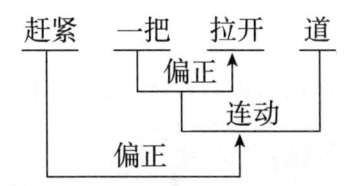

```
赶紧   一把   拉开   道
          偏正
              连动
      偏正
```

其中"一把"只管"拉开"，"赶紧"既管"拉开"又管"道"。其余两例类此。

这类情形的语义关系可以大致表示为（A_1、A_2分别代表连动短语前的两个状语）：

$$A_1 \quad A_2 \quad V_1 \quad V_2$$

有的时候，同是一个状语，既可以理解为它仅指向连动短语的第一个动词或动词短语，也可以理解为它指向整个连动短语。这时就会产生歧义。例如：

（14）我在你这儿拿本小说看好吗？

可以有两种图解方法：

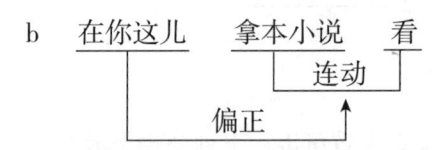

  a 在你这儿 拿本小说 看
      偏正
         连动

  b 在你这儿 拿本小说 看
          连动
      偏正

按 a 式图解法，很可能不是"在你这儿"看而是拿到别的什么地方去看；按 b 式图解法，则只能是"在你这儿看"。这里之所以会产生歧义，除了没有明确的语言环境这一原因外（前边例（1）也是"在……"做状语，却并无歧义，原因就在语境明确），还由于受介词"在"本身语义的制约。如果换成介词"从"，表示的意思就是确定的了——只能是"从你这儿"拿去小说到别的什么地方去看；如果用图解法表示，当然也只能是 a 式。

再看一个有歧义的例子：

（15）老李同小王去球场打球了。

有本教材把它分析为：

  老李‖同小王去球场 打球了。①
      Ⅰ   Ⅱ

这是只把介词短语"同小王"看作连动短语头一部分的状语。用图表示则是：

    同小王 去球场 打球
      偏正
         连动

就是说，老李只同小王去了球场，至于是否同小王一起打球，对不起，无可奉告。另外我们也可以做如下分析：

---

① 山东省十二师专协作编写：《现代汉语》1983 年修订本，第 263 页。

```
同小王    去球场    打球
              └─连动─┘
   └──偏正──┘
```

这是把"同小王"看成整个连动短语的状语,意思是说老李不仅同小王一起去了球场,而且同他一起打球。该教材对这句所做出的划线分析,只揭示了它的前一种意义,却忽视甚至在客观上掩盖了后一种意义,不利于人们对歧义句的全面认识和理解。

三

连动短语前的状语,在语义上除了指向整个连动短语和指向连动短语的第一个动词短语这两种情形外,还有第三种情形,那就是指向连动短语的第二个动词或动词短语。这在语言实践中虽不如以上两种情形常见,但也绝不应该忽视。相反,正是由于这时内在的语义搭配顺序跟外在的词语排列顺序(一般就叫语序)不完全一致,即语义的联系出现了"隔位"或"跳跃"现象,我们遇到这类情形时更应特别慎重。例如:

(16) 好吧,你且歇歇,我给你出去看看。(赵树理《老杨同志》)
(17) 瞎老婆子一面颠颠簸簸靠着白大嫂子走,一面说道……(周立波《斗争韩老六》)
(18) 我来到老郑家门口的时候,他正吃完饭往外走呢。
(19) 几个人有滋有味地蹲在路边喝豆腐脑儿。
(20) 在那边……是一簇刚从田里收割麦子归来的人们。(峻青《海滨仲夏夜》)

以上五句中连动短语前的状语,位置虽紧靠着第一个动词或动词短语,但语义上并不指向它,而是指向第二个动词或动词短语。例(16)和(20)用图解法表示则为:

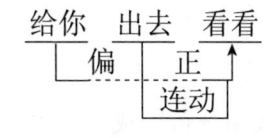

```
给你   出去   看看
 └偏┘   正
        └─连动─┘
```

```
刚   从田里   收割麦子   归来
      └─偏─┘           正
 └偏───────────────┘   正
                └─连动─┘
```

其他三例类此。一般来说，这类连动短语都可以调整语序使之跟语义上的搭配顺序取得一致，如例（16）可以改成"出去给你看看"，例（17）可以改成"靠着白大嫂子颠颠簸簸［地］走"等。

这类情形的语义关系大致可用下列公式表示：

$$A \quad V_1 \quad V_2$$

有一本讲句法分析的专著在谈到 AV_1V_2 的语义、结构关系时举了"慢慢地蒙着头睡着了"和"再回去修补一下"两个例子，认为它们的状语 A 都是既指向 V_1 又指向 V_2 的，因而一律做出 A/V_1V_2 即 $A \quad V_1 \quad V_2$ 式切分。① 我们认为这两个连动短语的语义、结构关系是不尽相同的，应该严格区别开来。"再回去修补一下"中"再"既管"回去"又管"修补一下"，即状语指向整个连动短语，确实属于 A/V_1V_2 即 $A \quad V_1 \quad V_2$ 一类。但"慢慢地蒙着头睡着了"情形并非如此简单。首先，我们知道"慢慢"表示速度低，动作费时长，而"蒙着头"可有两种意义：a. 表示动作进行；b. 表示状态持续。当"蒙着头"表 a 义时，它可受"慢慢"的修饰；当"蒙着头"表 b 义时，它不受"慢慢"的修饰。再看"慢慢地蒙着头睡着了"这个短语，其中"蒙着头"此时并不表示动作进行，而是表示"蒙头"这一动作完成后所造成的那种持续状态（正如"开着窗户睡觉""点着灯看书""光着脊梁干活"中带着重号的部分表示状态一样）。因此，这里的"慢慢"管不着"蒙着头"，只管着"睡着了"，即状语指向连动短语的后一部分。用图表示则为：

慢慢地　蒙着头　睡着了
　偏　　　　　　正
　　　　　连动

这显然属于 $A \quad V_1 \quad V_2$ 一类，即该专著所讲的非连续性结构，而不应列入 $A \quad V_1 \quad V_2$ 一类。

其次，假定该专著做出的 A/V_1V_2 式切分可以成立，也应进一步指出上述两个短语中 V_1V_2 结构、语义关系的不同，特别是语义关系的不同，否则就失去了语法分析的实际意义。"再回去修补一下"和"慢慢地蒙着头睡着了"中

---

① 吴竞存、侯学超：《现代汉语句法分析》，北京大学出版社1982年版，第223页。

间的 V_1V_2，虽然都是连动，但前者 V_1V_2 意思上难分轻重，接近于联合关系；后者 V_1V_2 意思上前轻后重，很像是偏正关系。如果用图表示，似乎也应有所区别。比较：

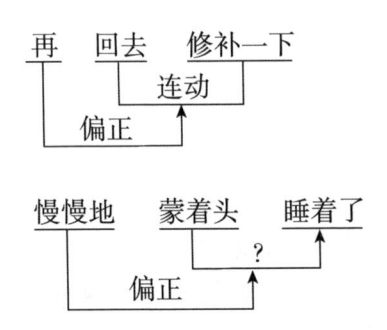

```
再    回去    修补一下
      └──连动──┘
 └──偏正──┘
```

```
慢慢地   蒙着头   睡着了
           └──?──┘
  └──偏正──┘
```

为什么"慢慢地蒙着头睡着了"跟典型的连动短语如"再回去修补一下"图解方法不完全一样？理由很简单：因为"慢慢"跟"蒙着头"没有直接的语义、结构关系，如果照搬典型连动短语的图解样式，就不能正确地反映出这类短语的语义、结构特点。这样一来它到底还算不算连动短语就又成了问题，倒很像带有两个递加状语的偏正短语。一直有人主张取消连动短语，这恐怕是一个重要根据。如果不打算取消连动短语而又要自圆其说的话，我们认为与其把它切分成 A/V_1V_2，毋宁把它分析为 $A\ V_1\ V_2$。即是说，"慢慢地蒙着头睡着了"跟前边的例（16）—（20）一样，状语在语义上都是指向连动短语的后一部分的，而跟前一部分没有关系。

有的时候，连动短语前有两个状语，其中后一个状语语义上指向连动短语的后一部分，前一个状语指向整个连动短语。例如：

（21）我马上给你出去看看。

（22）他……又责备我们不懂危险，竟和危险去亲近。（叶圣陶《一课》）

（23）一天，张好古……给魏忠贤去拜寿。（《单口相声传统作品选·连升三级》）

例（21）图解如下：

```
马上   给你   出去   看看
        └偏──────正┘
              └─连动─┘
 └─偏──────────正─┘
```

其中"给你"只管"看看"，"马上"既管"出去"又管"看看"。其他两例类此。这类情形的语义关系可以表示为：

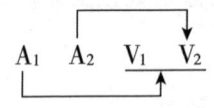

$$A_1 \quad A_2 \quad V_1 \quad V_2$$

四

  总之，连动短语前状语的语义指向存在着三种基本情况：指向整个连动短语，指向连动短语的头一部分，指向连动短语的后一部分。此外，连动短语前如果有两项以上状语，它们的语义指向可能一致，也可能不一致。语义指向一致，可能都指向整个连动短语（如例二、例（5）），也可能都指向连动短语的头一部分（如例（10））或后一部分（如例（20））。语义指向不一致，可能前个状语指向整个连动短语，后个状语指向连动短语的头一部分（例（11）—（13））；也可能前个状语指向整个连动短语，后个状语指向连动短语的后一部分（例（21）—（23））。[①] 我们在分析这类前边带有状语的连动短语的结构关系时，应充分注意到状语的语义指向的复杂性，紧密结合语义关系进行，不宜采用一刀切式的直线分析方法，最好采取框式图解的方式，这样就可以避免产生本文有关部分所指出的那类错误。

    （原载《汉语学习》1986年第3期，中国人民大学报
    刊复印资料《语言文字学》同年第8期全文转载）

[①] 这些仅是我们根据现有资料做出的结论。除此之外，状语语义指向不一致是否还有其他情形，如有的指向连动短语的头一部分，有的指向连动短语的后一部分等，只有进一步调查研究才能得出结论。

关于"包含形容词的连谓式"的几点异议

《语文学习》1987年第2期发表的宋玉柱同志的《谓语包含形容词的连谓式》一文，提出了三种含有形容词的连谓式，我们认为其中就有两种是难以成立的。宋文暴露出来的问题不仅直接关系着对某些句子的具体分析，而且涉及进行语法分析的一般原则和方法，因此有提出加以商榷的必要。

宋文提出的第一种连谓式，是所谓"形容词在前的"。所举例句是：

(1) 这个问题容易解决。

(2) 那件事好办。

这里我们同宋文的分歧之点有两个。其中根本的一点是对出现于这类句子里的"容易""好"的词性的认识。宋文认定是形容词，但有很多语法学者并不同意这种看法。吕叔湘、朱德熙先生等认为，用在"这个问题好（容易、难）解决"格式里的"好（容易、难）"是助动词或类似助动词。[①] 赵元任先生则认为，用在上述格式里的"好"等是副词。[②] 我们赞同赵先生的看法。最有代表性的要算这个"好"。从意义上看，它相当于"容易"或"易于"，这跟形容词"好"表示的意思很不相同；从用法上看，它不能单独作谓语（"那件事好"，如"好"是"易于"的意思，这话就不能成立），也不能单独回答问题（回答"那件事好办吗？"或"那件事好不好办？"不能回答"好。"必须说"好办。"）这两点正好跟形容词的语法特点截然相反，也不同于助动词。"容易"与"难"的副词性虽然不像"好"那样典型，但情形也颇近似。单看宋文例句"这个问题容易解决"，似乎"容易"可以单独作谓语，也可以单独回答问题，但换一个例子试试看："这些孩子容易（难）教育。"这时"容易"或"难"就不能单独作谓语了，一般情形下也不能脱离后边的动词而单独回答问题。此外，形容词修饰动词作状语多半可加结构助词"地"，而副词则一

[①] 吕叔湘：《汉语语法分析问题》，商务印书馆1979年版§47；《现代汉语八百词》，商务印书馆1980年版，"好""难""容易"诸条；朱德熙：《语法讲义》，商务印书馆1982年版§5.13。

[②] 赵元任：《汉语口语语法》，吕叔湘译，商务印书馆1979年版§8.1.10，§8.3.5。

般直接用于动词之前，不能加"地"。出现于上述格式里的"好""容易""难"也正符合这一规律。所以我们认为，把这里的"好"等归入副词是比较合乎情理的。

接着而来的是对"好（容易、难）+动词"这类短语性质的认识。这是另外一个分歧点。关于这个问题，语法学界确实众说纷纭，莫衷一是。据我们所知，截至目前至少有以下各种观点：

（一）"形容词+动词"构成的后补短语说；

（二）"形容词+动词"构成的偏正短语说；

（三）"副词+动词"构成的偏正短语说（赵元任。本文同意这一观点）；

（四）"助动词+宾语"构成的动宾短语说（朱德熙）；

（五）"助动词+动词"构成的助动短语说；

（六）"类似助动词+动词"构成的判断双谓结构说（李临定）；①

（七）不说明"好"等与动词的关系，只用"好（容易、难）+动词"把实况摆出来（吕叔湘）；

（八）主语分离说（如：这个问题容易解决＝解决这个问题容易）。

再就是宋文提出的"形+动"构成的连谓短语说。我们这篇短文不打算全面评述各家观点的优劣长短，只想针对宋文的连谓说谈两点意见。其一，宋文分析了（一）"形+动"后补短语说和（二）"形+动"偏正短语说之不能成立，就据以得出"好（容易、难）+动"应是连谓短语的结论，这在形式逻辑上犯了"以偏概全"的错误，因为除了宋文分析的前两种看法之外（实际上这两种看法现在已很少有人坚持了），还有（三）—（八）后六种看法。前两种看法不能成立，并不意味着后六种看法也都不能成立。因此也就不能贸然得出只有连谓一说才是合理的结论。其二，连谓句都可以拆成两个或更多的主谓句形式，如："他听了这个消息很兴奋"，可以变成"他听了这个消息+他很兴奋"。但"那件事好办"却不能变成"那件事好+那件事办"，"这些孩子容易（难）教育"的情形与此类此，"这个问题容易解决→这个问题容易+这个问题解决"似乎也很成问题。可见把这些句子看成连谓式是行不通的。

总之，我们认为例（1）（2）中的"容易""难"应是副词，它与后边的动词构成状心式偏正短语作谓语，这类句子属于一般的主谓句。需要指出的是，"好（容易、难）+动"这类偏正短语可以受程度副词的修饰，因而具有形容词短语的性质，用它作谓语构成的主谓句多是表示判断或评议的。

现在再看宋文提出的另一种连谓式，即所谓"形容词在后的"。宋文的例

---

① 李临定：《"判断"双谓句》，见《语法研究和探索》（一），北京大学出版社1983年版。

子是：

(3) 老张办事很认真。

(4) 同志们打仗很勇敢。

宋文"怀疑"它们作为主谓谓语句的资格，认为"主谓谓语句中，作谓语的主谓词组的小谓语是陈述小主语的，而不能与全句主语发生主谓关系"。这其实是一种误解。从语义上讲，有些主谓谓语句的全句主语与小谓语之间是可以隐含主谓关系的（当然也可隐含其他关系，如动宾关系等）。如"他身体很健康""我一个字也不认识"，其中全句主语"他""我"与小谓语"健康""认识"之间就分别隐含着语义上的主谓关系。而这两个句子作为主谓谓语句几乎是大家公认的，还没见到有谁因为全句主语与小谓语之间隐含着主谓关系而对此产生怀疑。这两个句子如此，例（3）（4）同样如此，也不能因为"老张""同志们"与"认真""勇敢"之间隐含着主谓关系而对其主谓谓语句的资格产生怀疑。不然的话，语法分析就失去了统一的标准。

宋文还跟下边的句子相比较：

(5) 他说话很简短。

(6) 我每天上学很早。

宋文认为，两句中的"简短""早"是分别陈述"说话""上学"的，它们都不是说明全句主语的，因而"他很简短""我每天很早"都难于被接受。由此宋文断定，它们是主谓谓语句，与例（3）（4）不属于同一类句式。我们认为，例（5）（6）与例（3）（4）并无本质的不同，全句主语与小谓语之间同样隐含着语义上的主谓关系，尽管"他很简单""我每天很早"作为独立的句子有点"难于被接受"。宋文似乎存有这么一个错觉，即认为句子中某两部分语义上一旦有主谓关系，就一定能构成可"被接受"的句子。其实语言事实未必如此。句子中有主谓关系的部分，单拿出来有时可构成句子，有时则不能，这跟是哪些词语很有关系。如例（5）（6）要是分别改写成：

(5)′ 他说话很啰唆。

(6)′ 我每天上学很有规律。

仍然是主谓谓语句，但"他很啰唆""我每天很有规律"就易于被接受。按照宋文的观点，既然"很啰唆""很有规律"可以同全句主语"发生主谓关系"，并能构成可"被接受"的句子，例（5）′（6）′就不应再是主谓谓语句，而应是像例（3）（4）那样的"连谓句"了。但是（5）′（6）′两句与（5）（6）两句在语法结构上实在是没有本质的不同。既然（5）′（6）′两句是所谓的"连谓句"，那么与之结构相同的例（5）（6）两句又何以谈得上是主谓谓语句呢？

237

显然，这使宋文陷入了自相矛盾的境地。

　　这里有个问题需要特别指出，就是在进行句法分析时一定要分清已经实现了的语法结构关系和隐含在句子深层的语义关系的联系与区别，既不能以语法分析掩盖语义分析，更不能用语义分析取代语法分析，而应密切地把二者结合起来进行。宋文在分析例（3）（4）两句时，一方面忽视了主谓谓语句中小谓语可以与全句主语隐含着语义上的主谓关系的客观语言事实，似乎认为语义上的主谓关系只能存在于语法上的主谓结构之中，而不能存在于别的什么语法结构之中。这是以语法分析掩盖了语义分析。另一方面它又把小主语（"办事""打仗"）与全句主语中间隐含的主谓关系当成已经实现了的语法上的主谓结构，以语义分析取代了语法分析。正是由于以上两个方面，导致了宋文对例（3）（4）这样的句子做出了错误的判断，得出了它们是连谓式的错误结论。

（载《语文学习》1987 年第 9 期）

主谓谓语句二题

一、另一类双主谓结构句

汉语中的双主谓结构句，除"干部队伍年轻化关系极大"这一类型（见刘宁生《汉语口语中的双主谓结构句》，载《中国语文》1983年第2期）外，还有一类。先看例句：

(1) 谁个劣，谁个不劣，谁个最甚，谁个稍次，谁个惩办要严，谁个处罚从轻，农民都有极明白的计算。（《毛泽东选集》，第1卷第7页）

(2) 工人工作是怎样一回事，农民搞土地革命、搞农业生产是怎样一回事，现在八路军、新四军打仗又是怎样一回事，许多人都不十分了解。（《陈云文选》，第201页）

(3) 他这个人怎么会让我的叔叔诃斯洛夫赏识的，我们谁也不知道。（《吕叔湘译文集》，第112页）

(4) 今天来了什么人，姓名爱好，每一个人的入党介绍人是谁，我都一清二楚。（转引刘月华等《实用现代汉语语法》例，第417页）

(5) 蜜蜂是否来采山茶花和梅花的蜜，我可记不真切了。（鲁迅《野草·雪》）

(6) 洋鬼子怎样就骗了钱去，老通宝不很明白。（茅盾《春蚕》）

(7) 人家工作队好坏，咱庄稼人哪能知道呢？（周立波《暴风骤雨》）

(8) 什么叫皇榜咱不懂。（《单口相声传统作品选·山东斗法》）

(9) 一次游览是否成功，收获大小，导游的水平起着不小的作用。（张志公《从"导读"说起》，载《中学语文教学》1984年第5期）

(10) 以上两种说法合乎规范与否，语法学界意见基本上是一致的。

(11) 张三去没去过关主任府上，送没送礼，大家心里都有数。

(12) 这场球赛甲队胜还是乙队胜，事先谁也没法估计。

以上这些句子的主语和谓语都是由主谓结构充当的，充当主语的主谓结构还可以不止一个。前边的一个或几个具有联合关系的主谓结构提出议题，后边的主谓结构就这一议题加以说明或评议——或者说明某种情况，表明某种看法，或者提出某种估计、评价或判断等。

这类双主谓结构句在构成和语义上有如下一些特点：

（一）充当主语的前主谓结构，或是含有疑问代词，如"谁""什么""怎么"等；或是含有选择性的并列词语（包括肯定否定相叠形式的并列词语），如"……还是……""是否""……与否""X 不 X""X 没 X"等。

（二）充当谓语的后主谓结构，一般含有表示感知或思维活动的词语，如"知道""了解""清楚""估计""记（记得）""懂"以及"有明白的计算""心里都有数"等。从意念上来看，这类表示感知或思维活动的词语所支配或关涉的对象，就是充当主语的前主谓结构。如例（2）"不十分了解"的对象就是"工人工作是怎样一回事……"，例（11）"心里都有数"所关涉的对象就是"张三去没去过关主任府上，送没送礼"。有时候，后主谓结构也可能没有表示感知或思维活动的词语，但这时这个主谓结构在整体上具有一种评议、论断的意味。从语义上来看，这种评议、论断所关涉的对象，也就是充当主语的前主谓结构。如例（9），"导游的水平起着不小的作用"这一评断所关涉的对象，正是"一次游览是否成功，收获大小"；例（10），"语法学界意见基本上是一致的"，则是针对"以上两种说法合乎规范与否"做出的评断。

（三）充当主语的前主谓结构一般都可以用"这个（些）问题"或"这件（些）事情"来代替，这样，这类双主谓结构句就都变成了一般的主谓结构句。如例（1）可变为"这些问题农民都有极明白的计算"，例（3）可变为"这件事情我们谁也不知道"，等等。因此，我们不妨把双主谓结构句看成一种特殊形式的主谓结构句，即主语也是由主谓结构充当的主谓谓语句。

有人试图把这类双主谓结构句分析成前置的主谓结构作宾语的句子，这是难以行通的。因为如果承认这是"宾语前置"，按理讲也就能将"宾语"移回到原来的位置，但事实上有些句子做不到这一点，如例（1）和例（11）就不能，更不用说例（9）和例（10）那样的句子了。

（载《中国语文通讯》1984 年第 5 期）

二、"小王搞技术革新信心不足"究竟属什么句式？

玉柱先生的《连谓式及其分类》一文把连谓式分成三类，① 笔者认为有一类半是可疑的。其中的"半"类，即该文中第二大类的第二小类，玉柱先生曾在发表于 1987 年第 2 期《语文学习》上的《谓语包含形容词的连谓式》一文中提到过，不久笔者和另一位同志分别撰写了《关于"包含形容词的连谓式"的几点异议》和《"老张办事很认真"是歧义结构》与之商榷。② 我们认为，像"老张办事很认真""战士们打仗很勇敢"这类句子，不是什么连谓式，而是既可分析成主谓谓语句也可分析成主谓主语句的歧义句式。吕叔湘先生在《主谓谓语句举例》§4 中也有类似的看法。③ 因为这个问题已经有"文"在先，为减少枝蔓，这里不再多做涉及，对此有兴趣的同志不妨去翻看一下有关文章。

本文所要讨论的是玉柱先生文中说到的第三大类的"连谓式"，所举例句有：

小王搞技术革新信心不足｜他干这件事顾虑重重｜这个厂制造这种产品经验很丰富。

对于这类句子，语法学界存在着不同的认识。一种比较普遍的看法认为，它们属于主语和谓语分别由主谓短语充当的双主谓结构句。玉柱先生则不同意这种看法，认为它们是"谓语由动词结构和主谓结构连用而构成的""连谓式"。笔者认为，像"小王搞技术革新信心不足"这类句子既不单纯是双主谓结构句，更不是什么连谓式，而是兼有双主谓结构句和二重主谓谓语句特点的歧义句式。因为此前已经有人从双主谓结构句的角度对它做过分析，④ 所以本文只着重分析它作为二重主谓谓语句的某些特点，并顺便谈谈如何分化这类歧义句式以及它为何不属连谓式的问题。

（一）

二重主谓谓语句这一名称首先是由吕叔湘先生在《主谓谓语句举例》一文中明确提出来的，它是指小谓语又由主谓短语充当的主谓谓语句。或者说，二重主谓谓语句的谓语包含两层主谓结构。例如："我国昆明气候四季如春。"

---

① 文载《逻辑与语言学习》1991 年第 9 期。
② 原载《语文学习》1987 年第 9 期，其中拙文已收入本书内。
③ 文载《中国语文》1986 年第 5 期。
④ 刘宁生：《汉语口语中的双主谓结构句》，载《中国语文》1983 年第 2 期。

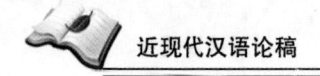

其结构层次和关系为:

```
我 国 昆 明 气 候 四 季 如 春
└─┘ └──┘                         (主谓)
    └─┘ └──┘                     (主谓)
         └─┘ └──┘                (主谓)
```

全句谓语中含有大小两层主谓结构,因而这是个二重主谓谓语句。

再看"小王搞技术革新信心不足"。"小王"是"搞技术革新信心不足"陈述的对象,可以用"谁"提问;"搞技术革新信心不足"是陈述"小王"的,可以用"怎么样"提问:二者分别是主语和谓语。同样,谓语中"搞技术革新"和"信心不足"也是被陈述和陈述的关系,分别回答"什么"和"怎么样"的问题:它们是另一层次上的主语和谓语。至于"信心"和"不足",其主谓关系更是自不待言。这句的结构层次和关系也可图解为:

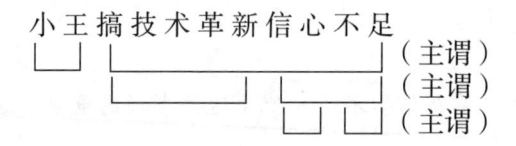

```
小 王 搞 技 术 革 新 信 心 不 足
└─┘ └─────────────────┘         (主谓)
    └─────────┘ └───────┘       (主谓)
              └───┘ └──┘         (主谓)
```

显然,这也是个二重主谓谓语句。其他如"他干这件事顾虑重重"和"这个厂制造这种产品经验很丰富"等,情形完全类此,不须一一细述。

(二)

底下便对"小王搞技术革新信心不足"这类二重主谓谓语句的结构、语义特点做些分析。为便于称说,我们把它分解成 A(小王)、B(搞技术革新)、C(信心)、D(不足)四段。其结构式可以记作 A+［B+（C+D）］。

1. 先从最里层说起。C 多系表示抽象事物的双音节名词,D 一般为形容词性词语。C+D 构成的主谓结构呈形容词性,而且趋于熟语化,多为四字格,有的就是成语。如果把 C+D 换成形容词或以形容词为中心语的偏正短语,整个句子就变成了一般主谓谓语句,如:小王搞技术革新很热心。在语义上,C 和 A 有严格的隶属关系(C 属于 A),C 和 B 也可视为具有广义的隶属关系(C 也属于 B)。

2. B 多系动宾短语,但述谓性已不明显,而具有了指称性。它是 C+D 直接评述的对象,B+（C+D）构成较大层次的主谓结构。因为 C+D 本身也是主谓结构,仿"主谓谓语句"的术语,我们称 B+（C+D）为"主谓谓语结构"。从语义上分析,B 有表示对象或范围的作用,暗含着"对(对于)"或"在……

上（方面）"。如"搞技术革新信心不足",可以理解成"对搞技术革新信心不足"或"在搞技术革新方面信心不足"。但从语法上分析,"搞技术革新信心不足"仍得属主谓结构。这也正如"这件事,中国人民的经验太多了",尽管可以用"增字解经"的方法理解成"对于这件事,中国人民的经验太多了"或"在这件事上,中国人民的经验太多了",但从语法结构上看,它仍是主谓结构。①

因为 B 和 C 具有广义的隶属关系（这正是主谓谓语结构的一种主要的语义类型）,所以二者之间可以加"的"（如：搞技术革新的信心不足）,那样自然就不是主谓谓语结构了。可是因为 C+D 已趋术语化,许多时候不宜被"的"拆作两截（如：ˣ搞经营管理的信心百倍｜ˣ干这件事的顾虑重重）,而且 B 后如有副词性词语,总是修饰 C+D 的,所以 B+（C+D）还是看成主谓谓语结构为妥。

3. A 多系定指的名词性词语,是 B+（C+D）直接评述的对象,A+［B+（C+D）］构成最大层次的主谓结构。因为 B+（C+D）已经含有两层主谓结构,所以全句为二重主谓谓语句。

从语义上看,A 和 B 也含有主谓关系,所以有人把这类句子分析成双主谓结构句,即（A+B）+（C+D）。仅就"小王搞技术革新信心不足"这类孤零零的句子来看,这类分析未尝不能成立,因此它是歧义句式。那么怎样分化这类歧义句式呢？这就需要视具体情况即看说话人所评述的对象是什么了。如果评述的对象是某人（或某物）,句中停顿应在 A 之后,则全句是二重主谓谓语句（如：小王‖搞技术革新信心不足）；如果评述的对象是某人（或某物）连同其行动,句中停顿应在 A+B 之后,则全句是双主谓结构句（如：小王搞技术革新‖信心不足）。再就是,如果 A 后出现状语成分（如：小王一向搞技术革新信心不足｜他偏偏干这件事顾虑重重）,或带有后续分句（如：小王搞技术革新信心不足,搞经营管理却信心百倍）,也就不再含有歧义了——这时候只能分析成二重主谓谓语句。

A 和 C+D 同样具有语义上的主谓关系,所以 A+［B+（C+D）］一般可以变换成 B+［A+（C+D）］。如：小王搞技术革新信心不足→搞技术革新小王信心不足｜他干这件事顾虑重重→干这件事他顾虑重重。变换后的句子仍然是二重主谓谓语句,而且基本意思不变。所不同的只是前者 A 和 C+D 的主谓关系是间接的、隐性的,后者 A 和 C+D 的主谓关系则成了直接的、显性的了。对于这一变换现象,二重主谓谓语说可以应付自如,能够做出合情合理的解

---

① 参见吕叔湘《主谓谓语句举例》§5,载《中国语文》1986 年第 5 期。

释，而双主谓结构说却无能为力，很难使自己的观点坚持到底。由此是否可以得出这样一个结论——尽管这类句子可以有两种不同的分析方法，但分析成二重主谓谓语句比分析成双主谓结构句具有更大的适应性和解释力？

（三）

现在说一下为什么不宜分析成连谓式。

1. 首先，连谓式的各"谓"之间可以有多种语义关系，却不可能有主谓关系。因为从层次分析的观点看来，它们一旦有了主谓关系，便会首先组合成为主谓短语，这个主谓短语再与前边的主语组合，于是构成主谓谓语句，这自然也就不再是什么连谓式了。

2. 其次，从可能出现的关联副词的位置来看，也不支持连谓说。例如：小王［搞经营管理信心百倍，］搞技术革新则信心不足｜他干［别的事情胆子很大，］干这件事却顾虑重重。用在主语和谓语中间，这正是关联副词"则"和"却"的确定位置，连谓式各"谓"之间是没有它们的一席之地的。吕叔湘先生在谈连动（谓）式的划界时曾说："凡是能从形式上划成别的结构的，就给划出去。"① 我们认为吕先生的这条意见在这里是完全适用的。

（载《语文函授》1995 年第 5 期）

---

① 《汉语语法分析问题》，商务印书馆 1979 年版，第 92 页。

"对于……来说" 句式浅析

对于含有"对于（对）……来说（说来）"这类格式的句子，邵霭吉、徐浩良等同志曾分别撰有专文论及，并提出了不少很有价值的见解。[①] 但就整体而言，我们对"对于……来说"句式的认识还很不够，对其结构类型、语法特点、使用规律以及"对于……来说"在这类句式中的语法意义和语义指向等，尚需做进一步的描写和说明。另外，在对这类句式中某些句子是否规范的看法上，也还存在着一些分歧，有待语法工作者深入展开讨论，以便统一认识，指导语言实践。本文试图围绕上述两个方面进行某些探讨和分析。时贤已有的研究成果对形成本文的观点多有裨益，特此说明，并致谢意。

文中用 S 代表"对于……来说"句的主语，P 代表"对于……来说"之后的谓词性成分，X 代表"对于"和"来说"中间的嵌入成分。

一、A 式

（一）A'式：S+对于 X 来说+P

先看例句：

(1) 团结广大人民群众一道前进的问题，对党来说，就是党与非党人士合作的问题；对青年团来说，就是团员与非团员合作的问题。（周恩来《团结广大人民群众一道前进》）
(2) [至于] 暑假，对于一个喜欢他的老师的孩子来说，又是多么漫长！（魏巍《我的老师》）
(3) 这些文章对于中学生来说并不太深。
(4) 毛主席著作对我来说，好比粮食和武器，好比汽车上的方向盘。（《雷锋日记》）
(5) 某个伟大人物恰好出现在某一时期某一国家，对于历史发展来说，

[①] 邵霭吉：《谈谈"对于……来说"》，载《中学语文教学》1980 年第 6 期；徐浩良、徐钜：《关于"对于……来说"》，载《中国语文通讯》1981 年第 6 期。

这是偶然的；而他所以成为一个伟大人物，对于他自身来说，又有其必然性。(高中语文课本《黑海风暴和天气预报的产生》)

(6) 资本主义制度所包含的生产社会化和生产资料私人占有制的矛盾，是所有资本主义的存在和发展的各国所共有的东西，对于资本主义说来，这是矛盾的普遍性。(毛泽东《矛盾论》)

A′式有以下几个特点值得注意：

1. S是P的主语，P是S的谓语，S与P直接构成表述关系。

2. P多系由"是""有""好比"等构成的动词性短语，如例(1)(2)(4)和例(5)的后一个分句；有时也可以是形容词短语，如例(3)。P还可以是主谓短语，这时整个句子构成主谓谓语句，如例(5)的头一个分句和例(6)，其中的小主语（"这"）用于复指全句主语S。[①] P一般不能是由行为动词组成的动词短语。因此，A′式多系判断句或评议句。也正是由于这一点，采用"主体""客体"或"主动者""意念中的对象"等概念，是无法说得清A′式中的语义关系的。

3. 所有句子里的"对于X来说"都可以拿掉；拿掉后并不影响句子的基本格局，只是语义上不够明确。"对于"和"来说"不可以拿掉而只剩下X，否则句子不通。有的句子可以单独拿掉"来说"变成"对于"句，其意义基本不变；但多数句子中的"来说"不宜拿掉，拿掉后句子就不那么顺畅，不过也不致引起句意的改变。

4. 在一定的语境或上下文中，S也可以省去或隐去。如例(1)的后一分句，S便是承前一分句的主语"团结广大人民群众一道前进的问题"而省略。再如：

(7) 理想问题，对每一个人来说，都是一个重要的问题。对社会主义社会里的青年人来说，更是一个大问题。(陶铸《崇高的理想》)

(8) [马克思列宁主义的伟大力量，就在于它是和各个国家的具体的革命实践相联系的。] 对于中国共产党说来，就是要学会把马克思列宁主义的理论应用于中国具体的环境。(毛泽东《中国共产党在民族战争中的地位》)

例(7)是个句组，后一个单句承前省略了S"理想问题"。例(8) S的位置上则可以看作隐含着一个指示代词"这"。

[①] 复指全句主语S的指示代词"这"，也可以放在S之后，即"对于X来说"之前。例如："就算你们每个人能有两次生命，这对你们来说还是不够的。"(巴甫洛夫《给青年们的一封信》) 例(5)、例(6)两句的"这"也可以放在这个位置上。

"对于X来说"在A′式中的语法意义是：表示S+P这一判断或评议适用的对象或范围。① 如例（1），"团结广大人民群众一道前进的问题……就是党与非党人士合作的问题"，这一判断仅是就党内而言的；"团结广大人民群众一道前进的问题……就是团员与非团员合作的问题"，这一结论则是专适用于青年团内的。再如例（3），"这些文章……并不太深"只是针对中学生来说的，如果超出这个范围，如对于小学生，这些文章很可能真的太深了。由此可知，A′式中"对于X来说"位置虽然紧靠在P之前，但是语义并不仅仅指向P，而是指向S+P的。这一结论也可以从所有的A′式的句子都能变换成A″式的句子中得到证明。(详后)

(二) A″式：对于X来说+（S+P）

还是先看例句：

(9) 对于马克思主义者说来，这是很一般的道理了。 （陶铸《太阳的光辉》）

(10) 对于共产党员来说，个人地位，又有什么得失值得计较的呢？（刘少奇《个人和集体》）

(11) 对于共产党员来说，把工作做得对，做得好，这是他应尽的义务。（同上）

(12) 对于国家所有制的企业来说，情况就不同了。(《新华文摘》1987年第4期)

(13) 对克拉苏来说，他更直接的对手是元老院中的贫民派代表革拉古。(《文汇月刊》1987年第3期)

(14) 对于海英来说，生平最荒唐的事情，莫过于这天报名参军了；最失望，最难堪，也可以说最丢脸的，也恰是这件事情。（邓普《军队的女儿》）

(15) 对我们来说，一个人，一个党，一个军队，或者一个学校，如若不被敌人反对，那就不好了，那一定是同敌人同流合污了。（毛泽东《被敌人反对是好事而不是坏事》）

A″式的特点在许多方面，如S与P构成表述关系，谓语P的构成情况和作用，"对于X来说"或"对于""来说"可否拿掉，"对于X来说"的语法

---

① 这一论点是由邵文明确提出来的。关于"对于X来说"的语法意义，北京大学中文系《现代汉语虚词例释》认为"强调所提出的论断、看法同相关的人或物的关系"（商务印书馆1982年版，第172页），吕叔湘主编的《现代汉语八百词》则认为"表示从某人某事的角度看"（商务印书馆1980年版，第157页）。这两种提法均不如邵文的提法恰切，而且也没有注意到"对于X来说"在A和B两种不同句式中语法意义的实际差异，故不取。

意义和语义指向等,都跟 A′式基本相同。因此,所有的 A′式都可以将"对于 X 来说"提到句首转换成 A″式。如例(3)(4)就可分别改为:

(3a) 对于中学生来说,这些文章并不太深。

(4a) 对我来说,毛主席著作好比粮食和武器,好比汽车上的方向盘。

当然也有某些 A′式句子,如例(1)(2)和(7),虽也可变换成 A″式,但考虑到整个结构和上下文的协调,还是采用 A′式为好。

大部分 A″式也可以将"对于 X 来说"移到 S 之后变换成 A′式。如例(9)和(10)可分别改为:

(9a) 这对于马克思主义者说来,是很一般的道理了。

(10a) 个人地位,对于共产党员来说,又有什么得失值得计较的呢?

少数 A″式的句子不宜变换成 A′式,这主要是因为这些句子的 S+P 结构复杂,难于在其中插进"对于 X 来说"。如例(13),S 中有一个作定语的代词"他"复指 X,例(14)(15),都不止一个 S+P(即为复句形式),而且其中的 S 所指内容并不完全相同,这几句都不能径直变换成 A′式。可见,A″式的使用在某些情况下同样是出于结构安排上的考虑。

A′式与 A″式实为同一结构类型的两个变体,我们统称为 A 式。

二、B 式

(一) B′式:S+(对于 X 来说+P)

例如:

(1) 时间,对于把全部精力都贯注到壮丽的革命事业中的人来说,总嫌它跑得太快。(郭先红《征途》)

(2) 今年的夏天对美国人来说,是印象深刻的。(人民日报 1982 年 10 月 17 日)

(3) 波兰对中国人民来说并不陌生。

(4) [梁波罗告诉笔者,]唱歌对他来说并不是近年来才喜欢的。(《广播电视杂志》1983 年第 12 期)

(5) 农村的情况对我来说是很熟悉的。

单从 S、"对于 X 来说"和 P 的组合顺序上看,B′式与 A′式是完全相同的,但实际上,B′式与 A′式(还有 A″式)的内部结构和语法特点都不大相同。

1. B′式中 S 与 P 不能直接构成表述即主谓关系。如例(1)"时间总嫌它跑得太快"和例(2)"今年的夏天是印象深刻的"都不成话。从语义上看,X 与 P 才存有直接的表述即主谓关系。如例(1)"总嫌它跑得太快"的是

"把全部精力都贯注到壮丽的革命事业中的人",例（2）"印象深刻的"是"美国人"。其他例句同此。不过因为 X 已经嵌入"对于"和"来说"中间,在语法上失去了做主语的资格,所以只能称它为 P 的隐性主语,而由"对于 X 来说+P"构成的词语组合,可以称作隐性主谓短语。在 B′式中,同 S 直接构成表述关系的是"对于 X 来说+P",而不是 P。这是它与 A 式的根本不同之处。又因为"对于 X 来说+P"是隐性主谓短语,所以"S+（对于 X 来说+P）"实为一种特殊的主谓谓语句——不妨称为准主谓谓语句。这种句子主要表示评议或说明某种情况。

2. B′式中小谓语 P 中一般含有"熟悉""陌生""喜欢""感到""嫌""印象深刻"等表示心理感受的词语。这跟 A 式中 P 的构成情况有所不同。

3. 所有 B′式的句子,"对于 X 来说"作为一个整体是不可或缺的,少了它句子就难于成立。但在 A 式中它却可以去掉而不影响句子的基本格局。

所有 B′式的句子,"对于"和"来说"都可以同时拿掉;拿掉后,X 的小主语的身份便由隐性而成显性,整个句子也就变成了真正的主谓谓语句。如例（1）和（2）拿掉"对于"和"来说"后便是:

（1a）时间,把全部精力都贯注到壮丽的革命事业中的人总嫌它跑得太快。

（2a）今年的夏天,美国人是印象深刻的。

当然,从表意上看,用不用"对于"和"来说"是有区别的:用了,使小主语得到了强调;不用,则是泛泛地评议或说明。A 式中的"对于"和"来说"是不可以拿掉的。

再看"来说"。如上节所述,A 式中有的句子的"来说"可以不用而变成"对于"句,意义不变。但所有 B′式中的"来说"绝对不能不用。如若不用,S 与 P 便会直接发生主谓关系,这在形式上就变成了去掉"来说"的 A′式句（即"对于"句）,其结果是导致句意的改变,而改变后的句意又往往是无法令人接受的。人们常说的"对于"使用中"主客颠倒"或"倒对待关系"的语病,就是丢掉了不该丢掉的 B′式句中的"来说"而造成的。例如:

×(6) 勒萨日在过去对中国读者是比较生疏的。（《瘸腿魔鬼》"译者前记",人民文学出版社 1982 年版）

×(7) 华尔兹对我们并不陌生。（电视剧场《北京—波恩之夜》报幕员解说词,中央电视台 1987 年 7 月 12 日播出）

上句由于在"对中国读者"之后丢掉了不该丢掉的"来说",导致了句意的改变:作者原本想说中国读者不熟悉勒萨日（法国 18 世纪作家,《瘸腿魔鬼》

一书的作者），现在却成了勒萨日不熟悉中国读者了。下句则由于漏掉了"来说"，造成了句意的不可理解——华尔兹这种舞蹈怎么能够对人感到陌生与否呢！

　　对于例（6）、例（7）这类句子，大家的看法大体上是一致的，即认为不合规范。但我们也发现，这样的不合法的句子却也得到了少数语法著作的认可。景士俊编著的《现代汉语虚词》①"对"条在谈到"介绍动作的发出者"时引用了柳青《喜事》里的一句话：

　　ˣ(8) 出门多年以后，在快要回到家乡的路上，这些从前对我熟悉的情景，我现在竟觉得新鲜而别致了。

"情景"不能对"我"熟悉，只能是"我"对"情景"熟悉，这里显然犯了"主客颠倒"或曰丢掉了不该丢掉的"来说"这类错误。这是一个不合法的句子，该书却将它作为范例加以引用，这只能助长语言使用中的混乱现象。

　　下边，我们再看一个在是否规范的问题上有严重分歧的句子：

　　(9) 这里的一切对于我这个刚刚跨进校门的大学生来说当然感到十分新鲜。

有人认为这句没有毛病，② 有人却大加反对。反对者所持的理由是："在'N_1+对于+N_2（+来说）+W'的句式中，N 与 W 是构成表述关系的。那么'这里的一切是不会'感到十分新鲜'的，只有'我这个……大学生'才会'感到'什么。显然，这个句子的结构是错乱的。应删去'感到'。"③ 我们认为，这里所谓 N 与 W 构成表述关系，本身就是一种含糊其辞、极不严密的说法。因为 N 到底是指 N_1 还是 N_2，还是二者都指，人们无从知道。只是从后文中，我们才得以知道 N 似乎是指 N_1，这就明显不对了。根据我们前边的分析，B′式中能同 P（即 W）构成语义上的表述系的，应是 X（即 N_2）而不是 S（即 N_1），S（即 N_1）只是同"对于 X（即 N_2）来说+P（即 W）"构成主谓关系，至于 S（即 N_1）与 P（即 W）之间，既没有语法上的主谓关系，甚至连语义上的表述关系也不一定有。具体到例（9），它跟例（1）—（5）一样，都属于 B′式"对于……来说"句，能直接同 P 即"当然感到十分新鲜"构成表述关系的，应该是 X 即"我这个刚刚跨进校门的大学生"，而不是 S 即"这里的一切"。所以这个句子是可以成立的，结构正常，一点儿也不"错乱"。"感到"一词

---

① 景士俊：《现代汉语虚词》，内蒙古人民出版社1980年版，第64页。
② 华萍：《评"暂拟汉语教学语法系统"》，载《中国语文》1981年第2期。
③ 徐浩良、徐钜：《关于"对于……来说"》，载《中国语文通讯》1981年第6期。该文中的 W 相当于拙文的 P，N_1 与 N_2 分别相当于拙文的 S 与 X。

不必删去。有人之所以把这类本来属于正常的句子视为病句，归根到底，还是由于对 B′式"对于……来说"句的结构特点以及它与 A 式"对于……来说"句的区别认识不清而造成的。（反对者还认为这类句式中的"来说"可有可无，这也属于明显的观察失当。）

"对于 X 来说"在 B′式中的语法意义可归结如下：突出和强调某些主谓谓语句里的小主语 X。这只要将带有"对于 X 来说"的准主谓谓语句和去掉"对于"和"来说"的真主谓谓语句加以比较，就可以看得清清楚楚。例见（1）与（1a）、（2）与（2a），不再赘述。

应当指出，能够用"对于 X 来说"来突出和强调小主语的主谓谓语句，范围是极其有限的。它仅仅是大主语表示受事或动作涉及的对象、小主语表示施事 的一类；而且就小谓语来说，同样也受到严格的限制，即其中一般应含有"熟悉""感到"等表示心理感受的词语。

"对于 X 来说"在 B′式中，语义指向 P。

因为 B′式和 A′式属于同形异构，所以有些句子可能存有歧义。例如：

（10）[如果拿这点成绩和整个共产主义事业比较起来，又到底有多大呢？] 这对于具有共产主义世界观的人来说，又有什么可以值得骄傲的呢？（刘少奇《个人和集体》）

我们既可以按 A′式理解，即"这"（指"这点成绩"）没有什么可以值得骄傲的，"对于……来说"表示这一结论适用的范围或对象，语义指向 S+P；也可以按 B′式理解，即"具有共产主义世界观的人"没有什么可以值得骄傲的，"对于……来说"起突出和强调主动者即小主语的作用，语义指向 P。如果联系上下文，还是按 A′式理解更符合原意。

（二）B″式：对于 X 来说+P

例如：

（11）对于一个指挥员来说，起初会指挥小兵团，后来又会指挥大兵团，[这对于他是进步了，发展了。]（毛泽东《中国革命战争的战略问题》）

（12）对于人民教师来说，既要教书，又要育人。

（13）[在科学日益发展的今天，学术分工愈益细密了，不但通晓所有各种学科的人并不存在，就是] 对自己专门研究的学科来说，也还有大片的空白的园地，还有广大的未知的领域存在。（吴晗《说谦虚》）

（14）[前线战士无时无刻不在想念自己的妈妈，但] 对伤员来说，又是多么害怕看到自己的妈妈。（徐良讲话录音）

(15) [虽说过了小雪的天气，但] 对上海市民来说，一点儿也不感到寒冷的威胁。

(16) 对于革命来说，总是多一点人好。（毛泽东《论十大关系》）

B″式的语法特点跟 B′式同中有异。差异之处有：

1. 从结构上看，B′式没有主语 S，但从语义上看，X 正是它的主语。由于 X 已嵌入"对于"和"来说"中间，所以只能称为隐性主语。我们不妨把"对于 X 来说+P"构成的 B″式句称作准主谓句，以区别于真正的主谓句。

2. B″式中 P 多系由"是"、"有"、能愿动词或表示心理活动的动词构成的动词性短语。在 P 的构成上 B″式与 B′式有明显差异。

如果仅就形式上着眼，B″式似乎是由 B′式拿去前边的 S 构成的，但事实上并不存在这种可能，任何一个 B′式的句子都不能去掉 S 而构成 B″式句。反过来，B″式的句子也很难在前边加上 S 而形成 B′式的句子。因此，B′式与 B″式并不存在变换关系，这跟 A′式与 A″式存在着互换关系是迥然不同的。

B″式同省去或隐去主语 S 的 A 式，如上节中的例（7）（8），形式上很相似，都可以记作"对于 X 来说+P"。但二者毕竟分属两种不同的句式类型，内部构成有明显区别：A 式的主语是"对于 X 来说+P"之外的某个词语（即省去或隐去的 S），B″式的隐性主语却是"对于 X 来说"中的嵌入成分 X。

B′式与 B″式虽然有一些差别，也不能互相转换，不过在 P 的隐性主语是嵌入成分 X 这一根本点上相同，所以我们统称为 B 式句。

三、结语

本文根据谓词性成分 P 的表述对象的不同，把"对于……来说"句分成两大类型。P 的表述对象是由 S 充当的，属 A 式句；表述对象是由"对于"和"来说"中间的嵌入成分 X 充当的，属 B 式句。A 与 B 两类句式的语法特点很不相同，"对于 X 来说"在这两类句式中的语法功能也存在着很大差异。在 A 式句中，"对于 X 来说"表示 S+P 这一判断或评议适用的范围或对象，它在语义上指向 S+P，可以去掉而不影响句子的结构；在 B 式句中，它起突出和强调表述对象即嵌入成分 X 的作用，在语义上指向 P，它是句子结构链条中不可缺少的一环。有的语法论著不加区别地认定"对于 X 来说"有引进并强调主动者的意义，其结果是混淆了 A 与 B 两种不同的句式，甚至误把 A 式句当成 B 式句，因而不能准确的理解句意。[①] 还有的语法论著一律把"对于 X 来

[①] 张寿康：《说"结构"》，载《中国语文》1978 年第 4 期；曲阜师范大学本书编写组：《现代汉语常用虚词词典》，浙江教育出版社 1987 年版，第 92 页。

说"看作独立成分,这也是不够妥当的。就 A 式句来说,这样认为倒也未尝不可;但就 B 式句而言,那就绝对不行了,因为"对于 X 来说"在这里并不"独立"。由上看来,把"对于……来说"句分成两大类型,对于准确地分析这类句子的语法特点和语法功能进而理解和把握句意具有重要的实践意义。

根据"对于 X 来说"和主语 S 的位置的不同,A 式句又可分为 A′式与 A″式两小类。这两小类实为同一结构类型不同的语用变体,一般情况下可以互相转换。根据"对于 X 来说+P"是否有主语 S,B 式又可分为 B′式与 B″式两小类。B′式有主语 S,也有隐性主语 X,全句可看作准主谓谓语句;B″式没有主语 S,只有隐性主语 X,全句可视为准主谓句。B′式与 B″式虽多有相似之处,却不能互相转换。

把"对于……来说"分成两大类四小类,还有利于我们准确地辨认有关病句及其成因。A 式(包括 A′式与 A″式)句中,拿掉"来说"变成"对于"句,不致引起句意的改变。B 式(包括 B′式与 B″式)句中,绝对不能拿掉"来说"变成"对于"句;一旦拿掉"来说",便会引起句意的改变,造成语病。平常所谓"对于"句中"主客颠倒"或"倒对待关系"一类的语病,就是丢掉了 B 式特别是 B′式句中的"来说"造成的。

(载《济宁师专学报》1987 年第 4 期)

就"从 A 到 B"结构与有关同志商榷
——兼谈"到"字的词性问题

《中国语文》1980年第3期和第5期，先后登载了张文周和邢福义、余大光同志谈"从 A 到 B"结构的三篇为章。① 张文认为"从 A 到 B"是一种"连用形式介词结构"，邢、余二文则认为是"两个介词结构并列组合"而成的"联合结构"。它们的结论虽然不完全一样，论据却是相同的：都认定"从"和"到"一律是介词，"从 A"和"到 B"是两个结构关系"平等并列""不分主次"和"互不修饰"的介词结构。对于张、邢、余三文提出的问题，我们感到有进一步讨论的必要。

我们认为，"从"和"到"应该分属不同的词类，前者是介词，后者是动词；介词结构"从 A"和动宾词组"到 B"不是"平等并列"的结构关系，而是修饰与被修饰、限制与被限制的结构关系，"从 A 到 B"组成一个状心式的偏正结构。只有这样，下述几种语言现象才能得到比较令人满意的解释和说明；反之，如果把"到"看成介词、把"从 A 到 B"看成介词结构或联合结构，我们在解释和说明下述语言现象时就会遇到困难。

（一）"从 A 到 B"的"从"往往可以省略而变成"A 到 B"的形式
例如：
(1) 从中华人民共和国成立，到现在已经十二年了。这十二年分为前八年和后四年。一九五〇年到一九五七年底是前八年。一九五八年到现在是后四年。（毛泽东《在扩大的中央工作会议上的讲话》）
(2) 门到窗子是七步。
(3) 每班学生一般二十五人到三十人。
(4) 举例来说吧，从德里到马德里的距离，就比伦敦到罗马还要远。

---

① 张文题目是《能在判断句中作主语的一种介词结构》，邢、余二文题目分别是《关于"从……到……"结构》和《"从……到……"是介词结构吗》。拙文中的引语除注明出处者外，均引自这三篇文章。

(《英美短篇时文选读》第 1 集第 73 页)

很明显，这里的"A 到 B"的形式是"从 A 到 B"形式的变体；换句话说，两种形式实为一种结构。在这两种形式中，"到"的词义和语法特点并没有发生变化，因此，它的词性前后也应该是一致的——要么同是介词，要么同是动词。假若都是介词，在"从 A 到 B"这一形式中，"联合结构说"较之"介词结构说"似乎略胜一筹，但在"A 到 B"这一形式中，两说就都要碰壁了——无法对"A 到 B"进行句法分析。仍把它看成联合结构吧，可又说不出是哪项同哪项联合以及怎样联合的；单把"到 B"看成介词结构吧，"A"又没法处理。如果说"A"是"到"或"到 B"的修饰语，我们可很少见到过体词成分修饰介词或介词结构的先例；如果说"A"是全句的主语，仅就形式上看，(1)(2)两句似乎可行，但却与事理相悖（试看"一九五〇年……是前八年"与"门……是七步"，能说得通吗?），而况(3)(4)两句根本就不能这样分析。因此，把"到"看成介词是很难说得过去的。那么，再观察一下把"到"看成动词的情形。在"从 A 到 B"的形式中，动宾词组"到 B"之前附加介词结构"从 A"，一起组成状心式偏正结构；在"A 到 B"的形式中，则是动宾词组"到 B"之前附加体词性修饰语，跟"从 A 到 B"一样，这里仍是状心式偏正结构。状心式偏正结构"A 到 B"在(1)(2)两句中作主语，在(3)中作谓语，(4)句中"伦敦到罗马"之后实际省去"的距离"三个字，不过我们不妨把它看成介词"比"的宾语。我们认为这种分析法反映了语言现象的实质，因而它可以贯彻于上述两种格式之中。

当然，并不是所有的"从 A 到 B"都有"A 到 B"的变体，如"从头到尾""从里到外"以及"由小到大""自古至今"等就不能省去第一个字。这主要是因为它们具有汉语四字格熟语的某些特点，一旦去掉"从（由、自）"，音节上就失去了平衡，不符合现代汉语语音的节奏规律。如果将它们扩展成四个以上的音节，这个"从"字便往往可以省去了。例如：

从里到外都挤满了人→从里头到外头都挤满了人→里头到外头都挤满了人。

在起点不说自明的情况下，甚至连介词结构"从 A"都可以省去。比如，说话人站在门口，他就可以把"从门到窗子是七步"简单地说成"到窗子是七步"。又如，常说的"到月底只剩几天了"，实际上也是省去了"从现在"（指说话的时候）这个介词结构。在这种情况下，也是把"到"看成动词更便于进行句法分析（这里是动宾词组作主语）。

（二）"从 A 到 B"还可以说成"从 A 起，到 B（止）"，这是它的另一种变体形式

例如：

(5a) 从门口起，到窗子止是七步。

(6a) 从上午八时起，到下午四时止是上班时间。

这里的"起"和"止"都是动词。"到"后的"止"也可以不用，说成"从 A 起，到 B"：

(5b) 从门口起，到窗子是七步。

(6b) 从上午八时起，到下午四时是上班时间。

但"从"后的"起"一般不能省去而说成"从 A 到 B 止"。下边两句就不那么规范：

(5c) 从门口到窗子止是七步。

(6c) 从上午八时到下午四时止是上班时间。

为什么会有这类情形呢？因为表示终止点的"到"是动词，而表示起始点的"从"是介词，所以"到"后的另一个动词"止"才可以不用。而"从"后的动词"起"却一般省不得。——假如不用动词"起"，那也可以，不过连动词"止"也不要用，使"从 A 起，到 B 止"还原成"从 A 到 B"的形式。这样一来，"到"就变成了跟"从"直接发生联系、近距离配合使用的动词了。如果坚持"到"是介词的观点，这里谈到的语言现象同样得不到合理的解释。

（三）"从 A 到 B"结构中的"到"可以受"直""又""再"等副词的修饰，而"从"不能

从这点也可以看出"到"在这里居于主要动词的地位。关于这一点，邢文中已有例证，故不再列举。不过应当指明的是，"从"的前面有时也可能出现某个副词。例如：

(7) 我的路也铸定了，每星期中的六天，是由家到局，又由局到家。（鲁迅《伤逝》）

这是否就说明介词"从"或"由"也可以接受副词的修饰呢？不能。因为这里"又"并不是修饰"由"或"由局"的（把"由"换成"从"也一样），而是修饰"由局到家"整个结构的。（此外，"又"还有关联作用）

综上所述，可以判定"从 A 到 B"结构中的"到"是动词而非介词。至于张文所说的"到"不能附加时态助词、不表示动作或发展状况到理由，也都是可以商榷的。诚然，能加时态助词是动词的一大语法特点，然而这是就其整体或一般情形而言，并不等于任何一个动词或某一个动词在任何情形下都必须具备这一特点。"从 A 到 B"结构中的"到"之所以不能加时态助词"了"，是由于受其结构形式本身的限制。还有，张文所谓这里的"到""不是表示动作或者发展状况，而仅仅表示一般趋向、迄止"云云，实则有点自相矛盾。难道"趋向、迄止"就不算"发展状况"？我们认为"趋向、迄止"也是一种发展状况，表示趋向、迄止的词是可以而且应该列入动词的范畴的。

"到"的词性问题一直是语法学界有争议的问题之一，一般书上都说它是动、介两属，但自 50 年代以来就不断有人对其介词性提出过否定意见。① 新近出版的《现代汉语八百词》则明确把它定为一般动词兼趋向动词，不再视为介词。② 曾有同志指出："'到'是典型的动词……只有拿英语的 to 或别的印欧语系的常见前置词去套，才会得出'到'是介词的结论。"③ 此说颇有道理。汉语的"从 A 到 B"虽然有时可以跟英语的"from……to……"或俄语的"от……до……"对译，但这绝不意味着它们的词性非得一致不可。盲目照抄外国语法的做法是不可取的。

如果承认"到"是动词，"从 A 到 B"是什么结构的问题也就好解决了。以"从门到窗子"为例，这应该是一个以动宾词组"到窗子"为中心语，以介词结构"从门"为修饰语的状心式偏正结构。在结构关系上，"从门"与"到窗子"两部分并非"平等并列""不分主次"和"互不修饰"，恰恰相反，而是一偏一正、一从一主，前者修饰、限制后者。这里需要说一下邢文提到的"从 A"和"到 B""意思并重"的问题。如果是一般地分析"从 A 到 B"结构所表示的意义关系，这倒没有什么不可，但倘若拿来当成"从 A 到 B"是联合结构的根据，那就不够妥当了。须知结构的分类从根本上来说是其本身所反映的句法关系的分类，而不是它所表示的意义关系的分类。"意思并重"与否不能作为辨别联合结构与偏正结构或其他什么结构的依据。因为联合结构并不都是"意思并重"的（含有连词"及""以及"的联合结构往往是前重后轻；若连动结构也算成联合结构，则前重后轻、前轻后重和前后意思并重三种情形都有，其中以前轻后重者居多），而偏正结构却也有"意思并重"的情形（"从 A 到 B"即是一例，又如"由上而下""由远而近"之类）。至于其他结构类型，也都是很难绝对地判断意义上孰轻孰重的。

---

① 李人鉴：《谈"到"字的词性和用法》，载《文史哲》1958 年第 9 期；钟梫：《汉语词典标注词性问题》，载《辞书研究》1980 年第 1 期。
② 吕叔湘：《现代汉语八百词》，商务印书馆 1981 年版，第 127—128 页。
③ 钟梫：《汉语词典标注词性问题》，载《辞书研究》1980 年第 1 期。

还有一种看法，认为"从 A 到 B"是动宾结构。① 在对"到"的词性问题的认识上，持这种看法的同志跟我们是一致的，分歧在于如何分析"从 A 到 B"的结构层次。有两种分析方法（仍以"从门到窗子"为例）：

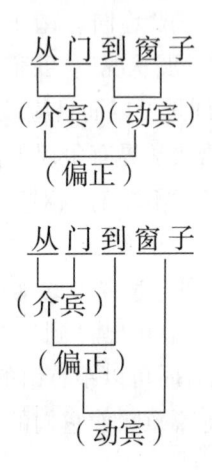

```
从 门 到 窗子
└─┘ └──┘
(介宾)(动宾)
└────────┘
  (偏正)
```

```
从 门 到 窗子
└─┘
(介宾)
└──────┘
 (偏正)
└──────────┘
   (动宾)
```

上边的分析法得出偏正结构的结论，下边的分析法得出动宾结构的结论。两种分析方法看起来都有道理，不过比较而言，我们觉得上边的分析法与语义结合得更紧密、更自然，而且也更符合一般人的语感，所以我们采取了这一分析方法，认为"从 A 到 B"是偏正结构。

"从 A 到 B"是状心式偏正结构，但它跟一般的状心结构又有所不同。它形式上较为固定，意义上结合成一个相对独立的整体。这个意义结合体具有系列性、连续性的特点，它或者表示时间、空间、动作、状态的起止，或者表示人、事物、数量的范围。固定格式"从 A 到 B"在句中起一个词的作用，在词法功能上表现为体词性，可以作主语，还可作定语、状语和谓语等。这些问题邢、余二文多已论及，兹不赘述。

（载《齐鲁学刊》1982 年第 1 期）

---

① 见张静《新编现代汉语》（上册）第 147 页对"从早到晚"一例的分析，上海教育出版社 1980 年版。又见宋秀令《现代汉语中的"从……到……"结构》，载《山西大学学报》1980 年第 2 期。张文周在其文章中也批评了"动宾结构说"，但他是从"到"是介词的角度来讨论的，跟我们分析的着眼点是不相同的。

杂谈复杂方位短语的层次分析

从构成上讲，方位短语有简单的和复杂的两类。"教室里""操场上""解放以后"等，是由方位词附着于单词之后构成的，属于简单的一类；"宽敞明亮的教室里""望不到边际的高原上""粉碎'四人帮'以后"等，是由方位词附着于短语之后构成的，属于复杂的一类。简单方位短语只含一个层次，分析起来没有困难，复杂方位短语含有两个或者更多的层次，分析起来稍微麻烦一点。上边三个复杂方位短语应做如下分析：

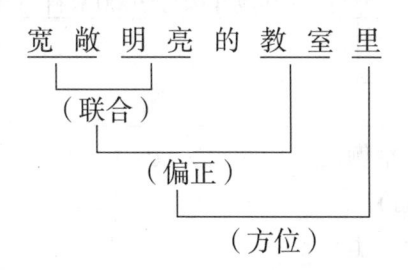

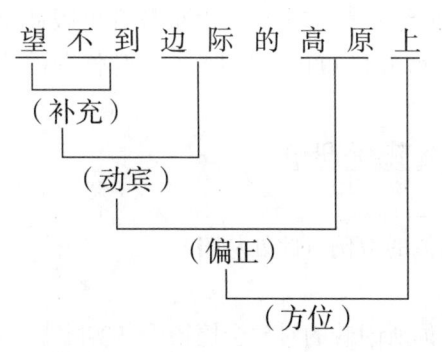

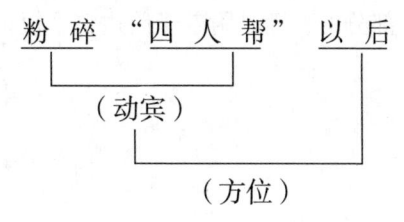

宽 敞 明 亮 的 教 室 里
　　（联合）
　　　（偏正）
　　　　（方位）

望 不 到 边 际 的 高 原 上
　　（补充）
　　　（动宾）
　　　　（偏正）
　　　　　（方位）

粉 碎 "四 人 帮" 以 后
　　（动宾）
　　　（方位）

由此看来，方位词和它所附着的短语，构成了复杂方位短语的最大层次；方位词前边所附短语的内部结构，则体现了复杂方位短语的各个较小层次。复杂方位短语之所以复杂，原因就在于方位词前边所附短语的构成上：所附短语构成情况愈复杂，整个方位短语也就愈复杂。但不管方位短语多么复杂，它的最大层次却始终不变——总是在方位词和它所依附的短语这一结构层面上。这是我们从分析复杂方位短语中得出的基本认识，也是分析这类方位短语时必须坚持的基本原则。

我们发现，有些现代汉语教材或语法论著，在谈及复杂方位短语的构成时，忽略或违背了这一原则，结果使对这类短语的分析成为不可理解的了。请看有关著作对下边几个例子的分析：

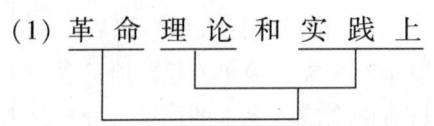

(1) 革 命 理 论 和 实 践 上

(中央广播电视大学文科处编《教学辅导材料（现代汉语2号）》第43页)

(2) 在 这里 举行 的 赛场车女子3000米自行车个人追逐赛中

(胡铁军《"融合"举例》，《中学语文教学》1985年第3期。文中还有类似的一例，此处从略)

(3) 这个小院子里头

(华宏仪《汉语词组》第178页，山东教育出版社1984年版。例中着重号是原有的，表示方位短语。根据该书编著者的意思，整个短语应表示为：

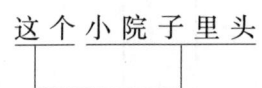

这 个 小 院 子 里 头

该书同节还有类似的数例，此处从略)

以上的分析，把方位词所附着的对象全搞错了。实际上，这里的方位词并不是附着于前边短语的某一部分的，而是附着于前边整个短语的。正确的分析应该分别是：

260

(1)′革命理论和实践上
　　　　　（联合）
　　　（偏正）
　　　　（方位）

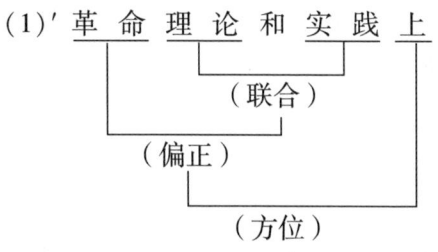

(2)′在这里举行的赛场车女子3000米自行车个人追逐赛中
　（介宾）
　　（偏正）
　　　　（偏正）
　　　　　（方位）

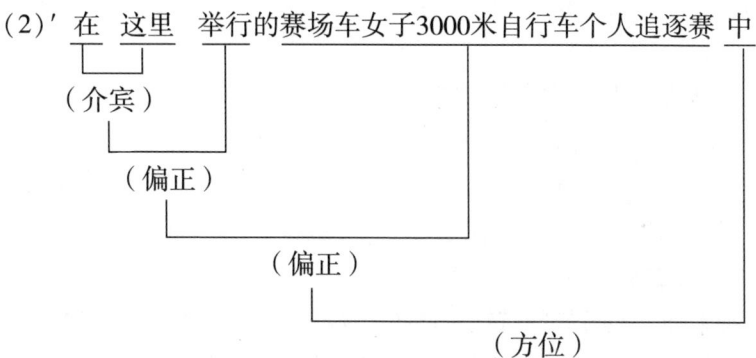

(3)′这个小院子里头
　　　（偏正）
　　（偏正）
　　　（方位）

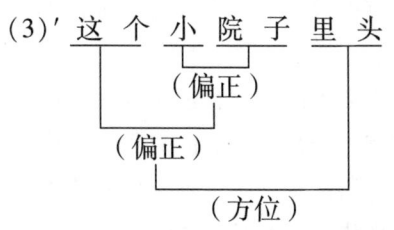

从这里我们又可以总结出分析复杂方位短语的另一条原则（或曰注意事项），以作为对上述基本原则的补充。这就是：在分析复杂方位短语的最大层次时，一定要看准方位词前边所附短语的起止范围，严格把方位词前边所附的短语当成一个整体来看待，千万不可随意把这个短语中靠近方位词的某个局部抽出来同方位词硬拼合在一起。

如果说，对于复杂方位短语的构成认识模糊和由此而产生的层次分析上的错误，在我们的语法教学和研究工作中尚属个别和偶然的话，那么，在初学语法的青年学生中间，这个问题就带有较大的普遍性了。我曾教过一个班共48个学生（系师专中文专业一年级），在一次作业中让分析复杂方位短语"你的小提包里"，事后对作业完成情况进行了分类统计：

第一类，认为"里"附着于"你的小提包"的，只有4人，占总人数的8%（较小层次的分析错误不计在内）。

第二类，认为"里"附着于"提包"或"小提包"的，或干脆没作分析的，有44人，占总人数的92%。

由此可以看出，只有极少数学生能正确地分析复杂方位短语，绝大部分学生则做不到这一点。当然，责任不在学生，而在于教材和教师。因为在我们使用的教材里，介绍方位短语时只提到简单的一类，而根本没提复杂的一类。我在授课时虽对此做了一点补充，讲了方位短语的两种构成情况，但也只是简单地一提，未做过多涉及。发现这一问题后，我立即着重补讲了复杂方位短语的构成，并做了详细分析示范。为了检查补课后的效果，在期末考试中我又特意让大家分析这样一个复杂的方位短语："柜台外面晃动着的几顶旧毡帽上"。检查结果如下：

第一类，认为"上"附着于"柜台外面晃动着的几顶旧毡帽"的，36人，占总人数的75%（较小层次的分析错误不计在内）。

第二类，认为"上"附着于"毡帽"的6人，附着于"旧毡帽"的1人，附着于"几顶旧毡帽"的3人，附着于"晃动着的几顶旧毡帽"的2人：以上共计12人，占25%。

这个情况表面，经过教师有针对性的补课，大部分学生已经掌握或基本掌握了复杂方位短语的分析方法，但仍然还有四分之一学生没有掌握，即不能准确地找出复杂方位短语的最大层次在哪里。

复杂方位短语在语法分析中算不上什么太大的难点，但是为什么一遇到实际问题就往往出错呢？而且这种错误不仅产生于初学语法的青年学生中，还常常反映到某些汉语教材甚至专谈方位短语的语法论著中。这一事实确实应该引起我们的深思，以便从中总结规律，指导现代汉语的教学工作。

我们初步考虑，复杂方位短语分析中之所以容易出现错误，既有主观上的原因，也有客观上的原因。从主观上讲，是忽视了语法分析中意义和形式相结合的原则，实际上是忽视了语义因素在语法分析中的重要作用。这里不需要讲什么深奥的道理，只要把上边谈到的正反两种分析方法结合语义的正常表达验证一下便可了然。例如上举例（3），根据我们的分析，应该是"这个小院子"的"里头"，前者限制后者，二者构成偏正关系：语义和结构关系都十分清楚。根据原书编著者的分析，应该是"这个"限制"小院子里头"——"这个"可以限制"小院子"，作"小院子"的定语，可怎么能限制"小院子里头"这个方位短语并作它的定语呢？这显然于语义不通。既然语义不通，就说明原来的层次分析有问题，应予修正。其他各例也都是如此。因此，只要我们在分析复杂方位短语时充分考虑到语义的正常表达，把意义和形式紧密结合起来，一般是可以避免出现大的问题的；即使出了些问题，也是容易发现和纠正的。

下边再谈客观上的原因。在复杂方位短语中，语音停顿和结构层次往往是不一致的。换句话说，复杂方位短语中末了的方位词，在语法结构上是附着于前边整个短语的，但在语音节奏上却往往跟前附短语中的最后某个语言片断（词或较小的短语）结合在一起。如上举例（1），在语法结构上是"革命理论和实践+上"，但它的语音停顿却是"革命理论∥和实践上"；例（2），语法结构是"在这里举行的赛车场女子3000米自行车个人追逐赛+中"，语音停顿却是"在这里举行的∥赛车场女子3000米自行车个人追逐赛中"或"在这里举行的∥赛车场女子3000米自行车∥个人追逐赛中"。而在下边一例中，这种语音停顿和结构层次的不一致性就表现得更为突出和典型：

　　胶皮轱辘碾起的泥浆，飞溅在老孙头的脸上，手上和小衫子上。（周立波《暴风骤雨》）

有关部分的语音停顿是："老孙头的脸上∥手上∥和小衫子上"，但结构层次本应该是："老孙头的脸+上，（老孙头的）手+上，和（老孙头的）小衫子+上"，省并有关词语后即"老孙头的脸、手和小衫子+上"。从语法结构的安排来看，原句头两个"上"似乎是多余的，但从对节律要求整齐和谐的角度来看，头两个"上"又是不可缺少的。平时人们对这种语音停顿和结构层次的参差现象不认真加以分析，往往错误地把语音节奏单位当成某一语法结构单位。再看我们现行的现代汉语教材，讲到方位短语时一般只提简单的一类，很少提到结构复杂的一类，即使举到一两个例子，也不做结构分析的示范。这样无形中便给学习者造成一种错觉，好像方位短语只有"教室里""操场上"这么一个简单的模式。人们头脑里既然已经有了这么一种片面的印象，加之前边所说的语音停顿的干扰，倘若遇到像"宽敞明亮的教室里""我们学校的操场上"这类复杂一些的方位短语时，便很自然地认为它们的结构是"宽敞明亮的+教室里""我们学校的+操场上"了。

　　以上就是我们对复杂方位短语分析中容易出现错误的主观和客观原因的蠡测。从这里我们发现了目前现代汉语教学中存在着的一个薄弱环节，即对语言实践中大量存在的复杂方位短语的教学是重视不够的。因此我们建议，今后在编写和修订现代汉语教材时，应适当增添和加强这方面的内容，教师授课时，也应该对此予以适当重视。

（原载《济宁师专学报》1987年第2期，中国人民大学报刊复印资料《语言文字学》同年第8期全文转载）

方位短语二题

一、是方位短语作中心语，还是复杂的方位短语？

史锡尧先生在《名词性偏正短语可作中心语》（载《中学语文教学》1991年第5期）中说："方位短语这一名词性偏正短语可以作另一个更大的名词性偏正短语的中心语。"史文所举的例子有（着重号为史文原有的）：

(1) 瘦削的脸上（布满了皱纹）。
(2) （飞落）草原河畔。
(3) 密密的庄稼棵里。
(4) 五月三十一日急雨中。

史文认为，这里的"脸上""河畔""庄稼棵里"和"急雨中"首先构成方位短语，然后分别作"瘦削的脸上""草原河畔""密密的庄稼棵里"和"五月三十一日急雨中"这些偏正短语的中心语；并且说，"绝不能认为最后面的方位词'上''畔''里''中'是中心语"。

对此笔者有不同看法。

一般认为，方位短语中方位词所附着的词语表示作为基准的物体（可称为"基准物"），方位词表示方向（尽管方向义有时已趋淡化），整个方位短语表示处所（有时也表示时间）。如"脸上"这个方位短语，"脸"表示基准物，"上"表示方向，整个短语则表示处所——"脸"之"上"，即脸的表面。这是仅就"脸上"这个简单而孤立的短语而言的，但在例（1）"瘦削的脸上"这个比较复杂的短语中情况则不同："瘦削"是修饰"脸"这个物体呢还是修饰"脸上"这个处所？我们认为只能是前者，否则语义上则说不通——作为处所的"脸上"怎么可以用"瘦削"来形容呢？因此，这里应该是首先"瘦削"与"脸"构成偏正短语，然后"瘦削的脸"作为基准物与方位词"上"构成方位短语"瘦削的脸上"。也就是说，这个短语的结构是"瘦削的脸＋上"，而不是"瘦削的＋脸上"。显然，这个短语的中心语应该是方位词"上"，而不是方位短语"脸上"。这里"脸"和"上"虽然紧相连接，但并没有直接结构关系。同理,例(3)的结构关系应该是"密密的庄稼棵+里",而不是"密密的+庄稼棵里"(作为处所的"庄稼棵里"与形容词"密密"语义不合);例(4)应该是"五月三十一日(的)急雨+中",而不是"五月三十一日(的)+急雨中"(作为处所的"急雨中"与限制语"五月三十一日"语义不合)。这两例的中心语应分别是方位词"里"和"中"。

例(2)与例(1)(3)(4)不同,因为"畔"(以及同义的"边")本就不属于方位词。由于每个方位词表示的方向都是单一而确定的,所以两个方位词不能共处,如不能说"里上""下外"等(某些合成方位词如"上下""左右"等合成后产生新义则另当别论);但"畔(边)"也可以说成"畔(边)上""畔(边)外",说明它不同于方位词,而与一般名词相同。方位词是可以列举的词类。遍查目前几本有影响的现代汉语教材和语法专著,也没发现有把"畔"或"边"列入方位词的。它们本身虽不是方位词,但可以在其前边加上单纯方位词构成合成方位词,如"上边""前边"之类。如果加的不是方位词,而是一般名词,这时构成的"×边"或"×畔"便不是方位词或方位短语,而是一般名词或名词性偏正短语了。如"田边""湖畔"等。例(2)中的"河畔"以及史文中另外一个例子"小河边"(史文亦误把它当作方位短语)便是如此。"河畔"既然不是方位短语,"草原河畔"当然也就不会是什么"方位短语作中心语"了。

像例(1)(3)(4)这样的方位短语,我们称之为复杂的方位短语。其所以复杂,就在于方位词所附着的对象不是一个词,而是一个短语;所附的短语愈复杂,则整个方位短语也便愈复杂。几年前笔者曾写过一篇《杂谈复杂方位短语的层次分析》[1],总结出这样一条分析复杂方位短语的原则:一定要看准方位词前边所附短语的起止范围,严格把方位词前边所附的短语当成一个整体来看待,切不可随意把这个短语中靠近方位词的某个局部抽出来同方位词硬拼合在一起。我认为,史文分析的失误就在于这"硬拼合"。拙文还指出了误把复杂方位短语分析成方位短语作中心语的各种原因。从主观上讲,是忽视了语句语义的正常表达和语义因素在语法分析中的重要地位,没有处理好语法分析中意义和形式的结合问题。从客观上讲,复杂方位短语中语法结构和语音停顿存在着不一致性,如例(1)中语法结构是"瘦削的脸+上",而语音停顿却是"瘦削的//脸上"。平时人们对这种不一致性不注意区分,往往错误地把语音节奏单位当成某一语法结构单位。史文观察分析的失当,恐怕与上述两点不无关系。

(载《语文函授》1994年第1期)

---

[1] 原载《济宁师专学报》1987年第2期,中国人民大学报刊复印资料《语言文字学》1987年第8期全文转载。此文亦收入本书内。

二、两类不同性质的"介+X+方"组合

现代汉语里的"介+X+方"组合("介"指介词,"方"指方位词,X 一般是名词性词语,有时是动词性词语或主谓短语),从其内部构成情形上看,可分为两类:"介+(X+方)"和"(介+X)+方"。前者如:

在操场上｜在全国范围内｜在党中央领导下｜在取得这次胜利以后｜从上述论述中｜从理论和实践的结合上｜从长城内外到大江南北｜打心眼里｜自千里之外｜往人群中间｜朝窗户外｜沿马路旁｜于二者之间｜于抗日战争爆发前

它们实际是先由"X+方"构成方位短语,然后再前加介词构成介宾短语的。如"在操场上",其内部构成是"在+操场上",而不是"在操场+上"。这一点易于理解,不必多说。后者如:

从解放后｜自此以后｜自从粉碎"四人帮"之后｜打他离家出走之后｜经过充分酝酿讨论后｜除这一间外(,所有的房间全住满了人。)｜除烧火之外(,没有别的事。)｜除了一人因病请假以外(,全体代表都出席了大会。)

它们实际是先由"介+X"组成介宾短语,然后再后加方位词构成方位短语的。如"从解放后",其内部构成是"从解放+后",而不是"从+解放后"。因为"从"是表示起点的介词,而"解放"可作为一个确定的时点看待,"解放后"则表示一个时段,所以"从"只能与"解放"组合而不能与"解放后"组合。再如"除这一间外",只能切分成"除这一间+外",而不能切分成"除+这一间外"。因为后一切分意思是把"这一间外"即其余房间都排除出去,结果只剩下"这一间",而这与该短语所要表达的不把"这一间"计算在内的意思正好相反。其余各例类此。由上看来,两类"介+X+方"组合的性质是很不相同的。

这两类组合在其他方面也有明显不同。能够构成前类组合的介词和方位词相对而言要多一些,整个组合以表示处所为常,间或表示时间等。能够构成后类组合的介词和方位词有较大局限性,只限于"从"("自""自从""打")、"经过"("通过")、"除"("除了")这几组介词和"后"("以后""之后")、外("以外""之外")两组方位词,整个组合或者表示时间(确切地说是表示某一确定时间之后的某一时段),或者表示排除在外(即不计算在内),不能表示处所。

笔者发现，有些语法论著不注意区分这两类不同性质的"介+X+方"组合，在它们看来，似乎所有这样的"介+X+方"组合都是介宾短语。这突出地表现在对"除……外"这一格式的认识上。如北京大学中文系1955级、1957级语言班编著的《现代汉语虚词例释》认为："'除'通常要跟'外、以外、之外'等配搭，组成介词结构。"① 曲阜师范大学编写组《现代汉语常用虚词词典》也表达了近似的看法："除"可以"跟'外''以外''之外'等搭配使用，构成介宾短语作状语。"② 刘茂辰主编的《现代汉语》也认为"除了……之外"是"介词词组"。③ 看来，把"除（除了）……外（以外、之外）"当成介宾短语并不是个别人的看法。也有把"从……后"一类格式视为介宾短语的。例如马真《说"反而"》一文将"自从母亲死后"与"在他得知自己患了血癌以后"等量齐观，认为都是"介词短语形式"。④ 为什么会产生这样一种不正确的看法呢？我们认为有两方面的原因。一是在语法分析时仅仅停留于表层现象的观察和语法形式的描写上，而忽略了深层语法构造的剖析和语义内容的表达。对此前文已有说明，不再多说。另一方面，恐怕跟照搬或硬套印欧语系的语法也有关系。汉语里两类"介+X+方"，在印欧语里一般只说成"介+X"。试比较同一意思在汉语里和在英语里表达方式的不同：

　　在操场上：on the playground

　　在党中央领导下：under the leadership of the Party Central Committee

　　从解放后：since the liberation

　　除这一间外：except this room

在汉语里，头两例是"介+（X+方）"即介宾短语，后两例是"（介+X）+方"即方位短语。但在英语里，它们却一律是"介+X"即介宾短语。英语表达法和汉语表达法呈现出明显的不同。如果无视这一差别，而硬要照搬英语语法的模式去解释和说明汉语语法事实，当然只能是方枘圆凿，格格不入。这也从一个小小的侧面说明，从汉语的实际出发来研究汉语语法是至关重要的。

---

① 北京大学中文系1955级、1957级语言班：《现代汉语虚词例释》，商务印书馆1982年版，第121页。
② 曲阜师范大学编写组：《现代汉语常用虚词词典》，浙江教育出版社1992年版，第76页。
③ 刘茂辰主编：《现代汉语》下册，天津教育出版社1987年版，第125页。
④ 陆俭明、马真：《现代汉语虚词散论》，北京大学出版社1985年版，第147—148页。

比况结构两议

一、怎样辨认比况结构

《谈比况结构》一文（载《中学语文教学》1980年第1期）共引用例句31个，其中就有6个分析有误。它们分别是：

(1) 我实在再没有吃到那夜似的好豆，——也不再看到那夜似的好戏了。（《社戏》）

引者认为"似的"附着于"夜"之后，也就是"夜似的"组成比况结构。实际应该是"似的"附着于"那夜"之后，并一起组成比况结构。

(2) 一阵这样的风过去，一切都不知怎么好似的。（《在烈日和暴雨下》）

引者认为"似的"附着于"好"之后，也就是"好似的"组成比况结构。实际应该是"似的"附着于"（都）不知怎么好"之后，并一起组成比况结构，作谓语。

(3) 两人的眼光，都仿佛要在他身上注进什么又要取出什么似的。（《药》）

引者认为"似的"附着于后一个"什么"之后，实际应该是附着于"仿佛要在他身上注进什么又要取出什么"之后。

(4) 老栓倒觉爽快，[仿佛一旦变了少年，得了神通，] 有给人生命的本领似的。（同上）

方括号里的文字是被引者删略的部分。引者认为"似的"附着于"给人生命的本领"，"给人生命的本领似的"这个比况结构作"有"的宾语。实际应该是"似的"附着于"仿佛一旦变了少年，得了神通，有给人生命的本领"之后，并组成比况结构作"老栓"的谓语。

(5) 极亮极热的晴午，忽然变成了黑夜似的。（《在烈日和暴雨下》）

(6) 路旁的柳树忽然变成了天使似的。（同上）

引者认为"黑夜似的"和"天使似的"分别组成比况结构,作"变成了"的宾语。实际应该是"(忽然)变成了黑夜似的"和"(忽然)变成了天使似的"分别组成比况结构,作谓语。

所有这些例句处理方面的问题,都反映了这样一个事实:在辨认和确定比况结构的问题上缺乏正确的标准。由于标准问题没解决好,这才使得该文在谈论比况结构的构成和用途时出了毛病。另一方面,从以中学语文教师为主的广大读者的角度着想,在理论上知道比况结构的构成和用途无疑是必要的,但如能进一步掌握并自觉使用辨认比况结构的正确标准,对于阅读和写作,包括指导学生阅读和写作,恐怕更具有实际意义。基于上述考虑,我想"借题发挥"一下,简单谈谈怎样辨认比况结构的问题。

我认为,辨认比况结构应该紧紧把握住两个标准:意义的标准和形式的标准。这两个标准是互相联系、相辅相成的。所谓意义的标准,就是要根据原文所表达的意思作出合情合理的判断,要防止意思走样,更不能不顾原意而自作主张、勉强类比。如上举例(1)"夜似的好豆"和"夜似的好戏",就与原文的意思不符,也与情理不合,而"那夜似的好豆"和"那夜似的好戏",才是既符合原文的意思,又合乎情理的。在运用意义标准时,往往要借助于上下文,切忌断章取义。还是以上引《社戏》中的一段话为例,我们不妨把它前边的一句话一并引出:

但我吃了豆,却没有昨夜的豆那么好。真的,一直到现在,我实在再没有吃到那夜似的好豆,——也不再看到那夜似的好戏了。

前面说的是看戏后第二天的事,所以用了"昨夜",后面说的是从看戏后"一直到现在"的事,所以用了"那夜"。参照上文,我们可以断定"似的"是附着在"那夜"之后的。"那夜似的好豆"意思是那夜吃到的那样的好豆,"那夜似的好戏"则指那夜看到的那样的好戏。

所谓形式的标准,就是根据"标记词"作出判断。我们知道,"像(好像、仿佛)……似的"是比况结构的典型格式。因此,凡是"似的"前边有"像"一类词呼应,"像(好像、仿佛)……似的"就是比况结构,不管中间的"……"文字多长,结构多么复杂。如上举例(3)和例(4)的"仿佛……似的"就属这种情形。如果一个句子形式上只有"似的"而没有"像"一类词语呼应,我们可以采取补加标记词的方法来解决——哪个地方能加进"像"一类字眼,那么从这里往后直到"似的"这一部分便是比况结构。比如上面提到的例(2),"像"字加在"都"之后(或"都"之前,但这关系不大,因为句子意思不变),而不能加在"不知"之后,更不能加在"怎么"之后，可见"（都）不知怎么好似的"是比况结构，而"怎么好似的"和"好似的"都不是。例（5）和例（6），"像"可以加在"忽然"之后（或之前），而不能加在"变成了"之后，所以"（忽然）变成了黑夜似的"和"（忽然）变成了天使似的"是比况结构，而"黑夜似的"和"天使似的"不是比况结构（当然更谈不上作宾语）。

不少时候，单从形式上着眼，"像"加在这个地方或加在那个地方都可以，这时就需要结合意义标准来加以识别和确定了。如果"像"的位置的不同不引起句子意思的改变，那么这两种情形都是许可的。如例（2）中"一切都不知怎么好似的"，看成"一切（像）都不知怎么好似的"行，看成"一切都（像）不知怎么好似的"也行。例（5）和例（6）"……晴午忽然变成了黑夜似的"和"路旁的柳树忽然变成了天使似的"两句，情形与此类同。如果因"像"的位置的不同而产生不同的意义，这时就必须经过对原句意思的仔细斟酌而决定取舍：符合原意的，是正确的，取之；不合原意的，是不正确的，舍之。如"那夜似的好豆"，可有"（像）那夜似的好豆"和"那（像）夜似的好豆"两种分析方法，我们取前者而舍后者，意义标准在这里起了决定作用。

一个意义标准，一个形式标准，前者比较稳妥可靠，后者则具有"速认"的优点，在具体运用这两个标准辨认比况结构时，往往采取如下的步骤：首先利用形式标准较快地作出初步判断，然后再利用意义标准对它加以验证或修正（如果有必要的话）。经过这样互相结合、前后补充的两个步骤，作出的结论一般就不会再出大的问题了。

（载《中学语文教学》1980年第11期，收入本书时稍有改动）

二、比况结构作宾语小议

比况结构，也叫比况短语或"似的"短语，[①] 可以作定语、状语、谓语和补语，这在有关文章中已说得很充分了。但它可不可以作宾语，如能作宾语又有什么条件限制，这些问题还有待进一步讨论。《中学语文教学》1980 年第 1 期华宏仪同志《谈比况结构》一文，专谈比况结构的构成和用途，其中虽然也说到比况结构可以作宾语，但由于他对比况结构的辨认有误，文中举出的作宾语的例子一个也不能成立。[②]《语文月刊》1982 年第 1 期陆俭明同志的《析"像……似的"》一文，认为比况结构可以作某些谓宾动词的宾语，并举出"感到猫抓似的"和"觉得大暑天喝了碗凉白开似的"两个例子。看来，比况结构可以作宾语是应该没有问题的了，关键的问题是比况结构在什么情况下可以作宾语，实际也就是它对前边的动词有何特殊要求。陆文提出"某些谓宾动词"，虽大体划出了范围，但仍显笼统。笔者这篇短文试图在此基础上，通过对若干实例的观察，看一看带比况结构宾语的动词到底有哪些，这些动词具有什么特点。

根据我们搜集到的比况结构作宾语的例子，带宾动词大体可分为三类。

第一类带宾动词是表示感知等心理活动的。如"觉得""觉着""感到""听见"等。例如：

(1) 我接着便有许多话，想要连珠一般涌出……但又总觉得被什么挡着似的，单在脑里面回旋，吐不出口来。(鲁迅《故乡》)

(2) 一到衰弊陵夷之际，神经可就衰弱过敏了，每遇外国东西，便觉得仿佛彼来俘我一样。(鲁迅《坟·看镜有感》)

(3) 祥子回答不出，只觉得已经有许多年没见着她了似的。(老舍《骆驼祥子》)

(4) 孔子还以为子路性子太直了，太好强了，平常就觉得他不会善终似的。(李长之《孔子的故事》)

(5) 往年俺社员进城，营业员看不起俺，觉着俺没钱；俺社员也觉着矮三分似的。(《人民日报》1982 年 1 月 25 日第 4 版)

(6) 我觉着发烧似的。(赵元任《汉语口语语法》例)

[①] 我们这里称作比况结构，是一种"从众"的叫法，如果按照笔者自己的意见，还是叫做"似的"短语比较合适。详见拙文《也说"似的"》之附注②。

[②] 参看拙文《怎样辨认比况结构》(《比况结构两议》之一) 中对例 (4)(5)(6) 的说明。

(7) 他就感到好像妇女们做了什么不应该做的事情一样。（西戎《纠纷》）
(8) "我没啥说的了。"李德江话虽这么说，但心里也感到还有很多的贴心话儿没有说完似的。（郭先红《征途》）
(9) 我听见好像有人在饭厅咳嗽似的。（转引王还《关于"似的"》例）①

第二类带宾动词是表示对人或事物的认识、看法、态度的。如"以为""当作""看作""装作""说成"等。"以为""当作"等当然也是一种心理感知活动，但它们似乎比"觉得"类动词口气更加肯定，所以有单独列出的必要。例如：

(10) 另一方面，海外的华人回国时的一些举止，很多时候也给国内的亲友造成错误的印象，以为他们都发了洋财似的。（《人民日报》1981年11月22日第4版）
(11) 那时的统治阶级都拿孔夫子的道理教学生，把孔夫子的一套当作宗教教条一样强迫人民信奉，做文章的人都用八股文。（毛泽东《反对党八股》）
(12) 老大娘把我们看做自己的亲儿女一样。（《现代汉语八百词》例）
(13) 瘦麻杆子装做没听准似的。（周立波《暴风骤雨》）
(14) 二小姐把共产党说成了神出鬼没似的。（茅盾《子夜》）

第三类带宾动词较杂，有"变得""显得""表示"等。例如：

(15) [他]一时间变得像一个宝贝似的。（何士光《乡场上》）
(16) 运祥显得很灵通似的。（《人民文学》1981年第10期）
(17) 大家都表示好像得着了天启的一样，点头的在点头，称是的在称是。（郭沫若《洪波曲》）

以上三类动词都属于谓宾动词。陆文只指出了第一类即"觉得""感到"之类，实际还应该包括第二类即"以为""当作"之类和第三类即"变得""显得"之类。比况结构是形容词性短语（属谓词性短语），以上三类动词又都是可以带谓词性宾语的动词，因此，比况结构可以充当它们的宾语也就是顺理成章的了。

（1982年12月1日写于加德满都）

---

① 该文系作者王还先生寄给笔者的未刊稿。

也说"似的"

读了《语言教学与研究》1981年第1期上蔡日英同志的《说"似的"》一文,有些不同的看法,也想来说一说,以向蔡同志请教。

第一个问题是"似的"的词性问题,也就是"位于句末"的"似的"到底是语气助词还是结构助词的问题。这是本文要说的重点。

蔡文把"似的"分为"用于句末"的和"用于句中"的两种情形,认为前者表示结构关系,叫结构助词,后者表示语气,叫作语气助词。蔡文的看法跟《现代汉语八百词》(以下简称《八百词》)[①]颇有一致之处。《八百词》在正文中虽然没有收录这一重要词条(这应该说是一个缺陷),但在前头的"语法要点"中却明明白白地把"似的"跟"吗、呢、啊、吧、罢了"一起归入语气助词一类(见该书第14页)。所不同的是,《八百词》没有区分"句中"和"句末"两种情形,只是笼而统之地叫做语气助词。在把"句末"的"似的"处理为语气助词这一点上,蔡文的看法跟《八百词》是吻合的。

我们认为,不管"似的"在形式上处于何种位置,它都是表示结构关系的结构助词。诚然,如果单从形式上着眼,"似的"是有位于"句中"和"句末"之分,但这种分法并没有反映出"似的"的基本作用,也没有揭示出汉语中这一语言现象的实质。从"似的"的基本作用上看,无论是出现在"句中"或"句末",它都是"表示结构关系"的,即跟前头有关的词或短语组合在一起,构成一个新的可以自由运用的语言单位——"似的"短语。因为这个"似的"短语表示比况意义,所以也有叫它比况结构的。[②] 这就是说,"似

[①] 吕叔湘主编:《现代汉语八百词》,商务印书馆1980年版。
[②] 本文认为,叫"似的"短语比叫比况结构(或比况短语)好些。第一,可以跟另外几个也由结构助词构成的短语如"的"字短语、"所"字短语等在叫法上取得一致,即都是以那个结构助词来给短语命名。第二,比况结构(或比况短语)一语不够严格,容易引起混乱。"像……似的"固然是比况结构,但那些不带"似的"却也表示比况意义的"像……""好像……"等(可能是动宾结构,

的"并不是直接入句的,它首先是组成"似的"短语,然后再由这个短语跟其他词语造成一个句子。形式上位于"句末"的"似的",只不过因为整个"似的"短语处在句子的后半部分,所以"似的"也便自然地落在了句末。但是,如果句子的语序允许做某些调整,即可以把"似的"短语提到句中或句首,这时"似的"就会伴随着它所附着的有关词语进入句中的位置。这里我们不妨观察一下蔡文提供的两个例句:

(1a) 原来是满野的荔枝树⋯⋯可不就像小山似的。(杨朔《荔枝蜜》)

(2a) 他说话微微有点口吃似的。(曹禺《雷雨》)

蔡文认为这两处的"似的"都是"用于句末"的语气助词。但是请看:

(1b) 原来是像小山似的满野的荔枝树。

(2b) 他微微有点口吃似的说话。

这样一变,"似的"又"用于句中"了,可是"似的"的意义和作用前后看不出有什么不同。同是一个"(像)⋯⋯似的"中的"似的","用于句末"时是语气助词,"用于句中"时却又变成了结构助词,这种分类法岂不是有点"依句辩品""词无定类"的"嫌疑"了吗?

由上我们可以看出:严格地说来,"似的"用于句末,实际上是用在有关词或短语之后,它的作用也不是什么"煞句",而是跟有关词语一起组成一个表示比况意义的"似的"短语。从这个意义上讲,我们不妨把它称为"短语助词",以区别于那些真正用在句末的"句子助词",如"吗、呢、啊、吧、罢了"之类。

还有,语气助词跟句中的其他成分没有牵连,有的句末语气助词可以拿掉,拿掉后只影响句子的语气,并不影响全句的基本意思。在这一点上,"似的"也与之不同。"他说话微微有点口吃似的",意思是他好像有点口吃,至于是否真的口吃,并不是要表达的重点,很可能不是真的口吃,只是吐字发音稍感困难,跟口吃有点相似罢了。而"他说话微微有点口吃",则是说他真的有口吃的习惯,这里丝毫没有比况意义。蔡文说这句有没有"似的""意思基本一样",是不符合实际情况的。

再看另外一个例句:

(3) 他转身,放开步,往回走,疯了似的。(老舍《骆驼祥子》)

(接上页) 也可能是偏正结构) 算不算比况结构? 如果不算,这在意义上说不过去;如果算,则比况结构成了个"杂烩",降低了这个语法术语的实用价值。实际上,语法上讲的比况结构一般只指"(像)⋯⋯似的"而不包括"像⋯⋯""好像⋯⋯"的,但这在意义上不够周密,有漏洞。如果叫作"似的"短语,就不会有这些问题了。

蔡文说："如果没有'似的'，那是直陈的语气，真的疯了，用了个'似的'，就是比况的说法，语气不同了。"我们认为：第一，就语气而论，这里有"似的"与没有"似的"都是陈述语气，前后并没有什么差别，所谓"比况的说法"这里也是陈述语气。第二，就意义而论，"疯了似的"是说好像疯了，没有说明是真疯还是假疯，很可能不是真疯，"疯了"则是明白地说出真的疯了。两者意思显然不同。由此可知，有没有"似的"倒不一定影响句子的语气，却可以改变句子的意思。这恰恰说明"用于句末"的"似的"似乎并不属于语气助词一类。

最富有启发性的还是下面这类句子：

（4）他乐得什么似的。（《现代汉语词典》例）

（5）一阵大雨把小田淋得落汤鸡似的。

这里的"似的"就不能拿掉，拿掉了就不成话。可见"似的"（即使用在句末的位置）在句子结构中和在表达意思方面具有"举足轻重"的作用，跟一般语气助词绝不能等量齐观。

蔡文为了证明"似的"是"句末"语气助词，还拿它跟"了"相比，认为两者可以互换，"了"有"煞句的作用"，"似的"当然也不例外。对于这个问题，蔡文的观察也是不够准确的。现在让我们看一下它分析过的一个例子：

（6）那手也不是我所记得的红活圆实的手，却又粗又笨而且开裂，像是松树皮了。（鲁迅《故乡》）

果真像蔡文说的那样，"了"可以换成"似的"吗？我们说，"了"换成"似的"后虽然也可以成句，但语意却有所不同：用"了"表示闰土那双手从"红活圆实"到"又粗又笨而且开裂，像是松树皮"这一事态的变化，用"似的"则是静态地描写现在那"又粗又笨而且开裂"的手样子好像是松树皮。因此，从准确地表达句意的要求来看，"了"和"似的"是不能互相替换的。值得注意的是，倒是有这样一个语言事实，即在"煞句"的"了"之前，可以再用上一个"似的"，如上句可说成"像是松树皮似的了"。再如：

（7）然而这境地，现在却已经被世界的险恶的潮流冲得七颠八倒，像狂涛中的小船似的了。（鲁迅《小品文的危机》）

可见，"似的"并没有"煞句的作用"，也不是语气助词，因为我们从未见过任何一个真正的语气助词之后还可以加上一个"了"字。

附带说一下蔡文所说的"比况语气"的问题。我们觉得，这是一个非常含糊混乱的概念。因为所谓"比况"，是对"（像）……似的"这种短语所表示意义的概括，用来描写或称谓一种语气是不适宜的。假若真有所谓"比况语气",那它既可以是陈述式的,如以上有关例句,也可以是疑问式的,如"难道大家也像你似的吗?"还可以是感叹式的,如"真像你似的呀!"还可能有别的什么式的。这样一来,既有"陈述比况语气",又有"疑问比况语气",还有"感叹比况语气"等,实在杂乱得很,让人理不出个头绪。其所以会出现这种情况,就是因为"比况"实在不是什么语气,而是一种意义。蔡文由于把这两个不同范畴的东西混为一谈,因而得出了"用于句末"的"似的"是"表示比况语气"的"语气助词"的结论。

再说第二个问题,就是意义和用法跟"似的"基本相同的"一样""一般"和"般"的词性的问题。蔡文一方面认为,这三个词都是形容词,一方面又说,"'般'还可看成'词尾'"。《八百词》在"一般""一样"的条目下也是定为形容词的。(见该书第 527 页和第 535 页)我们不同意上述看法。我们认为,这几个词跟"似的"一样,也是结构助词。关于这个问题,笔者在《关于"一样"的词性和用法》一文①中已经谈过一些意见,这里不再重述,只是就蔡文有关的内容说上几句。

第一,蔡文既把"一般"看成形容词,又把"般"看成词尾,这是自相矛盾的。因为实际上,"一般"和"般"是同一个词的两个不同的形体,或者确切地说,后者是前者的省略形式。《八百词》就明确指出:"在双音节以上的词语的后边,'一般'可以说成'般'。"(529 页)例如:

(8) 钢铁(一)般的意志

(9) 雷鸣(一)般的掌声

(10) 眼睛像秋水(一)般明亮

既然如此,为什么一个是"形容词",另外一个又成了"词尾"呢?这不是失去了统一的分类标准了吗?严格地讲,说"般"是"词尾"也有困难,因为它还可以并且常常是"语尾",即用在短语之后,如以上三例。这样看来,还是叫做助词更为合适。至于"(像)……一样"省"一"而说成"(像)……样",在北方话的口语中也是经常可以听得到的,在书面语中虽然不如"(像)……般"普遍常用,但也不是没有。例如:

(11) 一张转日莲样的圆脸,一笑有两个虎牙……(从维熙《洁白的睡莲花》)

(12) 右面峰顶上一片白云像银片样发亮了。(刘白羽《长江三日》)

这里"样"显然是"一样"的省略形式。如果我们承认这里的"样"是助词的话,那我们最好也承认"一样"同样是助词。

---

① 徐复岭:《关于"一样"的词性和用法》,载《汉语学习》1981 年第 2 期。此文收入本书。

第二，我们需要防止可能产生的这样一种情况，就是："（像）……一般""（像）……一样"作定语或状语时，其后常常带"的"或"地"，有人可能据此认为"一般""一样"是形容词，因为形容词以后是可以加"的"或"地"的。其实这是一种误解，因为这里的"的"或"地"并不是附着于"一般""一样"的，而是附着于"（像）……一般""（像）……一样"整个短语的。如果说"似的"跟"一般"或"一样"之间有什么不同的话，这便是其中的一个方面——用"似的"构成的短语作定语或状语时不再加"的"或"地"，而用"一般""一样"构成的短语做定语或状语时往往要加"的"或"地"。

第三，由于蔡文把"一样"定错了词性，所以在析句时也出了偏差。例如下面这句它是这样分析的：

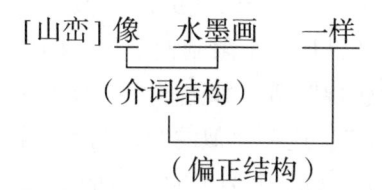

[山峦] 像　水墨画　一样
　　　　（介词结构）
　　　　（偏正结构）

这样一来，"一样"成了中心语，"像"反而降到了次要地位，成了起辅助作用的介词。但在实际上，这里"像"却应是句中的主要动词，去掉它就组织不成句子，而"一样"在句中的地位倒是比较次要的，这里没有它照样可以成句。蔡文的分析法完全颠倒了句意和句子结构的主次关系。正确的分析法应该是：

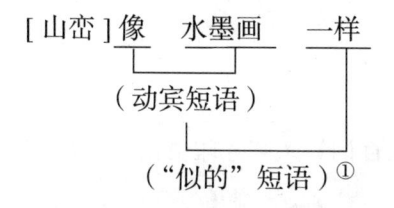

[山峦] 像　水墨画　一样
　　　（动宾短语）
　　　（"似的"短语）[①]

（载《语言教学与研究》1982 年第 3 期）

【补记一】

本文是仅就蔡文的某些看法立论的，有些问题当时未遑深究。前不久读到江蓝生《助词"似的"的语法意义及其来源》一文（载《中国语文》1992 年第 6 期），认为用于句末的"似的"有两个：一个表示比喻或相似，是结构助

---

① "（像）……一般""（像）……一样"可统称为"似的"短语。

词；一个表示不定判断或推测，是语气助词。江文的观察无疑是具有启发性的，但也不是没有值得商榷或需要完善的地方。比如，它所举的认为是语气助词的两个例子：

> 刚才有人往屋里探了一下头似的。
> 我像在哪儿见过他似的。

一般认为，语气助词用与不用不会影响句子基本意思的表达，根据这一公认的标准，后一个例子的"似的"是语气助词似乎没有多大问题，但头一个例子的"似的"的语气助词的资格就要打些折扣了。因为用了"似的"，全句是"不肯定的判断"，表示不一定真有人往屋里探头；不用"似的"，却成了"肯定的判断"，全句意思是真的有人往屋里探头：用与不用"似的"，意思正好相反。看来，如果承认真的有一个语气助词"似的"的话，还得在"表示不定判断或推测"等条件外另加一个限制性条件，即前边必须有个与之呼应的词"像""好像"或"仿佛"等。如上举头一个例子倘若说成"刚才好像有人往屋里探了一下头似的"，这个"似的"用与不用就无碍大局了，看成语气助词似乎也就没大问题了。后一个例子的"似的"之所以能够视为语气助词，原因也就是在它前边有个"像"字。不过话又说回来，同是一个"似的"，前边有呼应词"像"等时是语气助词，没有呼应词"像"等时便成了结构助词，这样的区分法又有什么实际意义呢？所以"似的"到底有没有必要划分出语气助词来，还有待进一步研究。

1996年10月1日记

【补记二】

增订版《现代汉语八百词》（商务印书馆，1999年11月）已将"似的"补收进去。

2001年5月1日记

关于"一样"的词性和用法

《汉语学习》1980年第5期杨中凡同志《"一样"是什么词》一文，把"一样"看成是数量词，这是欠妥的。而初中《汉语》课本把"跟……一样"和"像……一样"中的"一样"一律看成形容词，也似乎有待商榷。[①] 我们认为，"一样"是个兼类词：它是数量词，也是形容词，又是助词，三者的意义和用法各不相同。底下为叙述方便起见，我们用"一样$_1$""一样$_2$""一样$_3$"分别表示它的三种词性。

一样$_1$

其基本意思是"一种"，如"一样东西""一样点心"。有时可有一件的意思，如杨文所举例句："就照你的话办，可有一样，出了错，你负责。"它可以重叠成"一样一样"或"一样样"，表示"多""每一"或"逐一"的语法意义，如杨文例④—⑦。"一样$_1$"多用作名词的定语（不加"的"），这是它的基本的和主要的用法。"'一样'+名词"用在动词之后时，"一"可省去，如"来样菜""买样东西"。"一样$_1$"一般不能作主语或宾语，但在一定的语言环境或上下文中，它所限定的名词可以不必说出，这时"一样"临时代替了名词而充当句子主语或宾语。如"买了两样东西，一样是电视机，一样是自行车"中，"一样"后边承前省去了中心词"东西"，"一样"由定语升格为主语。再如上举例句"可有一样"中，省去了中心词"事情"，"一样"变成了"有"的宾语。又如："两样东西，给他一样。""一样"是"给"的直接宾语。"一样$_1$"不能作状语，但其重叠形式"一样一样"或"一样样"可以作动词的状语，如"事情要一样一样（或一样样）地办。"以上用法特点，说明"一样$_1$"的确是数量词。因为这些杨文多所论及，本文不拟详谈。

一样$_2$

其基本意思是"同样""没有差别"。它可以作定语（加"的"）、谓语、

[①] 除《汉语》课本外，《现代汉语八百词》（吕叔湘主编，商务印书馆1980年版）也持这种看法，见该书第535页"一样"条。

状语和补语。例如：

(1) 姐妹俩穿着一样的衣服。（作定语）

(2) 时代不同了，男女都一样。（作谓语）

(3) 姐妹俩的汉语说得一样好。（作状语，修饰形容词）

(4) 妹妹虽然比姐姐小两岁，但也一样能挑水担柴。（作状语，修饰动词）

(5) 姐妹俩长得很不一样。（作补语）

"一样$_2$"可以跟副词组合，受副词的修饰或限制（如（2）（4）（5）三句），可以用肯定否定相叠的形式表示疑问（"一样不一样？"）：这是形容词所具有的语法特点。"一样$_1$"没有这些特点，由此我们可以把二者区别开来。其次，"一样$_1$"与"一样$_2$"虽然都可以修饰名词作定语，但用法和意义都不相同：前者直接用在名词前边，限制事物的数量；后者必须加"的"，表示事物性状的相同。例如"一样衣服"和"一样的衣服"，前者不带"的"，意思是一种或一件衣服；后者带"的"，意思是质料或式样相同的衣服（不止一件）。这种意义和用法上的不同，同样说明了两个"一样"应分属不同的词类。

这里需要谈一下杨文所说的"数量词可以受一部分副词修饰"的问题。现代汉语中确实有某些"副词+数量词"的习惯说法，如"只一个""又一次""不几天"等，但它们中间隐含着一个动词（"有""是""到"等），而且这类说法不普遍，不应把受副词修饰看成是数量词的本质特征。相反，可以直接受大部分副词修饰，倒是形容词的一个重要的语法特点。因此，把能否受副词修饰作为区分数量词和和形容词的标准是不妥的，在实践中往往行不通。就拿"都一样""不一样""又一样"等几个例子来看，杨文根据前加副词这一特点，肯定"一样"是数量词而非形容词，这是与语言事实有出入的。语言事实是："都一样"和"不一样"只能存于"男女都一样""男女不一样"和"都一样的人""不一样的人"这类说法中，而没有"都一样人""不一样人"这类说法。由此可见，"都一样"和"不一样"中的"一样"是形容词而非数量词。至于"又一样"，则有两种可能："又一样衣服"或"衣服换了一样又一样"，这是数量词，但"姐妹俩穿的衣服又一样了"，这是形容词。此外杨文还举了个"只一样"的例子，这个"一样"的确只能是数量词，这是因为限制事物数量的副词"只"的后边可以跟数量词（但隐含着一个动词），却不能跟形容词。仅就这点而论，能否加"只"倒可以用作区分"一样$_1$"与"一样$_2$"的一个方法，但如要推而广之，把能否受副词修饰作为区分数量词和形容词的标准,则是不可以的。

"一样₂"有一项比较特殊的用法,就是用在介词结构"跟(和、同、与)……"之后,并一起组成一种比较固定的格式。固定格式"跟……一样"作为一个独立使用的单位充当句子成分。它可以作定语、谓语、状语和补语。例如:

(6) 妹妹穿着跟姐姐一样的衣服。(作定语)

(7) 妹妹穿的衣服跟姐姐一样。(作谓语)

(8) 妹妹长得跟姐姐一样漂亮。(作状语,修饰形容词)

(9) 妹妹虽然体弱,但跟姐姐一样下地干活。(作状语,修饰动词)

(10) 妹妹长得跟姐姐一样。(作补语)

这一用法的"一样"尽管在结构形式上有点特殊,却并未丧失"一样₂"的词汇意义和语法特点,仍然是形容词。杨文认为"跟……一样"和"两个学生,在教室里一个,在操场上一个"格式相同,因而论定"一样₂"也和"一个"词性相同(同属数量词),这是不能成立的。"跟……一样"是一种偏正结构(状语—中心语),可以变成"跟……不一样";"在教室里一个"或"在操场上一个"实际上是倒装的主谓结构(谓语动词—宾语—主语),不能说成"在……不一个"。两种格式相去甚远,"一样₂"与"一个"词性各异("跟"和"在"在这里词性也不同),杨文的论断实在难以令人信服。(如果是"两样东西,一样是电视机,一样是自行车",这倒与"两个学生,在教室里一个,在操场上一个"同属一种结构类型,然而这是"一样₁",与"跟……一样"中的"一样"不同。)

一样₃

其用法特点是附着在词或词组的后边,并且常跟前边的"像"(或"好像""仿佛")搭配,构成"像……一样"的格式。有时候前边虽然没有"像"字,但也可以补出。"像……一样"可以作定语、谓语、状语、补语和宾语。例如:

(11) 房顶上升起一缕缕像浓雾一样的炊烟。(作定语)

(12) 妹妹像姐姐一样。(作谓语)。

(13) 冰雹像鸡蛋一样大。(作状语,修饰形容词)

(14) 一股海水像喷泉一样从船底冒出来。(作状语,修饰动词)

(15) 妹妹长得像姐姐一样。(作补语)

(16) 我们感到像在自己家里一样。(作宾语)

首先,"一样₃"不表示数量,没有"一种"或"一件"的意思,也不能重叠成"一样一样"或"一样样",因此不同于"一样₁"。杨文从"一样"是数量词的认识出发,把"像……一样"分析成"谓—宾—补"的格式,这是讲不通的。所谓"谓—宾—补"格式,一般指"打他一下""做好事两次"这类情形。而这同"像……一样"譬如"像喷泉一样"句式很不相同。前者去掉宾语,"打一下""做两次"依然成立;后者去掉宾语,"像一样"则不成话。还有,前者去掉补语,"打他""做好事"跟原句意思不同;后者去掉"一样","像喷泉"仍不失原意。由此可见,"一样₃"同"一下""两次"词性和作用都不相同,"一样₃"不是数量词,也不作补语。(如果是"两样东西,给他一样",这倒是"谓—宾—补"的格式,然而这是"一样₁",跟"像……一样"中的"一样"不同。)

其次,"一样₃"也不同于"一样₂"。"一样₂"有实在意义,是"同样""没有差别"的意思;"一样₃"意义较虚,往往可以拿掉而不影响句意的表达,它的作用在于辅助"像……",表示事物或情形的相似(但不相同)。"一样₂"可以前加副词,可以用肯定否定相叠的形式表示疑问;"一样₃"则没有这些特点(如不能说"像喷泉都一样""像喷泉一样不一样")。从外观上看,"跟……一样"和"像……一样"似乎格式相同,实际上大有差别。前者是偏正结构,其中"跟"是介词,"跟……"是介词结构作中心语"一样"的状语,偏正结构"跟……一样"的否定形式是"跟……不一样"。后者是比况结构,"像……"是动宾结构,"一样"是附着在"像……"上的"尾巴",比况结构"像……一样"的否定形式是"不像……一样"。以上说明"一样₃"也不像形容词。

那么"一样₃"到底是什么词呢?从它附着于词或词组的后边,意义比较虚灵,可以拿掉而不影响句意等特点来看,我们认为它是助词。它的地位和作用跟"似的"极为相近,凡是用"一样₃"的地方都可以换成"似的"。"一样₃"与"似的"都属于表示比况意义的助词。

杨文中说,"一样"可以换成"那样"(或"这样""那么样""这么样")比如"冰雹像鸡蛋一样大"可以说成"冰雹像鸡蛋那样大",而"那样"是指示代词"那"加量词"样",因而"一样"也是数词"一"加量词"样",即数量词,而不是助词。其实这是一种误解。第一,"那样东西"中的"那样",跟"像鸡蛋那样大"中的"那样"并不相同。前者是指量词组,可以说成"那一样东西",不能说成"那么样东西";后者已经构成一个指示代词,可以说成"像鸡蛋那么样大",不能说成"像鸡蛋那一样大"。第二,"像鸡蛋一样大"和"像鸡蛋那样大"结构关系也不相同。前者"一样"对"像鸡蛋"来说是衬附关系,后者"那样"对"像鸡蛋"来说似乎是复指关系。从道理上讲"像鸡蛋那样大"完全可以变换成"像鸡蛋一样那样大",只是因为两个"样"字放在一起显得别扭,人们一般不这样说罢了。但倘若把"一样"换成"似的",或把"那样"换成"那么",下边两种说法就比较自然了:"冰雹像鸡蛋似的那样大"或"冰雹像鸡蛋一样那么大"。这里,"似的"和"一样"是附着于"像鸡蛋"之后的助词,"那样"和"那么"则是复指前边"像鸡蛋似的(一样)"的指示代词。同理,"冰雹像鸡蛋那样大"中的"那样",也是复指前边的"像鸡蛋"的,所不同的是动宾词组"像鸡蛋"之后省去了一个比况助词"一样"(或"似的")。由于比况助词省去之后留下的空位恰好被指示代词"那样"填补起来,加之"一样"和"那样"都有个"样"字,因此在人们的语感中,"那样"好像就是"一样"似的了。

(载《汉语学习》1981年第2期)

谈"非……不可"

"非……不可"是汉语中一种十分凝练而且常用的固定格式。在具体的语句中，它可以当作一个完整而独立的造句单位使用，单独充当句子成分。对汉族人来说，由于习惯的缘故，运用这一格式一般好像问题不大，但对学习汉语的非汉族人来说，掌握和运用这一格式并不是一件容易的事。为了加深理解和自觉运用这一格式，有必要对它表示的意义、它的结构特点和句法作用等，进行一番研究和探讨。

一

"非……不可"是一种紧缩结构，前后隐含着某种条件关系。但既经紧缩而且定型化，它所表示的意义也就融为一个整体。又，"非"与"不可"是两个否定词语，用双重否定形式表示肯定，比单纯肯定语势要重，含有强调意味。大致说来，"非……不可"可以表示和强调以下三种意思：

1. 表示必要性，强调"必须如此"。例如：

(1) 语言这东西，不是随便可以学好的，非下苦功不可。（毛泽东《反对党八股》）

(2) 花木非有土不可，正如拿破仑非有好兵不可一样。（鲁迅《坟·未有天才之前》）

"非下苦功不可"是说"必须下苦功才行"，"非有土不可"是说"必须有土才行"，都是说必要性的。

2. 表示必然性，强调"一定如此"。例如：

(3) 天气又闷又热，一会儿非下雨不可。

(4) 我早料到，胡子非败不可。（周立波《暴风骤雨》）

"非下雨不可"意思是说"一定要下雨"，表示下雨这一自然现象势在必然。"非败不可"意思是说"一定要失败"，表示在说话人看来，土匪失败这是必然的结局。

3. 表示愿望之强烈或决心之坚定，也含有"一定如此"的意思。但它与上述 2. 不同，2. 说的是事物发展的客观规律或倾向，这里说的是人们的主观意愿或动机。例如：

（5）这口气，非争不可！（电影文学剧本《创业》）

（6）这一回我非叫你在海里住一辈子不可。（初中语文课本第一册《渔夫的故事》）

二

紧缩结构"非……不可"，实际上包括"非……"与"不可"前后两部分。它的后部分的构成成分具有封闭性，即只能是"不可"以及"不行""不成"等几个为数有限的词语。它的前部分，实际上就是位于"非"与"不可"中间的成分，构成情况稍微复杂一些。

现在，就让我们来考察一下位于"非"与"不可"中间的都是些什么词语。

首先，动词及各种类型的动词性词组，是最常用来放在这个位置的，如以上所举各例。

因为主谓词组可看做动词性词组的一种，所以它也可以用在这个位置上。例如：

（7）这件事非你亲自出马不可。

"非"与"不可"之间很少用形容词；偶或遇到这种情形，这个形容词便具有了发展变化的意味。例如：

（8）别看这会儿还有凉意，等会儿赶起路来，非热不可。

名词、代词、数量词等体词性成分，有时也可以用在"非"与"不可"中间。例如：

（9）搞这样复杂的设计，非李总工程师不行。

（10）况且还要饲阿随，饲油鸡……都是非她不可的工作。（鲁迅《彷徨·伤逝》）

（11）一两也不能少，非三斤不行！

在口语中，"非……不可"这一格式中的"不可"可以不用。这一般仅限于"非"后跟着动词性成分的时候，而且"非"后常有"要""得（děi）"连用。例如：

（12）咱们干什么非要在"中国贫油"这一棵树上吊死？（同例（5））

（13）那样儿不行的，季流，我非得等他。（赵元任《最后五分钟》，转引

吕叔湘《中国文法要略》例）

（14）老高说："我非和你在一起。"（崔复生《太行志》）

但是，"非"与"不可"之间如果是体词性成分（这时一般表示必要性），"不可"就不能省去，如（9）（10）（11）三例；但若在"非"后加一"得（děi）"或"要"字，则有时也可以成立，如例（9）和例（11）可说成"……非得李总工程师"和"……非得（要）三斤"。

这里需要谈一下"非……不可"中"非"的词性问题。关于这一点，一般认为是否定副词，只是由于存在"非她不可"这类"非"后跟体词性成分的用法，有的语法书便据此认定它兼有次动词即介词的性质。① 我们认为，这里的"非"仍是副词，"非她不可"等只不过是特殊用例而已。这种"特例"的存在，是由"非……不可"这一特定的凝固格式造成的；如果去掉"不可"，这一格式就不复存在，"非"后也就不能再跟体词性成分了，恰如上面刚刚说过的那样。② 实际上，在"非"与体词性成分之间隐含着一个动词；如果去掉后面的"不可"，这个隐含着的动词必须补出来才能成句。这也可以看做"非"是副词的一个旁证。

三

我们已经知道，"非……不可"主要表示动作、变化的必要性或必然性等，用在"非"后头的又多是动词性成分。因此，就一般情形而言，"非……不可"是一个动词性的固定格式。这就是说，它的语法作用大体相当于一个动词，可以充当动词所能充当的某些句法成分。

"非……不可"最经常、最普通的语法功能是作谓语，上边所举绝大部分例句都属这类用法，这里不再另外举例。

此外，它还可以作定语，上边例（10）即是。又如：

（15）很多从前非用文字不可的场合，现在都能用语言来代替……（吕叔湘《语文常谈》）

（16）在长期的共同劳动中，人们之间已经到了非说话不可的地步，于是语言产生了。

下句则是它先跟有关词语组成联合词组，然后再作定语的例子：

（17）对敌军、伪军、反共军的俘虏，除为群众所痛恶、非杀不可而又经过上级批准的人以外，应一律采取释放的政策。（毛泽东《论政策》）

---

① 丁声树：《现代汉语语法讲话》，商务印书馆1961年版，第202页。
② "非驴非马""似雾非雾"中的"非"是动词，与"非她不可"中的"非"不同。

"非……不可"有时还可用作宾语、补语等。例如：

(18) 有的人估计非夜行军不可。(成仿吾《长征回忆录》)

(19) 你老是欺侮他，他会被逼得非同你拼命不可。

"非……不可"还可以加助词"的"构成"的"字结构，然后再作句子成分。底下是"非……不可的"作主语的例子：

(20) 儿化韵对外国留学生说来，也是困难的。我们的原则是可有可无的不用，非用不可的才用。(邓懿《教外国留学生学习汉语遇到的困难问题》)

(载《汉语学习》1981年第5期)

虚词的语法性质和作用

一、虚词的语法特点

根据传统的分类习惯,汉语的词可分为实词和虚词两大类别。同实词比较,汉语虚词主要有以下一些特点:

(一) 一般不表示实在意义

实词具有比较实在的词汇意义,它或者反映具体事物,或者表示动作、性状、数量等,它所表示的概念是比较容易想象和捉摸的。虚词则相反,它一般不具有实在的词汇意义,只有抽象的语法意义,而这种语法意义是不易觉察出来的。例如"老师和学生"中,"老师""学生"是两个实词,意义实在,不难想象,但"和"却很难说有什么具体的意义,它不过是表示前后两项具有并列关系而已。再如"你去北京吗?"中,"你""去""北京"这三个词的意义也是实实在在的,不难理解,而"吗"的意义却虚灵得很,它的作用只是帮助句子表示疑问语气。

(二) 一般不充当句子成分,不单独成句

实词能充当句子成分,而且绝大部分能独立成句,即能单独回答问题。与此相反,虚词除了副词可以充当句子的次要成分(主要是状语,其次是补语),部分副词可以单独回答问题外,一般都不能充当句子成分,也不能独立成句。例如,单独一个"和""吗"或者"的",是不能独立成为句子的,也不能充当句子的某个成分。再如,"把门打开"中的"把",本身也并不作句子成分,只有与名词"门"构成介宾短语后才能作"打开"的状语;光一个介词"把"也不能独立成句。

(三) 具有封闭性

实词大部分是开放性的,特别是名词、动词、形容词这三类主要的实词,它们都不容易列举穷尽,而且还不断有新的词产生出来加入各自的行列。虚词刚好与之相反,它是封闭性的,每一类虚词几乎都可以列举穷尽,而且很少有新的虚词产生。这应该是虚词和实词的重要区别之一。

根据"中学教学语法系统提要（试用）"，现代汉语虚词包括副词、介词、连词、助词、叹词和拟声词六类。关于各类虚词的特点、作用及其再分类，请参阅正文中有关词类的"概说"部分，这里就不做介绍了。

二、虚词的语法地位和作用

汉语的实词浩如烟海，难于统计，但虚词数量却十分有限。一般认为，汉语虚词只有八九百个，常用的不超过四百个。《现代汉语词典》收词五万三千条，其中虚词就算有一千条，也还不到词汇总量的2%。但是，虚词的语法地位和作用却不能用其数量来衡量，相反，虚词数量虽然不多，但其"能量"颇大，它在汉语中的地位和作用至少不亚于实词，在许多方面甚至超过实词。

首先，虚词的使用频率高。据北京语言学院语言教学研究所的统计，中小学语文课本中十个频率最高的常用词依次是：

  的（助） 了（助） 一（数） 是 不 我 在（介） 着（助） 个（量） 有[①]

十个频率最高的常用词里头虚词竟占一半，而且打头的两个即高频词的冠亚军都是虚词！

其次，也是更重要的，虚词是汉语重要的语法手段，它与句法关系密切。由于汉语缺少严格意义上的形态变化，语言组合中的结构关系、情态语气等，往往通过虚词来实现。实词的作用以它本身为限，虚词的作用在它本身以外。有人把实词比作人体的血肉、骨头、毛发，把虚词比作联结人体的神经、脉络、韧带；还有人把实词比作建筑用的砖头、石料、预制板材，把虚词比作起黏合作用的水泥、石灰。这些比喻都形象地道出了虚词在语言组合中的重要地位和作用。

虚词除某些副词可作次要成分外，其基本作用是通过联结和附着表示种种语法关系和语法意义。下边我们结合实例，从几个方面进一步体会一下虚词的语法作用。

（一）虚词是一种组合手段

虚词和虚词不能组合成短语和句子，但它却可以把实词和实词联结起来，或者附着在实词或短语上头，从而组合成新的短语或句子。

这又有几种情况：

有些语意不相连属而不能直接组合的词或短语，只有通过虚词的帮助才能

[①] 北京语言学院语言教学研究所：《常用字和常用词》，北京语言学院出版社1985年版，第10页。

组合在一起，成为表达一定意思的短语或句子。例如"蓝蓝"和"天空""兴奋"和"说""笑"和"多么甜蜜"，都不能直接组合，必须通过"的""地""得"这些"媒介物"才能分别构成偏正短语或补充短语：

  蓝蓝的天空

  兴奋地说

  笑得多么甜蜜

再如"革命处紧急关头""他人民死，死生"都不成句，表达不出明确的意思来，只有分别加上有关虚词，才能成为表达一定意思的、可供人们理解的句子：

  革命处在紧急关头。

  他为人民而死，虽死犹生。

有些短语或句子虽然没有虚词也可以成立，但用上虚词后结构和语义关系就发生了变化，即构成了新的短语或句子。比较：

  发表意见（动宾短语）∽发表的意见（偏正短语）

  中国解放（主谓短语）∽中国的解放（偏正短语）

  鲁迅写小说（主谓短语）∽鲁迅所写的小说（偏正短语）

  我弟弟（偏正短语）∽我和弟弟（联合短语）

  吃饭开会（联合短语）∽吃了饭开会（连动短语）

  他身体健康。（主谓谓语句）∽他的身体健康。（形容词谓语句）

  这件事，中国人民的经验太多了。（主谓谓语句）∽关于这件事，中国人民的经验太多了。（带句首状语的形容词谓语句）

  李英阿姨讲故事。（不带与事的主谓句）∽李英给阿姨讲故事。（带与事的主谓句）

有些短语或句子可以加上不同的虚词，从而表示不同的结构关系和语法意义。比较：

  他的老师（偏正短语）∽他和老师（联合短语，表示并列）∽他或老师（联合短语，表示选择）

  吃了饭开会（连动短语，动作有先后）∽吃着饭开会（连动短语，两个动作同时进行，前动表示后动的方式）

  猫把老鼠吓跑了。（把字句）∽猫被老鼠吓跑了。（被字句）

  我们一边学习，一边生产。（联合复句）∽我们不但学习，而且生产。（递进复句）∽我们或者学习，或者生产。（选择复句）

  如果我们努力干，就能完成任务。（假设复句）∽只要我们努力干，就能完成任务。(条件复句,表示充足条件) ∽只有我们努力干,才能完成任务。(条件复句,表示必要条件) ∽既然我们努力干,就能完成任务。(因果复句,表示推论因果)

有些虚词可以附着在实词或短语上头,组成新的短语。例如:

他有两个孩子,大的上中学,小的上小学。

门口站着一个扛枪的。

小船箭似的驶去了。

那乌鸦铁铸一般站着。

英雄所见略同。

以上"的"分别附着在形容词"大""小"和动宾短语"扛枪"之后,组成"的"字短语;"似的"附着在名词"箭"之后,"一般"附着在偏正短语"铁铸"之后,分别构成比况短语;"所"附着在动词"见"之前,构成"所"字短语。

(二) 虚词是一种定性的标志

因为汉语极少形态变化,所以有些语言单位的性质不容易确定。虚词在这方面可以提供帮助,它实际上起着"鉴定字"的作用。

例如,助词"着""了""过"一般用在动词或形容词的后边表示动态,所以我们一见到它们就可以知道其前头出现的是动词或形容词。助词"们"可用在指人的名词后边表示多数,所以我们一见到它就知道前边出现的一定是名词。

再如,助词"的""地""得"分别是定中式偏正短语、状中式偏正短语和补充短语的标志,连词"和""或"等是联合短语的标志,用"不但……而且……"连接的是递进关系复句,用"因为……所以……"连接的是因果关系复句,等等。

前边提到的"所"和"似的"等也有定性作用。动词(一般是及物动词)头上戴上"所"这顶"帽子",整个短语就变成名词性的了。有关实词或短语后边拖上"似的"这条"尾巴",整个短语就变成形容词性的了。

(三) 虚词表示动态或语气

例如"我们看电影",加上不同的虚词(或把虚词置于不同的位置),就可以表示出不同的动态或语气来。请看:

我们看着电影。(表示动作正在进行)

我们看过电影。(表示有过这种经历)

我们看了电影。(表示动作已经完成)

我们看电影了。(肯定事态出现了变化)
我们看电影来着。(表示动作发生过不久)
我们看电影呢。(表示状态还在继续)
我们看电影吧。(表示征询语气)
我们看电影嘛!(表示理应如此或显而易见)
我们看电影吗?(表示疑问语气)

(录自《现代汉语虚词正误句解手册》"绪言",海南出版社1993年版)

词及词与语素、短语的划界

一、词是什么

词是什么？"中学教学语法系统提要"中说："词是由语素组成的。"新编初中语文课本汉语知识短文中说："词是构成短语或句子的语言单位。每个词都表示一定的意义，在短语和句子里起一定的作用。"这些说明无疑都是对的。不少在中学里教语文的朋友抱怨说，这些文字尽管从不同角度对词做了一些说明，却没有反映出词的所有特性，甚至连词的主要特性都没有被揭示出来。语言学界对此也争论了许多年，各式各样的定义也提出了许多种，但似乎还没有找到最理想、最令人信服的一种。"提要"和中学语文课本的编写者所以没有完全满足语文教师们的这一愿望，确实是有其难言之隐的。不过，既然大家都希望给词下一个完整明确的定义，笔者便无妨硬着头皮做一做这一举鼎绝膑的工作。如果这一工作能对大家有些微帮助，笔者的努力也就算没有白费。

根据语法学界较为流行的看法，大致可以给词做出如下的定义：

词是代表一定的意义、具有固定的语音形式、可以自由运用的最小的造句单位。

例如"我们建设着自己的国家"这句话，可以分析成六个这样的"造句单位"即词：我们｜建设｜着｜自己｜的｜国家。这一定义，实际从语义内容、语音形式和语法功能三个层面概括了词的特点。

所谓"代表一定的意义"，可以从两个方面来理解。有的词表示的意义比较实在，经常表示一个完整而确定的概念，是实词。如"我们"表示包括自己在内的若干人，"建设"表示建造、增加设施，"自己"复指前头的"我们"，"国家"这里实指中国。有的词表示的意义就不那么实在，仅是表示某种结构关系、动态变化或语气等，称虚词。如"着"用在"建设"后，表示动作正在进行；"的"用在"自己"和"国家"中间，表示前后是偏正关系。

不管是实词还是虚词,它们在具体的句子中都有特定的专指意义。

所谓"具有固定的语音形式",不仅指每个词都有固定的专门的读音,而且指在语音结构上结合较紧,一般只能在词的末尾有停顿,而不能在词的内部即构成词的语素与语素之间有停顿。如"我们∥建设∥着∥自己∥的∥国家",这种停顿是允许的,但如果念成"我∥们建∥设∥着自∥己的∥国∥家"或"我∥们∥建∥设着∥自∥己∥的国∥家",即成为不可理解的了。

所谓"自由运用",也包括两方面的意思。有的词能单独作为一句话来说(如能单独回答问题),也可以单独作多种句子成分。这类大部分是实词。有的虽然不能单说,可也不是某个词的一部分,它是在一句话中提取完能单说的最小意义单位之后剩下来的单用部分。如上举例句提取出"我们""建设""自己""国家"这四个能单说的最小的意义单位之后,剩下来"着"和"的"。"着"和"的"虽然不能单说,却可以单用,并表示一定的语法意义。这类大部分是虚词。单说和单用都叫做"自由运用",这是词的一个最重要的特点,它是从语法功能的角度对词进行观察所得出的结论。

定义中还有"最小的"这个修饰语,它涉及词与短语的划界问题,留待下边讨论。

意义上的确定性或专指性,语音上的固定性,造句中可以自由运用,这便是词的三个基本特点。我们认识词,可以从这三个方面着眼,认识词与与语素、短语的区别以及确定是词不是词,也应该从这三方面来考虑。

二、词与语素的划界

词是构成短语或句子的语言单位。语素是造词单位。二者的区别主要表现在:

意义方面,如前所述,词所表示的意义是完整而明确的,每个词都有自己特定的词汇意义或语法意义。语素虽然也能表示一定的意义,但这个意义往往是不明确不稳定的。例如"整顿"这个词,表示"使紊乱的变为整齐;使不健全的健全起来"这样一个意思,其意义是明确的、稳定的。但"整"这个语素,它表示的意义就不那么明确和稳定,往往随词而变,比如在"整数""整洁""整修""挨整""调整"等词里就具有不完全相同的意义。同样,"顿"这个语素在"顿首""顿时""停顿""困顿"等词中虽也有一定的表义作用,却既不明确,也不稳定。可见语素所表示的意义只有在它所构成的词里才能明确地显示出来。

语音方面,词有固定的语音形式,而语素的语音形式却不是很固定的。例如"实"这个语素，在"实在""真实"和"诚实""老实"中读音就不相同：前者读第二声（shí），后者读轻声（·shi）。另外，在句子中任何语素只有当它处在一个词的末尾时才允许有停顿，语素之间是不能停顿的。这一点与词的情形也不相同。

语法功能方面，词可以单用，即可以自由造句，语素却不同。语素中的自由语素（如"人""走""红"），因为它本身就可以构成单纯词，所以单用即用来自由造句是不成问题的；语素中的半自由语素和不自由语速（如"基""视""洁""子（·zi）"），则必须首先与其他语素（半自由语素或自由语素）构成合成词（如"基础""视察""清洁""桌子"），然后再用来自由造句。能否单用，这是语素与词的最重要的区别，也是我们判定什么是词什么是语素的重要依据。至于意义和语音方面的区别，前者难于把握，后者缺乏普遍性，因此只具有参考价值，很难作为主要依据。

语言现象是复杂的。有些语素在一般情形下不单用，但在特定格式或语体中可以单用，它们到底是语素还是词呢？例如"校"，在"学校""母校"中不单用，但在"校领导""校系两级"的格式中却是单用的；"牧"，在"牧业""放牧"中不单用，但在"农林牧副渔"中可以单用；"鲸"，在"鲸鱼""鲸吞"中不单用，但在专科文献中可以单用；"言"和"语"一般不单用，但在熟语"你一言，我一语"中却是单用的。还可以举出很多这样的例子。按说，能单用的语素不一定只是单用，有时候也跟别的语素构成合成词，如"人"也出现在"人工""人民""主人""庸人"等词里。能不能据此承认"校""牧""鲸""言""语"等也是单用的语素，是一般的词呢？如果这样，就抹杀了这些语素在一般情况下是不能单用的这样一个基本事实。那么怎么办呢？笔者认为可以变通处理，即在一般情形下它们不单独成词，仅是语素；在特定的格式或语体中能够单用时，不妨把它们看成词。

三、词与短语的划界

不言而喻，这里所谓词系指由两个或两个以上的语素构成的合成词。由一个语素构成的单纯词与短语不存在什么纠葛。

这个问题也可以从以下三个方面来说明。

从意义上来看，词义具有整体性和专指性，它不是各语素意义的简单相加，而是各语素意义的自然融合。例如"白菜"专指一种蔬菜，并不等于"白色的菜"，所以是词；而任何一种"白色的花"都可称"白花"，"白花"没有专指义，所以是短语。再如：

黑板（≠黑的板）：黑猫（=黑的猫）

　　骨肉（≠骨和肉）：血肉（=血和肉）

　　山东大学（≠山东的大学）：山东人民（=山东的人民）

冒号左边的都有整体义或专指义，是词；右边的则不具有这一特性，是短语。值得注意的是，有些形式完全相同的语言片断，当有专指义时，它是词；如不具专指义，则是短语。下边这些例子，也是左边的是词，右边的是短语：

　　红花（一种植物名，可入药）：红花（=红的花）

　　头痛（感到为难或讨厌）：头痛（=头部疼痛）

　　绣花枕头（徒有外表而无真才实学）：绣花枕头（=绣有花的枕头）

　　当然，也有的词其意义专指性不太明显，但也不能说一点儿没有。如"牛奶"，似乎等于"牛的奶"，但这只有在对比或特别强调时才这样说（如"这是牛的奶，而不是羊的奶"），一般情况下总是把"牛奶"作为一种食品看待，如"挤牛奶""喝牛奶""牛奶饼干"等。类似的例子还有"牛肉、羊肉、鸡蛋、皮鞋"等。考虑到词义专指的程度有不同，而这个"不同"又很难做出精确的判断，因此意义很难作为词与短语划界的主要依据。

　　从语音上来看，汉语合成词中双音节的占绝对优势，因此双音节结构往往可以看成一个词，如"大豆、小吃、再见、肉松"等，尽管两个部分都可以单说；而四音节结构往往可以看成一个短语，如"民办教师、高压电线、重金收买、超额完成"等，尽管其中一个部分不能单说。但是不能把这一特点绝对化起来，因为并不是一切双音节结构都是词，词也不限于双音节。利用音节特点区分词和短语，必须与其他方面的特点结合起来。换言之，在利用其他方面的特点来区分词和短语时，不妨把语音特点作为一个辅助条件考虑进去。例如"升起、放下、开进、走出"与"升起来、放下去、开进来、走出去"，其结构形式完全相同，都是动趋式，而且也都能在中间加入"得"或"不"，根据词的结构的固定性和不可分离性，它们都可看成短语，但考虑到双音节的特点，将前者看成词似乎更符合一般人的语感。

　　从语法结构和功能上来看，词和短语虽然都是自由运用的造句单位，但词是最小的造句单位，而短语是较大的造句单位。这里所谓"最小"，是指词作为造句单位只能整个儿地使用，不能拆开来使用。这就是人们常说的不可分离性或不可扩展性。短语则不具这一特性。这一区别，是我们确定某个语言片断是词还是短语的主要依据。试比较：

　　开场（→ˣ开一次场）：开会（→开一次会）

　　新手（→ˣ新的手）：新家（→新的家）

窗户（→ˣ窗和户）；门窗（→门和窗）

"开场、新手、窗户"不能拆开，因此是词；"开会、新家、门窗"可以拆开，并使原有的结构关系保持不变，因此是短语。前边讲意义标准时举到的"红花"等例子，也可以从语法标准中得到进一步的印证。同是一个"红花"，当它具有专指义时，结构固定，不可随便拆开（≠红的花），它无疑是词；当它不具专指义时，结构松散，可以拆开（=红的花），当然是短语。

这是意义标准和语法标准相统一的情形，确定是词还是短语不会遇到太大麻烦，不过有时这两个标准互相抵牾，这时确定是词还是短语就会遇到麻烦。我们的意见，凡遇这种情况应优先考虑语法标准，而将意义标准排在其次。如"开夜车""吃大锅饭"一类惯用语尽管都有明显的专指义或整体义，但因为可以随意拆开，结构上有很大的灵活性（如"开了几天夜车""大锅饭吃不成了"），所以以看成短语为宜。

总之，判断一个语言片断是词还是短语，可以从意义、语音和语法结构三个方面来考虑，而在这三者中，语法结构应放在优先考虑的位置，其他两个方面可作为辅助条件。

除此之外，根据语素的性质来判断某个语言片断是词还是短语，也不失为一种方法。比如一个双音节的语言片断，如果其中至少有一个不能单用的语素，它只能是词不是短语。例如下边各语言片断都是词：

基础、浩荡、摹拟（两个语素都不能单用）

滋味、黝黑、微笑（前一个语素不能单用）

旗帜、美丽、动员（后一个语素不能单用）

但如果两个语素都可以单用，这时就可能是词（如"黄豆、小看、眼馋、风水"），也可能是短语（如"白米、快看、眼肿、枪炮"）。因此，用这种办法划分词和短语有很大局限性，不能贯彻始终，最后解决问题还得借助于上边所说的三条标准，尤其是语法标准。

汉语中词和短语的划分是个相当复杂、一时不易解决得彻底的问题。下边举两种在划分词时经常遇到而语法学界又众说纷纭的"难题"，并顺便谈一下我们的看法。

一是所谓的"离合词"。主要是一些动宾组合。例如：革命（革资本主义的命）｜鞠躬（鞠了三个躬）｜吵架（吵了半天架、架吵完了）｜睡觉（睡足了觉、觉睡足了）。从词的不可分离性来衡量，它们应该是短语；但从意义上来看，它们具有单一性、整体性，而且其中一个语素往往不能单说，因此又很像词。怎么办呢？有人把它们看作"像词的短语"。我们认为不宜把结论下得太死，可视具体情况灵活处理："革命"等不分开来用的时候，它们是词；分开来用的时候，应看成短语。

一些动补组合也有类似的情况。如：打倒（打不倒）｜提高（提得很高）｜抓紧（抓得/不紧）｜睡着（睡得/不着）。这些组合原则上也可以与"革命"等作同样处理：不分时是词，分开时是短语。跟前边提到的"升起、放下、开进、走出"等一样，这样处理也符合人们的语感。至于由三个音节构成的动补组合（包括动趋式），考虑到音节的关系和可分离的程度（这类组合一般有更大的可分离性），还是一律看成短语较好。例如：说清楚（说得/不清楚，方言中还有"说说清楚"的说法）｜升起来（升不起来、升了起来）。

二是常说的"简称"。这又有几种情况。有的简称是由词减缩而成的，它们的全称既然是词，简称当然也只能是词。例如：地铁（地下铁道）｜彩电（彩色电视）｜北大（北京大学）。有的则是由短语减缩而成的，如：语文（语言文学）｜扫盲（扫除文盲）｜支书（支部书记）｜三好（身体好、学习好、工作好）。它们是词还是短语呢？吕叔湘先生说得好："从意义方面看，简称代表全称，是短语性质，可是从形式方面看，简称不等于全称，更像一个词。"（《汉语语法分析问题》§28）两个标准在这里又打起架来，真是叫人无所适从。我们觉得，如从语法分析的角度考虑，把它们当作特殊形式的词来处理也许更好些，而且不少简称，如"语文、支书、整风、土改、两汉、南北朝"等，因为使用已久，人们实际上已把它们当成词来对待，甚至忘记了原来是简称了。

(载《语文函授》1991年第6期)

一个词，还是两个词？

现代汉语中，"只有"或"只是"一般情形下是双音节词，但在特殊情形下却是两个相连的单音节词。分清它们在什么时候是双音节词，什么时候是两个相连的单音节词，对于分析语句结构、理解语句意义无疑是非常重要的。但要想准确无误地判定"只有"或"只是"是一个词还是两个词，有时却也并不是一件轻而易举的事，即使是语法著作或语文工具书，也时有误判现象发生，更不用说初学语法的朋友了。

冯志纯在《语文研究》1988年第1期发表的《从"只有"和"只"+"有"谈起》，批评了误把一个双音节词当作两个单音节词的现象。不过据我们观察，人们在语言分析中最容易、最经常出现的错误却是把两个单音节词当成一个双音节词看待。例如：

(1) 附近没有树林了，也没有河，只有一些不深的长满了灌木的地沟，像绿色的长蛇一样分割平坦的平原。

(2) 这本书不是什么条文法典，它只是一本普通的参考资料罢了。

(3) 以上只是一点不成熟的意见，仅供参考。

例(1)转引自李凤仪编写的《现代汉语虚词造句》（以下简称《造句》）[①]第49页，该书把"只有"列为表示条件关系的连词，可实际上它是两个单音节词：范围副词"只"加表示存在的动词"有"。例(2)转引自曲阜师范大学编写组编写的《现代汉语常用虚词词典》（以下简称《词典》）[②] 第390页，该书认为这个"只是"是连词。例(3)转引自吕叔湘主编的《现代汉语八百词》（以下简称《八百词》）[③] 第606页，该书认为这个"只是"是副词。其实，这两处"只是"都不是一个词，而是两个词：范围副词"只"加判断动词"是"。其中例(1)和例(2)，如果能分别对照上文的"没有"和

[①] 李凤仪：《现代汉语虚词造句》，光明日报出版社1985年版。
[②] 曲阜师范大学编写组：《现代汉语常用虚词词典》，浙江教育出版社1987年版。
[③] 吕叔湘主编：《现代汉语八百词》，商务印书馆1980年版。

"不是"，则"只有"中的"有"和"只是"中的"是"的动词性就比较明显了。

现代汉语中像"只有""只是"这类可能是一个词、也可能是两个词，容易混淆的现象颇不鲜见，冯文曾列举了十几组实例。笔者不避续貂之嫌，也列出若干组，例证尽量从中学语文教材中摘取。如果发现有关工具书或语法著作有分析欠妥之处，也一并指出。其中几组并联系古代汉语的类似用法予以说明。

以为

(1) 我以为我们应该从这个事故中，吸取一些关于学习方面的经验教训。（马南邨《从三到万》）

(2) 这是因为蒋介石在他的建议中提出了保存伪宪法、伪法统和反动军队等项为全国人民所不能接受的条件，以为和平谈判的基础。（《毛泽东选集》第1279页）

例（1）的"以为"是动词，意思是"认为"。例（2）的"以为"是介词"以"加动词"为"，"以"所介引的词语承前省略，"以为……基础"即"以之（这些条件）……为基础"的意思。这是文言句法的遗留。例如《荀子·劝学》："木直中绳，輮以为轮，其曲中规。""輮以为轮"，即用火烤木，并拿它制作车轮的意思，"以"后实际省去了一个代词"之"。

可以

有许多东西，只要我们对它们陷入盲目性，缺乏自觉性，就可能成为我们的包袱，成为我们的负担。例如：犯过错误，可以使人觉得反正是犯了错误的，从此萎靡不振；未犯错误，也可以使人觉得自己是未犯过错误的，从此骄傲起来……工农分子，可以自己的光荣出身傲视知识分子；知识分子，又可以自己有某些知识傲视工农分子。（毛泽东《放下包袱，开动机器》）

这里一共有四个"可以"。头两个是能愿动词，表示可能。后两个是能愿动词"可"后接介词"以"，是"可以凭借……"的意思。文言文中经常有"可"和"以"连用的情形。如文天祥《指南录后序》："国事至此，予不得爱身，意北尚可以口舌动也。""可以口舌动"，即可以用（即凭借）言语来说服。《左传·曹刿论战》中"可以一战"也是这种用法，意思是可以凭借这个（"以"的宾语承前省略）打一仗。

经过

(1) 火车走出居庸关，经过了一段崎岖的山路之后，便在我们面前敞开

了一片广阔的原野。(翦伯赞《内蒙访古》)

(2) 老百姓没经过事，哪能经得起你们吓唬？(袁静等《新儿女英雄传》)

例(1)"经过"是动词，相当于"通过"；"过"读原声调(guò)。例(2)的"经过"宜看成两个词，即动词"经"后附动态助词"过"，意思是"经历过"；"过"读轻声(·guo)。"经过"可以是两个词，以前似乎还未见有人明确提起过。其实，不止"经过"，很多"×过"都具有这种双重身份。试比较：

  汽车已经通过大桥；他思想一直没有真正通过

  不要放过了坏人；羊已经放过了

  现在的日子好过了；两个人从来没有这样好过

各组前边的"×过(guò)"都是一个词(动词或形容词)，后边的"×过(·guo)"都是两个词(动词或形容词+动态助词"过")。

当然，"经过"也还是介词(例(3))和名词(例(4))：

(3) 经过初试这一关，剩下的人已经寥寥无几了。(何为《第二次考试》)

(4) 我已经知道了这件事情的经过。

正在

(1) 但我们的后辈还是一气，宏儿不是正在想念水生么。(鲁迅《故乡》)

(2) 瓦楞上许多枯草的断茎当风抖着，正在说明这老屋难免易主的原因。(同上)

(3) 他正在厨房里，紫色的圆脸，头戴一顶小毡帽。(同上)

(4) 我是正在这一夜回到我的故乡鲁镇的。(鲁迅《祝福》)

头两句"正在"是副词，表示动作行为处于进行中。后两句"正在"是两个词：例(3)是副词"正"(含有"恰好"的意思)和动词"在"("在"与"厨房里"组成动宾短语)，例(4)是副词"正"和介词"在"("在"与"这一夜"组成介宾短语)。

有人不注意这两种"正在"的不同，结果出了差错。请看：

(5) 小敏和大江正在窗前下棋，眼看小树苗遭到暴风雨的袭击，心里十分着急。

(6) 团政委正在打电话的时候，二营教导员走了进来。

例(5)转引自《造句》第66页，该书认为这个"正在"是副词，其实它应该是两个词：副词"正"和介词"在"。例（6）转引自《词典》第383页，该书认为这里是副词"正"修饰介词"在"，恰恰相反，这个"正在"应是一个副词。这句如果说成：

(6a) 正在团政委打电话的时候，二营教导员走了进来。

"正在"就成了副词"正"后接介词"在"了。（注意：这里应看成副词"正"修饰介宾短语"在……时候"，而不是副词"正"修饰介词"在"）

曾经

(1) 我曾经使用过一辆纺车，离开延安那年，把它跟一些书籍一起留在蓝家坪了。（吴伯萧《记一辆纺车》）

(2) 我又望着他的脸，他的眼角刻着很深的皱纹，不必多问他的身世，猜得出他是个曾经忧患的中年人。（杨朔《茶花赋》）

例（1）的"曾经"是副词，表示从前有过这种行为或情况。例（2）的"曾经"是两个词：副词"曾"（＝曾经）加动词"经"（＝经历）。唐诗人元稹《离思》"曾经沧海难为水，除却巫山不是云"中"曾经"也是"曾经经历"的意思，用法与例（2）相同。

已经

(1) 几房的本家大约已经搬走了，所以很寂静。（鲁迅《故乡》）

(2) 我从乡下跑到京城里，一转眼已经六年了。（鲁迅《一件小事》）

(3) 明年还将有十八人出国，他们的名单最近已经奖学金管理委员会通过。（报）

"已经"在例（1）和例（2）中是副词，表示动作的完成或达到某种数量。在例（3）中则是两个词：副词"已"（＝已经）后接介词"经"（＝经过），"已"是修饰"经……通过"这个动词性偏正短语的。

不过

(1) 这些人官越大，门客越多，好巴结的人留下，刚正方直的人走开，他们不过要找一两个有学问的人在身边来遮丑而已。（吴晗《爱国学者顾炎武》）

(2) 我们要办一种报来监督他们，不过发起人要借用先生的名字。（鲁迅《范爱农》）

(3) 哪里去买呀，尽住小村，不过镇店。（孙犁《山村回忆》）

(4) 直罗镇就在脚下。它是个不过百户人家的小镇。（徐海东《奠基礼》）

例（1）的"不过"是副词，相当于"仅仅"或"只是"。例（2）的"不过"是连词，表示轻微的转折。例（3）和例（4）的"不过"是副词"不"+动词"过"构成的动词性偏正短语，意思分别是"不经过"和"不超过"。

下边这句里有两个"不过"，头一个"不过"是动词性偏正短语，意思是"不超过"，后一个"不过"是副词，意思是"仅仅"：

(5) 女不过十五不能订婚，那不过是官家规定，其实乡间七八岁订婚的多着哩。（赵树理《小二黑结婚》）

冯文也谈到"不过"，认为在"祥子没说什么，他已经顾不过命来"这句话中，是"不"+"过"作补语。这种分析可疑，因为这个"过"并不与"不"直接发生结构关系，它与"来"实为一个合成趋向动词，只是被宾语"命"隔为两处罢了。

单是

(1) 但他终于饶放了，单是怒目而视的吐一口吐沫道："呸！"（鲁迅《阿Q正传》）

(2) 单是周围的短短的泥墙根一带，就有无限趣味。（鲁迅《从百草园到三味书屋》）

(3) 竺可桢走北海公园，单是为了观赏景物吗？（白夜等《卓越的科学家竺可桢》）

"单是"在例（1）和例（2）中应看成副词，相当于"仅仅"或"只是"。在例（3）中则是副词"单"加判断动词"是"。

对于"单是"能否成词，至今未见有人说过肯定的话。北京大学中文系1955级、1957级语言班编写的《现代汉语虚词例释》① 第139页"单"条和周培兴《中学语法疑解》② 第276—281页"'但'和'只'在语法上的异同"一节，都明确表示"单"不能与"是"结合成词，并认为这是它与"只"的区别之一。景世俊《现代汉语虚词》③ 第44页"单"条说"单"可以跟"是"连用说成"单是"，认为"不妨看作一个词"，态度并不十分肯定。我们认为，"单是"作为副词的资格是不可怀疑的。就以例（1）和（2）而言，"单是"完全可以换成"只是"。"只是"是副词，大家公认，既然如此，为什么与它意义、用法完全相同的"单是"就不是副词了呢？如果把例（1）和（2）中的"单是"看成副词"单"+判断动词"是"，那么这个"是"判断的对象是什么？"是"的宾语又是哪个？实在难于回答。看来不把"单是"

---

① 北京大学中文系1955级、1957级语言班：《现代汉语虚词例释》，商务印书馆1982年版。
② 周培兴：《中学语法疑解》，山东教育出版社1984年版。
③ 景世俊：《现代汉语虚词》，内蒙古人民出版社1980年版。

看成词是说不过去的。

即使

以下几个例子都出自鲁迅的《祝福》：

(1) 我在这时，更感到这一句话的必要，即使和讨饭的女人说话，也是万不可省的。

(2) 往日同游的朋友，虽然已经云散，然而鱼翅是不可不吃的，即使只有我一个……

(3) 魂灵的有无，我不知道；然而在现世，则无聊生者不生，即使厌见者不见，为人为己，也还都不错。

头两例"即使"都是连词，表示假设让步。其中例（1）"即使"引起的分句在前，后边有"也"呼应；例（2）"即使"引起的分句在后，有补充、追加的意味。末例"即使"是连词"即"（也有人认为是动词）加动词"使"（＝使得）。"即使厌见者不见"，等于说"就是使得不愿见她的人不再见到她"。

可是

(1) 佃农家庭的生活自然是很苦的，可是由于母亲的能干，也勉强过得下去。（朱德《回忆我的母亲》）

(2) 这个"行"字可是一字千金，开不得半点玩笑。（柯岩《汉堡港的变奏》）

"可是"在例（1）中是连词，表示转折，在例（2）中是表示强调的语气副词"可"加判断动词"是"。

下句里有两个"可是"，头一个"可是"是连词，后一个是语气副词"可"加判断词"是"：

(3) ……可是怎么有几件甲板货高出了船舱，伸出了船舷，这可是不安全的吧？（同例（2））

"可是"也可以作语气副词用。例如"这鱼可是新鲜着呢"中的"可是"就是一个表示加强语气的副词。连词"可是"和语气副词"可是"在形式上的区别是：前者一般用在主语前，后者总是用在主语后（即谓语前）。下边两例中的"可是"有关辞书都是作为连词看待的，实际应为语气副词：

(4) 嘴里不说，他心里可是想着呢。（《八百词》第301页）

(5) 即使他走错了路，方向可是不错，山在西，城在东，他晓得这个。（《词典》第204页）

例（4）主语"他"之前、例（5）主语"方向"之前都可以加个表示转折的连词"但是"（＝可是），这也可以证明后边的"可是"不再表示转折，而属于表示强调语气的副词。

不成

（1）我已经瞎了一只眼，还要我再瞎一只不成？（杨朔《三千里江山》）

（2）我答应了还不成？

例（1）"不成"是语气助词，表示反问，可以用"吗"替换，前边可有副词"难道"或"莫非"与之呼应，如这句可说成"……难道（或莫非）还要我再瞎一只不成"。例（2）"不成"是由副词"不"加动词"成"构成的偏正短语，是"不行"的意思。

《八百词》第363页"难道"条讲它和"不成"呼应使用时举了两个例子：

（3）难道让我们看一下都不成？

（4）难道就这样罢了不成？

后一个例子"不成"可换成"吗"，这个"不成"是与"难道"呼应的语气助词。前一个例子的"不成"跟例（2）一样，是"不行"的意思，它是偏正短语，而不是表示与"难道"呼应的语气助词。《八百词》该例实属欠妥。[①]

（载《语文函授》1990年第3期）

[①] 该例如一定用个与"难道"呼应的语气助词，应在"不成"之后加一"吗"字。

构词法二题

一、关于连动式合成词

（一）连动式也是一种构词方式

先看报上的几则标题：

(1) 赵紫阳总理出访西欧首访巴黎。(《人民日报》1984-05-30)
(2) 南空部队离休干部到基层宣传精神文明。(《光明日报》1984-05-25)
(3) 泉州医药站遵守职业道德抵制制售假药。(同上，1986-11-04)

其中"出访""离休""制售"是近年来经常遇到的合成词，分别表示"出国访问""离职休养""制造销售"的意思。它们是按照哪种构词方式组合而成的呢？是联合式吗？有点儿像，但又不完全是。它们都是由两个动语素构成的，这两个动语素在意念上有共同的施动者，而且有明显的先后承接关系。我们把这一构词方式叫作连动式构词，由这一方式组合而成的词则为连动式合成词。

连动式合成词在汉语词汇中虽然不如联合式、动宾式、偏正式、补充式等合成词多，但数量也相当可观。以下这些都应当归入连动式合成词：

报考　查封　查阅　查办　查收　冲积　出战　出任　出猎　出巡
出诊　出游　传讯　拆卖　拆洗　拆迁　撤换　打印　盗卖　贩卖
赶超　攻克　攻取　攻占　检修　剪贴　剪辑　进驻　集训　借用
截留　接管　接办　聚歼　聚居　来访　留学　挪用　批转　迁居
取代　认领　认记　提审　提讯　提问　提留　提取　投靠　退居
退隐　退休　围歼　选派　议决　移居　验收　印发　诱杀　运销
诊治　追击　追捕　追拿　驻防　驻守

连动式合成词一般是动词，极个别的也可能兼属名词。如：裁缝、留守（古官名，今已不用）。

连动式合成词古已有之。如《韩非子·忠孝》："而汤武以义放弑其君。"

《史记·高祖纪》："今项羽放杀义帝于江南。"其中"放弑"与"放杀"都是放逐杀害的意思，不妨看作是连动式合成词。再如《周礼·天官·内司服》："内司服奄一人。"汉郑玄注："内司服主宫中裁缝官之长。"又"缝人奄二人"郑注："女工，女奴晓裁缝者。"其中"裁缝"指剪裁、缝制衣服，也指剪裁、缝制衣服的工匠。"放弑"或"放杀"今已不用，但"裁缝"却仍在继续使用。在现代汉语里，尤其近年来，连动式合成词有日渐增多的趋势。

连动式合成词往往是由连动式短语紧缩、凝固而成的，二者之间是相通的。下边的两个例子就很能说明这个问题：

（4）划清反动派和革命派的界限，揭露反动派的阴谋诡计，引起革命派内部的警觉和注意，长自己的志气，灭敌人的威风，才能孤立反动派，战而胜之，或取而代之。（毛泽东）

（5）八月十日至八月二十一日，我刘邓军攻击陇海路汴徐线十几个城镇而占领之。（毛泽东）

这两例转引自丁声树等《现代汉语语法讲话》113页，它们是被当作连动式的例句来引用的，其中有关部分可以分别改写成："战胜它，或取代它"和"攻（击）占（领）陇海路汴徐线十几个城镇"。如果承认原句中的有关部分是连动短语的话，我们也没有任何理由拒绝承认改写之后的"战胜""取代""攻占"是连动式合成词。

汉语语法的一个突出特点是各级语法单位组合方式大体一致，这不仅表现在联合、偏正、主谓等结构方式的组合上，而且表现在连动式的组合上。词与词可以按照连动式组合成连动短语。连动短语作谓语便构成连动句。分句与分句也可以按照承接（若是动作的前后承接便是连动）关系构成承接复句。句群之间的组合关系也有类似的情况。现在再加上语素与语素按照这一方式组成连动式合成词，这样，连动式（或曰承接式）便是贯串汉语各级语法单位的基本组合方式之一。因此，连动式构词方式的提出，有利于我们进一步揭示和深入认识汉语的组合规律和构造特点。

应当指出，首先提出连动式（或承接式）构词这一命题的是张寿康先生和任学良先生。他们分别在其论著《构词法和构形法》[①]与《汉语造词法》[②]中谈到过这个问题。遗憾的是，这个问题似乎并未引起更多的人的注意。我们认为，连动式构词既体现了汉语各级语法单位组合的一致性，又体现了构词方式的多样性，还体现了汉语表达方式的简洁性，理应在汉语构词法的研究与教学

---

① 湖北人人民出版社 1981 年版。
② 中国社会科学出版社 1981 年版。

中受到充分的重视，给以应有的地位。

（二）连动式合成词与相近形式的合成词的区分

连动式合成词有一个同其他形式的合成词的区分和辨认的问题。先比较以下各组例子：

　　　　剪贴：剪裁　　盗卖：盗窃　　进驻：进出　　出访：访问　　集训：训练
　　　　报考：考试　　查阅：访查　　赶超：追赶　　选派：挑选　　出猎：狩猎
　　　　认记：忘记　　投靠：依靠

冒号左边的是连动式合成词，右边的是联合式合成词。二者的区别是：联合式合成词往往由表示相同、相近或相反、相对意义的语素组成，两个语素是平等并列的关系，在意义上无动作先后之分。有的联合式合成词甚至可以颠倒语素而意义不变，如：剪裁——裁剪、访查——查访。连动式合成词的两个语素则有明显的先后承接关系，即表示接连发生的两个动作，后一个动作往往是前一个动作的目的。连动式合成词中两个语素的顺序绝对不能颠倒。此外，联合式还可以是动词以外其他类的词的构成方式，而连动式一般只能是动词的构成方式。

"动素+动素"的补充式合成词也表示先后发生的两个动作，这与连动式合成词似乎没有什么不同。那么应该怎么把它们区分开来呢？试比较：

　　　　制售：制成　　撤换：撤掉　　截留：截住
　　　　来访：来到　　赶超：赶上　　投靠：投进

左边的是连动式合成词，右边的是补充式合成词。补充式合成词虽也可以是两个动作，但总是以前一个动作为主，后一个动作补充说明前一个动作、表示前一个动作的结果或趋向。连动式合成词的两个动作则无明显的主次之分，仅是时间上有先有后而已。其次，在意念上连动式合成词的两个动作发自同一个施动者，如"制售"，"制"与"售"的施动者往往是相同的，比如同一个人或同一家工厂等。而补充式合成词的两个动作可以有不同的施动者，如"制成"，"制"的施动者是人或工厂，而"成"的施动者却是"制"出来的东西或产品。补充式合成词的两个语素之间往往可以插入"得""不"，表示可能有结果或可能没有结果，如：制成→制得/不成、截住→截得/不住。这可以说是大多数补充式合成词在形式上的一个标记。连动式合成词是没有这种变换形式的。

至于它同"动素+动素"的偏正式合成词（如：偷袭、飞驰、坐等、坐视）的区分，也不十分困难。如上所述，连动式合成词的两个动作有时间先后之分，后一个动作表示前一动作的目的。而偏正式合成词的两个动作一般是同时发生的，前一个动作表示后一个动作的方式、状态等。关于这一点，这里就无须详加讨论了。

二、关于合流式短语（或词）

合流式短语（或词）这个名字是吕叔湘先生给起的，见《语文杂记·七十》。[①] 吕先生在这本书的《序》中说，他的这些杂记"其中有些篇是仅仅提了个头，要深入下去大有文章可做。"笔者受到吕先生的启发，在合流式短语的题目下继续做点儿"文章"。

吕先生把合流式短语分为两种：一种是"前后汉""冠亚军"这类简短的形式，一种是"观察、体验、研究、分析一切人、一切阶级、一切群众、一切生动的生活和斗争方式"这类比较复杂的形式。前者一般应看作短语，但与构词法有些瓜葛，有些简直就应该看成词或简称，后者就纯属句法问题。我们这里只讨论前种形式的合流式短语。为行文简便起见，讨论时"合流式短语"之后的"或词"二字连同括号不再重出。

（一）合流式短语的种类

这类短语大多是二合的。其合流过程可用公式表示为：AC+BC→（A+B）C。换句话说，合流式短语（A+B）C是AC+BC这一并列组合减缩一个相同成分C的结果。

从结构关系上看，(A+B) C以名词性的偏正组合居多。例如：

  病虫害 中西医 工农业 父母亲 优缺点 加减法 错别字
  红绿灯 青少年 初高中 东西欧 南北极
  男女学生 新旧家具 正副局长 轻重武器
  大中学校 中小企业 城乡选民 港澳地区

其中后四例同前头各例稍有不同，即它们不能拆开单说（如：大中学校→ˣ大学校、中学校），这主要是受音节等因素制约的结果。

(A+B) C也可以是后附加式的，即C为语缀或类语缀。例如：

  党团员 教职员 指战员 酸碱性
  大伯大娘们 老师同学们 年老体弱者

(A+B) C也可以是动宾组合。例如：

  上下班 挑应战 收付款 进出口
  收发文件 编印刊物 打骂群众

近年来"离退休"的说法非常流行，它是"离休""退休"合流的结果。"离休""退休"本应是连动组合，但因为有"离了休""退了休"一类的说

[①] 吕叔湘：《语文杂记》，上海教育出版社1984年版。

法，所以也可以把"离退休"看成动宾组合类化的产物。

（A+B）C 为动词性偏正组合的例子不多，似乎只有"微积分、大小便、零整交易"等少数几个。

这类短语也有三合甚至四合的。例如：

　　海陆空军　一二三楼　大中小型　名优特产品　德意日法西斯

　　东西南北风　老弱病残者

从理论上讲，合流式短语也可以按照下列格式构成：AB+AC→A（B+C），即原并列组合的相同成分为 A，减缩一个 A，从而构成合流式短语。但在实际上，由这一渠道构成的合流式短语较少，我们搜集到的例子只有"暴风雨、暴风雪、国内外、外省市、十七八、初二三、星期一二"以及表示称谓的"祖父母、表兄弟"等。看来 A（B+C）这类合流式短语习惯上不宜为操汉语的人所接受，不宜随意类推。吕先生曾批评了有人把"剧院""剧团"合并为"剧院团"，就是由于这个缘故。报纸上有时也会看到"课桌椅""养父母"一类的提法，让人觉得十分别扭（"养父母"还容易被误解为"供养父母"或"赡养父母"，其实是"养父、养母"），不应提倡。

从合流过程来看，多数短语是一次合并而成，如以上各例。但也有少数短语经过了至少两次的合并过程。如"挑应战书""大中小型企业"的合流过程分别是：

　　挑战书、应战书→挑战、应战书→挑应战书

　　大型企业、中型企业、小型企业→大型、中型、小型企业→大中小型企业

其他如"高中档产品、中远程导弹、急慢性痢疾"等类此。"第一二名"稍显特殊，其合流过程应是：

　　第一名、第二名→第一、第二名→第一二名

(二) 辨异与歧义

先看下列各例：

　　寒暑表　升降机　收发室　调研室　阴阳人　夫妻店　黑白片

　　收发员　调研员　伸缩性　松紧性

　　黑白电视　灰黄霉素　男女关系

它们同合流式短语在形式上完全一样，都是（A+B）C，但实质迥异。从构成上看，合流式短语来源于并列组合，并且能还原成并列组合。如：病虫害⇌病害+虫害｜党团员⇌党员+团员（有的因音节等关系，变换时文字稍有增减，如：城乡选民⇌城市选民+乡村选民｜大中学校⇌大学+中学）。用公式表示则

310

是：(A+B) C = AC+BC。这就是说，合流式短语实际上是具有相同成分的联合短语的缩略形式，其中（A+B）是两个临时拼凑起来的并列的语素，不具稳定性。但"寒暑表"一组词既不是来源于并列组合，当然也不存在还原问题。如：寒暑表≠寒表+暑表｜收发员≠收员+发员。总之，(A+B) C ≠ AC+BC。这就是说，"寒暑表""收发员"等是由 A+B 和 C 直接组合而成的，是典型的名词性偏正组合或后附加式组合。这时 A+B 已凝聚在一起，呈现出明显的词化或半词化趋势。从意义上看，合流式短语是指事物或人，含义总是二元的，如"病虫害"包括病害和虫害两种灾害，"教职员"包括教员和职员两类人员。而"寒暑表""收发员"等都是指一种事物或人，含义总是一元的，如"寒暑表"指测量气温的一种温度计，"收发员"指担任收发工作的人员。唯其它们在内部构成和意义上有如此不同，所以在所属语法单位的性质上也有区别：合流式短语一般是缩略形式的短语，有时可以看作词，而"寒暑表""收发员"这类组合则一般应看成合成词。

这种区分从下列两两对照的词语中会看得更加分明：

寒暑假：寒暑表

酸碱性：伸缩性

黑白人种：黑白电视

青链霉素：灰黄霉素

冒号左边的都是合流式短语，右边的都是合成词。

有些（A+B）C 组合是有歧义的。例如：

中上等　阴阳历　悲喜剧　接发球

按合流式短语理解，"中上等"指中等与上等两个等级，"阴阳历"指阴历与阳历两种历法，"悲喜剧"指悲剧与喜剧，"接发球"指接球与发球。按合成词理解，则"中上等"指中间偏上的一个等级，"阴阳历"指综合阴历、阳历两种历法而制定的一种新的历法，"悲喜剧"指兼有悲剧与喜剧因素但情调近于喜剧的一种戏剧类型，"接发球"仅指接对方发过来的球。显然，这种歧义现象的存在对交际是不利的。为了避免歧义，有的同志采用在 A 与 B 中间加顿号的办法表示合流式短语，但这种办法也只有写在书面上有点作用，在口语中是无济于事的（而且实际说话中 A 与 B 中间并没有停顿），因此它并不能从根本上消除歧义。那么应该怎么办呢？我们认为可以采取控制合流式短语的方法，即有些具有相同成分的联合短语尽量保持它们固有的形式而不使其合流，如"中等、上等"，"阴历、阳历"，"悲剧、喜剧"，"接球、发球"。这样就不致跟合成词"中上等""阴阳历""悲喜剧""接发球"纠缠不清了。

写到这里，笔者感到有必要引用一个造成歧义的实例，以证明上面的担心并非杞人忧天。1988年初的《山东广播影视报》（具体日期失记）曾有一则短讯，题目是《我国十部古典悲喜剧将搬上荧屏》。笔者孤陋寡闻，还真相信了中国有"十部""悲喜剧"呢，于是急于看个究竟。谁知读了正文，方知自己上了当，原来文里说的是十部悲剧与十部喜剧将拍成电视剧。这里不仅将"悲剧"与"喜剧"合流了，而且连两个"十部"也合在一起了，真不知作者（抑或编者？）出于何种考虑！

（三）使用合流式短语应注意的问题

合流式短语使用起来节省时间、节约文字，适当地使用是完全允许的，但目前的情况是用之过滥，用吕叔湘先生的话说，是"几乎已经泛滥成灾"。因此，确定使用合流式短语的几个基本原则供大家遵守，是完全必要的。笔者觉得有以下几点可以考虑：

一是合流必须遵循意义明确的原则。这一方面指尽量避免歧义（已如上述），另一方面也指虽然不会引起歧义，但也不能过于晦涩，必须"叫人不假思索，一望而知才行"。（吕叔湘语）上海出版一种刊物叫《微特电机》，乍看这个名字好不叫人费解，以为"维特"是个音译的外来词呢，翻了翻里面，才知是"微型电机和特种电机"的意思。下边再看一例：

×(1) 甲乙双方应该忠实履行聘约，如无正当理由，中途不得辞解聘。
这是山东省高等学校专业技术人员协议书"聘约"中的一句话，其中"辞解聘"是什么意思？得让人琢磨半天才能领会，如写成"辞聘或解聘"，虽然多用了两个字，可节约了读者许多时间和精力。

二是应当遵守合流式短语的构成规律，不能"乱合"或"苟合"。构成合流式短语的并列组合的各项，一般应该是结构方式和音节数目相同，并且在概念上属于同一范畴。以下两例不符合这一规律：

×(2) ……对社会上炒买炒卖外汇以及逃套外汇活动打击不力。（每周文摘 1986-05-01）

×(3) 还有石景山区家庭托儿所保教人员用啤酒听制作的十件玩教具，分别荣获一等奖。（北京晚报 1986-09-27）

"逃套外汇"似乎为"逃避外汇"（？）与"套购外汇"的省并，但"逃避"与"套购"结构方式不同，怎么能搞合并？（所幸的是还没有把"炒买炒卖"合并成"炒买卖"！）"保教人员"似是由"保育员"与"教员"合流并增加一个"人"字而成，但因二者音节数目不等，所以也便使人有生涩之感。

还有报上经常出现的"表导演"和"编导演"两个短语，我们实在搞不清到底是"表演（或编剧）、导演、演员"的三合呢，还是"表演（或编剧）、导演"的二合？如果是三合，三项结构方式并不相同；如果是二合，各项表示的概念并不完全属于同一范畴。因此都不符合合流原则。

最后，还应照顾到语言习惯和群众的语言承受能力。A（B+C）式合流式短语是不能产的，也不符合我们民族的语言心理习惯，不能随意类推，已见上述；就是较能产的（A+B）C式合流式短语，在使用时也必须慎重，尽量尊重已有的习惯，不宜无节制地"创新"。像下面两例就恐怕难于被大多数人接受：

×（4）清静幽雅的东西谷疗养区，接待着各地的疗、休养员。（中国青年报1981-09-13）

×（5）江苏省计经委统一安排生产指标。（中央电视台1987-08-07，午间新闻）

"疗、休养员"写在书面上还能猜得出它的意思，如果只是口头上说说，理解起来就困难得多了。"计经委"更是让人感到耳生，因为"计委""经委"已经是简称了，现在再来一次合流省并，这样简上加简，还有几个人能接受得了呢？

（载《济宁师专学报》1989年第1期）

"知道"的构词方式是什么？
——现代汉语语法的动态研究之一例

"知道"作为一个常用的动词，它的构词方式是什么？这个问题迄今还没有找到令人满意的答案。陆志韦认为，它是"实在不能归类的例子"，"我们简直不能肯定是并列格还是偏正格"。① 赵元任也说，"知道"等"不合于正常的语法结构规律，在描写的平面上它们是非语法结构的，近乎'不能分析的复合词'。"又说，"历史的研究可能发现它们的来源"。② 袁家骅认为，"知道"应是单纯词，尽管在一些方言中有"知不道"这样的否定形式；他又说，"方言现象的比较还需要历史材料的印证，才能说明每个词形和词义的发展。"③ 徐世荣则把它分析成"动宾化合"式的准单纯词，"从字面上看，是两个语素合成，但合成得非常紧密，凝固不可分析，分析则不符合本词的意义。"④ 袁、徐二位先生虽然各自勉强给"知道"的构词方式归了类，但根据不足，其结论实在难于令人信服。

前辈学者虽然没有给这一具体问题找出明确而又可以令人欣然接受的答案，但却给我们指出了解决问题的途径和方法——即通过历史的研究和方言现象的比较去揭示其构词方式的奥秘。这也就是人们现在常说的现代汉语语法的"动态研究"。

一般认为，"知道"这个词产生于中古时期。我们发现，自宋元以至明清，"知道"一直存在着与"知得"混用的情形。例如：

(1) 张太尉一夜不曾睡，知得相公得出，大段烦恼。(《挥麈录》"余话"卷二《王俊首岳侯状》)

(2) 且说那皮匠妇人也知得错认了，再也不来哭了。(《清平山堂话本·

---

① 陆志韦：《汉语的构词法》，1965年修订本，第12页。
② 赵元任：《汉语口语语法》，吕叔湘译，商务印书馆1979年版，第184页。
③ 袁家骅等：《汉语方言概要》，文字改革出版社1983年版，第50页。
④ 徐世荣：《双音节词的音量分析》，载《语言教学与研究》1982年第2期。

错认尸》)

(3) 当下夫妻请住郭排军……分付道："你到府中，千万莫说与郡王知道。"郭排军道："郡王怎知得你两个在这里？我没事却说什么？"（《京本通俗小说·碾玉观音》）

(4) 这郭大郎当初来西京，指望投奔符令公发迹变泰，怎知道却惹一身横祸，变得人命交加！（《古今小说·史弘肇龙虎君臣会》）

(5) 左右的，门首觑者，若来时，报复我知道。（《元曲选·玉壶春》楔子）

(6) 末："明年恰好四十岁。"丑："四十一岁。"末："我知得了。"（《张协状元》第十一出）

(7) 街坊邻居都知道西门庆了得，谁敢多管？（《水浒全传》第二十五回）

(8) 不到半月之内，街坊邻居都知得了，只瞒着武大一个不知。（同上）

(9) 这泼贼也不知从那里就随将我们来，把上项事情就知道了。（《西游记》第十五回）

(10) 这条棍本是如意金箍棒，天秤称的，一万三千五百斤重，那伙贼怎么知得？（同上书，第五十六回）

(11) 这是他娘女自有相争，小人却不知道。（《二刻拍案惊奇》第三十五回）

(12) 等他城上出来知得，已是赶不着了。（同上书，第三十八回）

(13) 正所谓"好事不出门，恶事传千里"，冯奇又知道了，劈面走到。（《醉醒石》第三回）

(14) 这边徐家知得拿出女子，料道知县毕竟当堂发领做亲。（同上书，第四回）

以上"知得"完全与"知道"同义，并且可以互换使用。特别是在例(3)、例(7)与(8)、例(9)与(10)、例(11)与(12)、例(13)与(14)中，"知得"与"知道"分别同时出现在同一部或同一回书中，甚至在同一篇文章之内，词义完全相同。

无独有偶，与"知道、知得"情形相同的还有"觉道、觉得"，后组词也存在着混用的情况。因为"觉得"比较易见，下边着重举些"觉道"的用例：

(15) 张待招许下愿心，拜告神明，觉道自己困倦。（《清平山堂话本·花灯轿莲女成佛记》）

(16) 她们都是昆山腔板，觉道冷静。（《鸳鸯记》第二十二出）

(17) 今年觉道身体好生不济。（《水浒全传》第二十四回）

(18) 他急了，往上着实一跳，却撞破金光，扑的跌了一个倒栽葱，觉道撞的头疼。（《西游记》第七十三回）

(19) 金莲自从头发剪下之后，觉道心中不快，每日房门不出，茶饭慵

餐。(《金瓶梅》第十二回)

(20) 倘后来病好相见之间，觉道没趣。(《醒世恒言·乔太守乱点鸳鸯谱》)
(21) 每晚姚指挥觉道有碍，不敢遽然到房里。(《醉醒石》第五回)
(22) 此时心中倒觉得有些明白，看见自己臂膊上生出毛来。(同上书，第六回)
(23) 想这个仰愧俯怍的光景，虽是做皇帝至尊无对，这个中心怛怩也觉道难受。(《醒世姻缘传》"引起")
(24) 素姐骂来骂去，陈实只不出头，自也觉得没有兴趣。(同上书，第八十九回)
(25) 倒显得长姐儿此来来得似乎觉道有些不大那个。(《儿女英雄传》第三十八回)
(26) 那个胖女人却也觉得有些脸上下不来。(同上)

最后六例"觉道"与"觉得"分别在同一部书甚至同一回书中交互使用，而词义并无二致。

《辞海》"道"条义项⑭注为："犹言'得'、'到'。如：知道；怪道（即怪不得）。"参照《辞海》"道"与"得"相通的解释（岭按：中古以后浊音轻化，原为浊音声母的"道"变为清音，与"到""得"音同或音近，故可通假），根据以上实际用例，我们完全有理由这样认为：在近代汉语里，某些"×得"与"×道"曾是混用的、形式不固定的异形词，发展到了现代汉语阶段，才逐渐趋于稳定成型——其中有的采取了前种形式而摈弃了后种形式，如"觉得"；有的采取了后种形式而淘汰了前种形式，如"知道"。直到今天，在某些方言里还留存有"×得"与"×道"混用的痕迹，如苏北江淮话中的"晓得"与"晓道"混用即是一例。[1]

由此可知，"知道（得）"应该跟"觉得（道）""晓得"乃至"记得""认得""舍得""值得""算得"等词同属一种结构方式，即属于比较特殊的动补式合成词。也只有这样分析，才能使另一个长期困惑人们的问题即在某些北方话中"知道"的否定形式为何可以说成"知不道"的问题得到圆满的解释——动补结构的可能式的否定形式正是要求把"不"放在"动"与"补"中间这个位置上的。"知不道"（还有西南方言中的"晓不得"等）向来被看成是不合语法规律的"例外现象"，殊不知却原来正在一般语法规律之中！

(载《汉语学习》1992年第6期)

---

[1] 鲍明炜等：《苏北江淮话与北方话的分界》，载《方言》1985年第2期。

关于语缀"法"的几个问题

引言

1. 汉语里的语素"法"至少有两个。一个是实语素，如：我自有办法｜这个词的用法很多｜这是美声唱法，不是民族唱法。这个"法"具有实在的语汇意义，是构成词的词根。实语素"法"读上声。另一个"法"是虚语素，是语缀，其语汇意义已渐趋虚化，主要用来表示某种语法意义。

2. 虚语素或语缀"法"出现在下述语言格式里：围棋怎么个下法｜嗬，活蹦乱跳的大鲤鱼，怪不得这样贵法｜白吃白喝还不算，临走还拿着带着，验收团哪能这么个验收法｜我今天倒要看看他怎样地厉害法儿。这一个格式可以表示为"怎么/这么、那么（+个）+X 法"或"怎样/这样、那样（+地）+X 法"。其中 X 代表语缀"法"所直接附着的语言成分，"个"或"地"可用可不用。"法"这时读轻声，在北京话里常常儿化，有些方言说成"法子"。

较早注意到这一语言现象的是赵元任先生。他在《汉语口语语法》"形态类型"一章中，把"法"视为动词（赵所谓动词包括形容词）的表动态的后缀之一。[1] 以后专门讨论这一语言现象的，有裘荣棠同志的《一种带"法"的习惯格式》一文，其中不乏有价值的见解，但也有提法似欠周全、立论不够稳妥之处。[2] 另外，吕叔湘先生在近期整理出版的《近代汉语指代词》"这么、那么"和"怎么"两章中，也谈到了这一语言现象，并把这一用法从现在追溯到《红楼梦》。[3] 我们这篇短文试图在前辈学者和时贤论述的基础上，就同语缀"法"有关的几个问题谈点意见。

---

[1] 赵元任：《汉语口语语法》，吕叔湘译，商务印书馆1979年版，第130页。
[2] 裘荣棠：《一种带"法"的习惯格式》，载《中国语文通讯》1983年第5期。
[3] 吕叔湘：《近代汉语指代词》，学林出版社1985年版，第288页、311页。

一、语缀"法"附着在哪些语言成分之后

1. 语缀"法"经常附着在动词性词语之后。这里所谓动词性词语,既可以是单音节动词,也可以是双音节动词,还可以是简短的动词性词语。例如:

（1）他所说中国的女子是裹脚的,但不知道详细,所以要问我怎么裹法。（鲁迅《藤野先生》）

（2）同志们研究一下,是不是可以这样提法。（《陈云文选》169页）

（3）你说说,这批判队怎么个批判法呀！（王安忆《绕公社一周》）

（4）谁知道她怎么个激动法……（陆文夫《清高》）

（5）哼,我在这里等着,看他怎么个吃饭法。（董均论等《聊斋汉子》）

（6）张子豪说:"两件事可以一道解决。"周炳十分疑惑了,说:"怎么一道解决法？"（欧阳山《苦斗》）

（1）（2）两例"法"分别附着于单音节动词"裹""提"之后,（3）（4）两例分别附着于双音节动词"批判""激动"之后,（5）（6）两例分别附着于动宾短语"吃饭"和偏正短语"一道解决"之后。

2. 语缀"法"也可以附着在形容词性词语之后。这里所谓形容词性词语,既可以是单音节动形容词,也可以是双音节形容词,甚至可以是简短的形容词短语。例如:

（7）"小人算的卦很灵。""怎么灵法？"（《单口相声传统作品选·黄半仙》）

（8）在杭州,什么什么地方,出了个有名的妓女,她是怎么怎么个好法儿！（陈士和《瑞云》）

（9）她心眼儿里还不定怎么个难受法儿呢。（同上）

（10）要真的这么个民主法儿,那官儿还是真难当。（苏叔阳《家庭大事》）

（11）怎么个不合适法儿？（陈建功《找乐》）

（12）你这见解一定加人一等,这等元妙高超法,我两个怎生帮助得你来？（文康《儿女英雄传》第三十回。元妙=玄妙,为避清圣祖玄烨之讳,作者改"玄"为"元"。这等=这样）

（7）（8）两例"法（儿）"分别附着于单音节形容词"灵""好"之后,（9）（10）两例分别附着于双音节形容词"难受""民主"之后,（11）（12）两例分别附着于形容词短语"不合适""元妙高超"之后。

3. 个别情况下,语缀"法"还可以附着在双音节或多音节词的某个语素

之后。如果这个双音节或多音节词是动词，"法"所附着的对象常常是非独用动语素（如果是独用动语素，就属于例（1）所指的情形了）。例如：

(13) 那你们的"威"将怎样的"示"法？（杨沫《青春之歌》；的=地）

(14) 但是，"中国化"不能这样"化"法，首要的是实事求是。（祝注先《"中国化"问题浅见》）

如果双音节或多音节词不是动词，"法"所附着的对象可以是独用非动语素。例如：

(15) "代沟"要是就这么个"沟"法，我实在不敢附议。（陆天明《第七个黑铁门》

不管属于哪种情形，这种用法都具有明显的修辞色彩：既运用了拆词修辞格，又把"拆"出来同语缀"法"结合在一起的那个语素（"示""化""沟"）临时用成了动词。如果这个语素是非动语素（如"沟"），活用成动词的特点就更为突出。

另外，语缀"法"有时也可以直接用在名词之后。例如：

(16) 这个模范监狱，怎么个模范法儿？（梁斌《红旗谱》）

"模范"本是名词，用在这个格式里后具有了形容词的特征：这是名词活用成形容词，也是一种临时性的修辞手段。

4. 我们从书面材料中收集到了这样的"X法"共93例（X相同的只计一次），根据语缀"法"所附的X的性质进行了分类统计，结果如下表：

语缀"法"所附的 X 的 性 质		例句数	占例句数的百分比	合 计 例句数	占总例句数的百分比
动词性词语	单音节动词	51	55%	68	74%
	双音节动词	10	11%		
	动词短语	7	8%		
形容词性词语	单音节形容词	12	13%	21	22%
	双音节形容词	5	5%		
	形容词短语	4	4%		
语素、名词		4	4%	4	4%

从该表和上述论述中，我们可以得出如下结论：语缀"法"一般附着于动词性词语或形容词性词语之后。它既可以附着于单音节动词或形容词，也可以附着于双音节动词或形容词，甚至可以附着于简短的动词或形容词性短语。

至于它附着于某些语素和名词之后的情况，应看作活用的特例，讨论有关问题时可以不予考虑。

裘文认为，"法"附着的对象"独立出来一般是动词，而且大都是单音动词"（裘文所谓动词不包括形容词），这一结论大体可信，但有些细节问题也不宜忽略。

二、关于语缀"法"的语法性质和语法意义

1. 裘文认为"法""可以附在许多动词后面与动词一起构成新词"，并且认为这个"新词""应看作是动词"。这就是说，裘文实际上把虚语素"法"当初了词缀，把"X法"看成了一种构词形式。

我们认为，虚语素"法"不是词缀，而是语缀，或者照我国传统的说法，称之为助词。"X法"不是词汇性组合，而是句法中的一种组合关系——句法结构。理由如下：

一是，虚语素"法"不仅可以出现在动词或形容词之后，而且可以出现在动词或形容词短语之后。根据"词缀说"，不仅"裹法""批判法""灵法""民主法儿"等这类"动词/形容词+法"的组合应看成词，就连"一道解决法""不合适法儿"等这类"短语+法"的组合也得当成词看待，这显然是行不通的。

二是，"X法"如果是词——动词或形容词，它应该具有动词或形容词的语法功能，如可以单独作多种句子成分，使用起来比较自由等。但实际上，"X法"的活动并不那么自由，而是受到很大限制：只能出现在"怎么/这么、那么（+个）"或"怎样/这样、那样（+地）"之后的谓语中心语的位置上，并与上述词语组成相当固定的格式。"X法"一旦脱离这一结构框架，它就不再成立。这充分说明，"X法"不属于构词，而是受修饰成分和句式制约的特殊的句法结构。如果为了称说方便，我们给它起个名字，叫它"法"字结构或"法"字短语也未尝不可。

"X法"是介于名词性结构和动词或形容词性结构之间的一种句法形式，它既呈现出某种名词性（前边可以加"个"），又具有动词或形容词的特点（可受"怎么""这么""那么"等的修饰）。但从总体上看，"X法"更接近于动词或形容词性。一些名语素或名词放到这一格式里就具有了动词或形容词的性质这一事实（如例（15）（16））也充分证明了这一点。

2. 语缀"法"的语法意义可以表述为：表示动作行为进行的方式方法，或表示性质状态所赖以显示出来的方式方法，如"围棋怎么个下法"，是说用

怎样的方法下围棋;"看他怎样的厉害法儿",是说"厉害"这种状态是以怎样的方式显示出来的。

三、关于语缀"法"的来源和形成

1. 语缀"法"来源于实语素"法",这一点可以确定无疑。但实语素"法"到底是怎样一步一步演变成语缀"法"的,至今大家都还没有掌握充足的材料以做出令人信服的说明。裘文曾提出"来源于词性活用",可备一说,但似乎过于绕弯子,证据也不充分。我们觉得,这种带有"X法"的格式是一种既富有表现力又极其简便的句法形式,它的产生反映了汉语发展的简易化趋势。试看下例:

(17) 但是只说"略称"并没有说出怎么个"略称"的方法来。(孟琮《〈红楼梦〉里的"先儿"》)

这句可以简化成:

(17a) 但是只说"略称"并没有说出怎么个"略称"法来。

简化后所带的"法"显然已经语缀化了。看来,把语缀"法"看成汉语(特别是口语)简易化过程中的一种伴随物是不无道理的。

2. 通过对某些方言材料的观察分析,或许也可以发现语缀"法"所由来的一些蛛丝马迹。普通话中的"怎么/这么、那么(+个)+X法",在属于中原官话的山东菏泽话里,可以用两种完全等价的形式来表示:

咋法/这法、那法+X　　(甲式)

咋样/这样、那样+X法　　(乙式)

例如"账怎么个算法",菏泽话既可以说成"账咋法算",也可以说成"账咋样算法";"账得这么个算法",既可以说成"账得这法算",也可以说成"账得这样算法"。在甲式中,"法"位于代词"咋""这""那"之后,仍应看成实语素;在乙式中,"法"位于动词之后,已经语缀化了。我们觉得,乙式很可能就是从甲式衍化而来的,是甲式中"法"字后移的结果。而甲式又是"用咋个方法/这个方法、那个方法+X"脱落介词"用"并省并有关成分而来的,所以这一衍化过程也与汉语简易化的趋势密切相关。当然,这个推断即使成立,也还是个别方言中的情形,北京话的情形是否如此,那还需要利用别的语言材料加以证明。

3. 从历时的角度看,语缀"法"并不是新近产生的语言现象,而是已有数百年的发展历史了。吕叔湘先生列举了《红楼梦》《儿女英雄传》《老残游记》中的一些用例,说明这一用法在清朝中期以后已经相当普遍了。这里需要补充的是，这一用法应该产生得更早，因为在清初乃至明朝作品中也发现了不少此类用例：

(18) （张唱）这皮囊臭袋，都是父精母血种成胎。（李）这胎是怎生样种法？(徐渭《歌代啸杂剧》第一出)

(19) 既累了我受惊，又害了此妇受病，先生这样耍法，不是好事。(凌梦初《二刻拍案惊奇》第三十三卷)

(20) 惠希仁问道："怎么个诈法？诈了多少？"(《醒世姻缘传》第八十一回)

(21) （孙翁）笑曰："闻汝善化，今注目在此，看作如何化法。"(蒲松龄《聊斋志异·捉狐》)

(22) 怎么样一个救法？你趁此时对我讲，省得众人进来，商量不及。(李渔《连城璧》午集)

(23) 难得相公如此费心，但不知怎样做法。(《云仙笑》第五册)

(24) 炀帝笑道："御妻且说招纸上怎么样写法？"(《隋唐演义》第三十四回)

这是我们目前所能见到的语缀"法"的最早用例。这说明，这类语言现象在近代汉语中经历了较长时期的演变过程。

(载《汉语学习》1988年第6期)

一个兼类后缀——"巴"

"巴"是现代汉语口语特别是北方官话中出现频率较高、语法比较复杂的后缀。张寿康先生曾经中肯地指出,"巴"既是名词后缀,又是动词后缀,还是形容词后缀。① 这种"词缀兼类"特别是"一缀而兼三类"的现象是汉语词缀中不多见的。"巴"作为这三类后缀所显示的构词能力,发挥的语法作用和表示的语法意义是不尽相同,各有特点的。本文的目的,就是对三种不同性质的后缀"巴"的有关问题做一集中的考查和描述,并附带说一下叠音后缀"巴巴"的问题。为行文方便,我们用"巴$_1$""巴$_2$""巴$_3$"分别代表名、动、形这三类不同性质的后缀,×代表前头的词根。

巴$_1$(名词后缀)

"巴$_1$"活动范围很窄,属于不能产的后缀。经常见到的名词"×巴$_1$"不超过二十个(某些方言中可能要多一些)。根据×的性质,"×巴$_1$"可分为以下两种构词类型:

A 名词性词根+巴$_1$

　　泥巴 盐巴 锅巴 嘴巴 下巴 尾巴 肋巴 鸡巴(俚语)

B 非名词性词根+巴

　　形+巴$_1$:哑巴[子] 瘸巴[子]② 结巴[子]③ 憨巴[子]

　　动+巴$_1$:嘎巴[儿]

"巴$_1$"在以上两类构词中所起的语法作用主要有三点:

1. 构成双音节名词。"巴$_1$"既具有构词作用,又是双音化的一种手段。这是它在 A、B 两类构词中共有的功能。对于其中×是非独用词根的,"巴$_1$"的构词作用则更为明显,如:尾巴、肋巴、嘎巴。

---

① 张寿康:《构词法和构形法》,湖北人民出版社 1981 年版,第三章第二节。
② 我们把"哑""瘸"看成形容词,是根据中国文字改革委员会研究推广处编《普通话三千常用词表》(初稿)的看法,文字改革出版社 1959 年版,见该书第 77 页。
③ "结巴"中的"结"为形容词,下文"嘎巴"中的"嘎"为动词,系采用张寿康先生的说法,见《构词法和构形法》第 54 页。

2. 转变词义。A类只有部分构词具有这一作用，如：锅+巴→锅巴，鸡+巴→鸡巴；B类所有构词都有这一作用，如：哑+巴→哑巴，憨+巴→憨巴，嘎+巴→嘎巴。

3. 改变词性，即把形容词或动词转变为跟某种性状或动作有关的名词。只有B类构词具有这一功能。大概由于B类"×巴₁"一般还都兼属形容词"×巴₂"或动词"×巴₃"的缘故，人们往往在这类构词的后头另加一个名词后缀"子"或"儿"（这样便形成两个名词后缀连用）。这样做虽然完全不符合双音化倾向，却使"×巴₁"跟"×巴₂"或"×巴₃"在形式上区别了开来，反映了语言发展的精密化趋势。

"巴₁"的语法作用可列成下边的简表：

	构成双音节名词	转变词义	改变词性
名+巴₁	＋	＋（部分）	－
动/形+巴₁	＋	＋	＋

按照"巴₁"所表示的意义，"×巴₁"大致可分为三组：

Ⅰ、表示粘结或附着之物的：泥巴、盐巴、锅巴、嘎巴。

Ⅱ、表示表示人或动物体上的突出部分的：嘴巴、下巴、尾巴、肋巴、鸡巴。

Ⅲ、表示有某种生理缺陷或有智能缺陷的人：哑巴、瘸巴、结巴、憨巴。

赵元任先生在谈到"巴₁"的时候曾说，它"多数有附着之类的意思"。[①] 根据上头的观察，这一结论同Ⅰ组最相吻合，其次是Ⅱ组，也可勉强说得过去，但同Ⅲ组相去甚远，似可斟酌。

在句法功能上，"×巴₁"跟一般名词相同。

巴₂（动词后缀）

"巴₂"的活动范围很宽，属于能产型后缀。不少单音节动词都能加上它构成双音节动词"×巴₂"。例如：

Ⅰ、拉巴 捏巴 抹巴 搓巴 揉巴 掐巴 掰巴 分巴 缝巴 绑巴
紧巴 团巴 洗巴 锯巴 砍巴 砸巴 敲巴 切巴 剁巴 炒巴
煮巴 堵巴 试巴 弄巴

Ⅱ、踩巴 踩巴 踹巴 嚼巴 啃巴 舔巴

---

① 《汉语口语语法》，吕叔湘译，商务印书馆1979年版，第125页。

Ⅲ、眨巴 挤巴 嘎巴

我们还可以举出很多。"巴$_2$"在这里只起构词和双音化作用，不担当改变词性和词义的功能。

并不是任何单音节动词都可以构成"巴$_2$"。能否构成"巴$_2$"，跟×的语法性质、语汇意义和语体色彩有关。

1. ×一般应是及物动词。

2. 表示手、臂等上肢动作的×，对这种构词方式适应性最强，其中很多可以后加"巴$_2$"，如Ⅰ组各例。表示下肢和口、舌动作的×，有的可以后加"巴$_2$"，如Ⅱ组数例；不过这类词习惯上不加的占多数。表示耳、鼻、眼的动作，心理活动及一般事物发展变化的×，通常不能后加"巴$_2$"，如不说"听巴、闻巴、看巴、想巴、爱巴、生巴、长巴"等，Ⅲ组"眨巴"等是几个例外。这一情况也适用于同一个×的不同义项。例如动词"下"，表示"取下""放入"时通常以上肢动作为主，所以可以带"巴$_2$"（如：几个战士上去把俘虏的枪下巴了｜面条下巴下巴就捞出来，不要老煮着）；表示"进入""由高处到低处"时一般以下肢动作为主，习惯上不能加"巴$_2$"（如：×他常下巴馆子｜×你也下巴下巴床活动一下，不要老躺着）。这是一个很有意思的语言现象，它也许反映了"巴$_2$"和"把"语源上的某种联系。

3. ×若是表示一次完成的非持续性动作，则不能带"巴$_2$"。如"掉（丢）巴、灭巴、输巴、赢巴"都不成立。这是因为"巴$_2$"具有表示凌乱、轻度反复的附加意义，而一次完成是无凌乱、反复可言的。

4. ×应是口语色彩较浓的词，口语中不常使用的词不能带"巴$_2$"。如表示同一个动作，说"找巴"不说"寻巴"，说"拿巴""抓巴"而不说"取巴"等。

"巴$_2$"兼表动作轻松、随意和动作凌乱、反复两种附加意义。有的论者只看到"巴$_2$"的前一种意义，看不到或忽略了后一种意义。当然，"巴$_2$"表示重复的语法功能不如单音节动词重叠形式××来得明显，这也是事实。"巴$_2$"还可以采用一般双音节动词的重叠形式——"×巴$_2$×巴$_2$"，重叠后上述两种附加意义都有所增强。

"×巴$_2$"的句法功能跟一般动词一样，主要用作谓语。其中有以下两点值得特别注意：

第一，"×巴$_2$"虽系及物动词，但一般不直接带宾语，它的受事成分往往借助其他语法手段提到前边。例如：

（1）蔡婆子带着丫环和别的屋里的姐妹们，急忙把她撅巴过来。（陈士和

《瑞云》）

(2) 他们有时也抓出个泥块似的孩子砸巴两拳，招得大家哈哈的欢笑。（老舍《骆驼祥子》）

(3) 凭你这身板子，它能架得住你几扯扒？（郑直《激战无名川》；扯扒=扯巴）

其中例（1）的受事成分借助介词"把"提到前边；例（2）的受事成分是连动短语的两个动词共有的，只出现在第一个动词之后；例（3）"扯扒"的受事者就是该句的主语"它"（指衬衣）。但在疑问句中，疑问代词"什么"可直接作"×巴$_2$"的宾语，如"你在那儿砸巴什么？"又，"眨巴眼""掐巴人"（刁难人）等也属例外的情形。"×巴$_2$"重叠后则可以自由地带宾语。例如：

(4) 有些人脱巴脱巴衣裳跳下海，冲着渔船游过来。（杨朔《海市》）

(5) 他揉巴揉巴摔疼的腿，打巴打巴身上的土，又朝前跑去。

第二，"×巴$_2$"可以带趋向补语、数量补语和结果补语等，如例（1）（2）。又如：刹巴碎、洗巴干净、捆巴上去、挑巴出来等。单音节动词重叠式××却没有这一特点，只有在某些南方话如吴方言里才有"刹刹碎""洗洗干净""闪闪开"之类的说法，而在这类说法中补语往往表示人们所希冀达到的结果。这跟"×巴$_2$"的补语也可以表示人们所不希望产生的结果（如"别把毛线团巴乱了"）是不相同的。此外，"×巴$_2$"虽然可以带数量补语，但不能带"一+动量词"这类补语，如"捏巴一下""试巴一次""砸巴一拳"都不能说。这是因为"×巴$_2$"有反复的附加意义，它是跟"一+动量词"这类短语的语汇意义不相容的。

巴$_3$（形容词后缀）

"巴$_3$"的活动范围比"巴$_2$"要窄，但比"巴$_1$"宽，属于比较能产型后缀。某些单音节形容词可以加上它构成双音节形容词"巴$_3$"。例如：

Ⅰ、窄巴 瘦巴 赖巴 小巴 皱巴 偏巴 短巴 矮巴 稀巴 粘巴
秕巴 死巴 急巴 倔巴 瓢巴 憨巴

Ⅱ、紧巴 挤巴 弯巴 团巴 抽巴 扁巴

Ⅲ、哑巴 瘸巴 结巴 瘫巴 豁巴

典型的单音节动词加上它构成形容词"×巴$_3$"的，似乎只有"磕巴"一例（"磕巴"也是动词），也只有在这种十分少见的情况下，"巴$_3$"才兼有改变词性和词义的作用。除此之外，它只有构成双音节词的作用，如以上所举各例。

能否构成双音节形容词"×巴$_3$"，多半取决于×的性质和意义：

1. ×如果是表示人或事物具体可见的状态、情况的形容词，习惯上适应于

326

这种构词方式；反之，表示抽象属性的形容词多数不能采用这一形式。如：×坏巴、×错巴、×假巴、×贱巴。

2. ×应是表示消极意义的形容词，而不能是相应的反义词。比较：窄巴：×宽巴｜小巴：×大巴｜瘦巴：×胖巴｜弯巴：×直巴，等等。这一点最能体现"×巴$_3$"的构词特色。

"×巴$_3$"一般具有轻微的贬义色彩，这大概跟×多是消极意义的词有关。"×巴$_3$"大都可以儿化，儿化后贬义色彩变弱，甚至消失。"×巴$_3$"还可以采用一般双音节形容词的重叠形式——"××巴$_3$巴$_3$［的］"，重叠后所表示状态的程度加深，贬义色彩变重。

"×巴$_3$"的句法功能跟一般形容词一样，可以作定语（如：秕巴谷子｜瓢瓢巴巴的身子）、谓语（如：住房窄巴｜走路瘸瘸巴巴的）和补语（如：皮肤冻僵巴了｜孩子长得瘦瘦巴巴的），作状语只限于重叠形式（如：急急巴巴地说｜全家人挤挤巴巴地住着一间小屋）。

需要说明两点。第一，Ⅱ组"紧巴"等跟Ⅰ组"窄巴"等不同，"紧巴"等还兼属动词。这是因为Ⅱ组中的词根"紧"等本来就具有动、形两种性质，它们加后缀"巴"（实际应分别是"巴$_2$""巴$_3$"）所构成的双音节词也兼跨这两类。"紧巴"等既然是动、形兼类词，当然也就具有这两类词的语法特点，比如具有两种不同的重叠形式（紧巴紧巴：紧紧巴巴）等。有的同志认为"紧巴"等是"由于重叠形式不同而使词性发生变化"，"而有动词和形容词之分"，[①] 这种看法好像把事情的因果关系弄颠倒了。第二，Ⅲ组"哑巴"等我们这里看成形容词，但看成不及物动词也未尝不可，这是因为这两类词的界限本来就不十分清楚。不过，从这组词只有"××巴巴"的重叠形式而没有"×巴×巴"的重叠形式着眼，把它们看成形容词似乎更易于为人们所接受。这组词和Ⅰ组中的"憨巴"还都兼属名词。关于这一点，在巴$_1$节中已经谈到，这里不再重述。

巴巴（形容词后缀）

"巴巴"是叠音形式的形容词后缀，由它构成的形容词为数十分有限："干巴巴、紧巴巴、急巴巴、皱巴巴、短巴巴、淡巴巴、死巴巴"等是附加于单音节形容词词根的例子；"可怜巴巴"和"土气巴巴"是附加于双音节形容词的少有的例子；附加于非形容词词根的，现代汉语中能找到的大概也只有

---

① 王立和：《带"巴"尾动词初探》，载《汉语学习》1983年第1期。

"眼巴巴"一例。①

"巴巴"有使形容词生动化和加深表达程度的语法作用。"×巴巴"的语法功能同一般状态形容词。

赵元任先生指出:"用直接成分分析法,XXY 是 XX—Y,XYY 是 X—YY,XY 不是一个成分,例如,尽管'崩脆'和'崩崩脆'都有,后者是'崩崩'加'脆',不是'崩'加'崩脆'。"② 这里赵先生没举 XYY 的例子,我们不妨补充说明如下:"尽管'干巴'和'干巴巴'都有,后者是'干'加'巴巴',不是'干巴'加'巴'。"("紧巴巴"等类此)如果不把"巴巴"看成一个完整的后缀,"可怜巴巴"和"眼巴巴"等的构成就无法加以解释。有人还认为"×巴巴"是"××巴$_3$巴$_3$"脱落第二个×的结果,这也只能用来说明"干巴巴"那类例子(但也并非所有的"××巴$_3$巴$_3$"都能变成"×巴巴"),而对"可怜巴巴"和"眼巴巴"等同样说不过去。因此,把"巴巴"看成一个完整的后缀,是兼顾各方面情况的最合理的分析方法。

(载《济宁师专学报》1986 年第 2 期)

---

① 古代汉语中有"口巴巴"和"嘴巴巴"的用例,可参看新版《辞源》第二册第 964 页和《小说词语汇释》(陆澹安编著,上海古籍出版社 1979 年版)第 715 页的有关条目。

② 《汉语口语语法》,吕叔湘译,商务印书馆 1979 年版,第 110 页。

假设连词连用现象二题

一、"如果"与"要是"连用不合规范

"如果"和"要是"都是表示假设关系的连词，后接结果分句。二者的语法意义和作用完全相同，如果说有什么差别的话，也仅仅是在语体色彩方面稍有不同："如果"多用于书面语体，"要是"多用于口语当中。不过，随着全民教育的普及和大众文化素质的提高，口语中"如果"的使用率也日渐多了起来，它跟"要是"的语体界限似乎已不那么明显。既然"如果"和"要是"意义、作用完全相同，说话或作文时只选用其中一个即可，没有必要兼而用之。但在实际语言生活中，我们经常遇到二者连用的情形。

先看口语中的例子。底下是笔者在看电视时信手记下来的一些句子，有些例句的结果分句未及记下，但这并不影响本文所要讨论的问题。

（1）如果要是光躺在成绩上的话，……（CCTV1，1998年1月20日焦点访谈《一个特困生的成长之路》中某大学副校长语）

（2）如果要是仍然买不到票的话，……（CCTV1，1998年2月4日新闻30分中记者在重庆火车站现场报导）

（3）如果要是球进门的话，恐怕要挡一下。（CCTV5，1998年2月8日现场直播中美女子冰球赛，播音员语）

（4）如果要是两个队水平相等的话，……（CCTV5，1998年2月10日现场直播日本、白俄罗斯男子冰球赛，播音员语）

（5）如果要是光靠这种远射的话，……（CCTV5，1998年3月4日现场直播中韩足球赛，播音员语）

（6）如果要是说夫妻之间划得这么清楚的话，……（浙江卫视，1998年2月8日人生AB剧栏目中某嘉宾语）

（7）我要是如果不努力，还可能被淘汰。（CCTV2，1998年4月19日下

午6点《"庄稼汉"考取公务员》中"庄稼汉"语)

"如果"和"要是"连用无非有两种可能的选择：一是先说"如果"后说"要是"的"如果要是"式，一是同上相反的"要是如果"式。在实际语言生活中，前式的发生率远远高于后式。

更为有意思的是："如果"和"要是"连用一般发生在受过较高教育的知识分子阶层的口语中，而且有愈演愈烈之势；未受过教育或文化水平较低的人说话时反倒绝少出现这类语病，这大概是因为在他们的词汇库存中，表示假设的连词通常只有一个"要是"（或"要"）以供使用。

也有把"如果"或"要是"换成别的假设连词的，如下边例句中的"一旦""假如"等：

(8) 如果我们一旦伐完了，能干什么呢？（CCTV2, 1998年5月18日《在雅砻江的日子》中林业局长语)

(9) 假如说我如果结婚了，……（同例(6)，现场观众语）

书面语因为要经过一番加工处理，假设连词重复使用的毛病比口语中减少了许多，不过有时也还能碰到。例如：

(10) 在干活的时间，如果一旦发现袁根祥的身影，同去的社员就通知小倩快快溜回家。（《上海故事》1987年第5期）

(11) 如果我们假设把释迦牟尼比做印度的孔子，那么，阿育王就是印度的汉武帝。（《印度文化神秘之谜》，解放军文艺出版社，1994年）

(12) 因资料不足，其中先后尚未能详征。但若假设《虬髯客传》取之《桂苑丛谈》，似乎于道理上有些不合。（李庆西《书话与闲话·〈儒林外史〉本事二三》，浙江文艺出版社，1997年）

例(10)的"如果"和"一旦"，例(11)(12)的"如果""若"和"假设"，分别只用一个即可。去掉重复使用的连词，语言更为简练。

二、"如果（要是）"与"万一"连用应区别对待

还有一个假设连词"万一"，"表示可能性极小的假设"。① 语言生活中同样存在"如果"或"要是"跟"万一"连用的现象。这也有两种格式：

一种是"如果（要是）"在前，"万一"在后的"如果（要是）万一"式，简称 A 式。例如：

(1) 他希望聪明的淑英能猜到他的秘密，如果万一淑英找不到，这重要的东西也不会丢失。(峻青《党员登记表》)

(2) 这个损失如果万一发生，电站的整个工程就得推迟三到四年。(顾笑言《洪峰通过峡谷》，邢福义用例)

(3) 要是万一住不上旅馆，你可以去找小刘。(《现代汉语八百词》例)

一种是"万一"在前，"如果（要是）"在后的"万一如果（要是）"式，简称 B 式。例如：

(4) 万一如果考不好，那就麻烦了。(曹玉林《祠堂里的学校》，邢福义用例)

(5) 万一要是提前出发，你们可千万事先打个招呼，别叫我临时抓瞎。(张孝忠主编《现代汉语进修教程·口语篇》，北京语言学院出版社)

(6) 万一要是再打起来，弄个三长两短……(电视连续剧《水浒传》"杨志卖刀"一集中开封府尹语)

这类假设连词连用的现象是否规范，各家看法并不完全相同。《现代汉语八百词》认为，"万一""可以跟其他表示假设的连词连用"，但所举例句只限于 A 式。① 曲阜师范大学编写组《现代汉语常用虚词词典》② 和鲍克怡《现代汉语虚词解析词典》③ "万一"条持大体相同的看法。邢福义先生《复句与关联词语》一书认为，"万一"和"如果"或"要是"可以"结合使用"，所举例句有 A 式的，也有 B 式的。④ 笔者不完全同意邢先生的看法，拙著《现代汉语虚词正误句解手册》曾对上述一类例句作过评改⑤，只是受该书体例的限制，有些意见未及详谈，这里试图作进一步的分析和补充说明。

笔者认为，从对语言的简洁凝练的要求考虑，作为表示假设关系的连词，

---

① 吕叔湘：《现代汉语八百词》，商务印书馆 1980 年版，第 479 页。
② 《现代汉语常用虚词词典》，浙江教育出版社 1987 年版。
③ 鲍克怡：《现代汉语虚词解析词典》，上海辞书出版社 1988 年版。
④ 邢福义：《复句与关联词语》，黑龙江人民出版社 1985 年版，第 204 页。
⑤ 徐复岭：《现代汉语虚词正误句解手册》，海南出版社 1993 年版，第 293—294 页。

"万一"和"如果（要是）"原则上还是以不重复使用为宜。不过，这里存有一个选用"万一"较好还是选用"如果（要是）"较好的问题。这是因为"万一"作为假设连词毕竟有它自己的语义特征和用法特点，那就是它所假设的情况在当事者看来是很少有可能发生并且往往是不希望发生的。凡是遇到这种情况，用"万一"比用"如果（要是）"更为贴切合适。以上例句应该都属于这种情形。但是语言现象是复杂多变的，对具体情况还需要作具体分析，不能过于简单地统一于一种模式。"万一"和"如果（要是）"的连用现象正是如此。

前文已有交待，"万一"表示可能性极小的假设，据此，A式即"如果（要是）万一"的格式所表达的意义，依次可分解为：

假设某种情况……（"如果"或"要是"）+假设这种情况可能性极小……（"万一"）

"如果（要是）"和"万一"传递了两层不完全相同的信息，后一信息比前一信息传达得更加具体明确，这在语言运用上是允许的、必要的。所以像头三个例子那样的"如果（要是）"在前、"万一"在后的连用形式是可以成立的，不一定非得去掉"如果"或"要是"不可。①

至于B式即"万一如果（要是）"的格式，它所企图表达的意义依次可分解为：

假设某种可能性极小的情况……（"万一"）+假设某种情况……（"如果"或"要是"）

其中"某种可能性极小的情况"本身即是一种"情况"，后一信息（即"某种情况"）因为已在前一信息之中传达出来而成为羡余成分。因此像后三个例子那样的"万一"在前、"如果（要是）"在后的连用形式是不可取的，应将"如果"或"要是"去掉才能成立。

最后再回过头来检视一下各家的看法。邢福义先生认为"如果（要是）万一"和"万一如果（要是）"都是规范用法，显然跟我们的分析不尽一致。《现代汉语八百词》的断语略显笼统，但只举A式的例子似乎意味着对B式的规范地位持有保留态度。至于像《现代汉语进修教程·口语篇》，把这类国人尚有争议的句子拿来作为规范的口语教给外国人，显然缺乏慎重的考虑。

（载《语文建设》1999年第6期）

---

① 首例把"如果"改为"即使"会更恰当些。即使含让步义，它是可以跟"万一"连用的，"即使万一"兼表让步和假设。

与"所"有关的几种句式的规范问题

一、"受人们所喜爱"一类说法是合乎规范的，应予肯定

先看下边几个例子：

(1) 他们的作品不但在解放区很受欢迎，在解放区外也受很多的人士所喜爱。(吕叔湘、朱德熙《语法修辞讲话》第168页例，中国青年出版社1952年版)

(2) 奥马洪尼揭露美国外交政策受石油资本家所左右。(黎锦熙、刘世儒《汉语语法教材》第二编第335页例，商务印书馆1959年版)

(3) 这个宣言无疑是会受到全世界爱好和平的人们所热烈拥护的。(北京大学中文系汉语教研室《现代汉语》第220页例，商务印书馆1962年版)

这些例子都是被有关语法学著作当成病句来评改的。然而批评归批评，这类说法在人们的语言实践中却仍然广为流传和大量使用，甚至在一些语言学家的笔下和国家领导人的报告中也不乏其用例。如：

(4) 方言里不合于标准语的特殊词语、词形、词义和语法现象，是受方言自身的发展规律所支配，并不是标准语的歪曲。(袁家骅等《汉语方言概要》第11页，文字改革出版社1983年版)

(5) 他们从失望到绝望，觉得一切都不顺眼，也不甘心受他们不顺眼的"传统"所束缚。(陈原《语言与社会生活》第21页，三联出版社1980年版)

(6) 任何时候，我们都要从中国人民和世界人民的根本利益出发，根据事情的是非曲直，独立自主地决定我们的政策，绝不迁就于一时的事变，也不受外来压力所左右。(赵紫阳《政府工作报告》，1985年5月15日)

以上三句跟例(1)—(3)相比，结构形式完全相同，根据传统的看法，

它们无疑也都属于病句之列。至于一般书报杂志上，这类说法更是屡见不鲜。为节省篇幅，不再多举例句。

为什么"受人们所喜爱"这类说法虽经某些语言学家和语言学著作的不断"评改"和"规范"，而仍然会广为流行和大量使用呢？这就提醒我们有必要对传统的结论重新予以审议，更有必要对这一语言格式本身的结构情况进行一番全面而彻底的检查，看看它到底合不合乎规范。

我们注意到，例（1）—（3）所涉及的语法著作在分析"受人们所喜爱"这类格式"不合规范"时，所持的理由并不完全一致。大致有三种看法：有的认为"受"跟"为"或"被"不同，后者可以跟"所"配合使用，构成"为（被）……所……"的格式，而"受"不能；有的讲"受"或"受到"之后不能跟"所+动"结构；还有的人认为这是"受……"与"为……所……"两种格式的杂糅。我们认为，以上看法都没有深入到这一格式的内部对其进行符合实际的语法结构分析，因而得出的结论带有盲目性。如果抛开上述成见，全面完整地分析研究一下这一句式本身的语法结构和各组成部分的语法特点，便不难发现这一句式是完全可以成立的。

从整体上看，"受人们所喜爱"应是由动词"受"和短语"人们所喜爱"两部分组成的。其中"人们所喜爱"实为笔者在另外一篇文章中所说的"名+'所'+动"结构，[①]也就是朱德熙先生所说的"N 所 V"结构，它是主谓结构的名词化形式，我们不妨看作是名词性的偏正结构，其中"所"应视为名词化的标记。[②]"人们所喜爱"等于说"人们的喜爱"或"人们之喜爱"。[③]另一方面，"受"是及物动词，可以带"名+'的'+动"这种形式的名词性偏正结构作宾语，如"受人们的喜爱"。"人们所喜爱"跟"人们的喜爱"既然是等价形式，它当然也有资格用作"受"的宾语，"受人们所喜爱"即"受人们的喜爱"，这应该说是合乎规范的形式。同理，"受资本家所左右"即"受资本家的左右"，"受到人民所拥护"即"受到人民的拥护"，等等，这些也都应该算作合乎规范的说法。因此，我们认为（1）—（6）各句都不能看成病句。如果用公式来表示，"受人们所喜爱"这类说法可以记作：

"受"+（名+"所"+动）

传统的看法之一是把"受"跟"为"或"被"相比附，认为后者可以跟

[①] 徐复岭：《浅谈"所"字使用中的几个问题》第四节，载《济宁师专学报》1985 年第 2 期。

[②] 朱德熙：《自指和转指：汉语名词化标记"的、者、所、之"的语法功能和语义功能》，§5·3，原载《方言》1983 年第 1 期。

[③] 如果不把"所"看成名词化标记，鲁迅《孤独者》中的这句话就无法得到合理的解释："有一回，《学理闲谭》还津津地叙述他先前所被传为笑柄的事，称作'逸闻'……"。

"所"配合使用，而"受"不能。这是只看结构外形的相似而忽视了结构内部构成方式的不同。从外形上看，两者都是"'受'／'为'+名+'所'+动"，但从内部构成方式上看，前者是"'受'+（名+'所'+动）"，是动宾结构；后者是"（'为'+名）+（'所'+动）"，是状心式的偏正结构。它们之所以有此不同，就在于"受"是动词，而"为"是介词。由于构成方式不同，"所"在这两种格式里所处的地位和起的作用也不一样：在前一种格式里，"所"用于主谓结构之间，是主谓结构名词化的标志；在后一种格式里，"所"直接用于动词之前，是跟引进施事的介词"为"配合使用的。传统的看法之二是认为"受"之后不能跟"所+动"结构。其错误在于把本来是一个结构整体的"名+'所'+动"硬给拆散了。至于看法之三，也是没有看到"受"后边的"名+'所'+动"就是"名+'的'+动"，因而给判了个"杂糅"的"罪名"。

笔者曾经评议过"值得我们所重视"这类说法，认为它是不规范的语言现象。①"受人们所喜爱"的格式跟"值得我们所重视"表面上颇为相似，即都是"动+（名+'所'+动）"的形式，但本质上二者很不相同。其不同倒不在于后边的"名+'所'+动"部分（这部分是完全相同的），而是在于前边两个动词的语法特点各异——"受"可以带"名+'的'／'所'+动"这样的名词性偏正结构作宾语，而"值得"却不能。"值得"要求带动词宾语或由动词充当谓语的主谓短语宾语，而不能带名词性宾语。我们可以说"值得重视"或"值得我们重视"，却不能说"值得我们的重视"或"值得我们所重视"。②因此，我们也不能以"值得我们所重视"不能成立来类推"受人们所喜爱"也不能成立。

实际上，"受人们所喜爱"这种格式在经典作家那里也曾使用过。请看鲁迅的两个用例：

(7) 你们的高超的理论，将不受中国大众所欢迎。（《且介亭杂文末编·答托洛茨基派的信》）

(8) 我看北平学界，是非蜂起，难办之至，所以最先是劝他不要去；后来盖又受另一些人所劝，终于答应了。（《鲁迅书简（致曹靖华）》第87页）

二、"由……所……"的格式不宜轻易否定，但也不要滥用

传统观点认为，"所"只能跟介词"为"或"被"配合使用，构成表示被

---

①② 徐复岭：《浅谈"所"字使用中的几个问题》第四节，载《济宁师专学报》1985年第2期。

动的"为/被……所……"格式,而"所"跟介词"由"配合构成的"由……所……"的被动句式则不合规范。如吕叔湘、朱德熙、《语法修辞讲话》和《语法修辞正误练习》所举两个"病例":

(1) 我国大部煤矿过去是由帝国主义和官僚资本主义所经营的。

(2) 但是英国的文官都由"上层社会"的子弟所包办。

吕、朱二位先生并且认为,"由"跟"为"或"被'不同,不能用"所","由……所……"这个格式是没有的——或是单用"由",或是用"为……所……"。①笔者觉得,如果从发展的眼光来观察、考虑问题,表示被动的"由……所……"的格式未尝不可以成立,不宜轻易否定。

首先,介词"由"也可以用来引进动作的施事,在这一用法上它跟"为"或"被"是比较接近的;在语体色彩上,"由"的文言意味虽然赶不上"为"浓重,但跟"被"一样,也属于书面语词。从汉语发展的历史来看,"为……所……"式产生在先(两汉以前就已使用),"被……所……"式出现于后(大约始于南北朝时期)。其所以会从"为……所……"式演变为"被……所……"式,就是因为"为"与"被"用法相通。既然"由"的用法跟"为"或"被"的用法也有相通之处,而且语体色彩相近,现在再从"被……所……"的格式发展演变到"由……所……"的格式,也是顺乎情理,完全有此可能的。②

其次,从语言运用的实际情况来看,近几十年"由……所……"的格式确确实实已被越来越多的作者所采用,其中包括某些经典作家在内。先看下边的例子:

(3) 由中国共产党的代表团和南京国民党的代表团经过长时间的谈判所拟定的国内和平协定,已被国民党政府所拒绝。(毛泽东《向全国进军的命令》)

这句话的前半截用了"由……所……"的格式,后半截用了"被……所……"的格式,都是表示被动("和平协定"被"拟定","和平协定"被"拒绝")。由于前后交替使用了这两种格式,使得这段文字形式上前后照应、对称整齐,读起来音节和谐、紧凑有力,给人以一气呵成、浑然一体之感,增强了语言的气势,收到了良好的表达效果。

---

① 吕叔湘、朱德熙:《语法修辞讲话》,中国青年出版社1952年第1版,第168—169页;吕叔湘、朱德熙:《语法修辞正误练习》,中国青年出版社1953年版,第45—46页。

② 关于这一点,黎锦熙、刘世儒曾在《汉语语法教材》第二编中指出过。又,这里说的"语体色彩相近"这一条件很重要,"给""叫"等同样是可以引进施事表示被动的介词,但由于是口语词,就不宜跟"所"配合使用。

再如：

(4) 事物的性质，主要地由取得支配地位的矛盾的主要方面所规定的。（毛泽东《矛盾论》）

(5) 由历史所指示，凡有改革，最初，总是觉悟的智识者的任务。（鲁迅《门外文谈》）

(6) 这一切都是由人民军队的革命本质和政治宗旨所决定的。（胡乔木《关于人道主义和异化问题》）

上边这些句子应该说都是规范的。大量的语言事实表明，表示被动的"由……所……"的格式已在现代汉语里安家落户了，语法学家迟早得给这一句式签发合法"身份证"的。据此，我们认为本节开头所引的两个句子也都说得通。

事实上，有的语法著作在六十年代就认可了这种句式的合法性，只不过没有引起大家的普遍注意罢了。如北京大学中文系汉语教研室编写的《现代汉语》曾经评改过这样的句子：

×(7) 这种由于集体力量所鼓舞起来的无畏精神，作品里也非常鲜明地表现出来了。

×(8) 一个人的个性和脾气也是由于他的家庭出身和生活环境所决定的。

该书认为这两句只要把"由于"换成"由"就可以成立了。① 评改以后的句子实际上就是例（1）—（6）那样的"由……所……"格式。

当然，这只是问题的一个方面。另一方面也必须看到，"由"虽然也可以引进动作的施事，但这种用法远不如"为"或"被"常见，而且介词"由"表示被动的作用往往不如"为"或"被"明显、典型。因此，使用"由……所……"这类格式时必须十分慎重，一般以少用为宜。

"由"除了类似"为"或"被"的用法以外，还有其他一些用法。"由"在其他用法中，不能跟"所"配合使用。像下面句子里的"由……所……"就用得不够合适：

×(9) 百慕大群岛虽由三百六十多个大小岛屿和珊瑚礁所组成，但它的岛屿面积却只有十五平方英里左右。

×(10) 参加夏令营活动的同学是由各地的三好学生中间所选拔出来的。

×(11) 一些高山区，由冰川作用所产生的凹地积水成湖的也不少。

例（9）表示事物的组成，例（10）表示来源（相当于"从"），例（11）表示原因（相当于"由于"）：它们都不是引进施事表示被动的，其中的"由"都不能换成"为"或"被"。因此，这些句子里的"所"都应去掉（末句里

---

① 北京大学中文系汉语教研室：《现代汉语》，商务印书馆1962年第1版，第202页。

的"所"也可以改为"而")。

三、关于"由于"和"所"同现的句子

大概因为介词"由于"和"由"具有相同的音节和语素,在意义和用法上又有相同点("由于"主要表示原因,"由"有时也可表示原因),于是就出现了这样一种现象:几乎在"由……所……"格式产生、发展起来的同时,社会上也流行着一种"由于……所……"的格式,甚至在各级学校的教科书中也屡见不鲜。例如上节我们转引的(7)(8)两例就是。这可以看作是从规范的"由……所……"格式("由"引进施事)诱导出不规范的"由于……所……"格式的情形。

另外一种情形是,"由……所……"这一形式本来就不规范("由"表示原因),正如上节例(9)—(11)那样,却又从这一不规范的形式诱导出同样不规范的"由于……所……"的形式。请看例句:

×(1) 自然界里空气的流动就是由于各地冷热不同所造成的。

×(2) 钩虫病是由于钩虫寄生在肠粘膜上,吸食人血所引起的。

以上两句"由于"后边都是说的原因,同引进原因的"由"不能跟"所"配合使用一样,这里的"由于"也不能与"所"同现。两句的"所"或者删去,或者改为"而"。

但是下列"由于"和"所"同现的句子与上述两种情形不同,不能视为病句:

(3) 由于篇幅所限,删去了原文中的一些文献目录。

(4) 也有些运动员,由于条件所限制,得不到起码的训练。

这两句中的"所"是我们在第一节中提到的名词化的标记,"篇幅所限"和"条件所限制"这种"名+'所'+动"组合是主谓结构的名词化形式,用作介词"由于"的宾语。介宾结构"'由于'+(名+'所'+动)"跟第一节所谈的动宾结构"'受'+(名+'所'+动)"的情形大致相同,毋庸赘述。

(载《齐鲁学刊》1986年第4期,稍有改动)

同音词二议

一、关于同音词定义的异议

什么是同音词？且看全国几家有代表性的"现代汉语"教材对它所下的定义：

> 现代汉语中有许多词意义完全不同，而其语音形式（包括声、韵、调等各个方面）却完全相同。这样的词就叫做同音词。（胡裕树主编《现代汉语》（增订本）第254页）[1]

> 同音词则是语音相同而意义之间并无联系的一组词。（黄伯荣、廖序东主编《现代汉语》（增订二版）上册第270页）[2]

> 声音完全相同而意义完全不同的一组词互称同音词。……所谓意义完全不同，就是不仅词所代表的事物或现象不同，而且这些词在意义上没有历史的或现实的联系。（张静主编《新编现代汉语》下册第18页）[3]

由上可以看出，同音词一要同音，二要异义（或曰意义之间无联系），这是构成同音词的两个必须具备的条件，缺一不可。各家认识一致，毫无分歧。基于这种认识，有人索性就把同音词称作"同音异义词"。

这一似乎已经得到公认的同音词的定义究竟符合不符合实际情况呢？我们不妨对它进行一番认真的检验和鉴定。

众所周知，同音词包括同形同音词和异形同音词两种类型。就同形同音词而言，这个定义应该说是适合的，正确的，我们可以借助这个定义特别是其中的异义（或意义之间无联系）这一限制条件，把同音词与多义词（一词多义）、同音词与兼类词比较有效地区别开来。但就异形同音词来说，情况就稍

---

[1] 胡裕树主编：《现代汉语》（增订本），上海教育出版社1981年第3版。
[2] 黄伯荣、廖序东主编：《现代汉语》（增订二版），高等教育出版社1997年版。
[3] 张静主编：《新编现代汉语》，上海教育出版社1980年版。

微复杂一些。首先必须承认,有相当多的异形同音词也是意义完全不同或没有联系的,如"兵"与"冰"、"报复"与"抱负"、"发言"与"发炎"、"南方"与"男方",等等。但是还有一些异形同音词情形有些两样。试看《现代汉语词典》对下列几组词的解释:

【界限】①不同事物的分界。②尽头处;限处。
【界线】①两个地区分界的线。②不同事物的分界;界限①。③某些事物的边缘。

【播弄】①摆布。②挑拨。
【拨弄】①用手脚或棍棒等来回地拨动。②摆布。③挑拨。

【蒙眬】【矇眬】快要睡着或刚醒时,两眼半开半闭,看东西模糊的样子。
【朦胧】①月光不明。②不清楚;模糊。

以上每组词的读音都分别相同,但就意义而论,它们或者部分义项相同,或者意义密切相关,意义之间有着比较明显的联系或交叉关系。如"界限"的义项①与"界线"的义项②完全相同,"界限"的义项②"尽头处;限处"与"界线"的义项③"事物的边缘"有着明显的联系("尽头处;限处"即是"边缘")。"播弄"与"拨弄"都含有"摆布"和"挑拨"两个相同的义项。"蒙眬(矇眬)"与"朦胧"都有"模糊"的意思在内,意义密切相关。像"界限"与"界线"、"播弄"与"拨弄"、"蒙眬(矇眬)"与"朦胧"等这样既读音相同又意义相近(甚至相同)或者意义之间具有某种联系的一组词到底算不算同音词呢?如果根据上述各家的定义,它们无疑地要被排除在同音词的范围之外,因为跟定义的第二个条件显然不合。但是,如果不算同音词,那又实在太不公平了,无论如何也说不过去的。何况这类同音义近或意义相关的词还不是三两组,而是为数相当地不少。让我们随便再看一些例子:

暴发、爆发//辨证、辩证//必须、必需//毕命、毙命//查访、察访//查看、察看//处置、处治//篡改、窜改//发奋、发愤//分辨、分辩//黑油油、黑黝黝//融化、溶化、熔化//试验、实验//突起、凸起//污蔑、诬蔑//以至、以致//优美、幽美//震动、振动//制定、制订//决(副)、绝(副)//作(动)、做(动)//……

另有两组比较特殊的例子:他、她、它//他们、她们、它们。它们原本各是一个词,后来各自分化为读音相同、基本意义没有改变(分别表示第三人称单数和多数）、只是用法有别的三个词。把这两组意义上既有"历史的"又有"现实的"联系的词排除在同音词之外，恐怕更难以说得过去。

上述同音词的定义，不仅在理论上有较大的漏洞和片面性，对于指导语言实际的运用也是不利的。因为这类既同音又义近或者意义上有某些牵连的词在写作中最容易出现问题，我们在书报杂志上（更不用说在学生的习作中）经常发现同音词混用、错用（包括写别字）的现象，就往往发生在它们身上。笔者写有短文《同音词规范问题琐议》，就是专谈由于误用"近义同音词"（我们姑且如此称呼）而造成的语言污染现象的。从实用性的角度来看，这类"近义同音词"比"异义同音词"更应该引起语言研究者和语文教育工作者的关注和重视。

假如我们上边的分析不无道理的话，那么对目前通用的同音词的定义就不得不做出必要的修正。怎么个修正法呢？看来试图用一个总的定义来涵盖两类同音词的做法有较大困难，我们不妨另辟蹊径，采取"花开两朵，各表一枝"的表述方法。譬如是否可以这样表达：

"同音词包括同形同音词和异形同音词两种类型。同形同音词是指语音相同而意义不同或没有联系的一组词。异形同音词又有两种情形：有的语音相同而意义不同或意义之间没有联系，可以称之为异形异义同音词；有的语音相同而意义相近或相关，可以称之为异形近义同音词。"

一管之见，未必正确，敬请从事现代汉语教学与研究的专家、同行教正。

（1998年7月，为在威海召开的山东省语言学会年会而写）

二、同音词规范问题琐议

汉语中有不少书写形式不同的同音词（异形同音词），特别是那些意义上有牵连甚至相近或某个义项相通的同音词，写作中很容易用混或用错。例如"启示"与"启事"、"度过"与"渡过"、"必须"与"必需"、"以至"与"以致"等的混用，几乎已经成为写作中的"顽症"之一。这类混用或误用同音词的毛病涉及的范围相当广泛，由同音词误用而造成的语言污染现象着实令人忧虑。

请看实例：

×(1) 在民间，不规范的两性放荡之所以为人不耻的原因是政府日复一日年复一年地宣传一种严格道德守操的缘故。(《文汇报》1996年5月24日)

"不耻"与"不齿"是一组同音词，但意义很不相同：前者是不以为羞耻的意思，后者则是不与同列、看不起的意思。这句是说两性放荡行为被人看不起，显然应该用"不齿"，可是作者用了"不耻"，结果成了两性放荡行为不被人看作耻辱之事，与本意正好相反！

×(2) 她正一步步向我走来。也许要说"走"并不确切，因为她是依靠助步器一点点地挪动而来。但毕竟并未如我所想象的那样躺在床上。我既激动又辛酸，把手里的那堆"礼物"一撂就扑上前去扶她。(《文汇报》1996年9月12日)

"辛酸"与"心酸"完全同音，也都含有悲痛的意思，但词义侧重不同。"辛酸"侧重于生活经历中的痛苦和酸楚，"心酸"侧重于内心里的悲伤和难过。这句是说"我"看到"她"那样艰难地行走，心里又激动又难过，应该用"心酸"才是。

×(3) 周汝昌先生的《红楼梦新证》旧本我有存，尽管被人斥为新索引派，我对它仍兴趣不减。(《文汇报》1997年4月27日)

"索引"与"索隐"同音，但词性、意义都不相同。"索引"是名词，指检寻图书资料的一种工具，也叫引得。"索隐"是动词，指探求隐微奥妙的道理，也指对古籍的注释考证。《红楼梦》研究中只存在以进行繁琐考证、探求"微言大义"为特征的"索隐"派，可从未听说过还有什么"索引"派。

×(4) 1956年12月文化部副部长田汉来南阳考查，提出"抢救汉画"，并建议另选馆址，重建一个汉画馆。(《光明日报》1997年12月6日第7版)

"考查"与"考察"音同义近，都有调查研究的意思，但有区别。"考查"指考核检查，即用一定的标准来衡量行为、活动。如"考查学生的学业成绩"。"考察"指实地观察调查，以了解事物的真相或本质，如"考察山川地形""出国考察教育"。此例"考查"系"考察"之误。

×(5) 年轻一代的女作家都对这种公式化的形象提出置疑。(《参考消息》1997年12月11日第6版)

"置疑"与"质疑"同音，但意义、构词方式和用法都不相同。"置疑"按字面解释是设置疑问，即表示怀疑的意思，它属动宾式构词，不能用作"提出"的宾语。"质疑"是质询、疑问的意思，属联合式构词，可以而且经常用作"提出"的宾语。这例显然应该用"质疑"才对。

×(6) 所谓通感，就是把听觉、视觉、嗅觉、味觉和触觉通过联想勾通起来。(张九韶《爱的湖》第236页，山东文艺出版社1996年)

"勾通"表示暗中串通、勾结，一般只用于人与人之间，含贬义。"沟通"表示使彼此通连，常用于事物与事物之间，是中性词。这例是说不同感觉的通连，不含贬义，应该用"沟通"。

更有甚者，这类同音词误用的现象有时竟然大摇大摆一字不动地出现在语文工具书和中学语文课本中。例如：

×(7) 五叔也一再表示他一定好好交待问题，知罪伏法。(路遥《我和五叔的六次相遇》;《动词逆序词典》第184页"伏法"条用作书证，福建人民出版社1986年)

"伏法"指犯人依法被处死刑，但例中的"五叔"并未被处死，不但没死，而且表示低头认罪，服从法令。"伏法"当是"服法"之误。

×(8) 这封信是一九六九年一月九日晚写的，但是没有寄出来，被非法扣押。(张书绅《正气歌》;《汉语大词典》第六卷第343页"扣押"条用作书证，汉语大词典出版社1990年)

"扣押"与"扣压"同音，但意义和用法有别。前者是扣留、拘系的意思，对象多是人犯；后者是扣留下来不予办理的意思，对象多是信件、材料等。例中"扣押"显系误用，应该用"扣压"。

×(9) 我心头辛酸的感觉焕然消失了。(冰心《"面人郎"访问记》，初中语文第三册第117页，人民教育出版社1987年)

"焕然"形容有光彩，与它同音的"涣然"形容嫌隙、疑虑、误会等完全消除。这例表示某种感觉消失，应当用"涣然"。

有的语文工具书在释义行文中不注意语言规范，误用同音词的现象也时有所见。例如：

[×](10)"边界"着重于"界",指的是国与国、省与省的界限。(陈炳昭《近义词应用词典》第43页,语文出版社1987年)

"界限"与"界线"这组同音词虽然都可表示不同事物的分界,但在表示具体地区之间的分界,只能用"界线"。

[×](11) 公安机关对需要受侦察的人依法暂时扣押。(《汉语大词典》第六卷第484页"拘留"条释文)

应该用同音词"侦查"。《现代汉语词典》"拘留"条的释文便是用的"侦查"(修订本第679页)。

（载《语文建设》1998年第7期）

"语音归并"和语言规范

"语音归并"（haplology），在汉语中是指两个相同的音节相连时融为一体、只发一次音的现象。例如：

（1）中年妇女说着，脑子里浮现出那个卖韭菜的面孔和神态。(管桦《卖韭菜的》)

（2）我们对《聊斋志异》的研究是重视的。(《文汇月刊》1981年第12期，转引自徐浩良、陈炯的文章)[①]

例（1）本应是"（卖韭菜的）的面孔和神态"，前一个"的"与"买韭菜"组成"的"字短语，指代买韭菜的人，后一个"的"用在定语"买韭菜的［人］"和中心语"面孔和神态"之间，是定语的标志。因为两个"的"紧紧相连，说话时自然地合为一个，书面上也就没有分别写出。例（2）实际为"对（对《聊斋志异》的）研究"，后一个"对"与"《聊斋志异》"组成介宾短语，作"研究"的定语（带"的"），前一个"对"再与"对《聊斋志异》的研究"组成介宾短语，用作句子的状语。两个"对"紧密相连，说话时和书面上也都合成了一个。

这种"归并"现象甚至可以发生在双音节词身上。例如：

（3）对于革命事业的损失说来，"左"比右并没有什么好，因此应当坚决改正。(毛泽东《事情正在起变化》)

开头部分的结构原貌应该是"对于（对于革命事业的）损失说来"，后一个"对于"与"革命事业"组成介宾短语，作"损失"的定语（带"的"），前一个"对于"与"说来"相呼应，构成"对于……说来"的格式。两个"对于"前后相连，说话时和写作上也都被"挤"掉了一个。

以上这类语音归并现象，严格地讲，也在一定程度上影响到了语句构造的完整，但尽管如此，却不致影响对语义的理解，不会引起歧义或造成误解。我们通常把它归入语言中的非常规表达，属于语言中允许存在的形式，一般不必

[①] 徐浩良、陈炯：《略说"对"字短语的类型》，载《中国语文通讯》1985年第5期。

把归并去的那个音节或词据实补出。对此已有一些学者在不同场合作过分析和说明，本文不再过多涉及。

语言生活中还有一类语音归并现象，它或者造成结构残缺，或者引起歧义、令人费解，一句话，它往往影响言语的正常交际，有碍语言的规范化。我们把它称为"不允许的语音归并"。这类语音归并以及由此引起的语言规范问题，似乎还没有引起人们足够的重视。

不允许的语音归并有时发生在实词上，更多的则发生在虚词上。先看两个实词归并的例子：

×(4) 就在这时候，一位天天跑马场也常常跑电视台的专栏作家认识了她。（《读书》1988年第7期）

×(5) 泰安技工学校有丰富教学经验的教师。（山东广播电台1984年10月18日广告）

上句话并掉了一个"跑"字，下句话并掉了一个"有"字，归并后无论如何都说不通，必须据实补出被归并掉的那个字。如嫌同音连用别扭，可分别改成"去跑马场"和"有教学经验丰富的教师"。

一般说来，由实词归并造成的语病比较容易辨认和纠正，而由虚词归并造成的语病就隐蔽得多了。例如：

×(6) 这次考察的喀喇昆仑地区，在巴基斯坦的西北部，以"长寿者之乡"而闻名于世的洪扎河谷为中心。（光明日报1980年10月14日）

×(7) 她在向记者吐露内心世界时，亦对丈夫没有尽到做妻子的责任、对女儿没有尽到做母亲的义务而感到缺憾。（济宁日报1988年3月8日）

×(8) 这个经验对国内朝鲜族学生进行汉语教学也很有参考价值。（《汉语学习》，刊期失记）

例（6）应该有两个"以"：一个构成"以……而……"的格式，一个构成"以……为……"的格式，即："以$_1$（以$_2$'长寿者之乡'而闻名于世的）洪扎河谷为中心"。（为防止同音连用，可把"以$_2$"改为"因"）例（7）照现在的样子，"丈夫没有尽到做妻子的责任"和"女儿没有尽到做母亲的义务"分别成了"对"的宾语，全句意思变为"她"对丈夫和女儿的过失而感到缺憾。但这句话实际是说"她"对自己的过失而遗憾，所以应该是"对$_1$［对$_2$丈夫］没有尽到做妻子的责任、对$_1$［对$_2$女儿］没有尽到做母亲的义务……"，两个被归并掉的"对"字非得补出来不可。（为避免同音连用，可将两个"没有"分别提到两个"对$_2$"之前）例（8）也是丢掉了一个"对"字，应该说成"对$_1$［对$_2$国内朝鲜族学生］进行汉语教学……"。（如嫌同音连用不便，可用"在……方面"取代"对₁"，即改为"在对国内朝鲜族学生进行汉语教学方面"）

"和、跟、同"兼属介词和连词，它们也常常因连用而产生不允许的归并。赵元任先生曾举过一个例子：他的演讲《语言学跟跟语言学有关系的一些问题》在台湾发表时，虽经他事先再三解释，有的报上还是只登了一个"跟"字。① 当然，这责任不在作者，而在报社的编辑。恰巧我们这里也有两个类似的病例，不过这责任恐怕主要得由作者来负了：

×（9）某师副师长梁朝清同自己比武的红军团三连战士蔡勇生交流射击体会。(中国青年报1984年3月17日)

×（10）他把所遭遇的情况和猪头小队长的冲突说了一遍。(刘流《烈火金钢》第147页)

例（9）中归并了一个"同"字："某师副师长梁朝清同₁[同₂自己]比武的红军团三连战士蔡勇生……"，两个"同"字各司其职，句子就通顺了。（为避免同音连用，其中一个"同"可改用"跟"）例（10）"把"的后头有两件事，中间用"和"连接："所遭遇的情况//和//猪头小队长的冲突"。但"猪头小队长的冲突"不好理解，在它的前头还得有个作介词用的"和"，说成"所遭遇的情况//和₁//和₂猪头小队长的冲突"，意思就明确了。这里显然也是由于同音连用而致误。（为避免此误，"和₂"宜改用"跟"）

助词"的"的不应有的归并，有时也会让人费解。例如：

×（11）态度轻视的笔误多于态度重视的笔误。(《中国语文天地》1987年第6期)

×（12）"及其"的"及"是"和"的意思，"其"是"他的"或"他们的"意思，"及其"就是"和他的"或"和他们的"意思。（贾双虎《现代汉语虚词使用常识》第147页）

例（11）给人造成一种"笔误"还有"态度轻视"与"态度重视"之分的感觉，这当然不对。如果说成"态度轻视的的笔误多于态度重视的的笔误"，尽管拗口，但表意却明确了，省去了读者的猜测之苦。如果说成"态度轻视者的笔误多于态度重视者的笔误"，则既可免去同音连用，又可做到表意明确，似乎更好一些。例（12）第二和第三个"意思"之前都应该有个"的"字，正如第一个"意思"之前有个"的"字一样，决不能因为它们前头引号里已经有了个"的"字就把后头的"的"字挤掉。

不仅同音同词可以发生语音归并，同音不同词，甚至语音相近的两个词有

---

① 赵元任：《语言问题》，商务印书馆1980年版。赵先生所讲的这个例子见该书《原序》。

347

时也会发生类似现象而导致语病。例如：

[×](13) 我用身家性命保住老弟，我想老弟是讲义气的刚强汉，不会不给我一点面子，叫我栽倒外国人手里吧！（管桦《将军河》第12页）

此例转引自《中学语文教学》编辑部编印的《病句评改类编》，评者说"应该在'栽倒'之后添上介词'在'"，这当然是对的。不过据我们分析，造成这一错误的原因倒不一定是由于作者不懂得介词"在"的用法，很可能也是语音归并在"作祟"。因为在"动词+在/到+处所词语"的格式中，"在/到"有一个弱化形式de，口语里说·de 比说"在/到"更普通。① "栽倒外国人手里"的"原形"很可能就是"栽倒·de 外国人手里"，由于"倒"和·de 读音相近，前者便把后者吞掉了。

同音的双音节词连用引发归并现象而产生的语病，例子比较少见，吕叔湘、朱德熙先生在《语法修辞讲话》中曾举过一个"根据"被归并的病例，② 非常典型。恰好我们这里也有一例：

[×](14) 该组织是由各成员国的报纸、电台、电视新闻工作者职业组织而成的。（《新闻战线》1981年第12期）

应该是"由……新闻工作者职业组织$_1$组织$_2$而成的"，其中"组织$_1$"是名词，"组织$_2$"是动词，因两个"组织"连用而丢掉了一个，结果造成句子不通。

以上我们列举了一些不允许存在的语音归并现象，从中可以看出，在探求语病成因，讨论语言规范特别是语法规范问题时，语音归并似乎也是一个不容忽视的因素。如果我们都能从思想上对消极的语音归并现象有所警惕，遇到这类情况时能积极地采取防范措施，那无疑将会大大减少这方面的语病，有利于语言的规范化。

（载《语文建设》1989年第2期，个别地方有改动）

---

① 朱德熙：《语法讲义》，商务印书馆1982年版。
② 吕叔湘、朱德熙：《语法修辞讲话》，中国青年出版社1979年第2版，第176页。

"怂恿"非贬义词辨

初中语文第四册《词的不同色彩》一文在讲到词的感情色彩时举例说道:"'鼓励'是勉励人做好事,是个褒义词;'怂恿'是鼓动人做坏事,是个贬义词。"又说:中性词"鼓动""有时可以用在好的方面,和'鼓励'意思相近;有时又可以用在坏的方面,和'怂恿'意思相近。"发表在《语文学习》1984年第 1 期上的《漫话"怂恿"》一文,认为"这个辨析是十分正确的",并且从选入中学语文课本的作品中找到两处"误用了贬义词""怂恿"的"病例"(一处见初中第二册《猫》,一处见高中第一册《装在套子里的人》),建议对它进行"规范",改成中性词"鼓动"。

上述看法到底正确不正确呢?"怂恿"真的是贬义词、只能用在"坏的方面"吗?

翻检《现代汉语词典》(正式印行本)、《四角号码新词典》(第九次修订本)、《辞源》《辞海》《新华词典》等有影响的语文工具书,一般都是把"怂恿"解释为"鼓动别人去做(某事)"(《现代汉语词典》和《四角号码新词典》释文)或"鼓动、撺掇别人去做某事"(《新华词典》释文)。从这些辞书的释文中,我们很难得出"怂恿"是贬义词的结论,相反,我们倒觉得它是个无固定褒贬色彩的中性词:坏的方面,好的方面,以及不好不坏或难于说出是好是坏的方面都可以用它。我们认为这些辞书的释义是可信的。当然,也有少数工具书说它是贬义词的,例如 1978 年南开大学修订出版的《四角号码新词典》、高庆赐《现代汉语词义辨析》(湖北人民出版社,1978 年版)和方文一《同义词辨析》(浙江人民出版社,1980 年版),还有内部发行的《现代汉语词典》试用本(商务印书馆,1973 年版)。后者对"怂恿"的释义是:"鼓动别人去做(坏事)。"括号里的说明文字实际是告诉读者它只能用于贬义。因为试用本《现代汉语词典》印行时间较早,影响范围较大,《词的不同色彩》这篇短文和某些工具书对"怂恿"的解释和辨析可能接受了它的这一看法。我们高兴地看到,1978 年以后正式印行的《现代汉语词典》"怂恿"

条中的括注已把"坏事"改成了"某事"(第九次修订出版的《四角号码新词典》也做了相同的改动),这虽系一字之易,却反映出编者对该词由贬义词到中性词认识的改变,从而恢复了"怂恿"作为中性词的本来面目。随后不久,就有同志据此在 1980 年第 9 期《语文学习》上撰文,对语文知识短文《词的不同色彩》中"怂恿"是贬义词的论述提出异议。令人遗憾的是,有关方面既没有注意到《现代汉语词典》的这一更改,也没有看到上述的文章,在对中学语文试用教材进行修订的时候,不但没有修正原来对"怂恿"的错误论述,反而又在短文里增写一段文字,把"'怂恿'是'贬义词'"的结论说得比以前更明确、更肯定了。(这只要对照一下教材的 1978 年试用本和 1982 年正式本就很了然)不言而喻,不少中学语文教师和广大中学生,这些年传授和接受的都是这么一个错误的结论,造成了不应有的混乱。

为了加深"怂恿"是中性词、可以用于非贬义场合的认识,我们不妨多看一些这方面的用例(因为该词用于贬义场合大家都很熟悉,故此类例证恕不多引)。

首先,我们想对《漫话"怂恿"》一文所举的三个例子做些匡正。该文所举的头两个含有"怂恿"的例子,认为是所谓"贬义词误用作中性词"的"病例",但照我们看来它们并没有什么毛病,应属于"怂恿"的正常用法。因为中学语文课本并不难得,找来一看就很明了,这里无须详述。至于第三个例句,应该多说几句。该文说该句是"贬词褒用"的"易色"修辞现象,这是不顾小说原文事实、一相情愿的曲解。——小说原文是采取倒叙手法,追记十年内乱以前的事情。那时"爸爸"(一个忠于职守、勤奋工作的编辑人员)整天忙于编辑、改稿工作,自己无暇写作,便"热忱地怂恿别人写,毫不吝惜地把素材、构思交给别人。"(这篇小说收入戈悟觉《记者和她的故事》一书。上海文艺出版社,1982 年。引文见该书第 44 页)十分明显,这里"怂恿"就是"鼓励",是直接用在好的方面的例证,同样属于"怂恿"的正常用法,跟修辞上的"易色"毫无关系。《漫话"怂恿"》一文的作者可能没有认真阅读原文,误把倒叙中的十年内乱以前的事情当成十年内乱期间发生的,并跟"四人帮"在这期间制造的"文字狱"生拉硬扯地联系起来,进而大谈什么"贬词褒用"和"易色"之类,这种错误实在是不应该发生的。

其次,我们再补充若干例证。一个是吕叔湘先生翻译的美国女作家凯思琳·福布斯的《妈妈和爸爸》。文中说爸爸的朋友约翰·肯摩是个航空家,爸爸很想随他上天,体验一下空中飞行的乐趣。一天,肯摩向爸爸发出了邀请:

"'喔,来呀,'肯摩先生怂恿他,'您准会爱上它。'"
然而,对爸爸体贴入微的妈妈出于不放心,便从中加以劝阻:

"'别再撺掇,约翰,'她叫唤道,'我求你。'"(《吕叔湘译文集》,上海译文出版社,1983 年)

约翰·肯摩的邀请完全出于一片盛情,这是"怂恿"用在好的方面的例证,它跟下面的"撺掇"意思完全相同。顺便说一下,如果说"怂恿"和"撺掇"二者在用法上有什么细微差别的话,那也只是文体色彩的不同:前者多用于书面语,后者多用于口语。关于这点,细心的读者是可以从吕先生这段译文中体会出来的。

又如朱德熙先生在《语法·修辞·作文》一书的《后记》中说:"这本小书能够印行问世,首先要感谢当时编辑《新闻业务》的丛林中同志,没有他的怂恿和敦促,我大概不会去写本书开头那些篇文字的。"(上海教育出版社,1984 年)其中的"怂恿"当然也不会是鼓动别人去做什么不好的事。

再如李英儒《野火春风斗古城》(人民文学出版社,1977 年)里的两个例子:

(1)母亲要他(杨晓冬)回家过年,银环也怂恿他去。(257 页)
(2)伪省长……准备顾问讲完之后,自己煽风助火地说几句。想不到顾问给大家来了一场威胁。这一瓢冷水打消了他的原意,便怂恿高大成说几句。高大成是个表面粗野内心精细的人,自然不会讨这份无趣。(190 页)

在同一部作品中,"怂恿"有时用于好的方面,跟"鼓励"意思相近(例(1));有时用于坏的方面,跟"纵容""唆使"意思相近(例(2)):足以看出它是个无固定褒贬色彩的中性词。

在古代作品里我们同样可以找到类似的例证。《辞源》引用了宋朝王安石《和吴冲卿雪》诗中的句子:"填空忽汗漫,造物谁怂恿?"其中"怂恿"就很难说用于贬义。再如《红楼梦》第九十四回,写贾宝玉丢失了通灵宝玉,急坏了他周围的一群丫鬟、小姐,都想快点儿把玉找回来。这时邢岫烟提起妙玉会扶乩,麝月忙要给邢磕头,央求她快去找妙玉问卜玉的下落,而"黛玉等也都怂恿着岫烟快往栊翠庵去"。(见该书 1231 页,人民文学出版社,1974 年)在这里,林姑娘等当然不是鼓动邢岫烟去干什么坏事,这是"怂恿"用于好的方面的又一个例证。

扬雄《方言》卷十指出:"怂恿,劝也。南楚凡己不欲喜而旁人说之,不欲怒而旁人怒之……谓之怂恿。"这就告诉我们,"怂恿"最初来自方言,从它产生的时候起,就是个中性词,使用范围并不限于贬义场合。

最后附带说明,社会上有些人之所以把"怂恿"当成贬义词,我们觉得跟现代汉语中"纵容"这个词的"干扰"大概有点关系。"怂恿"和"纵容"读音有些相近,不少人不大注意分辨它们读音的不同。再加上这两个词又是近义词,因为"纵容"含贬义,于是一些人就把跟它读音相近的"怂恿"也当成贬义词了。

(载《语文园地》1985年第3期)

漫谈由"狗"构成的称谓语

狗年来了，报刊和因特网上拿狗说事儿的文章也便照例多了起来。笔者也想来凑凑热闹，谈一谈几个由语素"狗"打头的称谓语——"狗主人""狗保姆""狗医生"等。

在谈论这些个称谓语之前，有必要先交代几句跟"狗"有关的民族文化心理和言语使用习惯。

西方人爱狗。这大概跟他们的祖先是游牧民族或渔猎民族有关。狗是牧民们看管畜群或猎人们猎取野兽的好帮手，所以狗在这类民族的生活中占有重要地位，因而获得了"狗是人类最忠实的朋友"之美誉。反映在语言生活中，就是对狗赞美有加，不少与"狗"有关的词语含有褒义（虽然也有说"狗"不好的词语）。以英语为例，幸运儿被说成 a lucky dog（直译是"幸运狗"），乐天派被说成 a jolly dog（直译是"快乐狗"），拼命干活被说成 work like a dog（直译是"像狗那样工作"）。Hot dog（热狗）不仅是人们爱吃的食物，还有"太棒了"的意思，表示高兴、激动等情绪。Love me, love my dog（喜欢我，就喜欢我的狗）则把狗提到跟主人同等重要的地位，套用汉语中一句古语就是"爱人者，兼及屋上之乌"（《尚书》），或曰"爱屋及乌"。

汉族人的先民是以农耕为主的，这种生存状态和生活方式决定了狗在汉族人的生活中就不像在游牧或狩猎民族的生活中地位和作用那么重要，与牛马相比，狗几乎成了汉族人生活中无足轻重、可有可无的畜类。反映在语言生活中，人们对狗也就不那么"客气"了，跟英语相反，汉语中与"狗"有关的词语多含贬义，甚至常常带有辱骂成分。《现代汉语词典》"狗"条收录的这类词语就有狗胆包天、狗苟蝇营、狗屁、狗屎堆、狗头军师、狗尾续貂、狗仗人势、狗嘴吐不出象牙，等等。另如：比喻心肠狠毒或忘恩负义用"狼心狗肺"，说一群品行不端的朋友是"狐朋狗友"，如果是一群勾结在一起为非作歹的坏人，则是"狐群狗党"，受人豢养而帮助作恶的人叫做"狗腿子"或"走狗"，如果是投靠侵略者出卖国家利益的民族败类，则被骂做"狗汉奸"，贪赃枉法、残害良善、为官不仁者会被骂做"狗官",一对男女不正经、败坏社会风气则会被骂做"狗男女"。此外还有什么"狗崽子""狗娘养的",甚至有比这更难听的,恕不形诸笔端。当然也有不全带贬义的词语,如有些地方有给看得娇贵的男孩儿起"狗儿""狗娃""狗剩"一类小名的风俗,据说这样叫易于养活成人。这在修辞学上叫做贬义褒用,是一种词义活用法,但这种活用并不能从根本上改变这类词语的贬义性。如若不信,等到这些孩子长大成人,你再叫他"狗儿"之类,看他愿意不愿意理睬你!

总之,汉语中由语素"狗"构成的词语多含贬义乃至詈骂义,这是不争的语言事实。这一事实甚至"殃及"与"狗"同音的姓氏"苟"。据有关媒体报道,河南等地的"苟"姓群众因为受不了该姓氏给他们带来的诸多尴尬甚至侮辱,集体要求改姓。有关方面体察民意,为尊重人格,已经满足了他们改姓的要求。(《河南公安大接访引"怪事","苟"姓村民集体要求改姓》,新华网〉〉焦点网谈,2005-08-19。又《陕西商洛首位"苟"姓居民成功改姓》,社区〉〉泡泡俱乐部,2005-12-01)虽然这些年来"帝国主义及其走狗""资本家的狗崽子""痛打落水狗""砸烂狗头"这类言语已近绝迹,虽然这些年随着人民生活水平的提高,宠物狗满世界跑,狗在部分人的生活中地位大大提高,但由于长期以来形成的民族心理和言语习惯根深蒂固,汉语中与"狗"有关的词语多带贬义乃至詈骂义的客观状况还很难一时改变过来。这就要求人们在使用跟"狗"有关的称谓语时要特别留意,慎之又慎,以防造成不良后果。

"狗主人"一语近年来经常见诸报端和互联网上。请看以下新闻标题或文章的开头:

疑患"后遗症",三年后再诉狗主人(中国法律资讯网,2003-09-19,转引中国普法网)

工商干部撞伤小狗被狗主人打死案宣判(新浪网/新闻中心,2005-12-22,转引《兰州晨报》)

麻木撞伤小狗,狗主人竟刺死麻木司机(同上,2005-11-23,转引荆楚网-《楚天都市报》)

女儿被小狗追击受惊,父亲让狗主人为孩子"叫魂"(雅虎新闻,2005-05-09,转引《京华时报》)

男子路边小便命根遭狗咬伤,狗主人赔偿医疗费(雅虎资讯,2005-11-29,转引《重庆时报》)

"狗主人"应注意的问题:(1)狗主人必须随时吸引狗的注意。这是

狗主人需要注意的最为重要的一点。（中国名犬网论坛/初学者家园建议，2004-12-14）

"狗主人"一语是有歧义的，它固然可以被理解为狗的主人，但也可以被理解为辱骂"狗的主人"的话，就像骂"狗儿子""狗东西""狗官"一样不中听。汉语中用动物来骂人，程度最重者当首推"龟""鳖"或"王八"，坐第二把交椅的则非"狗"莫属了，"兔子""驴""猪"等还得靠后站。在讲究精神文明、强调以人为本、尊重人格、构建和谐社会的今天，最好不要使用这类有可能伤害人格、引起争议的字眼，尤其不应该出现在法院的判决书和法律类报刊、网站上。不然，"狗的主人"一旦较起真儿来，控告你个"辱骂罪"，说不定还真的会有点儿麻烦呢！

"狗保姆"是目前网站上正在争议着的一个话题。不过争论的焦点倒不在这个事物或这个称谓应该怎么表达上，而在雇用"狗保姆"这件事情应该不应该、道德不道德上。对后者笔者不欲置喙，这里只想对被争论双方所忽视的这个称谓本身合适不合适发表点看法。还是先看例子：

南京一职介所急聘狗保姆，长相要好看，月收入400（人民网观点，转引《新闻晨报》2004-02-24）

狗保姆拷问富人"消费道德"（爱犬网/资讯前沿/宠物新闻，2005-05-10）

"狗保姆"侮辱不了人的尊严（南方网/南方社区，2005-10-10）

广州"狗保姆"春节供不应求，生意大旺（南方网/广州地市新闻，2006-02-02，《南方都市报》）

选美冠军告别豪门当上"狗保姆"（中国宠物大全/新闻浏览，2005-03-12）

同样，"狗保姆"也容易被人理解为一句侮辱人格的话，这也就无怪乎虽然有人在那儿高薪招聘"狗保姆"，而应聘者却廖廖无几了。招聘广告里如果不说"狗保姆"，而换成一个不那么刺耳的说法，譬如说成"照看狗的保育员"或"犬保育员"之类，应聘者恐怕要踊跃些。何况，生活中还真的有"狗保姆"——由狗充当的"保姆"呢。新华网2005年12月05日就有一则《家有狗保姆，买菜家务样样能干》的新闻，说的是重庆刘先生养了一只小狗，既会买菜又会做家务，老刘亲切地称它为"狗保姆"，并配有这只狗照看另外一只小狗的"狗照相"。（新闻来源CCTV）搜狐网2004年12月01日有一则《四龄童患自闭症却爱狗，心焦妈妈网上招聘狗保姆》的新闻，文中所谓"狗保姆"实际是做辅助治疗的狗，可给病人带来心理上的安慰和满足。（新闻来源《上海青年报》）生活中既然有真的"狗保姆",就更不应该用它来称谓由人充当的"照看狗的保育员"了。

　　类似的称谓语还有**"狗医生""狗大夫""狗教练""狗老师"**和**"狗友"**之类,各类传媒上这类词语也不时映入眼帘。跟"狗主人""狗保姆"一样,这些词语都存在着两义甚至三义现象,而且其中一种意义是詈骂义。如"狗医生",可以指专为狗看病治病的兽医,也可以是一句辱骂医生的话,还可以是真的由狗做辅助性治疗的"医生",又名"辅疗犬"或"康复犬"。(如新华网 2004 年 11 月 08 日新闻《中国首支"狗医生"队伍正式出诊》,并配有辅疗犬为病人"看病"的图片)再如"狗教练",可以指训练狗做侦察、缉毒、擒拿、导盲或表演杂技动作的教练员,即驯狗师或驯犬师,也可以是句辱骂教练员的话,有时还真的是由狗担当的训练其他狗的类似教练员的角色,又名"教练犬"或"助教犬"。为了准确地表达意义,也为了尊重人格,避免引起误解或造成不快,凡是由人充当的这类角色,还是尽量不采用"狗××"的说法为好。要知道,"狗"还有个同义词"犬",这是它的学名(动物学里便有个"犬科"),也是它的"雅号"。如果把使用语素"狗"的地方改用语素"犬",或者采用另外一种叫法,做到"避俗就雅",可能就不会那么刺耳难听。比如前边举到的中国名犬网论坛上《"狗主人"应注意的问题》一文,同样的内容,其他网站却作:

　　　　犬主人教育须知(中国风网/怡然生活/健康宝贝,2005-09-07,又见宠物狗/公共信息/驯养,2005-10-31)

"犬主人"就比"狗主人"中听得多(或者说成"狗的主人"也未尝不可)。其他如不说"狗医生""狗大夫",而说"犬医"或"给狗看病的医生(大夫)";不说"狗教练",而说"犬教练"或"驯犬(狗)师";不说"狗友",而说"犬友"。这不但会收到迥然不同的表达效果,而且还可以避免歧义的发生。

　　最后顺便说一句:有的人可能为了吸引读者的眼球,故意自称为"狗主""狗友""狗保姆"或"狗老师"什么的,这是一种"自谑"的表达方式,你爱怎么说就怎么说好了,悉听尊便。然而若用于称谓别人,便不能自行其是、不顾及他人的尊严与人格了。

　　　　　　　　　　(载《现代语文》(语言研究版)2006 年 2 月下旬刊)

关于"螫"字的读音及其他
——从作家杨朔的"笔误"谈起

当代作家杨朔的散文名篇《荔枝蜜》中几处用到"螫"字:"小时候有一次上树掐海棠花,不想叫蜜蜂螫了一下,痛得我差点儿跌下来。大人告诉我,蜜蜂轻易不螫人,准是误以为你要伤害它,才螫。一螫,它自己就耗尽了生命,也活不久了。"这几处"螫"字,在后来的中学语文课本里都被改成了"蜇"。(例如人民教育出版社 1988 年第二版初中语文第二册)课本的编者为什么要改它,无由得知其详,不过前些时候读到一篇文章,从中约略看出某些线索。这篇文章题目叫作《语言学者遭遇尴尬》,原载中国教育报 2004 年 9 月 15 日第三版,次日中国语言文字网"媒体视点"栏(http://www.china-language.gov.cn/webinfopub)转载。文中转述了中国社会科学院(按:原文作"中国科学院")语言研究所晁继周教授在他修订《现代汉语词典》(以下简称《现汉》)时遇到的一个故事。晁先生说,作家杨朔在他的作品《荔枝蜜》中误将"蜇(zhē)"字写作"螫(shǐ)"字,结果《现汉》专门增收了这个"螫"字,解释为"蜇"的书面语。(按:原文中"螫"字注音误,应为 shì)文中还说,"作家的一个笔误竟然使《现汉》这样一本权威性词典为其专收一字,专释其意,迫使千百万人把它当作真理性知识来记忆"。(按:文中"专释其意"应为"专释其义")中学语文课本对杨朔原文的改动,是否跟这篇文章所说的"故事"有某种联系呢?

本来,这篇文章所谓"作家的一个笔误竟然使《现汉》……为其专收一字,专释其意(义)"云云,读者大可不必当真,因为不止《现汉》,而是从《说文解字》《康熙字典》、新旧《辞源》、《汉语词典》(1947 年《国语辞典》的删节本),到《辞海》《汉语大字典》《汉语大词典》《新华字典》《新华词典》《现代汉语规范字典》等古今辞书,都统统收有这个"螫"字。其中《说文》的释义是"螫,虫行毒也。"《汉语大字典》和《汉语大词典》的释义是"毒虫或蛇咬刺"。《辞源》的释义是"蜂、蝎等刺人"。("螫"另有"毒害"

"恼怒"等义项，本文不论及）有关辞书并引录了上自《诗经》《史记》《三国志》《农政全书》下至近现代作家龚自珍、魏巍等人的不少书证。这足以说明用于"虫行毒"即"毒虫或蛇咬刺"亦即"蜂、蝎等刺人"的"螫"字古已有之，作家杨朔用之有据，不是什么"笔误"。就在《语言学者遭遇尴尬》一文发表后不久，《现代汉语词典》第5版修订本出版，该词典此前各版"专门增收"的作"蜇"用的"螫"字一仍其旧，并没有被删除，可见该文所言并非全都可信。

现在问题的关键，不在作"蜇"用的"螫（shì）"字词典中该不该收，而在于这个字到底该怎么读，词典中该怎么注音，以及应该怎么释义等。笔者几乎把身边能找到的辞书翻了个遍，发现对它的注音大体分为两派：一派只注 shì 一个音，一派既注 shì 音又注 zhē 音。前者多为旧出的辞书或以记录历史语词为主的辞书。如《说文》注为"赦声"，《唐韵》《广韵》《韵会》等韵书均注作"施隻切"，《辞源》《汉语大字典》《汉语大词典》等晚近出版的历史语文辞书则注为 shì，《现代汉语词典》虽是"以记录普通话语汇为主"的断代词典，却也跟这类辞书一样，只注为 shì。注为两读的则是《汉语词典》开其先河。其注音、释义如下（原为注音字母注音，现转写为汉语拼音）：

　　螫（（一）zhē）（语音）专指蜂、蝎以尾针刺人畜而言。（（二）shì）（第729页）

　　螫（（二）shì）谓蛇虫含有毒腺者以毒牙或尾针刺人畜。（（一）zhē）（第869页）

其注音和释义有两点独到之处。一是"螫"读为 zhē，系"专指蜂、蝎以尾针刺人畜而言"（"专指"二字不可轻易放过），而"蛇""以毒牙"毒害人畜并不读 zhē，仍读 shì。二是"螫"读为 zhē 乃系"语音"（词典里特别用小括号标示出来），即"口语之音"。（参见该词典"凡例"中"注音之说明"）这是具有独创性的真知灼见，后来的辞书虽然也不乏注为两读者，但像《汉语词典》这样音义对应、细致入微的并不多见。如《辞海》也注出 zhē、shì 两读，但在什么情况下读 zhē，什么情况下读 shì，或者是否在任何情况下既可以读 zhē 又可以读 shì，辞书中并没有作出说明或暗示。《新华词典》《新华字典》以及《现代汉语规范字典》也都注为两读，后两种辞书也指出了"螫"的 zhē 音"用于口语"。

笔者完全赞同以《汉语词典》为代表的一类辞书对"螫"字注音和释义的处理，认为它反映了"螫"字音、义发展和使用的具体情况。《说文》的释义和"赦声"的释音，历史上韵书"施隻切"的注音，以及历史语文辞书的释义和注音，这些反映了"螫"早期字音、字义的实际。伴随着社会的进步和语言的发展，对不同的"虫"及其不同的"行毒"方式的表达便逐渐出现了分化和分工。蜂、蝎子这类毒虫以尾针刺人或动物，口语中不再说 shì，而说成 zhē。而蛇这类毒虫以毒牙噬人或动物，仍保留旧读。这样一来，"螫"字便分化为 shì 和 zhē 两个读音，且表义也有了相应的分工，但在字形上多数人习惯上仍都写成"螫"，只有少数人开始将蜂、蝎子等以尾针行毒、读成 zhē 的"螫"写成"蜇"。（"蜇"字始见于《玉篇》，不见于《说文》，说明它比"螫"字后起）《汉语词典》的注音和释义便如实反映了"螫"字发展演化的这一实际情况。

有实例为证：

> 若怕蜜蜂，用薄荷叶嚼细，涂在手面，其蜂自然不螫。（《农政全书·牧畜·蜜蜂》）

此例转引自《汉语大字典》"螫（shì）"字条，但 shì 音恐怕已经跟当时的实际读音不符，而应该读 zhē 了。

如果说此例"螫"字应该读 zhē 证据尚嫌不足，那么请再看稍晚于徐光启《农政全书》的长篇小说《醒世姻缘传》。据笔者详细调查，该书共用"螫"字 18 次，"蜇"字 2 次，所有"螫"都应读成 zhē，与"蜇"同音同义。（笔者依据的是中华书局 2002 年"中华古典小说名著普及文库"本，而 1983 年中州古籍出版社本"螫"大都作"蜇"）比较以下两组用例：

> 蜂果然螫了嘴角。（第二十九回）｜昨日蝎子螫得也有些痛么？（同上）｜手臂上……被蝎螫了一口。（第四十六回）｜那晁住娘子是刘六、刘七里革出来的婆娘，他肯去撩蜂吃螫？（第十一回）
>
> ［素姐］冒冒失失的撩一撩蜂，惹的个这哄哄的一声，蜇了个七死八活。（第九十五回）｜从空中掉下一个大蝎，照他嘴上蜇得像朱太尉一般（第一百回）

其中"螫"与"蜇"的用法看不出有什么区别，这不证明当时两字读音完全一样吗？《醒世姻缘传》写的是山东的人和事，所用的也是山东方言，现在山东方言也都是说蜂、蝎子 zhē 人，没有说成 shì 人的。

这是近代汉语中的情形。至于现代和当代汉语，"螫"作"蜇"的用例也绝不限于杨朔一人或少数几个人。笔者 2005 年 12 月 3 日从网上搜集到如下新闻标题：

> 蝎子女王与 6096 只蝎子同住 36 天，被蜇 17 次未死（新浪网/科技时代/科学探索，2004-09-26 转引《广州日报》）｜蜂蜇学童（中国窗/台

湾新闻，2003-09-19《香港商报》）│旅行者遭蜜蜂螫死（大洋网，2004-05-06《广州日报》）│水母好厉害，螫死一学生（人民网/国际世界博览，2000-06-15 转引《扬子晚报》）│泰国出现水母螫死游客（中安网，转引东方网 2002-10-22）

再看 2005-10-31 台湾中央社的一则新闻：

虎头蜂螫登山客一死六伤……（PChome 新闻/社会新闻）

以上新闻媒体有大陆的，也有香港、台湾的，两岸三地都是写的"螫"字，而这些个"螫"恐怕没有几个人会按照《现代汉语词典》的注音读成 shì 吧。

还有个成语"蝎蝎螫螫"，《红楼梦》（第五十一回、五十二回、五十六回、八十二回）和《官场现形记》（第三十九回、五十回）中都不止一次用到过，现代作家朱自清的散文《哪里走·时代与我》、李英儒的长篇小说《野火春风斗古城》（第一章）、林斤澜的小说《酒言》等，也都分别用到过。这本是个来自口语的成语，因为人（尤其是小孩）被蝎子螫后常常惊恐异常、大呼小叫的，于是就用"蝎蝎螫螫"来形容对某事大惊小怪或小题大作，也指做事婆婆妈妈、不干脆利索。口语中本来都说成 xiē xiē zhē zhē，但查成语词典，我所遇到的收录该成语的词典一律注为 xiē xiē shì shì，如《中华成语大词典》《中国成语分类大词典》，前者甚至特设［辨误］一项，指出"'螫'"不能念成 zhē"。不得不承认，这种注音是直接受了《现代汉语词典》注音影响的结果。

顺便说一下《现代汉语词典》"螫（shì）"条的释义问题。如果本文所说的"螫"在口语中读成 zhē 及相关结论不误，那么《现汉》现在的释义就应当考虑做适当的修正。该条的释义现为："螫 shì：〈书〉蜇（zhē）。"而"蜇（zhē）"条释义则为："①蜂、蝎子等用毒刺刺人或动物。②某些物质刺激皮肤或黏膜使发生微痛。"显然，"蜇（zhē）"条这两个义项与"螫（shì）"字的意义和用法并不完全相同，"螫（shì）"的"毒蛇以毒牙咬人或他物"这类用法就不在"蜇（zhē）"的两个义项之内。尽管这是"螫（shì）"的古义的遗存，但《现汉》既然收了该字，而且释义中又明确标出它是书面语，所以在释义时就不能不考虑这一特殊情况了。对该条释义可吸收别家辞书的长处，不妨释为："螫 shì：〈书〉蛇、蝎子等用毒牙或尾刺咬刺人或动物。"

总之，"螫"的"蜂、蝎子等用毒刺刺人或动物"的用法，是从"虫行毒"这一固有义项中分化或细化出来的，应该读为 zhē，与"蜇"同音同义。此音此义的"螫"，虽然可以写成"蜇"，但"螫"是由古代传承下来的写法，

360

并没有写错,事实上至今仍有不少人这样写,这样用。至于是否可以把"螫(zhē)"看成"蜇(zhē)"的异体字,那则是另外一回事,可留待将来进一步整理异体字时讨论,但是国家正式发布的《第一批异体整理字表》中是没有它的,所以现在还没有理由不让人用它。退一步说,即使将来它作为异体字被停用了,但作为历史上曾经较长时间存在的这个字,包括它的形、音、义,在词典中还得有它应有的位置。中学语文课本对杨朔原作的修改是没有道理的,《现代汉语词典》应该修正其对"螫"字的注音,即该字除 shì 音外,再增收一个 zhē 音的条目,并应修改"螫(shì)"条的释文。这样才符合该字的历史演变和实际使用情况。

【附记】

本文写成后,又从网上看到台湾"教育部国语推行委员会"1998 年在原《国语辞典》基础上新编的网络版《国语辞典》,"螫"仍注为两读,但以 zhē 为首选读音,shì 只注为另读,后者连词目都没列出。而且书面语中的复合词语,如"辛螫""螫蝇""蝮蛇螫手,壮士断腕"中的"螫",都一律注为 zhē 音。而该"委员会"2002 年推出的以中小学生为读者对象的《国语辞典》简编本,"螫"字只注 zhē 一个音,它的 shì 音则根据该"委员会"制定和颁布的《一字多音审定表》"审定"下来了。大陆《现代汉语词典》和台湾新编《国语辞典》对"螫"字注音的不同处理方式,代表了两种不同的倾向:前者过于强调历史上既定的读音,忽视了后来口语中逐渐出现和形成的读音,后者则只看重口语中新形成的读音,忽视了历史上既定的读音。换句话说,前者是以古绳今,后者则是以今律古,各执一端,均不可取。由此一例,不也可以看出两岸在辞书编写方面实在有必要互通信息、加强协作、取长补短吗?

(载《现代语文》(语言研究版) 2006 年 1 月下旬刊)

济菏方言语法特点掇例

济宁、菏泽是山东省西南部紧相毗连的市、地,同属中原官话区。济宁、菏泽方言内部虽然在语音和词汇上也有些差异,但在语法上保持着极大的一致性。与普通话相比,济菏方言具有自己的一些语法特点。今掇取数例分述如下。

一、程度表示法:"通"+形+"着嘞"

表示程度深,普通话可采取"形+'着呢'"的格式("形"指形容词或具有形容词性质的短语)。例如:这把刀快着呢|这孩子结实着呢。济菏方言也可以采取这种表达方式,只是"着呢"要换成"着嘞"[tʂuə˙lei˙]。[①] 不过,更能体现济菏方言语法特点的是在"形+'着嘞'"之前再用上个副词"通"[tʻuŋ¹³],构成"'通'+形+'着嘞'"的格式。这是普通话中所没有的。例如:

(1) 这把刀通快(锋利)着嘞。
(2) 今天通冷着嘞。
(3) 这孩子通壮实着嘞。
(4) 你们还通年轻着嘞。
(5) 俺语文老师通能讲着嘞。
(6) 计划生育工作通不好做着嘞。
(7) 他画得通像着嘞。
(8) 他藏得通严实着嘞。
(9) 你不是通有本事着嘞吗?(这回咋没咒儿念啦!)
(10) 你不是看得通准着嘞吗?(这下子咋没看准!)

就表达的基本意义看,"'通'+形+'着嘞'"与"形+'着嘞'"一样,

[①] 本文记音系菏泽市城区音。例句中的方言词语也系菏泽市方言词语。[编后附记:此处所说菏泽市,现在为菏泽市牡丹区,俗称为"小市";现在的菏泽市则是原来的菏泽地区,俗称为"大市"。]

都是说的程度深，相当于"形+'得很'"。如"这把刀通快着嘞"，其基本意义与"这把刀快着嘞"相同，都是"这把刀快得很"的意思。但就显示的语气意义来看，用"通"不用"通"是有差别的：不用"通"，固然也表示某种确认语气，并略有夸张意味，但用上"通"以后，这种确认语气和夸张意味则更趋明显，而且往往含有说话人较强的主观色彩在内。

"通"不能离开"着嘞"而单独使用，也就是说，"通"总是出现在含有"着嘞"的句子中。例如上述的句子去掉"着嘞"后都不能成立。

那么，"通"到底是哪类副词呢？普通话中"形+'着呢'"之前不能再加程度副词（如"很"），因为其格式本身已经表示程度深。济菏方言中"形+'着嘞'"情形与之完全相同，即"'通'+形+'着嘞'"中的"通"不能用程度副词（如"血"［$\varepsilon i\varepsilon^{312}$］，意义相当于"很"）替换。这充分说明"通"不会是程度副词。我们觉得，"通"应为语气副词，其主要作用在于强化"着嘞"所固有的确认语气和夸张意味。从"通"必须与"着嘞"搭配使用这一特点，也可以看出它是极度虚化了的、只有语法意义的语气副词。

在句子中，"'通'+形+'着嘞'"经常处于谓语位置上，如例（1）—（6）和例（9）（10）；有时也可以用作补语，如例（7）（8）。

二、进行/持续态："'喷'+动/形（+着）+'嘞'"或"'喷'+动/形（+着）"

表示动作在进行中或状态在持续中，普通话可采取"'正'+动/形（+着）+'呢'"的格式。如：雨正下着呢｜天正阴着呢｜他正吃饭呢。济菏方言也可以这样说，只是语气助词"呢"要换成"嘞"［$lei\cdot$］。不过，道地的济菏话并不这样说，而是说成"'喷'+动/形（+着）+'嘞'"。也就是说，前边的时间副词用"喷"［$p'ən^{312}$］而不用"正"。例如：

(1) 他俩喷来着嘞。
(2) 戏喷演着嘞。
(3) 曹州牡丹园的花子（花儿）喷开着嘞。
(4) 刚打了春，天还喷冷着嘞。
(5) 炉子里的火着得喷旺着嘞。
(6) 这个问题喷讨论着嘞。
(7) 他跟老张喷拉着呱儿嘞。
(8) 我去找他的时候，他还喷睡着觉嘞。
(9) 我喷想找你去嘞。

363

(10) 姐姐喷在花（棉花）地里打农药嘞。

在这种格式里，动态助词"着"并不是非用不可的：如果是单音节动词而又不带宾语，或是形容词，"着"一般要用，如头五例。如果是双音节动词或动宾短语，"着"可用可不用，如例（6）—（8），句中的"着"去掉后句子仍然成立。如果是比较复杂一些的动词短语，以不用"着"为常，如最后两例。

"嘞"有时也可不用。这时动词短语一般取复杂形式，如下边的例（11）—（13）；或者用于复句中的前一分句，表示在某一动作进行中另一动作发生，类似英语中的作状语的现在分词短语或状语从句，如下边例（14）、（15）。

(11) 当时他喷打电影院里出来。
(12) 我进门的时候，妹妹喷趴在缸沿儿上玩儿水。
(13) 你看不见他喷在那合儿（那里）干着活儿吗！
(14) 我这合儿（这里）喷忙着，实在抽不出手来。
(15) 喷说着曹操，曹操就到啦。

"'喷'+动/形（+着）+'嘞'"或"'喷'+动/形（+着）"经常处于谓语的位置上（以上除去例（5）之外的各例），个别时候也可用作补语（如例（5））。作补语时"喷"后一般跟形容词。

由上看来，济菏方言中的"喷"与普通话中的"正"似乎相当，但二者并不完全相同，用法上还是有区别的。其中的一点是："正"之后有时可加上个"在"而意思不变（"正在"实已凝为一词），但"喷"之后不能再加个"在"而说成"喷在"。比较下列两组例句：

{ 雨正下着呢。→雨正在下着呢。
{ 雨喷下着呢。→×雨喷在下着呢。

{ 他正吃饭呢。→他正在吃饭呢。
{ 他喷吃饭呢。→×他喷在吃饭呢。

三、可能态："动/形+补$_{结果/趋向}$+'喽'"或"动/形+'喽'"

普通话中表示可能或不可能，是在动词或形容词和表示结果或趋向的补语中间插入"得"或"不"。例如：搬得出来∽搬不出来｜办得了∽办不了。济菏方言中表示不可能，说法跟普通话相同；表示可能，说法却不一样。普通话说"搬得出来"，济菏话说"搬出来喽"；普通话说"办得了"，济菏话说"办喽"（"喽"音[lou·]）。再看以下两组例句：

A

这个大包他扛动喽（扛得动）。

不点灯我也看清喽（看得清）。

不用胰子也洗干净喽（洗得干净）。

他自家起来喽（起得来）。

这几个钱我还赔起喽（赔得起）。

泰山我爬上去喽（爬得上去）。

有理儿说话就硬起来喽（硬得起来）。

B

他今天走喽（走得了）。

头晌午他一准到喽（到得了）。

再盛两碗我也吃喽（吃得了）。

这牌（盘）棋我赢喽（赢得了）。

两个钟头以里（以内）衣裳干喽（干得了）。

按时吃药打针，你这病好喽（好得了）。

A组的可能态可以用公式表示为：动/形+补$_{结果/趋向}$+"喽"，以下简称为A式；B组的可能态可以用公式表示为：动/形+"喽"，以下简称为B式。这便是济菏方言中表示可能的两种格式。而普通话中相应的可能态只用一种形式表示，即：动/形+"得"+补$_{结果/趋向}$。（以下为行文方便，"补"所带的"结果/趋向"字样一律省去）

这里有一个问题：普通话中只有一种形式，到济菏方言中为什么分化成了两种形式了呢？经过观察对比，我们发现：B组中普通话的可能态虽然也是"动/形+'得'+补"，但这个"补"却十分特别，即都是由动词"了"充当的结果补语，我们不妨记作"补$_了$"。如果按照A组中所显示的普通话可能态与济菏话可能态的对应规律，即"动/形+'得'+补"→"动/形+补+'喽'"，B组中济菏话的可能态应该是"动/形+补$_了$+'喽'"。语言事实证明这个推断是完全可以成立的。

首先，有些北方方言，比如河北昌黎方言，与普通话"动+'得'+补"对应的可能态，便是只取"动+补+'喽'"这样一种形式，其中包括由动词"了"充当的结果补语。例如：我拿动喽（拿得动）｜拔出来喽（拔得出来）｜我没事，来了喽（来得了）｜这个事儿三天我做了喽（做得了）。[①] 其次，就济

---

① 参看《昌黎方言志》叁·三"可能补语"一节，上海教育出版社1984年新1版。其中"喽"昌黎音为［l（i）ou˙］，该志记作"嚠"。为便于与本文对照，这里径改作"喽"，因为二者实为一词。

365

菏方言本身来说，确实也有某些"动+补了+'喽'"这样的说法，尽管这类说法已不多见。例如：再盛两碗我也吃了喽（吃得了，=吃喽）｜这个活儿三天我干了喽（干得了，=干喽）｜他今天走了喽（走得了，=走喽）。① 这就是说，济菏方言中某些动词存在着"动+补了+'喽'"和"动+'喽'"这样两种等价的表示可能的句式。根据这一事实，参照其他方言和普通话可能态的对应情况，我们有理由这样认为：在历史上某个阶段，B组济菏话的可能态是"动/形+补了+'喽'"，而不是现在的"动/形+'喽'"。换言之，济菏方言中的的可能态原先也只有一种形式，即："动/形+补+'喽'"（其中"补"包括由动词"了"充当的结果补语）。

接下来的问题是，历史上的"动/形+补了+'喽'"是怎样演变成"动/形+'喽'"的？我们认为，这只能是语音归并的结果。因为"了"和"喽"语音形式相近，说得快了就把夹在"动/形"和"喽"中间的"了"挤掉了。这种情形有点跟普通话中的"说得、看得、去得"等类似，它们原来的形式应是"说得得、看得得、去得得"（比较其否定形式"说不得、看不得、去不得"），因为语音形式相同，实际说话中便把其中一个"得"略去了。② 所不同的是，普通话中两个"得"语音形式完全相同，归并得干净、彻底，所以不再存在"说得得"一类说法；而济菏话中"了"和"喽"只是语音形式相近，归并得不那么干净、彻底，仍留有"吃了喽"一类说法的残迹（有的方言则没发生归并）。据此，我们可以把济菏方言可能态的B式改写成"动/形（+补了）+'喽'"。

结论是：济菏方言的可能态也只有"动/形+补+'喽'"这样一种基本格式，即A式；B式不过是它的一种特殊的变式而已。

不管A式还是B式，都还可以带受事或处所宾语，这时"喽"位于宾语之后，其格式为"动+补+宾+'喽'"或"动+宾+'喽'"。例如：

A

他扛动这个大包喽（扛得动这个大包）。

我看清黑板上的字喽（看得清黑板上的字）。

我还赔起这几个钱喽（赔得起这几个钱）。

我爬上去泰山喽/我爬上泰山去喽（爬得上去泰山）。

---

① 末句如把主语改成"他们"，则有歧义：一义是他们今天能走完（强调一个人不剩），这时"了"非用不可，而且重读；一义是他们今天能走成（不强调一个人不剩，只指出"走成"这一事实），这时"了"以不用为常。

② 参看朱德熙《语法讲义》9·7"可能补语'得'"一节，商务印书馆1982年第1版。

B

头晌午一准到城里喽（到得了城里）。

我吃两碗干饭喽（吃得了两碗干饭）。

这牌（盘）棋我赢喽你喽（赢得了你）。

他都上中学了，写喽信喽（写得了信）。

值得注意的是 B 组中后两例各有两个"喽"字，其性质和作用并不相同。靠近动词的"喽"与普通话的"了$_1$"相当，表示动作的完成，应为动态助词或动词后缀（详见下节）；句末的"喽"才是本节所说的"喽"，即为表示可能态的助词。

四、助词"喽"[lou·] 和"啦"[lə·/a·]

普通话的助词"了"有两个。例如"我吃了$_1$饭了$_2$"，"了$_1$"用在动词后，表示动作的完成，属动态助词，有人也叫动词后缀；"了$_2$"用在句末，表示事态变化，有成句作用，属语气助词。这两个"了"北京话同音，都读[lə·]。济菏话这两个"了"不同音："了$_1$"读[lou·]，本文记作"喽"；"了$_2$"与北京话音近，读[lə·] 或 [la·]，本文记作"啦"。

先说"喽"。

济菏话的"喽"有三个：一是动态助词，二是语气助词，三是可能态助词。可能态助词已在上节讨论过了，此处不再涉及。

动态助词"喽"与普通话"了$_1$"存在着严格的对应关系，即凡是普通话该用"了$_1$"的地方，济菏话均说成"喽"。"喽"的基本语法意义是表示完成。例如：

(1) 我问喽他啦。

(2) 我来喽两趟。

(3) 我买喽车票就走。

(4) 他看见喽保准气得慌。

(5) 快喝喽这杯酒。

(6) 别碰破喽玻璃！

头两例表示过去时态或事实上的完成。中间两例表示将来时态或假设动作的完成。最后两例是祈使句，要求别人完成或避免做出某一动作。

语气助词"喽"可看成"了+呕"的合音，总是用在句尾，预告事态出现了或即将出现变化，并起提醒或敦促对方注意的作用。例如：

(7) 开饭喽！

367

(8) 水来喽！

(9) 快走吧，迟到喽（不要迟到了）！

(10) 小心着，碰破玻璃喽（别碰破玻璃了）！

头两例"喽"一般要带拖腔，"了+呕"的痕迹十分明显。后两例实际意思是防止某种不希望的事情发生，隐含着"不要"或"别"一类词语，仍是提醒注意的语气。

再说"啦"。

济菏话的"啦"有两个：一个相当于普通话的"了$_2$"，为单纯语气助词；一个是"了+啊"的合音，为合成语气助词。因为这两个"啦"语音形式相同，语法意义和作用也难于截然分开，所以我们这里浑而言之，不再细分。"啦"主要表示新情况的出现或即将出现（这一点与语气助词"喽"相近），并常兼有某种附加语气。例如：

(1) 起风啦。（表示新情况的出现）

(2) 雨要停啦。（表示新情况即将出现）

(3) 你可气死我啦！（用于感叹句，表示气愤）

(4) 好啦，好啦，快别吵啦！（用于祈使句，表示劝诫）

有些句子既可以用语气助词"啦"，也可以用语气助词"喽"，显示的语气色彩却不相同。比较：

开饭啦！∽开饭喽！

前者语气硬直、干脆，后者语气亲切、和缓。又如：

你可气死我啦！∽你可气死我喽！

前者直抒不满情绪，后者虽也是不满，却另有不予深究、不加计较的意味。

普通话中有些"'别'+动+'了'"结构是有歧义的。比如"别喝了"，在"这酒是别人的，你别喝了"中，意思是对方并没有喝，只是叮嘱他不要喝，结构式是"'别'+（动+'了$_1$'）"。在"你喝得不少了，别喝了"中，意思是对方正在喝，叫他停止下来，结构式是"（'别'+动）+'了$_2$'"。[①] 但在济菏方言中，前种情形说成"别喝喽"，后种情形说成"别喝啦"，语音形式不同，自然也就不存在歧义问题。类似的例子还有"别扔了""别说了""别打了"等，普通话中也都含有歧义，但在济菏话中却都因为使用助词"喽"和"啦"的缘故而避免歧义的发生。

不过，济菏方言中"'别'+动+'喽'"结构也有自己的歧义问题，这主要是由动态助词"喽"和语气助词"喽"而引起的。比如"别喝喽"，如上

---

① 参见吕叔湘主编《现代汉语八百词》"了（le）"条，商务印书馆1980年第1版。

所述，表示叫对方不要喝的意思，结构式是"'别'+（动+'喽'）"，"喽"是动态助词，相当于"了$_1$"。但在"你再喝就要醉了，快别喝喽"中，意思是对方正在喝，叫他不要继续喝下去，结构式是"（'别'+动）+'喽'"，"喽"是语气助词，相当于"了$_2$+呕"。后种情形"喽"也可以换成"啦"，意义不变，只是语气色彩稍有不同。"别扔喽""别说喽""别打喽"等也都存在着类似的情形。

五、疑问语气助词"不"[po（u）˙]和"没"[mo（u）˙]

普通话中最简单的一种反复问句，是在句尾加"不"或"没有"（但不能加"没"）。例如：你还出去不？｜天亮了没有？（但：×天亮了没？）济菏方言中也有这种疑问形式，可是一般在句尾加"不"或"没"（道地的本地话极少加"没有"）。"不"和"没"在这里已不再读本音，而分别说成［po（u）˙］和［mo（u）˙］。例如：

(1) 你明天来不（来不来）？
　　——来。/不来。
(2) 他这样做对不（对不对）？
　　——对。/不对。
(3) 你愿意上大学不（愿意不愿意上大学）？
　　——愿意。/不愿意。
(4) 这裤子干净不（干净不干净）？
　　——干净。/不干净。
(5) 他来啦没（来了没有）？
　　——来啦。/没来。
(6) 你病好啦没（好了没有）？
　　——好啦。/没好。
(7) 你上大学啦没（上大学了没有）？
　　——上啦。/没上。
(8) 这裤子洗过没（洗过没有）？
　　——洗过。/没洗过。
(9) 还有买香油的没（有买香油的没有）？
　　——有。/没有啦。

用"不"提问的句子多指现在或将来的动作、性状，极少指过去；用"没"提问的句子只指现在或过去的动作、性状，不能指将来。可能态表示未实现的动作、性状，属于将来的范畴，所以只能用"不"提问。例如：

(10) 你看清喽不（看得清看不清）？
(11) 你爬上去喽不（爬得上去爬不上去）？
(12) 他来喽不（来得了来不了）？
(13) 他这病好喽不（好得了好不了）？

单从意义上来看，"不"和"没"确实代表了问句的否定部分的内容，所以将这类疑问句看成反复疑问句是有一定道理的。但如进一步分析，视为是非问句也许更为合理。这是因为"不"和"没"在这里已并非简单的否定副词，而熔合进去了一个不易觉察的语气助词"呕"[ou˙]。换言之，"不"和"没"分别是"不+呕"和"没（有）+呕"的合音。赵元任先生曾经指出："在各种助词相继或熔合之中，我们唯独提出'吧'←'不啊'和'吗'←'m-啊'（m-是一个古汉语否定词的残余）这两个来作为单个的助词，而把其余的置之不理，这是因为这两个助词的组成部分已经没有分开来说的可能（ˣ你去不啊？|ˣ你去m-啊？）。"① 事实上，汉语（包括各方言）里那些"相继或熔合"的助词，其"组成部分已经没有分开来说的可能"的不限于"吧"和"吗"两个，另外还有一些。济菏方言中的"不"[po(u)˙]←"不呕"和"没"[mo(u)˙]←"没呕"即属此类情形（ˣ你去不呕？|ˣ你去啦没呕？）。这也就是我们在本节标题中把这个"不"和"没"称作疑问语气助词的原因所在。② 也正是由于此，我们认为也许有必要给这种用法的"不"和"没"各造一个专用字，比如"呸""啰"什么的，以便与副词"不"和"没"从形式上区别开来。

比较而言，上述用法的"没"比"不"助词化的程度更高，因为所有的带"没"的疑问句都可以用"吗"对译而句意不变。因此，把这类疑问句尤其是带"没"的疑问句看成是非问句是可以说得过去的。

（载《济宁师专学报》1989年第4期）

---

① 赵元任：《汉语口语语法》，吕叔湘译，商务印书馆1979年版，第361页。
② 济菏方言中还有一个与疑问语气助词"不"同音的语气助词"啵"，用于疑问句以外的其他句式中。例如：这回你不谝能（显示自己）啦啵！|这孩子多精啵！头例带点讥诮语气，后例表示感叹语气。这个"啵"另有来源，本文不论及。

济宁方言语法特点撮要

济宁方言系指分布在山东省济宁市境内的汉语方言,它属于汉语北方方言区的中原官话,在山东方言范围内则归属西鲁方言片。十几年前,笔者曾写过一篇《济菏方言语法特点掇例》,发表在本刊1989年第4期上,对包括济宁方言在内的济(宁)菏(泽)方言的某些语法特点进行了论述。那篇文章已经讲到过的内容这里不再涉及,本文只谈济宁方言语法其他方面的特点。

一、词缀

济宁方言有比普通话更为丰富的词缀,特别是后缀。它们的作用或是变化音节形式,或是改变词性词义,或是表示某种附加意义。现择要介绍如下。

子 [-tsʅ] (本文记音系济宁市市中区音)

名词性后缀。普通话中很多不带"子"缀的名词,济宁话中都说成"-子"。例如:

雹 [pə⁴²] 子(冰雹)

羯子(公山羊)

籰 [ye³¹²] 子(络纱绕线的工具)

马子(马桶)

扉 [fi²¹³] 子(标签;发单)

炊子(水壶)

簸子(簸箕)

端子、提子(舀酒或油的工具)

黄子(蛋黄;泛指东西或人。指人时含贬义)

憨子(傻瓜)

秕子(空的或不饱满的果实)

蝎虎子(壁虎)

拄棍子(拐仗)

戏匣子（收音机）

树栽子（树苗）

屙撒子（垃圾）

左撇拉子（左撇子）

蛇头粒子（蜥蜴）

曹鱼头子（小鲫鱼。加着重号的表示方言同音字）

蛤蟆蝌呆子（蝌蚪）

也可以构成带"子"缀的量词。例如：

会子（时间较"会儿"长）

盼子（会子，阵子）

起子（群，伙儿）

遭子（遭儿）

下子（下，次）

头₁ [-t' ou·]　　头₂ [-t' ou⁴²]

都是名词后缀。"头₁"读轻声，且常常儿化。"头₁（儿）"置于名词、动词或形容词性词根之后，构成名词。例如：

砖头（砖）

芋头（白薯；比喻麻木迟钝）

火头（乌鳢，又叫黑鱼）

青头儿（青菜）

准头儿（准确性）

吃头儿（可吃的东西）

看头儿（值得看的东西）

讨论头儿（值得讨论的东西）

"头₂"读原调。带后缀"头₂"的词多指具有某种特性的人，且含有贬义色彩。例如：

肉头（动作缓漫迟钝的人）

败坏头（败家子儿）

扒灰头（与儿媳有不正当关系的人）

绝户头（无子无女的人）

甲鱼头（吝啬鬼）

离巴头（外行）

拐孤头（爱拨弄是非的人）

372

死拧筋头（非常固执的人）

巴 [-pa·]

"巴"是个兼类后缀。可以构成名词、动词和形容词。作为名词后缀，它主要用来表示附着之物或具有某种生理缺陷的人。有的还可以在后边加"子[-tsʅ·]"。例如：

尾 [i⁵⁵] 巴

肋巴

鸡巴（男性生殖器，俚语）

泥巴

瘸巴 [子]

拖巴 [子]（下肢瘫痪的人）

哑巴 [子]

结巴 [子]

憨巴 [子]

潮巴 [子]（同憨巴 [子]）

动词后缀"巴"表示动作轻松、随意和零乱的意思。例如：

拉巴（把东西~乱了｜~孩子不容易）

掐巴（哪汪儿痛就~哪汪儿｜老实人总受人~）

砸巴（你一个劲里~么儿？）

搦巴（把水~干净）

团巴（别把毛线~乱喽）

搓巴（衣服~~就捞出来）

煮巴（面条~~就烂啦）

踩巴（~~脚，别把泥巴带到屋里）

"巴"还可以是形容词后缀。带"巴"缀的形容词多有轻微的贬义色彩。例如：

窄巴（住房~）

紧巴（日子过得绷~）

秕巴（净些~谷子）

扁巴（头都睡~啦）

撮巴（衣服都~啦）

瓢巴（她身子骨瓢瓢巴巴的）

瘦巴（孩子长得瘦瘦巴巴的）

瘸巴（走路瘸瘸巴巴的）

带"巴"缀的形容词后还可以带"儿（的）"。儿化后的"巴儿（的）"贬义色彩淡化，甚至有的词具有了令人喜爱之意。例如：

小巴儿（小巧玲珑）

瘦巴儿（瘦小轻捷）

紧巴儿（那几年日子过得~的）

团巴（~脸并不难看）

俊巴（他媳妇儿长得可~啦）

憨巴儿（这孩子长得~的，并不难看）

打 [-ta˙]

动词后缀，也写作"达、跶"等。带"打（达、跶）"缀的词大多指轻率、随意的动作。例如：

搡打（你这样~我可不行）

呲打（不要老是~人）

摔打（他动不动就~人给脸子看）

甩打（两只大辫子~~的）

剁达（这点儿肉~喽老半天）

颠达（坐拖拉机~得慌）

蹦跶（秋后的蚂蚱，没几天~头儿，歇后语）

蹓跶（到马路上~~）

拉 [-la˙]

动词后缀。带"拉"缀的词多表示不规则的不断重复的动作。例如：

扒拉（你到处乱~么儿?）

模 [mu⁴²] 拉（把小孩儿的头~喽两把）

胡 [xu⁴²] 拉（掉地上的豆子都~起来）

扑 [pu⁴²] 拉（把身上的土~干净｜吃完饭~~腚就走了）

跩 [tsuɛ⁵⁵] 拉（鸭子走路~~的）

撇拉（~着嘴绷难看）

数拉（不要像老妈妈似的，一天到晚~个没完）

呲拉（同"呲打"）

查 [-tsa˙]

动词后缀。带"查"缀的词多表示幅度不大的动作，有时略带贬义色彩。例如：

374

扒查（你在抽屉里乱~么儿？｜这道题我~喽半天也没算出来）

划查（不会写字，瞎~）

抹查（~得给（跟）小鬼一样）

抠查（~喽半天，也没把喈嘹龟（蝉的幼虫）抠出来）

刳 [kʻu²¹³] 查（把楼板~干净｜~~地蛋）

掰 [pei²¹³] 查（~着手指头数数儿｜我~（争辩）不过你）

爬查（三躺六坐八~，十个月里喊"达达"，俗语，是说小孩八个月学会爬行）

"查"偶尔用作形容词后缀。例如：

恶查（那人要多~有多~，惹不起）

滑查（刚下过雨，地上滑滑查查的不好走）

么 [-məˑ]

动词后缀。例如：

寻么（寻找）

捞么（捞取）

楚 [çyə⁴²] 么（四处搜寻）

搁 [kɤ²¹³] 么（拼对使合适）

粘 [ȵian⁴²] 么（纠缠）

撒 [sa⁴²] 么（四处看）

猜么（猜想）

觉么（觉得）

棱 [-lɤŋˑ]

形容词后缀。带"棱"缀的词多含不合标准、不够理想的意味。例如：

立棱（歪斜，不直）

斜棱（倾斜）

翘棱（不平）

侧棱（~着身子睡啦）

别棱（这人别别棱棱的，很难说话）

支棱（树枝子支支棱棱的，该修剪啦）

乎儿（的）[-xur⁴² (tiˑ)]　乎乎（的）[-xuˑ xu²¹³ (tiˑ)]

形容词生动形式后缀。许多形容词既可以加"乎儿（的）"，也可加"乎乎（的）"。前种形式表示程度适中，略含褒义；后种形式表示程度加重，含贬义。如下表：

形容词根	生动形式 "乎儿（的）"	生动形式 "乎乎（的）"
黑	黑乎儿（的）	黑乎乎（的）
稠	稠乎儿（的）	稠乎乎（的）
粘	粘乎儿（的）	粘乎乎（的）
胖	胖乎儿（的）	胖乎乎（的）
热	热乎儿（的）	热乎乎（的）
潮	潮乎儿（的）	潮乎乎（的）
湿	湿乎儿（的）	湿乎乎（的）
辣	辣乎儿（的）	辣乎乎（的）

但有的形容词只有带"乎儿（的）"的形式，没有带"乎乎（的）"的形式。例如：

匀乎儿（的）（~每月200元奖金）

暄乎儿（的）（刚出锅的馍馍~）

温乎儿（的）（汤还~，快喝吧）

近乎儿 [tɕiən³¹² hur·]（别跟我套~）

二乎儿 [ɚ³¹² hur·]（这件事~啦）

悬乎儿 [ɕyan⁴² hur·]（差一点儿没摔下来，真~）

不□的 [-pu· □⁴² ti·]　　不□儿的 [-pu· □r⁴² ti·]

形容词生动形式后缀。其中"不""的"两个音节读轻声，它们中间的那个音节（用方框表示）一律读阳平。"不□的"与"不□儿的"一般用在表示颜色或味道的形容词根之后。前者表示这种颜色或味道不如人意，语义较重，含贬义；后者表示适中可意，语义较轻，含褒义。但并不是所有的"A 不□的"或"A 不□儿的"（A 代表形容词根）都具有对应形式。例如：

紫：紫不溜的：紫不溜儿的

酸：酸不溜的：酸不溜儿的

甜：甜不叽的：甜不叽儿的

水：水不叽的：（无对应形式）

脏：脏不叽的：（无对应形式）

黄：黄不歪的：（无对应形式）

滑：滑不出的：（无对应形式）

绿：（无对应形式）：绿不莹儿的

苦：(无对应形式)：苦不吟儿的

"紫不溜的"是过于紫，紫得令人生厌；"紫不溜儿的"是微微有点紫，紫得令人喜爱。余者类推。

□儿的 [-□r⁴²ti·]

形容词生动形式后缀。方框代表一个不固定的字，其意义往往跟前边的形容词根有某种联系，其读音由于受后边"的"的影响，一律读阳平。带后缀"□儿的"的形容词多数含有令人喜爱的色彩。而在普通话中，相应的说法往往采取叠音后缀的形式。如下表：

形容词根	济宁话生动形式	普通话生动形式
黑	黑黪儿的	黑黪黪
红	红扑儿的	红扑扑
绿	绿莹儿的	绿莹莹
白	白生儿的	白生生
香	香喷儿的	香喷喷
甜	甜丝儿的	甜丝丝
酸	酸溜儿的	酸溜溜
亮	亮堂儿的	亮堂堂
厚	厚墩儿的	厚墩墩
硬	硬梆儿的	硬梆梆
团	团悠儿的	团悠悠
圆	圆溜儿的	圆溜溜
直	直轮儿的	直轮轮
松	松快儿的	松松快快

前边提到的"巴儿（的）"和"乎儿（的）"实际也属这类后缀，只是由于它们构词能力稍强，又另有特点，所以单列了出来。

济宁方言还有不少特殊的"四字格"，也属于形容词的生动形式。其中头一个字多表示实义，后三个字意义较虚，类似后缀。例如：

胡二马日（马马虎虎）

假二马哈（虚伪）

傻二瓜叽（傻乎乎）

楞二八叽（愣头愣脑）

糊哩倒嘟（糊糊涂涂）

滴溜八挂（下垂物多而乱的样子）

滴连拖罗（携带物多而乱的样子）

齐连扑出（动作快捷杂乱的样子）

血糊淋拉

黑不溜秋

济宁方言的前缀不多。"老［lɔ⁵⁵］"是一个，它除了构成"老虎、老师"等与普通话共有的词之外，还可以构成一些方言独有的词。例如：老鸹｜老叼（大鹰）｜老鳖｜老犍｜老扁儿（一种体长而头部细小的蝗虫，能飞）｜老黑（皮肤黑色的人）｜老表（表兄弟）｜老迁［ka⁵⁵］（性格乖僻的人）｜老妮儿（最小的女儿或大而未婚的姑娘）。还有姑娘结婚后，娘家人习惯以"老+夫姓（要儿化）"来称呼她，如"老徐儿、老李儿"等。"二［ɚ³¹²］"也可算是一个前缀，可构成名词或形容词，表示不好的人或品性。例如：二杆子｜二楞子（也叫"二楞儿"）｜二拼子（同"二杆子，二楞子"）｜二半吊子｜二混子｜二流子｜二尾［i⁵⁵］子｜二百五｜二叽眼（粗鲁莽撞）。

济宁方言的中缀也不多。"拉［la·］"和"巴［pa·］"算是常见的两个，多表示人体器官的名称。带中缀"拉"的名词有：脖拉梗儿｜额拉盖儿｜胳拉拜子｜胳拉肢｜口拉水｜布拉条儿。带中缀"巴"的名词有：肋巴骨｜胸巴肋子｜牙巴颏子｜下巴颏儿。

二、程度副词与形容词的级

济宁方言中表示程度的副词比较丰富，这里介绍常用的几个。

绷［pɤŋ³¹²］

大体相当于普通话的"挺"。组合能力较强。例如：

~好　　　~甭

~长　　　~短

~高　　　~矮［iɛ⁵⁵］

~结实　　~苗细（瘦小柔弱）

~利索　　~害怕

~受欢迎　~叫人生气

楞［lɤŋ³¹²］

大体相当于普通话的"很"。本市东部地区更常用。组合能力很强。例如：

~远	~近
~厚	~薄
~粗	~细
~大方	~小气
~愿意	~要面子
~不讲理	~会过日子

血 [ɕiə²¹³]

与"楞"大体相同。本市西部地区较常用。也有很强的组合能力。例如：

~好	~甬
~香	~臭
~精（聪明伶俐）	~笨
~麻利	~用功
~般配	~好玩儿
~不讲理	~有本事

稀 [ɕi²¹³]　怪 [kuɛ³¹²]

与"血""楞"大体相当。例如：

稀/怪好	稀/怪热
稀/怪大胆	稀/怪甜欢人（讨人喜欢）

老 [lɔ⁵⁵]

相当于"很"。其组合能力较弱，只限于修饰某些积极意义的单音节形容词。例如：

~高	~远
~深	~粗
~厚	~胖

而"老矮、老近"之类都不能说。

拧 [nɤŋ²¹³]　精 [tɕɤŋ²¹³]

这是同一个词的两个语音变体。本市西部地区（包括市中区）多说成"拧"，东部地区则以说"精"为常见。其词义大致相当于"很"，组合对象也有一定限制——只修饰某些消极意义的单音节形容词。例如：

拧/精矮	拧/精近
拧/精浅	拧/精细
拧/精薄	拧/精瘦

同样也不说"拧/精高、拧/精远"等。在这一点上，"拧/精"与"老"形成

互补关系。

为表示程度进一步加深,"拧/精"后的形容词可以重叠。例如：拧/精矮矮、拧/精近近、拧/精浅浅,等等。这一点是"老""绷"等其他程度副词所没有的用法。

忒 [t'ui²¹³]

大体相当于普通话的"太"或"极"。其组合能力很强,一般没有什么限制。例如：

~大　　　~小
~宽　　　~窄
~早　　　~晚
~黄　　　~贵
~随便　　~麻烦
~不听话　~会拉（善于说话）

杠 [kaŋ⁴²]

"杠"为方言借字,读阳平。大体相当于普通话的"太"或"十分"。"杠"的后边总跟有语气词"啦"配合使用,否则站不住脚。"杠……啦"往往带有夸张意味。例如：

~好啦　　　　~俊啦
~精啦　　　　~笨啦
~扎实啦（身体健康）　~苗细啦
~有钱啦　　　~不高兴啦

另外,济宁方言中还有一些程度副词,常用于表示颜色、感觉等的单音节形容词前,表示程度加深。这类副词类似形容词前缀,组合能力一般受到较大限制。例如：

黢 [tɕ'y²¹³]：~黑｜~酸
魆 [ɕ'y²¹³]：~青｜~紫｜~绿
焦 [tɕiɔ²¹³]：~黄｜~干｜~酥
煞 [sa³¹²]：~白
铁 [t'iə²¹³]：~酸
齁 [xou²¹³]：~咸
悲 [pei²¹³]：~苦
喷 [p'ən³¹²]：~香
剔 [t'i²¹³]：~圆｜~亮

溜 [liou²¹³]：~光｜~薄｜~滑｜~团

剔溜 [tʻi²¹³liou·]：~圆｜~滑

嚣 [ɕʻiɔ²¹³]：~薄

响 [ɕʻiaŋ⁴²]：~晴｜~干

其中末例"响"在东部泗水、邹城等县市使用频率较高，组合也比较自由，其意义和用法与"楞"相近。

济宁方言形容词所表示的程度一般可分为三级：原级、比较级和最高级。原级形容词前加程度副词便构成其比较级形式，比较级重叠使用便构成了最高级。

举例如下表：

原级	比较级	最高级
大	绷~ 老~	绷~绷~ 老~老~
小	绷~ 拧~	绷~绷~ 拧~拧~、拧~~
长	绷~ 老~	绷~绷~ 老~老~
短	绷~ 拧~	绷~绷~ 拧~拧~、拧~~
粗	绷~ 老~	绷~绷~ 老~老~
细	绷~ 拧~	绷~绷~ 拧~拧~、拧~~
厚	楞~ 血~	楞~楞~ 血~血~
薄	血~ 拧~	血~血~ 拧~拧~、拧~~
稠	绷~ 杠~	绷~绷~ 杠~杠~
稀	绷~ 拧~	绷~绷~ 拧~拧~、拧~~

续表

原级	比较级	最高级
好	绷~稀~	绷~绷~稀~稀~
孬	楞~血~	楞~楞~血~血~
多	血~老~	血~血~老~老~
少	血~拧~	血~血~拧~拧~、拧~~
黑	绷~黪~	绷~绷~黪~黪~
绿	血~魆~	血~血~魆~魆~
香	喷~楞~	喷~喷~楞~楞~
甜	蜜~楞~	蜜~蜜~楞~楞~
咸	躯~血~	躯~躯~血~血~
酸	铁~黪~	铁~铁~黪~黪~
亮	剔~绷~	剔~剔~绷~绷~
干	响~焦~	响~响~焦~焦~

三、特殊重叠形式

济宁方言里词的重叠形式多与普通话相同，较有特色的是量词的三次重叠形式与副词的间隔重叠形式。量词三次重叠式可用"AAA"表示，与二次重叠式"AA"相比，它所具有的"每一"的遍指意味进一步加重。例如：

　　个个个：解放军个个个都是好样的
　　家家家：接下（现在）家家家都有电视啦
　　顿顿顿：他顿顿顿不离酒

年年年：改革开放前俺家年年年缺粮

月月月：他月月月给（跟）人家借钱

天天天：俺家天天天吃肉

重叠的量词还可以儿化，变成"A 儿 A 儿 A 儿"的形式。

少数副词可采取"ABA"间隔重叠的形式。又分两小类。一类 A 为单音节词，B 一般为"打"等嵌衬音节。例如：

实打实：你实打实里说

明打明：这伙强盗明打明里抢人家的东西

直打直：往前直打直里走

一类 AB 为双音节词，仅重复该词的第一个音节 A。例如：

马上马：我马上马就去

拢共拢：一个月收入拢共拢才八百多块钱

四、某些介词的变异

1. 普通话的介词"跟"，济宁方言用"给 [kei^{42}]"。这个方言借字与通常意义上的"给"有着语调上的差别。"给 [kei^{42}]"可以引进动作的对象，也可以引进比较异同的对象。例如：

他喷（正在）给老张拉着呱儿哩。

这孩子给谁都不认生。

她长得给她妈不一样。

他不给你胖。

其中"他不给你胖"这类差比句中的"给"，说成"跟"更为常见。

济宁话中有个特殊的词语"硬搁硬"（例如：他们硬搁硬里拚起来了），其中"搁"实为"给"的音变（受后边音节同化的结果），也就是普通话里的"跟"。

2. 普通话里"在家里住"这类有前置介词"在"的句式，济宁方言有三种说法：

一是仍用介词"在"，但变读为 [tɕ^{55}]（与"逮"同音）。另外如：你在哪里上班？｜我在银行上班。

二是借用介词"从"，说成"从家里住"。"从"本是表示起点的介词，但济宁话里也常用来表示所在。又如：你从哪里工作？｜我从工厂工作。

三是借用介词"朝"，说成"朝家里住"。"朝"原本表示朝向，但济宁话也常用来表示所在。又如：你朝哪里上学？｜我弟弟朝武汉当兵。

3. 普通话里"掉在/到桌子上"这类带有后置介词"在/到"的句式,济宁方言有两种说法:

一是用后置介词"唠"[lɔ·],说成"掉唠桌子上"。"唠"可能是"在/到"的轻音变体。另如:屎壳郎爬唠扫帚上——结不喽好茧(歇后语)｜老鼠钻唠风掀(风箱)里——两头受气(歇后语)。反映明清时期济宁方言的历史文献里,这个介词习惯上写成"了",当是比较接近其实际读音的。例如:不得把天下给了儿,便把天下给了女,总是席上掉了炕上,差也差不多儿。(贾凫西《历代史略鼓词》)｜不知倪文登跑了那里去了。(《曲阜孔府档案史料选编》第三编第十八册)

二是介词"在/到"脱落,介词脱落后所留下的语音空位用延长动词尾音的方式来填补。如"掉在/到桌子上"可直接说成"掉桌子上"。另如:小孩儿们都跑街上去啦｜我把钱都存银行里啦。

4. 表示处置,济宁方言除用与普通话相同的介词"把"之外,有些地方(如任城区、嘉祥县、梁山县)还常用"连"表示。例如:

我连衣服都洗完啦。

你快连报纸拿来。

对不起,我连你的书弄丢啦。

五、指物和指人宾语在"动+'唠'+处所"中的位置

上节已经交代,'唠'是"在/到"的语音变体。"动+'唠'+处所"结构中可以分别带有指示事物和指示人的宾语,但这两种宾语所出现的位置不同,由此便形成两类不同的句式。

"动+'唠'+所处"如果带有指示事物的宾语,这个宾语置于处所词语之后,整个句式为:动+'唠'+处所+宾$_物$。例如:

抹唠身上灰啦

弄唠嘴里沙啦

豁(泼、倒)唠地上水啦

豁唠地上一点儿点儿水

吃唠肚里一个蝇子

放唠抽屉里一本书

存唠银行里两万块钱

这种句子多是陈述一种客观事实,不强调处所。

"动+'唠'+所处"如果带有指示人的宾语,这个宾语置于处所词语之

前，即把"唠"与处所词语分割开来，整个句式为：动+'唠'+宾$_人$+处所。例如：

  送唠你哥哪里

  送唠他火车站

  迎唠我村口

  挡唠我门外头

  诓（骗）唠他城外

  锁唠孩子屋里

  找唠他们济南

其中宾语多由人称代词或指人的简单名词充当。有时宾语也可以指一般事物，但也必须是人称代词"它"。例如：

  这棵树挪唠它南地里去

  那些废纸横（扔）唠它垃圾箱里

"动+'唠'+宾$_人$+处所"句的语义重心在"处所"，它所强调的是人（有时是物）随同动作到达某个地方。

六、由"不跟""起"等构成的差比句

普通话中由"不比""不如"构成的差比句，如"他不比/不如我高"，济宁方言尽管也这样说，但远不如由比较词"不跟""不赶""不抵""不胜"等构成的差比句使用得普遍。例如：

  他不跟我高。

  你学习还不跟我呢！

  他不赶我跑得快。

  这里不赶那里干净。

  她不抵我年轻。

  我不抵他有本事。

  家有万贯，不胜种地吃饭。（谚语）

  远水不解近渴，远亲不胜近邻。（谚语）

另外，泗水和曲阜的一些乡镇还有"形容词+'起'"这类表示差比的句式，其中"起"应视为介词。例如：

  他高起你。

  我大起她两岁。

  我的多起你的。

否定形式则在前边加"不"。例如：

  他不高起你。

  我不大起她。

  我的不多起你的。

这种句式由来已久，明清之际本市鼓词作家贾凫西的作品中就有用例：从今后你两个才算真避世，不强其抗犁拉耙扎觅汉？（《齐景公待孔子五章》鼓词；其＝起）

（载《济宁师范专科学校学报》2002年第2期）

台湾国语有别于普通话的几种语法现象或格式

台湾国语跟大陆普通话的差异不仅表现在语音和语汇方面,而且表现在语法方面,只是语法方面的差异不像语音和语汇方面的差异(特别是语汇方面的差异)那么明显突出、容易察觉得到而已。两岸语言的语法差异包括词或短语的组合搭配、虚词的使用、句式的选择,以及语序的安排等诸多方面,其中有些方面已有学者在不同的场合谈到过。本文不打算对台湾国语跟大陆普通话的语法差异作全面论述,而是仅就台湾国语中常见而目前学界尚未论及或尚未充分论及(其中包括有不同看法)的若干语法差异现象或格式谈点不成熟的看法,希望得到两岸同道的指正。

一、"介+名+方"结构中方位词的缺失

我们这里所说的"介+名+方"结构,主要指"在/从/到+名+上/中/里"这类格式,而且指这类格式里的方位词"上/中/里"不可隐去不用的情形。根据储泽祥等的观察,"介+名+方"中的"名"如果是一般事物名词(而不是表示方所意义的名词),其后的方位词通常是不可隐去不用的。[①] 例如"在黑板上写字""从洪水里救人"中的"黑板""洪水"是一般事物名词,其后的方位词"上"和"里"都是不可或缺的。

在台湾国语中,"介+名+方"结构里的方位词"上/中/里"往往不出现而造成"语法缺位"现象。这种方位词缺失的现象既可以出现在主要动词之前即"介+名+方"结构用作状语的位置,也可以出现在主要动词之后即"介+名+方"结构用作补语的位置。例如:[②]

(1)众所皆知,民进党的日据论述是完全扭曲偏颇的,除在教科书[中/

[①] 储泽祥:《汉语"在十方位短语"里方位词的隐现机制》,载《中国语文》2004年第2期。
[②] 例句方括号中的词语为笔者所加。凡未注明出处的例句,均采自国家语委语言文字应用研究所的台湾中央日报语料库。

里]将"日据"改为"日治",吕秀莲甚至"感谢日本割据台湾",而民进党更一贯鼓吹"国民党政府不如日本总督"的意识形态。

(2) 苹果日报的"动新闻"引发各界挞伐,国家通讯传播委员会发言人陈正仓昨天从网路 [上/里] 看"性侵"等动新闻内容时大喊:"天寿,看了会吓死人!"

(3) 只要参加创意点子及票选的同学,校方会在电脑 [上/中] 乱数点出二十名,各获一千元奖金。(乱数,即随机)

(4) 台大医院人员只以电话询问捐赠者的爱滋病毒检验结果,这边说 HIV 抗原检验是"阳性",电话那头却听成"阴性",也不知道是发音不准还是耳朵背,两个字发音差这么多,会听错已经是太离谱了,而且又是如此攸关重大的事,居然没有彼此再确认一次,也没有从电脑 [上/里] 检查书面报告,就这样进行了 5 场移植手术。

(5) 岛内学者批评说,谢长廷讲这样的话很严重,有暗示作用,让民进党的支持者认为,为了"报仇",在选举 [中] 买票、做票都是合理的。

(6) "国震中心工程研究中心"主任张国镇指出,目前最重要的是提升精准度和人们接受度,且采较宽和较强的预测范围,而日本进行 40 年研究,很早就用在高铁、保全等公共设施 [上]。

(7) 台湾不希望资源与力量用在两岸斗争与内耗 [上],期盼两岸加强提升侨民福祉,而非互挖墙脚。

(8) "经济部"统计长黄吉实分析,11 月商业营收大成长,除了因为去年金融海啸比较基期低之外,也因为景气迈向复苏,厂商增加投资在计算机及外围设备 [上]。

(9) "慕橙,你眼睛怎么红红的?""刚刚有沙子跑到眼睛 [里] 了,不过现在没事。"(电视连续剧《下一站,幸福》第 8 集)

以上各例中的"教科书""网路""电脑""选举""高铁、保全等公共设施""计算机及外围设备""两岸斗争与内耗"和"眼睛",都属于表示一般事物的名词性词语(包括具体的或抽象的事物,有的是由动词转化而来的),其后有关的方位词都是不可缺少的。各例由于方位词的缺位,不同程度地影响到了句子意思的明确表达;只有在加上相关的方位词后,意思才显得明晰显豁。特别是例(5),原句中"选举买票、做票"简直让人不知所云,给理解句意造成障碍和困难;加上缺失的方位词"中",障碍立即排除,句意顿时变得通畅起来。

吕叔湘（主编）《现代汉语八百词·现代汉语语法要点》中说："方位词常常跟'在、从、到'等介词配合起来用。别的语言里的'介+名'短语，汉语里有时候必得用'介+名+方'来说，例如英语的'in the room'，汉语里的说法是'在屋子里'。"吕先生这里所说的"介+名"短语，在英语里被称之为介词短语或前置词短语（prepositional phrase）。台湾话里"介+名+方"结构中方位词的缺失，显然是受了英语介词短语构成方式影响所致。

底下一例稍显特殊一点：

（10）我高中毕业以后，就<u>出来社会［上］</u>工作了。（《记得我们有约》第7集）

这是台湾电视剧中的人物道白，用大陆普通话来讲，相关部分应说成"就出来在社会上工作了"或"就来到社会上工作了"。原句中似乎暗含着一个介词"在"或"到"，其后的事物名词"社会"也得后附一个方位词"上"才能讲得过去。

从语言表达应当做到准确、明晰这一要求来看，台湾话"介+名+方"结构中方位词"上/中/里"的缺失很难算是积极的语言现象，这一情况将来也许会逐渐有所减少以至消失。

二、"V+来/去+O_L"句式

台湾国语，包括日常口语和报章语体，有一种"V+来/去+O_L"的句式，在普通话中要说成"V+O_L+来/去"。（V代表单音节动词或双音节的动趋结构，O_L代表处所宾语）

下边的例子是台湾电影或电视连续剧中人物道白的实录：

（1）我<u>进来监狱</u>接受改造之后……（《放羊的星星》）

（2）可是你却背着我，带别的女生<u>回来房间</u>，还在我的床上乱搞！（《命中注定我爱你》，第2集）

（3）后来卡车司机把我载到孤儿院……就再也没有<u>回去那个杂货店</u>了。（同上，第35集）

（4）他要先<u>过来这里</u>，看看这里的环境。（《乡村爱情》）

（5）你这样<u>跑来我家</u>，这样好吗？（《爱》）

（6）最惨的是，我怎么<u>走去那边</u>我都不知道了。（《爱上巧克力》，第21集）

（7）这个巧克力……把一个老人家丢在家里不去照顾，一个人<u>跑出来外面</u>来做事情，哪里像是晚辈？（同上，第22集）

（8）要不然，你就会被<u>抓回去那个可怕的地方</u>。（《醉后决定爱上你》，第18集）

平时在与台湾人的接触交往中，我们也会经常听到"回去家里""进来办公室"之类的说法。

再看台湾报纸或刊物上的例子：

(9) 芭乐去年<u>进去大陆</u>太多了……大陆开放农产品<u>进去</u>功不可没。（芭乐，即番石榴）

(10) 我想要<u>回去山上</u>，但那里的学校没有这里好。

(11) 唐领集团总裁何希炯："先以通路为主，把台湾的好的东西<u>拿来这边</u>卖。"

(12) 2006年，清流台湾农民创业园设立之初，彭宗尧从台湾把特色养殖项目<u>带来这里</u>试验。

(13) 无尾熊的繁殖季节为夏季，现在正为澳洲的夏季，虽然无尾熊已<u>搬来台北</u>，但还是可能会有发情行为。

(14) 廉政署查出，故宫博物院文创营销处陈姓专员，负责保管文物数位影像档，却在外成立工作室，盗取龙藏经、永乐大典原档<u>送去大陆</u>，厂商复制后，以每套新台币10万元价格销售回台湾。

(15) 一位餐厅业者表示，短期来看，可能对我们或多或少会有不良影响，但长期说，会把客群<u>带进来日月潭</u>。

(16) 但洪男不理会，又<u>跑过去阮妻身旁</u>，用右手背触碰阮妻的胸部2下，遭到阮男斥责。

(17) 用"联想法"或"数字编"等各种绝招，硬是将考试重点<u>塞进去学生的脑袋</u>中。（转引刁晏斌例）①

这些例句虽见诸报章，但其中有些句子是记者对当事人谈话的实录或转述，其口语性不言而喻。

"V+来/去+O_L"的说法在泰国华语中也很流行。②

从V的构成情况来看，以上例句可分为两种情形：其一，V是复合趋向动词的第一个音节（"进、回、过"等）或一般单音节行为动词（"跑、走、拿、带、搬、送、塞"等），如例(1)—(6)和例(9)—(14)。其二，V是行为动词加上复合趋向动词的第一个音节的合成形式，可看成一个双音节结构，如例(7)(8)和例(15)—(17)。前类情形比较常见，后类情形出现频率较低。根据大陆语法学家和对外汉语教材的意见，以上这些句子在普通话

---

① 刁晏斌：《台湾话的特点及其与内地的差异》，载《中国语文》1998年第5期。
② 徐复岭：《泰国华语中的几种语序变异形式》，载香港《语文建设通讯》总第97期，2011年。已收入本书。

中都是不合规范的，应该说成"V+O_L+来/去"，即处所宾语要放在趋向补语"来/去"之前。（吕叔湘，1999；杨寄洲，1999；朱德熙，1982）如例（1）要说成"进监狱来"，例（3）要说成"回那个杂货店去"，例（5）要说成"跑（到）我家来"，例（6）要说成"走（到）那边去"，例（8）要说成"抓回那个可怕的地方去"，例（15）要说成"带进日月潭来"，等等。

但是台湾国语和泰国华语中的这类句式也是其来有自的。近代汉语中就有许多这样的用例：

(18) 你可趁天未明把尸首<u>驼去新河里</u>，把块大石缚住。（《清平山堂话本·错认尸》）

(19) 计较定了，飞也似取路<u>归来庄上</u>，却好五更天气。（《水浒传》第二回）

(20) 那酒保见多时不叫他，<u>走来阁儿前</u>，见关着门，不敢敲，去那窗眼里打一张，只见俞良在内。（《警世通言·俞仲举题诗遇上皇》）

(21) 到了十五，姜小姐<u>回去娘家</u>，只住三四日就来了。（《醒世姻缘传》第四十九回）

显而易见，台湾话中的"V+来/去+O_L"句式正是近代汉语中同类句式的继承和延续。大陆没有沿着近代汉语中这类句式一路走下来，而是对原有的语序加以调整，演变成了普通话中的"V+O_L+来/去"句式。如果根据当前大陆语言学界的主流观点，将台湾话中的"V+来/去+O_L"一类的句子视为"不规范"而加以拒绝和排斥，恐怕在道理上是说不过去的，在实践上更是行不通的。笔者预测，台湾话的"V+来/去+O_L"和普通话的"V+O_L+来/去"这两种语序形式，未来的发展趋势很可能是二者并行下去，很难做到"一方吃掉一方"。

三、"甲+没有比/没比+乙+Ap"句式

表示甲和乙差不多怎么样，普通话常采取"甲+不比+乙+Ap"的句式（Ap代表形容词性词语），如"他跟我差不多高"，普通话常说成"他不比我高"。（吕叔湘，1999）但在台湾话中，"不比"常换用成"没有比"或"没比"，构成"甲+没有比/没比+乙+Ap"句式。如"他跟我差不多高"，台湾话可能会说成"他没有比我高"或"他没比我高"。另如：

(1) 这样很好，有杨文泰陪着你，应该很快就会走出来，反正他的身价也<u>没有比我差</u>。（《记得我们有约》，第20集）

(2) 我懂了，原来我在你心里还<u>没有比你的工作来得重要</u>。（《命中注定

我爱你》，第1集）

(3) 可是你那时候过得也没有比她好。（《败犬女王》，第10集）

(4) 当然，在这里吃用的没有比我们家里好，可是他们对我的照顾、关心，真的让我觉得很舒服，很自在。（《爱上巧克力》，第23集）

(5) 我以前的演技也没比他好啊！（《醉后决定爱上你》，第6集）

以上是电视剧中的用例。再看报纸上的例子：

(6) "六三三"的政见还没有兑现，大学毕业生的工作机会没有增加，劳动阶级的薪资没有比以前多。

(7) 央行研究发现，韩国出口没有比台湾衰退很多，主要是有些产业是台湾没有，但长期有订单、有出口。

(8) "中华民国"证券暨期货市场发展基金会总经理邱靖博也说，台商不管在香港或上海上市，其实都没有比在台湾上市好，台湾资本市场比上海透明，在台湾上市的费用也比香港低。

(9) 多数选区的选风真的没有比以前更坏，像屏东，当地检察长就认为选风比以前好很多，云林地检署甚至直言贿选少了三成。

(10) 影评人贝齐·夏基将影片与系列前作对比认为，《暮光之城：破晓（上）》远不及第一部有趣，演员们的演技也没有比第三部更上一层楼，不过幸好没有比第二部《新月》更加糟糕。

(11) 扁案本周持续开庭审理，昨天开庭审理"国务费"案，传唤被告马永成及林德训出庭……没比昔日幕僚好到哪里去，今天陈前总统58岁大寿，却不幸受困北所……仍得自己面对孤单寂寞的生日。

(12) "中华民国"存在快百年啦，行宪也超过了六十年，不过民主之短浅，似乎没比前"外交部长"嘴里那些"没LP大的国家"高明到哪儿去。

(13) 能源税开征后，油、电、瓦斯、民生用品均会涨价，每个家庭均避开不了……对低所得者，以相对的承受度而言，其所增加之开销可能没比中所得的少多少，但因其原本就无税可退，故综所税之补贴为零。

书面语中，有时候"没有比/没比"也可换用成"未比"。例如：

(14) 研究人员不解的是，被分配到服用荷尔蒙的妇女，在一段时间内持续有性生活的人数并未比那些服用安慰剂的妇女多。

以上各例中的"没有比/没比"或"未比"，在普通话中都得说成"不比"。台湾话中的"没有比/没比/未比+乙+Ap"部分，通常情况下用作"甲"

的谓语，个别时候也可用作补语（前边要带"得"），如例（3）。

台湾话中的这一句式当是闽南方言语法影响和渗透的结果。大陆闽南语学者陈法今在论及"从否定角度来表达平比"时，曾举出如下的闽南方言句例及与之对应的"普通话"句例：①

（15）大麦产量无当赢小麦（大麦的产量没有比小麦多）。

（16）小妹学问无啥输阿姊（妹妹的学问没有比姐姐差什么）。

（17）小王学外语无赢小李啥（小王学外语没有比小李强多少）。

陈文特地注明："为便于比较……括号里的普通话尽可能做到逐字对译，因此有些话有些不自然。"上述三例中的否定词"没有"便是闽南话"无"的普通话"对译"，而这三个带"没有比"的"有些不自然"的平比句，其实就是台湾国语的说法。陈文所举闽南方言句例及其"普通话"对译，为我们探求台湾话这一句式的来源提供了绝好的佐证。

最后需要说明的是，台湾话中虽存在着这类句式，但并不意味着表示甲和乙差不多怎么样，台湾话一定要用这类句式来表达。实际上，台湾话中"甲+不比+乙+Ap"句式的使用倒是更常见、更普遍，其出现频率要高于"甲+没有比/没比+乙+Ap"句式。换言之，目前台湾话中"甲+不比+乙+Ap"和"甲+没有比/没比+乙+Ap"两种句式并存，而且前者表现更为强势。笔者认为，前者是官话或国语固有的说法，后者则是闽南话说法对台湾国语渗透的产物，目前台湾话中这两种句式并存的局面，恰恰反映出了台湾"双语"（国语和闽南语）的语言生活在语法层面留下的显明印记。两种句式中作为弱势一方的"甲+没有比/没比+乙+Ap"句式最终会有怎样的发展前途，目前还很难预料，需有待今后语言实践的检验。

四、关于"有+Ap"句式，兼及"有+Vp"句式的来源

关于台湾话（还有粤方言等）中的"有+Vp"句式问题（Vp代表动词性词语），近年来已有不少人在不同场合论及，并且基本上达成了该句式已经进入或正在进入普通话的共识。故本文对此句式不再多作举例说明。

不过，台湾话中还存在一种跟"有+Vp"句式类似与平行的"有+Ap"句式②，而这种句式在普通话中是很难看到的。台湾国语中的"有+Ap"句式只见少数学者在有关论文中偶或提及，但迄今未见有人对此进行过专门讨论。我们不妨还是先看例句：

---

① 陈法今：《闽南方言的平比句》，载《中国语文》1984年第1期。
② 这里讨论的"有+Ap"句式不是"有碗口那么粗"之类的比较句。

(1) 你<u>有认真</u>。(转引仇志群、范登堡例)①

(2) 姓罗的年纪<u>有大一点</u>，但是也不太老。(转引黄国营例)②

(3) 只是确认一下她没事，她<u>有安全</u>就好。(《命中注定我爱你》，第27集)

(4) 有啦，有啦，今天的生意<u>有比较好</u>。(《爱上巧克力》，第43集)

(5) 这样<u>有比较好</u>看了吧？这是我用心做的。(同上，第23集)

(6) 不过是毛细孔大了点，细纹皱了点，<u>有差</u>那么多吗？(《败犬女王》，第3集)

(7) 这跟你对我姊姊做的事情比，<u>有很过分</u>吗？(同上，第15集)

(8) 找回空白的记忆，你<u>有比较快乐</u>吗？(《下一站，幸福》，第15集)

其否定形式则是"没有+Ap"。例如：

(9) 只是今天晓如看起来，心情<u>没有很好</u>。(《醉后决定爱上你》，第18集)

(10) "你男朋友很残忍啊！""他<u>没有很残忍</u>啦，他是一个很好很好的人。"(《败犬女王》，第11集)

(11) 研究人员不解的是……荷尔蒙疗法的效果并<u>没有比较好</u>。

(12) 法官当场忍不住笑出来，问他为何要改这个名字，吴耻回说："新名字能对人生有所启发。"法官劝他说："改叫吴耻，并<u>没有比较好</u>呀！"

疑问形式有时可以用"有没有+Ap"。例如：

(13) <u>有没有比较好</u>？再忍耐一下。(《爱上查美乐》，第1集)

(14) 还好吗？<u>有没有舒服</u>一点？(《爱上巧克力》，第37集)

台湾话这类句式中的"有"和"没有"多含强调或确认有无某种性状的意思。如果照普通话的说法，"有+Ap"句中的"有"都要去掉不用或换用成"是"，如头8例；否定形式中的"没有"都要换用成"不"或"不是"，如例（9）—（12）；疑问形式"有没有"在普通话中则要说成"是不是"，如例（13）（14）。

闽南方言中存有这类句式，只是否定词用"无"而不用"没有"。台湾国语中的"有+Ap"句式脱胎于闽南方言当是毫无疑问的。

这里有一个不可轻易放过、值得我们深入探究的语言现象，那就是普通话在接纳台湾国语中"有+Vp"与"有+Ap"两种类似句式时明显存在着"厚此薄彼"的不平衡状态——台湾话中的"有+Vp"句式可以在普通话中畅通无阻、大行其道，但"有+Ap"句式却遭到冷遇而被拒之门外。造成这种失衡状

---

① 仇志群、范登堡：《台湾语言现状的初步研究》，载《中国语文》1994年第4期。

② 黄国营：《台湾当代小说的词汇语法特点》，载《中国语文》1988年第3期。

态的原因是什么？它跟"有+Vp"句式的来源问题有没有某种关联？这不能不引起我们的密切关注和深层思考。

论者在论及普通话中"有+Vp"句式的来源时，一般提到以下三个方面：来自近代汉语，来自包括台湾话在内的闽粤方言，受外语特别是英语语法的影响。

对于来自近代汉语的说法，笔者认为缺乏坚实有力的根据，很难成立，并曾就此问题专门写有一篇短文发表在 2010 年第 2 期《汉字文化》上①，故此处不赘。

认为普通话中的"有+Vp"句式源于包括台湾话在内的闽粤方言，是闽粤方言句式对普通话渗透和扩张的结果，这本没有什么不妥，但若作句式的横向比较，便会遭遇到我们上面提到的"困惑"：普通话为什么只接纳方言中的"有+Vp"句式而排斥与之类似的"有+Ap"句式？我们认为，台湾话中的"有+Vp"句式之所以能够较快地在普通话中流行和推广开来，主要是因为它正好遇到了一个与之语法结构相同的表示完成体的英语句式"have/had+pp（过去分词）"。对英语语法的模仿或借用，为"有+Vp"句式的流行和推广添加了催生剂。换句话说，"有+Vp"句式在普通话中的流行和推广是英语和闽粤方言相同句式合力作用的结果。而比较起来，台湾话中的"有+Ap"句式则不像"有+Vp"句式那么"幸运"，英语中没有与之相同的句式可资模仿和借用，这便不免使它显得"势单力薄"，在普通话中遭到冷遇也就在情理之中了。

在论及普通话"有+Vp"句式受外语特别是英语语法影响时，论者多从语法结构本身的相似或相通的特点来观察和分析，这是很有必要的。不过笔者觉得，观察这一问题若只局限于语法结构本身，那是远远不够的，还应该转换视角，把视野放得更宽、更广，结合历史的和现实的语言生活，以社会语言学的眼光来审视之。

"有+Vp"句式不仅存在于包括台湾、香港话在内的我国东南沿海闽粤方言区内，而且在新、马、泰、印尼等东南亚国家的华语圈中也很流行，而且这一句式在这些地区使用的历史至迟可以追溯到 20 世纪初期（更早时期因缺乏白话文献，一时难以查到）。我们认为，"有+Vp"句式之所以在包括港台话在内的我国闽粤方言和东南亚华语中率先使用，与这些地区较早大面积地接触英语等西方语言的历史背景不无关系。近年来这类句式迅速"北上"并在普通

---

① 此文题目为《〈老乞大〉〈朴通事〉中存在"V+Vp"句吗？——普通话中"有+Vp"句成因的一点异议》，已收入本书。

话中推广、流行开来，国人的"英语热"无疑起到了推波助澜的作用。一个有力的旁证是，"有+Vp"句式在中国大陆最常使用于"新新人类"等"特定社群的口语和各种口语性强的媒体话语里"①，而这些"特定社群"和"媒体"，恰恰就是受"英语热"热潮影响最深的群体。

五、关于某些"程度副词+Vp"组合

普通话中的程度副词除可以修饰形容词外，还可以修饰少部分动词或动词短语。可受程度副词修饰的动词性词语（Vp）大体可分为三类：一是，能愿动词或能愿动词短语，如：很应该、非常能吃苦；二是，表示心理活动或认知行为的动词性词语，如：很喜欢、十分了解、非常赞同和支持；三是，某些带有评价性或描写性的动词短语，如：很有分寸、极守信用、十分受欢迎、非常值得一看、相当令人不快。但在台湾国语里，能受程度副词修饰的动词性词语的范围比普通话要广，数量比普通话要多。在普通话里一些不"合法"的"程度副词+Vp"组合，都可以堂而皇之地出现在台湾国语里。例如：

(1) 也许别人会同情你，总觉得你<u>很牺牲</u>、很伟大，但是我不会。(《爱上巧克力》，第45集)

(2) 之前我拿离婚协议书去骗大嫂的事情，其实我心里也<u>很挣扎</u>。(《下一站，幸福》，第21集)

(3) 阿泰他一直都陪在我身边，他一直都<u>很帮助</u>我。(《记得我们有约》，第19集)

(4) 连胜文友人表示，目前连胜文在香港仍有工作，此次站台是因为时间许可……尤其赖士葆过去对台北悠游卡公司<u>很帮忙</u>，因此他决定情义相挺。

(5) 台湾本土社团昨天举办造势活动力挺民进党"五都"选举，"独"派大佬一字排开，<u>十分捧场</u>。

(6)《冠军车罗力》画面更使用崭新的停格动画，加上计算机CGI技术，片中也藉由技师克老大时不时的歌唱桥段传播欢乐音乐，<u>十分寓教于乐</u>。

(7) 骑自行车<u>十分锻炼</u>身体，我们很享受这种感觉。

(8) 大S与汪小菲密恋，甚至传出订婚消息，圈内一干好姐妹都纷纷表示祝福，好姐妹Makiyo甚至还是看到报纸才知道大S已经订婚，大

---

① 杨文全、黄于雯：《语言变异：汉语"有+Vp"句简析》，载香港《语文建设通讯》总75期，2003年。

呼："如果是真的，<u>非常祝福大 S 姐姐</u>！"

(9)《旅途》的台词量超大，几乎是两个演员撑满 2 小时，<u>非常考验嘴上功夫</u>。

(10) 私底下的她不仅非常抗拒在人前落泪，更自认为是坚毅的女人。

(11) 陆一蝉<u>相当保护王文芳</u>，一直不让王文芳曝光。（转引习晏斌例）

(12) 福建的厦门已经是台湾水果、禽肉等农果产品登陆最重要口岸之一，在备忘录提供政策支持下，未来涉台食品农产品将享受更加便捷的监管模式，通关将<u>更加提速</u>。

以上各例中程度副词"很、十分、非常、相当、更加"之后，紧接着的都是动词或动词短语。台湾话中这些"程度副词+Vp"的说法，从普通话的角度来看绝对属于"另类"，甚至是"不可容忍的"，但在台湾话中却并不罕见。对这种现象到底应该作何解释呢？经过仔细观察我们发现，上述例句中的动词性词语"牺牲、挣扎、帮忙、帮助我、捧场、寓教于乐、锻炼身体"等，其动作性或行为性在这些句子中已经趋于弱化，而或多或少地带有了评价性或描写性的倾向，至少在说话人的心理上是这样认为的。这样一来，上述各句中的"牺牲、寓教于乐"一类词语，也便很像本节开头所说的可接受程度副词修饰的第三类动词性词语了，所以前边冠以程度副词也就比较合乎情理了。

以下两例中的"超过"和"支援"则另当别论：

(13) 今天的训练我是做得有点<u>太超过</u>啦。（《败犬女王》，第 5 集）

(14) 苏起强调，蔡英文勇敢迈出这一步，他<u>非常支援</u>。

在台湾话口语中，"超过"不仅有"超越""高出"的固有意义，而且有"超乎寻常、过分"的意思；"支援"则与表示"给以鼓励或赞助"（《现代汉语词典》第六版）的"支持"意义和用法相同。我们知道，"超乎寻常、过分"和"支持"都是可以受程度副词修饰的；既然如此，意义和用法分别与它们相同的"超过""支援"当然也就不会例外了。

六、可带宾语的词语有扩大化的趋势

这里所说的宾语指的是对象宾语（受事宾语），它可以是名词性宾语，也可以是动词性宾语。台湾国语中可带这类宾语的词语有数量增多的扩大化趋势，普通话中很多不能带宾语的不及物动词和某些动宾或动补组合，还有形容词等，在台湾国语中都能比较自由地带上宾语。

我们先看不及物动词带宾语的例子：

(1) 我一开始是很生气阿泰他骗我，因为我很讨厌人家骗我。（《记得我们有约》，第10集）

(2) 现在我长大了，又要我装作不认识你，你怎么可以这样自私地决定我的人生，随便去定义我要的幸福？（《醉后决定爱上你》，第18集）

(3) 就像当初你用标价买回我一样，现在你也用一样的心态去定价妍书。（《换换爱》，第16集）

(4) 你怎么知道我掉包酒瓶？（《爱上巧克力》，第24集）

(5) 小S顾不得还穿着一身粉红色羽绒外套，童心未眠般的蹲下去伸出手、作状要摸牛屎，模样相当搞笑。

(6) 因此"阴谋论"称：苏嘉全其实是明知捐不成而作态要捐！

(7) 针对这次假球案，有"立委"要提案冻结"棒球振兴计划"预算。

(8) 国际水果交易中心项目的落成，将进一步提速昆明"四个中心"的建设进程。

这些不及物动词本身大都是动宾式合成词，我们记作"V+O₁"；其后再带有宾语（名宾或动宾），我们记作"O₂"。从语义上看，"V+O₁"之后的名宾或动宾O₂多数是限定O₁的范围的，可理解成O₁的定语，也即："V+O₁+O₂"相当于"V+O₂+的/之+O₁"。如例（1）中"生气阿泰他骗我"，可理解为"生阿泰他骗我的气"；例（2）中"定义我要的幸福"，可理解为"（决）定我要的幸福之义"；例（5）中"作状要摸牛屎"，可理解为"作要摸牛屎之状"；例（7）"提案冻结'棒球振兴计划'预算"，可理解为"提（出）冻结'棒球振兴计划'预算之案"；等等。

再看动补组合带宾语的例子：

(9) 如果可以的话，希望学长明天跑输我一次，因为我不想再当最后一名了。（《爱的发声练习》）

如果用普通话来表达，"跑输我"要说成"赛跑输（给）我"。显而易见，这比不上台湾话的说法来得精炼、简洁。

以下是形容词带宾语的例子：

(10) 郝医师，方便去办公室聊一下吗？（《命中注定我爱你》，第11集）

(11) 嗯，什么态度啊！你是不爽我把你放在这个位置吗？（《爱》；不爽，即心情不快）

(12) ［你］好像眼睛会笑，好像会好奇很多事情。（《征婚启事》）

(13) 为了活络商业，并让打算创业者有机会以小本创业起家，商业处结合台北市后车站商圈发展促进会……举办新手创业博览会。

例（10）—（12）的说法在台湾话中很常见和普通，但对大陆人来说又感觉很生疏和特别，因为照普通话的说法，这里应该分别说成"去办公室聊一下方便吗""我把你放在这个位置，你（是）不爽吗"和"对很多事情好奇"。至于例（13），可看成是形容词的使动用法，这一现象同样存在于普通话中，只是不像台湾国语那么常见罢了。

底下的例子跟上述各种情形又有所不同：

（14）说话无厘头的她显然搞不清楚这句话可能得罪很多拍内衣广告的女星，但她也不敢<u>铁齿</u>永远不拍内衣广告，还是留了伏笔："搞不好哪天想通了，我就会拍。"

"铁齿"在台湾话中经常用作形容词，形容嘴硬、不服软、不认错或固执拘泥。可上例中的"铁齿"与此不同，与其说它是形容词，毋宁说它已演变成了及物动词，表示"说死、一口咬定"。如此，其后带宾语也就不足为怪了。

台湾国语中可带宾语的词语扩大化的趋势，不仅表现在很多原来不能带宾语的不及物动词等可以自由带宾语方面，也表现在原有的及物动词所带宾语的范围有所扩大上。例如：

（15）怎么不过去呢？他们不是你朋友吗？我们可以过去<u>加入</u>他们嘛！（《醉后决定爱上你》，第7集）

（16）她一定有什么事情<u>隐瞒</u>我。（《爱上巧克力》，第41集）

按照常规，我们只能说"加入某种组织或活动"，而"加入我们/你们、他们"这类说法是原本没有的；"隐瞒"也只能说"隐瞒某件事""隐瞒真相"之类，而不能说"隐瞒某人"。上面两句台湾话中的"加入他们"和"隐瞒我"的说法，当是受英语语法影响所致，因为跟"加入""隐瞒"意思分别对应的英语动词 join 和 hide 是可以后跟指人宾语的。

值得注意的是，不及物动词或其他类词语可以带宾语，以及原有的及物动词扩大所带宾语的范围，其中涉及的词语在台湾国语中并不是"偶一为之"的临时活用，而是经常性、多发性、固定性的。例如上面例子中的"提案""提速""作状""方便""不爽"等，我们搜集到的后边跟有宾语的用例都不是一两个，而是有多个甚至十多个、数十个，这充分说明这种现象已经常规化、固定化。

实际上，不及物动词带宾语的现象不止存在于台湾话中，汉语的其他方言中也有类似现象，如粤方言中的"帮忙"就经常带宾语，还曾常常被人们当

399

成用词造句不规范的现象加以批评和纠正。海外华语如新加坡华语也存有这种趋势。① 普通话中动宾组合之后带受事宾语（如：问鼎冠军、应聘编辑工作）的范围也有扩大化的趋势。但是比较而言，台湾话中可带宾语的词语，其范围比普通话要大、数量比普通话要多，应该说这是不争的事实。

七、几点认识

台湾话中不同于普通话的语法差异现象或格式远不止以上几种，本文所谈仅是举例性质。从中我们可以初步得出以下几点认识：

1. 任何语法差异现象的产生都有其内在的和外部的原因。就语言本身来说，不外乎原有语法格式的继承、偏离、变异或扬弃，方言或外语语法的影响和渗透等因素。讨论某一语法差异现象产生的原因，要根据其实际表现形式进行具体分析，不能一概而论。就语言外部原因来说，要注意到历史的、地理的、人文的等多种社会因素，要有社会语言学的眼光。

2. 方言或外语语法的影响又可分为积极的和消极的两种。英语的"have/had+Vp"句式对包括台湾话在内的东南沿海汉语方言的影响和渗透，以及英语的这一句式和包括台湾话在内的东南沿海汉语方言固有的"有+Vp"句式对普通话的影响和渗透，属于积极的有利的一种，可以借此丰富汉语方言和普通话的表达方式。英语介词短语"介+名"的构成方式影响所及，常常导致台湾话"介+名+方"结构中方位词的缺失，从而影响到句子意思的精确表达，应当属于消极的不利的一种。

3. 台湾国语跟普通话语法差异现象的发展趋势同样不能一概而论，不同形式的语法差异现象可能会有迥然不同的发展趋势或发展前途。有的未来可能化异为通，逐步"趋同"，如"有+Vp"句式在普通话中的传布和流行，不及物动词带宾语的现象在普通话中也有逐步增多的趋势。有的可能只在一方使用而不被另一方所接受，形成两种形式隔岸"并存"或"并行"的局面，如台湾话中跟"有+Vp"句式类似的"有+Ap"句式被普通话所排斥，台湾话的"V+来/去+O_L"句式和普通话的"V+O_L+来/去"句式有可能长期共存下去。有的则可能会逐步弱化乃至被淘汰出局，如"介+名+方"结构中的方位词的缺失现象。还有的目前尚难作出预测，需假以时日，继续观察，如"甲+没有比/没比+乙+Ap"这一句式在台湾话中是继续存在下去，还是会被"甲+不比+乙+Ap"句式"吃掉"，现在还很难预料；"很牺牲""十分寓教于乐"之类

---

① 参看周清海《新加坡华语和普通话的差异与处理差异的对策》，载新加坡《联合早报》2006年3月21日、23日。

的"程度副词+Vp"的现象是否有生命力,也有待语言实践的进一步检验。

4. 台湾国语跟普通话的语法差异现象以及台湾国语中的特殊语汇、语音现象,使得台湾话呈现出一种人们可以感觉得到的"台湾味儿"或"台湾风格"。台湾国语实际上已经成为现代汉民族的共同语的一个特殊的"海外变体"——一个使用人口最多、影响力最大的现代汉语的"海外变体"。对这一语言变体独特的语法和语汇、语音现象进行深入研究,以及对台湾国语和普通话的语法、语汇、语音现象等进行对比研究,这既有助于我们认清和把握台湾国语的面貌,更有助于推动包括大陆普通话和台湾国语在内的现代汉语的和谐、健康的发展,有助于两岸民众的交流沟通和面向全球的汉语(华语)推广工作。

(载《两岸四地现代汉语对比研究新收获》,刁晏斌主编,语文出版社,2013年10月。同年12月香港《语文建设通讯》总第104期以《试析台湾"国语"跟普通话的几种语法差异》为题发表。此文又收入《两岸合编词典研讨集》一书中,高等教育出版社2016年版)

试论两岸同形同义异用词

一、什么是两岸同形同义异用词？

台湾海峡两岸的现代汉语（大陆普通话和台湾国语）在词汇方面存在着诸多差异。一般认为，两岸词语的差异除了只为一方所有而为对方所无的特有词（如"干啤""离休"为普通话特有，"捷运""拜票"为台湾国语特有）之外，还主要表现在：（一）异形同义，即用不同的词语形式表示相同的意义。如同为一物，普通话叫"鼠标"，台湾话叫"滑鼠"；普通话称"秋裤"或"棉毛裤"，台湾话称"卫生裤"。（二）同形异义，即用相同的词语形式表示不同的意义。如"公车"，大陆指公家车（区别于私车），台湾则指公共汽车；"脱产"，大陆指脱离直接生产而专做行政管理工作或专事学习，台湾则指转移出脱财产。（三）同形异项，即同一个词语中既有相同的共有义项，又有不同的义项。如"实习生"，"大陆和台湾"都指"在毕业前参加一定实际工作的高校或职业学校的学生"，台湾还指"机关或企业里试用期间的雇员"；"催熟"，"大陆和台湾"都有"促使植物果实加快成熟"的义项，但大陆还可以表示"使人或事物过早成熟，使某种局面尽早出现"。以上三种差异现象或者表现为词形不同（"异形"），或者表现为虽词形相同而词义全然不同（"异义"）或有部分义项不同（"异项"）。这种含有"异形"或"异义""异项"的两岸词语差异现象在有关文章中多有论及，这类差异词语多数在近年来编写出版的有关语文工具书中也可以查找得到。

在两岸差异词语中，还有一种类型比较特殊、不易被察觉得到的差异现象尚未引起论者的足够注意。如"教师节"，"大陆和台湾"辞书中多释作"教师的节日"或"为教师设定的纪念性节日"，核心意义或基本义并没有什么不同，但附加意义即两岸教师节的具体日期并不相同：大陆定于9月10日，台湾则定为孔子诞辰的9月28日。再如"夸张"，《现代汉语词典》（以下简称《现汉》）解释为"夸大；言过其实。"台湾《重编国语辞典》（以下简称

《重编》）只解释为"夸大"。可知"夸大"是该词的核心意义或基本义，《现汉》"言过其实"四字乃是就该词在普通话中的语用情况作出的追加性的补充说明，然而它并不完全符合台湾国语的语用情况或使用习惯。台湾话中不仅"言过其实"可以说"夸张"，"行过其实"也可以说"夸张"。例如：①

(1) 小学期中考刚结束，但台北市东园国小却传出有自然考卷，考题竟然有九成九跟去年的一模一样，家长质疑出题老师玩忽职守，就连议员看了也觉得好夸张，痛批学校没有做到监督责任。

(2) 位于台中市佛法山的圣德禅寺，惊传创办人圣轮法师假藉对信徒开示之名义，涉嫌对一位女义工拥抱、摸胸和强吻等，在旁居然还有一名比丘尼竟全程拍摄下来，完全颠覆佛门形象，夸张行径令人错愕。

(3) 不知道他跟佳佳跑去哪里鬼混，居然到现在还没回来，是不是太夸张了？（《败犬女王》，第3集）

(4) 最近你越来越夸张了，小小的恶作剧我无所谓，可是你现在带着我玩命！（《换换爱》，第20集）

以上各例中的"夸张"指的都不是"言过其实"，而是表示行为举动或做出的事情有些"夸大"——"大"得离谱、过分或超越范围。

台湾国语和大陆普通话中像"夸张""教师节"这类词语形式完全相同、词汇贮存义或核心意义也都相同、只是实际语用或附加意义不尽相同的词语差异现象，我们称之为"同形同义异用现象"。具有这类现象的词语，称之为"同形同义异用词"，简称"异用词"。跟"异形同义"或"同形异义""同形异项"等差异词相比较，异用词的差异表现得更为细微难分。汪惠迪先生较早注意到了不同华语地区的词语中存有这一差异现象（汪先生称为"同词异用词"），但未作详细论述②，我们迄今也未见到有其他人对同形同义异用现象或同形同义异用词作出专门论及，有关辞书对这类词语也很少作出相应的解释。然而这种差异现象却是两岸语言生活的客观存在，若无视或忽视这类差异，就有可能对两岸的正常交流或相互沟通产生干扰或其他负面影响。即使仅从语言研究与教学以及词典编纂的角度来考虑，加强对此问题的探讨与研究，也可以使我们对两岸差异词语有个整体的、全貌的认识，使差异词的分类更加精细合理，并且可以帮助我们在两岸差异词典乃至"大汉（华）语"词典的

---

① 本文例句凡未注明出处的均采自国家语委的台湾报纸语料库。
② 汪惠迪：《编纂〈全球华语地区词典〉的构想》，"国家疆界与文化图象国际学术会议"论文，2004年6月，新加坡。

编写中把有关词条处理得更恰当，释义更全面、更到位，有利于汉（华）语的国际推广工作。

基于上述理由，笔者草撰此文，以期引起对该问题的注意，并希望得到两岸同人的批评指正。本文在分析两岸同形同义异用词语时，如遇有多义词，只对其中存有用法差异的共同义项（即语义学中的"义位"）展开讨论、加以分析，一般不涉及没有差异的共同义项或义位。

二、两岸同形同义异用词的类型

根据两岸同形同义异用现象中词语的语用特点或附加意义的不同，可将两岸同形同义异用词大致分成以下几种类型。

（一）使用范围不同的异用词

上举"夸张"即是台湾使用范围大于大陆的例子。

另如"交往"。"大陆和台湾"都有"互相来往"（《现汉》《汉语大词典》）或"交际往来"（《重编》）义，都可指人员、国家、地区、单位等之间的一般性交往；但在台湾话中，它还可特指男女之间的特殊性"交往"——包括正常的谈恋爱和超出这个范围的"婚外情"。例如：

(5) 两人几乎是一见钟情，不久便开始交往。

(6) 前年她和52岁台湾已婚富豪陈泰铭传出绯闻，他们虽否认交往，但低调来往似没停过。

(7) 他告诉中新社记者，有了房子心理确实很踏实，起码在未来交往女友时，可以说自己是个有房子的男人。

三例中的"交往"显然已经不是一般意义上的"互相来往"或"交际往来"了。特别是例(6)，"交往"跟后文的"来往"对举使用，其"特指义"尤为明显突出。末例中的"交往"还带有宾语，这也是普通话中所没有的用法。

再如"几"(jǐ)。《现汉》释为："询问数目（估计数目不太大）。"《现代汉语八百词》（以下简称《八百词》）则进一步对《现汉》中的括注作出明确的说明："'几'所指的范围限于二至九。"大陆出版的对外汉语教材也是这样教给学生的。如影响较大的北语版《汉语教程》（杨寄洲主编）便做出如下最明确不过的表述："询问者估计被问的数量在1—10之间时，用'几'；估计在10以上或难以估计时，用'多少'。"那么台湾国语又是怎么个用法呢？《重编》只释为"询问数量的多少"，并没有对数目的范围做限制性说明，这应该是符合台湾话的实际使用情况的。我们在听台湾人说话时，时常可以听到有人向几十岁的成年人甚至耄耋老人询问其年龄："你几岁了？"说明"几"

等同于"多少",所指范围是不做任何预设限制的。再看台湾电影中的两句台词:

(8) 吴小姐近视呀?几度?(《征婚启事》)

(9) 严格来说,他是一个 100 分的男人,但我呢?我几分? (《100 分的吻》)

上句既然是说近视眼,度数恐怕就不会"限于二至九",至少也得百度以上吧。下句是说给人打分,一般来说也应该是个二位数,不会在十分以下。足见台湾国语中用"几"询问数目时是没有范围限制的。

又如"人士"。《现汉》:"有一定社会影响的人物:民主~|各界~|党外~|爱国~。"台湾话中"人士"则指"社会上一般人的统称"(《重编》),使用范围要宽泛得多,包括罪犯或罪犯嫌疑人等在内的几乎所有的人都可以用。例如:

(10) 网路上的密码等于就是个人数据的守门员,所以许多网站都会提醒使用者定期更换密码或者不要使用过于简单的密码,以防遭到有心人士侵入。

(11) 日前展开代号"金辉"行动,过去 2 日共拘捕 33 名人士……所有被捕人士已获准保释候查。

(12) 我现在又是伤残人士,所以不准你靠近我。(《换换爱》,第 3 集)

近年来大陆该词的使用范围也有逐步加宽的趋势,不过"有一定社会影响"这一义素对它的使用仍具有较强的约束力。

普通话使用范围大于台湾话的,如"衬衣"。《现汉》:"穿在里面的单衣,也特指衬衫。"这即是说,大陆衬衣既指内衣,也指衬衫。而台湾话中衬衣只指"内衣"(《重编》),它是不包括衬衫的。

"管制"。该词的基本意思是"管理控制"或"强制性管理",台湾话"管制"的范围只限于事物,如灯火、枪支、军事、空中、交通等方面的管制,普通话"管制"的范围则不止是事物,也适用于对人主要是对某些犯罪分子的强制性管理。

再如"南巡"。该词《现汉》未收,《汉语大词典》与《重编》都释为"天子巡行南方"。它应属于历史词语,现代多出现于两岸表现历史题材的文学作品或影视剧中。但近年来大陆使用范围已突破此限,当今国家领导人到南方巡视或调研也可以说"南巡",如 1992 年的邓小平"南巡"并发表了影响深远的《南巡讲话》,以及时隔 20 年之后习近平重走小平"南巡路"即其证明。

(二)搭配对象不完全相同的异用词

如"提升"。两岸都可表示提高职位、等级,但台湾话"提升"的对象远多于此，如水平、能力、素质、质量的提高，数量、程度的增加之类，都可以用"提升"来表达。

又如表示"参加进去"义的"加入"，普通话中一般只能说"加入某种组织或活动"，而"加入我们/你们/他们"这类说法是很少用的，但台湾话中却很常见。例如：

(13) 怎么不过去呢？他们不是你朋友吗？我们可以过去加入他们嘛！（《醉后决定爱上你》，第7集）

(14) 你如果愿意加入我们的话，薪水不成问题。（《爱上查美乐》，第2集）

再如"隐瞒"。普通话只能说"隐瞒某件事""隐瞒真相"之类，而不能说"隐瞒某人"，但台湾话不受此限。例如：

(15) 她一定有什么事情隐瞒我。（《爱上巧克力》，第41集）

(16) 我总觉得那么做会让你开心，所以我隐瞒你。（《下一站幸福》，第20集）

(17) 怎么也没想到已经过世的先生，生前隐瞒家人买的一笔土地，却可能让一家十口无家可归。

普通话词搭配对象多于台湾国语的也不乏其例。如表示"做；干；从事"义的动词"搞"，在普通话中简直是"万能"动词，举凡大事小情、抽象具体、好事坏事、名宾动宾，无不可以用"搞"，诸如：搞生产、搞经济、搞研究、搞卫生、搞家务、搞原子弹、搞阴谋、搞破坏、搞男女关系，等等。台湾话中"搞"使用范围和搭配对象远没有普通话那么宽泛，而且所"搞"的对象以负面事情居多。再如表示"了解事物，因而能充分支配或运用"义的"掌握"，台湾使用范围仅限于"掌握""情况、资料、技术、理论"等说法；比较起来，大陆则要宽泛得多，如"掌握""知识、方法、规律、原则、特点、线索"，甚至"掌握文件精神""掌握几门外语""掌握自己的命运"等都可以说。

(三) 语法特点不同的异用词

所谓语法特点，包括词语的语法功能、句法位置、组合习惯等。

如"提速"。两岸都表示"提高速度"，普通话不能带宾语，但台湾国语不受此限。例如：

(18) 国际水果交易中心项目的落成，将进一步提速昆明"四个中心"的建设进程。

(19) 如果二手房贷款的首付提高，将增加二手房买主的经济压力，也促使二手房交易双方提速签约。

(20) 当前，香港资本市场面临着第二次结构转型的历史机遇，即在内地资本项下提速开放的大环境与大潮流下，内地逐步从资本输入向资本输出转变。

如果用普通话来说，以上三例中的"提速"要改用与其同义但可带宾语的"加速"才更合乎一般表达习惯。

"方便"。两岸都有"合适；适宜"一义。用作此义时，普通话中一般是不能够带动词性宾语的（否定形式"不便"例外），但在台湾话中却很常见。例如：

(21) 今天方便去阿姨家住吗？（《爱的发声练习》）

(22) 郝医师，方便去办公室聊一下吗？（《命中注定我爱你》，第11集）

"今天去阿姨家住"和"去办公室聊一下"分别是"方便"的宾语。在普通话中，以上两句须将"方便"改作谓语，分别说成"今天去阿姨家住方便吗""去办公室聊一下方便吗"才合乎一般表达习惯。

"支援"。两岸辞书都释为"支持援助"，词义并没有什么不同，但在台湾国语中"支援"可以受程度副词的修饰，在这点上其用法跟"支持"相同。例如：

(23) 这位曾在南洋理工学院读研的女儿，也秉承了父亲的善心，不仅对父亲的慈善事业十分支援，自己也加入到其中。

(24) 苏起强调，蔡英文勇敢迈出这一步，他非常支援。

"十分支援""非常支援"这类"台式"说法是普通话所没有的。

"嚣张"。两岸都表示"邪气高涨；放肆"，词义相同，也都可以用作谓语、定语（如气焰嚣张｜嚣张的气焰），但台湾国语中"嚣张"还可以修饰动词性词语作状语。例如：

(25) 不想看到你们嚣张走人的样子。（《换换爱》，第12集）

(26) 我允许你们安静的在这里看球赛，可不允许你们嚣张的在这里摆投影机看。（《斗牛要不要》，第1集）

这种用法的"嚣张"在普通话中是很少见到的。

再如表示"不坏；好"义的"不错"，普通话只能用作句子的谓语、名词前的定语或动词后的补语，但台湾话除此之外还可用在动词前，构成"不错+V"的形式，表示"V起来不错"或还让人满意。例如：

(27) 自从看了那本有关益生菌的书以后，就想保证每天都吃一个酸奶，虽然不爱吃酸奶，不过，跟各种水果拌在一起，还算不错吃。

407

(28) 问他会不会看林志玲的《月之恋人》，他则俏皮地回应："听说<u>不错看</u>，我还满想看木村拓哉的戏！"

(29) 反逆鲁鲁修的音乐也是<u>不错听</u>。

"不错吃"相当于普通话的"吃起来不错"或"好吃"，"不错看"相当于"看起来不错"或"好看"，"不错听"相当于"听起来不错"或"好听"。

再如"回来、回去、进来、进去、出来、过去"等趋向动词，普通话中是不能后跟处所宾语的，但在台湾话中，"回来家里、进去办公室、出来街上、过去那边"一类说法却是司空见惯，屡见不鲜。①

某些副词也存在着语法特点的不同。

如"比较"。《八百词》释为："表示具有一定的程度。不用于否定式。"这大概是就普通话的使用情况而言，但在台湾话中，用于否定式却是很自然、很正常的。随便看几个例子：

(30) 老板娘，我未婚妻人比较善良，她看到你脚受伤还要工作，<u>比较不忍心</u>。(《金大花的华丽冒险》，第6集)

(31) 北医针伤科陈萍和主任说，过敏的人在入秋后，身体状况会<u>比较不好</u>，尤其台湾湿气较重，平时要记得多加衣服，避寒除湿。

(32) 需注意的是，肉类是高蛋白质的食物，<u>比较不容易消化</u>，就算想吃，也要很少量。

(33) 有观众说，电影大部分搞笑的情节都是小沈阳摔跤之类<u>比较没有智慧含量</u>的搞笑，以及重复演员们以前在刘老根大舞台表演过的。

(34) 我同时学象棋与围棋，当时没有个人好恶，姑丈还说象棋<u>比较没用</u>，要我效法王立诚赴日本发展。

(35) 奎尼匹克大学新闻学系教授韩利（Rich Hanely）说，欧巴马对年轻人较具吸引力，麦可杰克森<u>比较没有</u>。

"比较不……"或"比较没（有）……"的用法在普通话中确实不多见。

再如用同"没有"的副词"没"。《八百词》在比较副词"没有"与"没"的区别时指出："问句末了或单独回答问题都必须用'没有'。"《现代汉语学习词典》与《应用汉语词典》也都持同一看法。大陆高校的现代汉语和对外汉语教材也都是这样讲解的。这当然是普通话中的情形，台湾话却并非如此。请看：

---

① 徐复岭：《台湾国语有别于普通话的几种语法现象或格式》，见刁晏斌主编《两岸四地现代汉语对比研究新收获》，语文出版社2013年版。该文已收入本书。

(36) 讯息纷乱的状况下，我们不知道哪里灾情最严重？最急需救援？更不知道军方救援直升机起飞了没？救到人没？

(37) 你们发现没，凡是奢侈品广告里的女明星一定神秘得跟地下工作者似的，不是在舞会上突然消失了，就是第二天早上男主角醒来时消失了，她们的关键词就是消失。

(38) 市场调查结果显示：有31.6%的受访者表示"还在评估考虑中"，比例最高；其次是"完全不考虑装"，占了31.5%；"我家没车，不用装"，以19.0%位居第三；"已经安装"则占了12.7%；"还没，近期会去装"仅占了5.2%。

(39) 至于企业是否认为景气已触底？七成五企业认为还没，至于完全复苏的时机，多数看好明年第二季之后。

用于问句末了的（前二例）和用于单独回答问题的（后二例）都是"没"，而不是"没有"。这显然跟普通话中的情形不同。①

又如表示"发生在不久前"的"刚刚"。《八百词》等工具书、大陆出版的现代汉语和对外汉语教材都说它是副词，只能用在动词之前作状语，不能用作介词"在、从"等的宾语，并据此把它跟时间名词"刚才"区别开来。但台湾话的实际情形并非如此简单。请看例句：

(40) 人表演的各种动作，例如唱歌、跳舞或是朗诵英文，透过摄影机把数据传输到[机器]小熊内部的装置上，小熊立刻就可以把人刚刚的舞蹈、歌声等立即表演出来。

(41) 从刚刚到现在，你一句话都不说。（《爱上查美乐》，第17集）

(42) 我从刚刚就一直要告诉你，我跟言劭已经开始交往了。（又，第24集）

(43) 奥蒂嘉强调，由于塞拉亚预定出席华府美洲国家组织会议，"直到刚刚我才把他送上飞机"。

显而易见，台湾话中"刚刚"和"刚才"用法并没有什么两样：除可作状语外，还都可以用作定语和介词的宾语，因此都属表示时间的名词。②

---

① 近、现代某些北方话如山东方言中句末也可以用"没"表示疑问。参看徐复岭《〈醒世姻缘传〉中某些特殊语法现象》，载《〈醒世姻缘传〉作者和语言考论》，齐鲁书社1993年版；《济菏方言语法特点撷例》，载《济宁师专学报》1989年第4期。两文均收入本书。台湾国语跟近、现代某些北方话中的句末疑问词"没"的关系，值得深入研究。

② 邢福义等《时间词"刚刚"的多角度考察》曾指出普通话中"刚刚"也可用作名词，作定语，但未论及"刚刚"用作介词宾语的情形，载《中国语文》1990年第1期。

409

(四) 文化附加义不同的异用词

由于两岸在地理环境、风俗习惯、人文历史、社会制度、政治体制等方面有所不同，也为两岸有关词语在核心意义或贮存义之外赋予了不同的附加信息，打上了各不相同的"文化印记"。

例如作为"行政区划单位"或"行政区域单位"的"市"，两岸就有不同的文化附加意义。大陆的"市"有直辖市、省辖市（又分为地级市、县级市），还有副省级的计划单列市。台湾的"市"则有与直辖市大体相当的"院辖市"、与乡镇相当的"县辖市"。特别是台湾的县辖市是台湾地区与乡镇同一层级的基层行政区划单位，为大陆所无，这点经常为初到台湾或不熟悉台湾社情的大陆人士所不解。

"宾馆"。《现汉》："招待来宾住宿的地方。"《重编》："接待宾客住宿或休息的馆舍。"可见该词大陆和台湾的基本意思是相同的。但大陆现多指"较大而设施好的旅馆"（《现汉》）或"档次较高的旅馆"（《现代汉语规范词典》），其文化附加义与台湾很不相同——在台湾，"宾馆"多指提供住宿或短时间休息的旅社，一般档次较低。

"异体字"。《现汉》："跟规定的正体字同音同义而写法不同的字。"在大陆，异体字属于包括简化字在内的"正体字"之外的"另类"，一般不再使用。而台湾所谓异体字则包括简化字在内，在这点上跟大陆的认识是有明显差别的。

"老干部"。大陆和台湾都指年纪大的或资格老的干部，但大陆还"特指1949年10月1日以前参加革命工作的干部"（《现汉》），这一附加义是台湾国语里所没有的。

"光复"。《现汉》释为"恢复（已亡的国家）；收复（失去的领土）"。台湾除此核心义外，还特指1945年对日抗战胜利后台湾光复，并为此设立台湾光复节。例如下面例句中的"光复"即指1945年台湾从日本侵略者占领下收复回祖国怀抱：

(44) 光复后，卢缵祥先当选为头城乡乡长，不久当选为台北县（辖宜兰）参议员、直到副议长。

(45) 陈水扁做台湾市市长的时候不谈光复，而是用了"终战"，也就是日本侵略者对于二次大战投降的终战，而不是光复了。

节日方面前边已经举过"教师节"。另如"儿童节"，核心意义当为"儿童的节日"（《现汉》）或"为儿童特别制定的纪念日"（《重编》），但具体日期大陆和台湾却不同：大陆为6月1日，台湾是4月4日。"青年节""父亲节"类此。

再如对年级高于或年龄大于自己的同校、同班男女同学，大陆既可尊称为"学兄"或"学姐"，也可尊称为"师兄"或"师姐"；但在台湾，一般尊称为"学兄"或"学姐"，几乎不称"师兄"或"师姐"。因为台湾话中"师兄""师姐"多用于"同师门的人"（《重编》），含有比较浓重的门派、行帮甚至宗教意味，而普通话中"师兄""师姐"并不存在这种文化附加意义，或者这种文化义非常淡薄。"师弟""师妹"的情形与之相同。

（五）色彩附加义不同的异用词

有的表现为感情色彩义的不同。

大陆属贬义而台湾属中性甚至褒义的，形容词"充斥"是一个十分典型因而常被人举到的例子。另如名词"死党"。《现汉》释为"为某人或某集团出死力的党羽"，并明确注明"含贬义"。《重编》："能尽死力互助的同党。比喻情谊深厚的朋友。"《全球华语词典》："十分要好的朋友；铁哥们。"并注明该词使用地区为台湾、港澳、新马。据后两种辞书的注释和说明，该词多含褒义，至少也得属中性词。例如：

(46) 高中时期大家都最爱作梦跟幻想，同时也正是情窦初开的年纪，这时候跟着好友一起疯狂、玩乐、作梦，许多人当时的死党是最患难见真情的，也就最难忘怀。

(47) 来自排湾族大王部落的林子轩……表示，从小到大就自认是女生，有不少死党也都是女性，母亲得知他的性向也不反对。

近年来大陆也有如此用的，这固然跟港台话的影响不无关系，但很多时候则是谐谑或贬词褒用的临时性修辞手段。

再如动词"笼络"。大陆《现汉》释为"用手段拉拢"，《现代汉语学习词典》和《应用汉语词典》都有"多含贬义"的括注，但它在台湾话中却属于中性词。例如：

(48) 电音三太子不仅笼络了众多人气，还走进人民大会堂参展表演。

(49) 王海玲说，台湾豫剧团很多年前就开始发力笼络年轻观众。

(50) 国民党"地方自治"的初衷，在于释放一部分权力，笼络地方实力派。

各例都不含贬义，其中头两例甚至含有褒奖赞许的成分在内。《现汉》和《现代汉语规范词典》（第2版）都没有特别注明它有何感情色彩，不失为明智之举。

又如"地主""资本家"等，在大陆长时间内曾属于贬义色彩浓厚的词语，甚至连"开明地主""红色资本家"也难摆脱其贬义的阴影。只是在拨乱

411

反正之后,方才回归到中性词的行列。

台湾属贬义而大陆属中性义的,如表示"强力统治"义的"专政"。普通话中"人民民主专政""对敌人专政""专政对象"等均无贬义,但台湾话中"专政"差不多是"独裁"的同义语,贬义色彩相当浓厚。

有的表现为方言色彩义的不同。

台湾国语中有不少带有闽南方言或其他南方方言色彩的词,这些词在大陆并未进入普通话。如表示"母亲的姐妹"义的"阿姨",《现汉》虽收录,但明确注明为"〈方〉",普通话中"母亲的姐妹"称"姨"或"姨妈",不称"阿姨";"阿姨"只用来称呼"跟母亲辈分相同、年纪差不多的无亲属关系的妇女"与"保育员或保姆"(《现汉》)。但台湾国语却将表示"母亲的姐妹"义的"阿姨"从闽南和客、粤方言中吸收进来广为使用。

同样,普通话中也有一些在台湾人看来带有北方话或别的方言色彩的词。例如表示"真正的;纯粹"义的"地道(dao)",普通话中它跟"道地"一样常见常用,如"一口道地的英语"也可说成"一口地道的英语"。但在台湾话里,通常只用"道地","地道"被认为是带有北京方言色彩的词。《中华大辞林》便将这一义项的"道地"注为台湾专有词,并注明"大陆叫地道"。台湾杨度先生主编的《台北道地、北京地道:两岸生活小词典》,更是将北京话的"地道"跟台北话的"道地"特意对举使用,以凸显二者"微妙的差异"。(见该书"前言"。文化艺术出版社2012年版)再如普通话中表示敏捷、利落的"麻利",台湾国语认为它是具有北方方言色彩的词而持排斥态度,宁愿说成"利落"。

有的表现为语体色彩义的差别。

如表示"把事情往小里说"的语助词"而已",普通话"多用于书面,口语用'罢了'"(《八百词》),但台湾口语里"而已"常见多用,用"罢了"的反而成凤毛麟角。

(六)活跃程度和使用频率明显不同的异用词

有些传承词在大陆仅出现于特殊语境,一般情况下已不再使用而改用别的词语,但该词在台湾话里仍在正常使用,于是这类词在两岸便表现出活跃程度和使用频率的明显差异。

其中有些是属于古代或近代汉语中的词语,今大陆不用或罕用,但台湾常见。如"偼勤""食店"和表示"话;言辞"义的名词"说话"等。

更多的则是属于早期现代汉语中的词语,大陆已成为被别的叫法取代的旧词,但在台湾仍照旧使用。如"幼稚园",大陆已成被"幼儿园"取而代之的旧词,但在台湾仍照旧使用。"清道夫",大陆已改用"马路清洁工"或"环卫工人"，但台湾仍沿用旧称。类似的词语还有（台—陆）：邮差—邮递员、警察局—公安局、原子笔—圆珠笔、血球—血细胞、维他命—维生素、盘尼西林—青霉素，等等。

口语词也有这种情形。如表示程度深并带感叹意味、用法同"很"的程度副词"好"，"好开心""好讨厌"等"好+形容词"的说法在台湾话中的出现频率要远远高于普通话，台湾话甚至不避字面的重复，"好好看""好好吃"之类的说法时有所闻。

也存有某些传承词大陆仍在使用而在台湾已很少使用甚至不再使用的情形。如普通话口语中的连词"饶"，《现汉》释作："表示让步，跟'虽然、尽管'意思相近：～这么让着他，他还不满意呢。"该词属近代汉语中的词，自唐诗、元曲至明清传奇、小说用例不绝。台湾2004年出版的《国语活用辞典》（第3版）"饶"下未收这一义项；2012年出版的《中华大辞林》将这一义项判定为方言用法，大概是因为台湾话中已很少用到它的缘故吧。

三、两岸同形同义异用词的动态特征

（一）异用词的分类是相对的，不是绝对的

以上我们分别谈了六种不同类型的同形同义异用词，这主要是为了叙述的方便所作出的分类，实际上，有的词语的差异可能不止表现在某一个方面，而是兼跨两类或更多类。异用词的分类具有相对性、动态性。

例如台湾话中"加入""隐瞒"等搭配对象的增加，"支援"也可受程度副词修饰，"嚣张"也可修饰动词作状语，"充斥"既可用于贬义又可用于褒义——这些都实际意味着上述词语的使用范围的扩大。又如台湾话中"人士"由指有一定社会影响的人物扩大到指社会上的一般人，这便引起了该词附加的色彩义的改变——原有的褒义色彩逐渐淡化，进而演变为中性词。再如普通话中"南巡"使用范围由古代天子扩大到当今国家领导人乃至普通民众，实际也意味着搭配对象的增加；普通话中动词"搞""掌握"可搭配对象多于台湾国语，实际也意味着该词在两岸使用范围的差异。

（二）两岸异用词有逐步缩小差异、走向融合的发展趋势

应该看到，随着两岸联系和交往的日益增多，两岸异用词跟其他两岸差异词语一样，实际存在着差异逐步缩小，乃至走向融合、趋同的发展趋势。

例如近年来大陆对"人士"的使用范围有逐步加宽的趋势，"提速"也开始带起了宾语（"提速现代化进程"的说法就屡见报端），"嚣张"也有人让它用作状语（报刊上不乏"嚣张地说"之类的说法）。再如"男生""女生"，

在台湾不但包括男学生、女学生，还分别泛指一般男青年、女青年，所指范围原本大于大陆。近年来大陆使用范围也逐渐扩大到泛指一般男青年、女青年，《现汉》第5版就比以前各版分别多出了这一义项，标示为"〈方〉"，而到第6版修订时"〈方〉"的标记删去，表明这一泛指义由台湾国语向普通话渗透、扩张过程的完成。这是台湾国语影响普通话的例子。反之，普通话影响台湾国语的例子也不少见。20世纪80年代，用"掌握"与"技术""知识"搭配使用，台湾人会觉得很新鲜、很奇怪，不易接受。① 90年代出版的《重编国语辞典》就根本未收"掌握"的"了解事物并能充分加以运用"这一义项或相关用法。但到21世纪出版的《国语活用辞典》（第3版）和《中华大辞林》，不但收入了这一释义，而且例句中就有了"掌握技术、掌握理论"这类说法，说明台湾国语中"掌握"的搭配对象也大大拓宽了领域，向大陆普通话用法靠拢的趋势十分明显。

两岸同形同义异用词的动态特征，不仅表现在异用词内部分类的相对性和两岸词语使用差异的逐渐缩小、趋同方面，而且表现在它与"类外"的同形异项差异词（偏项差异词）的互相转移上。

四、差异词的分类及同形异项词跟异用词的互相转移

李行健、仇志群先生的《汉语词典编纂的新课题》（载《辞书研究》2016年第6期），是笔者迄今见到的对两岸差异词进行分类比较完备的一篇论文。它把两岸差异词首先分成绝对差异词和相对差异词两大类，然后又各分成两个小类。② 如下所示：

Ⅰ. 绝对差异词（显性差异词）：

　　A. 一方独有而对方所无的特有词。如：干啤（陆）；拜票（台）

　　B. 同实异名（异形同义）词。如：鼠标（陆）—滑鼠（台）

Ⅱ. 相对差异词（隐性差异词）：

　　A. 偏项差异词（同形异项词）。如：催熟：①促使植物果实加快成熟（共有义项）；②使人或事物过早成熟（大陆独有义项）

　　B. 不对称传承词（活跃程度和使用频率迥异）。如：幼儿园（陆）—幼稚园（台）

---

① 参看黄国营《海外华语与普通话》与《台湾当代小说的词汇语法特点》，分别载《汉语学习》1984年第4期与《中国语文》1988年第3期。

② 李行健先生以后又将这两大类的名称改为显性差异词和隐性差异词，两大类下边的小类也有增加和调整。见其《两岸差异词再认识》（提纲），第七届海峡两岸现代汉语问题学术研讨会，2013年3月，香港。

笔者赞同李、仇文中把两岸差异词首先分成绝对差异词和相对差异词两个大类的分类方法，认为如此分类是科学的、符合实际情况的，但在进一步的下位分类中存有考虑不周之处。最主要的一点是，正如拙文所举出的，两岸同形同义异用词有多种类型，但李、仇文中只以其中并不十分典型的"不对称传承词"作为代表，显然不够合理。"相对差异词"中的 B 项应改为"同形同义异用词"，"不对称传承词"只是同形同义异用词中的一种特殊情形而已。

此外，两岸差异词中的同名异实（即同形异义）现象也很常见，但在分类中却没有被包括进去，恐系疏忽所致。这类差异词语可视为绝对差异词中的一个下位小类（C）。

经过笔者补充、调整、完善之后的两岸差异词的分类，大致如下所示：

I. 绝对差异词（显性差异词）：

    A. 一方独有而对方所无的特有词。如：干啤（陆）；拜票（台）

    B. 同实异名（异形同义）词。如：鼠标（陆）—滑鼠（台）

    C. 同名异实（同形异义）词。如：公车（大陆指公家车，台湾指公共汽车）；窝心（大陆指郁闷，台湾指开心）

II. 相对差异词（隐性差异词）：

    A. 偏项差异词（同形异项词）。如：实习生（共有义+台湾独有义"机关或企业里试用期间的雇员"）；催熟（共有义+大陆独有义"使人或事物过早成熟"）

    B. 同形同义异用词：

        a. 使用范围不同的异用词。如：几（jǐ）；衬衣

        b. 搭配对象不完全相同的异用词。如：隐瞒；掌握

        c. 语法特点不同的异用词。如：提速；比较（副词）

        d. 文化附加义不同的异用词。如：市；教师节

        e. 色彩附加义不同的异用词。如：充斥（感情色彩义不同）；阿姨（方言色彩义不同）；而已（语体色彩义不同）

        f. 活跃程度和使用频率不同的异用词（即不对称传承词）。如：幼稚园（大陆少用）；饶（连词，台湾少用）

应当着重指出：两岸差异词的分类也是相对的，不是绝对不变的。这主要表现在某些差异词语所属类型的转移上，尤其表现在相对差异词中的同形异项差异词和同形同义异用词的互相牵连和转移上。例如普通话和台湾国语中的"夸张"，我们现在是把它当作同形同义异用词看待的，但是台湾国语中的"表示行为举动或做出的事情有些过分或超越范围"，显然已超出"夸大；言

过其实"的范围，所以如果就台湾国语而言，将它单独列为一个义项当是合情合理、无可厚非的。这样一来，台湾话中的"夸张"与普通话中的"夸张"便由异用词变成了同形异项词了。又如两地共有的"交往"，我们现在把它视作同形同义异用词，但是若要把台湾话中的"专指男女之间的特殊性来往"单抽出来作为一个义项也未尝不可，这样它跟普通话中的"交往"也便成了同形异项词了。再如"老干部"，我们现在把它视为"大陆和台湾"共有的同形同义异用词，但若把普通话中"特指1949年10月1日以前参加革命工作的干部"单立为一个义项也可说得过去，这样一来它跟台湾国语中的"老干部"也便成了同形异项词了。

事实上，现有辞书中不少既有共有义项又有不同义项（特别是表示"特指义""比喻义"或"泛指义"的不同义项）的同形异项词，原本都属于同形同义异用词。如上边谈到的"管制"，《现汉》和《两岸常用词典》将"（特指）对某些犯罪分子的强制性管理"单列为一个义项即其一例。又如"井喷"，《全球华语词典》和《两岸差异词词典》都收了两个义项："①原油或天然气大量从油气井的井口喷出。②比喻某种事物或现象大量急速地出现。"其中比喻义为普通话特有义项。实际上，这个同形异项词原本也只是个同形同义异用词，义项②不过是近年来才在普通话中通过比喻用法衍生并开始固化下来的新义。又如"外省人"，一般指来自本省以外的省份的人，这应该是普通话和台湾国语的本来共有的意义，但在台湾话中，"外省人"又往往特指"来自大陆地区的中国人"，所以《两岸差异词词典》便将这一用法单列为该词在台湾国语中的特有义项，于是"外省人"也就成了同形异项词了。

五、两岸同形同义异用词与辞书编纂

为了给越来越频繁的两岸人员的交流和接触提供方便，为了顺应汉语教学研究和国际汉语推广工作的需要，两岸不少学者试图编写对照性质的两岸词语"差异词典"或全面描写两岸汉语词汇面貌的"大汉（华）语"词典，并且已经见到一些可喜的成果。譬如台湾2007年推出的《重编国语辞典修订本》网路版、2010年大陆出版的《全球华语词典》、2012年大陆和台湾分别出版的《两岸常用词典》、2014年大陆出版的《两岸差异词词典》等。特别值得注意的是，2012年大陆修订出版的《现代汉语词典》第6版，也吸收了一些已经进入或正在进入普通话的台湾国语词语或义项，显示了对两岸词语兼收并蓄的"大汉语"的新的收词取向和编纂理念。不过，目前进入上述辞书的一般还都属于两岸词语中差异比较明显的绝对差异词和相对差异词中的同形异项差异词，而那些差异不很明显的同形同义异用词一般较少涉及。关于同形同义异用词是否应该"入典"以及怎样"入典"的问题，在理论和实践上都还有值得深入研究和认真探讨的必要。

　　词汇学和辞书编纂理论告诉我们，词义可分为贮存义（固有义）和在具体语境中才能体现出来的使用义，辞书中所设立的义项一般只能是词语的贮存义，具体使用义是不能和不必立项"入典"的。除非是随着词语使用领域的不断扩大或贮存义的逐渐膨胀而"溢出"旧有的范围，这时才有建立新义项或义位的必要。本文所谈两岸异用词中一方词义使用范围的扩大，便往往导致词的贮存义的"溢出"，这便为辞书中新义项或义位的设立提供了理论支撑。前边谈到的异用词向同形异项词等的转移，如"管制""井喷""外省人""男生""女生"和"夸张""交往""老干部"都属这种情形。又如前边举到的大陆的"南巡"一词，本着与时俱进的精神，《现汉》《汉语大词典》等修订再版时也得考虑做出必要的调整：或增收该词，或新增义项。

　　但是更多的同形同义异用词并不属于这类情形，即这些词语的贮存义并没有达到"溢出"而产生新义的程度，而只是在具体语用上体现出少许差异。依从语义学理论和辞书编纂原理，这类词语既然没有衍生出新的义位，词典中也就不必设立新的义项。这对一般性语文辞书而言，无疑是正确的；对反映两岸词语使用差异或词汇使用全貌的"差异词词典"或"大汉（华）语"词典而言，这一原则当然也须坚持贯彻，但在释义方式上却应进行必要的调整和创新，以适应这类辞书的特殊编写要求。比如台湾国语中有"市公所"一词，《全球华语词典》与《两岸现代汉语常用词典》（北京语言大学出版社2003年版）都收录了，释为"市一级政府机构"或"市级政府部门办公的地方"，都没有指出是哪一级的市政府，不能给读者提供一个准确清晰的信息。因为台湾的"市"包括"院辖市"和县辖市，如果是前者的"市级政府"，那在台湾应该叫"市府"，不叫"市公所"，只有县辖市的"市级政府"才叫"市公所"。两部词典的释义之所以不够准确到位，就是因为过于拘泥于"市"的"行政区划单位"的贮存义，而忽略了它的使用义，即属哪一级行政区划单位的文化附加义。新近出版的《两岸差异词词典》对"市公所"做出如下释义："县辖市的行政机构，也指该级政府部门办公的地方。"并在释义后做出进一步的提示性说明："县辖市是台湾地区基层行政区划之一，地位与乡、镇同级。"这便不仅提升了释义的准确性，而且丰富了词语的文化内含，提升了词典的实用价值。这种既尊重词语贮存义又照顾一方或双方词语使用义的变通释义方式，我们称之为"全覆盖"或"全息式"释义法。这种释义方法在两岸"差异词词典"和"大汉（华）

语"词典的编纂中应属成功的尝试，值得肯定和推广。

　　再如"儿童节"。两岸该词的贮存义或基本义并没有什么不同，只是规定的具体日期不同，以往的两岸词典释义时各说各的日期，而《两岸常用词典》在给出该词的贮存义后，又特别注明："现在大陆儿童节为6月1日，台湾为4月4日。"做到了释义的全覆盖。又如询问数目的"几"，大陆辞书一般都给出"估计数目不太大"的限制性说明，而台湾辞书却不做任何数目限制，这种处理方式当是符合各自的语用实际的。然而作为未来的"大汉（华）语"词典，"各说各调"的释义方式显然就有局限了，应当改为兼顾双方语用实际的全覆盖释义方式。又如"隐瞒"一词，台湾话不仅可以"隐瞒某事"，还可"隐瞒某人"（相当于"瞒着"）；"支援"一词，台湾话不仅可带宾语，还可受程度副词修饰（相当于"支持"）：这些在"大汉（华）语"词典中也都应该有所反映，尽量做到全息式释义。

　　需要指出的是，这里所说的全覆盖或全息式释义有其特定的内涵，一般指两岸同形同义异用词中不同的使用义或语用义，并不意味着随意增设义项或扩充贮存义。有的词典收有"充斥"一词，分成两个义项加以释义："①充满或塞满。带有贬义色彩。②充满或塞满。为中性词，不一定含贬义。"（前者该词典标为共有义项，实只为大陆所有；后者标为台湾义项。例略）这种释义方法恐属不妥。"充斥"在大陆和台湾虽然词义的感情色彩不同，但"充满或塞满"的贮存义却没有产生任何动摇，故不宜分立义项，只须在共同贮存义的框架内指出两岸色彩义的差异就算做到了释义的全覆盖了。

　　全覆盖或全息式释义还应包括以下两种情形：一是某个词语或义项在此方表现为共同语，而在彼方表现为方言。这时应在辞书中作出相应说明和交代。如表示"母亲的姐妹"义的"阿姨"，表示"房屋"义的"厝"，均为台湾国语中源自闽南方言的通用词，但在大陆却属于未进入普通话的方言词。《现汉》均标示为"〈方〉"是完全正确的。二是某个词语或义项在此方常见常用，而在彼方却少见少用。这时也应在辞书中作出相应说明。这主要指两岸活跃程度和使用频率明显不同的异用词。例如"食店"，《两岸常用词典》定为共有词，但做了提示性说明："大陆今少用。""幼儿园"，《两岸差异词词典》定为跟台湾的"幼稚园"相对应的大陆特有词，但又做出提示性说明："近年来台湾有些地区也见使用"。以上也都是全覆盖释义方式的具体体现。

（载《武陵学刊》2014年第1期；又见《两岸四地现代汉语对比研究新收获（2）》，语文出版社2014年版；并被收入《两岸合编词典研讨集》一书中，高等教育出版社2016年版）

泰国华语语法变异例说

泰国华语指长期生活在泰国的华人华裔所使用的汉语,它是旅泰华人族群内部的共同语。泰国华语在长期使用过程中衍生出了某些有别于大陆普通话语法的变异形式。这些语法变异的产生,既有泰国华语即汉语自身历史发展的原因,也同语言或方言间的接触与影响密切相关,当地人的生存方式与文化习俗也催生着某些语法格式的变化。除此之外,语言的不完整的教育和学习也是滋生语法变异的重要因素之一。研究和揭示这些语法变异现象及其产生的原因,对于深入了解泰国华语的面貌、提高泰国的华语教学水平、促进泰国华语健康发展乃至丰富普通话的表达方式,都有着重要的意义。

本文所谓语法变异,指对标准汉语即普通话语法规则的偏离现象。这种偏离现象在泰国华语这个特定的范围内具有一定的普遍性或共同性,某些偶发性的或具有个人语用特点的偏离普通话语法的现象,不在本文讨论之列。泰国华语的语法变异现象是多方面的,涉及虚词使用、语句构造和语序安排等方面,本文只选取跟虚词与句式有关的五种变异形式加以讨论。[①] 讨论时一般先列举变异实例并指出其特点,然后分析变异产生的原因,提出应对变异的态度或对策。所引例句除特别指明者外,均采自泰国华语作家的作品或泰国华文报纸。

一、古汉语词"俾"的语法化

"俾"是古汉语词。《尔雅·释诂》云:"俾,使也。"可见它是个表示致使、使令义的动词。例如:

(1)乃召司空,乃召司徒,俾立室家。(《诗经·大雅·緜》)

(2)乃俾一介行人抚巡外域。(陆机《辩亡论上》)

"俾"在现代汉语里已几乎绝迹,就是在书面语里也不常见。但在泰国华语尤其是泰华书面语里,"俾"使用频率颇高,其原有的"致使"义至今仍然使用,不过在更多的情况下,泰华书面语里"俾"的"致使"义已逐渐虚化,

---

[①] 泰国华语的语序变异将另文讨论。

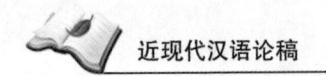

而开始具有了连接上下文的语法功能。请看:

(3) 许多影友需要瀑布影相,俾卖给广告公司作为新年月份牌用。(征夫《红粉忠魂》)

(4) 警方侦缉投弹手,俾进一步查明肇因。(《世界日报》,2006年3月16日,A14版)

(5) 现警已派员四处侦查该伙歹徒分子下落,俾侦缉严惩。(《亚州日报》,2003年12月21日,8版)

(6) 联合国秘书长安南期待美国和他一同出席伊拉克临时管理委员会本月19日的会议,俾决定联合国在伊拉克的角色。(《中华日报》,2004年1月18日,1版)

(7) 以军今年初加速作战准备,俾于外交管道无法解决伊朗核子危机时,对伊朗展开空袭。(《世界日报》,2007年2月26日,A1版)

从所在的位置看,各例中"俾"都用在后一分句之首;从表示的意义看,各句中"俾"都是表示使得下文所说的目的容易实现。这里的"俾"与其作"致使"或"使"解释,毋宁作"以便"或"为了""为的是"解释(口语中则相当于"好")更切合原文的意思。不难看出,"俾"实际已从表"致使"义的动词虚化成了连接目的分句的连词,从实词演变成了起语法作用的虚词。

以下两个"俾使"和"俾让"连用的例子,似乎更能彰显出"俾"的语法化趋势:

(8) 我们已宣誓保护滨河流域自然环境,各方面应脚踏实地加以维护,俾使滨河流域环境一年比一年好转。(《亚洲日报》,2003年12月21日,8版)

(9) 我边点头边步上前把房门拉开,俾让她出房外带路。(沈逸文〈译〉《北京会见诗·巴差》)

"使"和"让"分别是致使、使令的意思,"俾"也就没有必要重复表示这一意思了,于是腾出手来专司连接上下文的语法功能。

"俾"本义为致使、使令,而连词"以便"的语法意义是"使得下文所说的目的容易实现"(吕叔湘,1999),二者都有"使"的含义在内,本来就具有相通之处,故"俾"虚化为表示目的的连词完全在义理之中。加之"俾"使用位置的固定化,"俾"的语法化便是水到渠成之事了。

二、表示差比,泰国华语往往说成"甲+A+'过'+乙"

表示甲比乙如何,普通话说成"甲+'比'+乙+A",而泰国华语往往说成"甲+A+'过'+乙"。其中 A 代表形容词性词语,"过"是表示比较的介词,相当于汉语书面语中的"于"或普通话口语中的"比"。例如:

(1) 她是最小的幺女,年纪和最大的大姊相差一大段,大姊的女儿还大过她。(陈先泽《行云流水写文章》)

(2) 摩鉴证券分析商银业务,认为第二季纯利少过首季。(《中华日报》,2004 年 7 月 12 日,13 版)

(3) 预料自 11 月份至明年度,每个月的观光游客增长率将不少过百分之五。(《亚洲日报》,2003 年 10 月 25 日,7 版)

(4) 生命贱过一条狗。(白令海《乱离儿女》)

(5) 这本来就容易过食碗水。(自然《风水先生》)

(6) 我就是这样过宿,总好过在屋檐下过夜呀!(李虹等《风雨耀华力》,二)

(7) 二十年前他好命过我。(同上,二十一)

在普通话中,例(1)要说成"大姊的女儿还比她大",例(2)要说成"第二季纯利要比首季少",等等。

粤方言比较句常常采用"甲+A+'过'+乙"的句式,属于闽南方言的潮州话与海南话因受粤方言的影响,也存在这样的比较句式。(袁家骅等,1983)泰国华人绝大多数来自广东、海南和闽南地区(其中以来自广东潮州的居多数),这些华人绝大部分以粤方言和闽南方言(包括潮州话、海南话)为母方言。显而易见,泰国华语中的差比句式"甲+A+'过'+乙"是方言语法影响的结果。

新加坡华语中同样存在着这一语法变异现象。[①]

这类句式有较大的发展空间。就是在普通话中,"好过你""强过你"一类说法也已经为越来越多的人所使用,普通话的表达方式也因而更加丰富多彩。

三、普通话的"(在/从/到)……中/里",泰国华语常说成"(在/从/到)……上"

普通话"(在/从/到)……中/里"格式里后附的方位词"中/里",泰国华语常常用方位词"上"来表示。例如:

(1) 乃忠在警署上把杀乃彪的事一口承认。(老三〈译〉《义本无言》)

(2) 我在旅店上等了大半天,你却在这里吹凉风。(李虹等《风雨耀华

[①] 陈重瑜:《新加坡华语语法特征》,载《语言研究》1986 年第 1 期。

力》，二)

(3) 那人去了，剩下李俊独个儿坐在华丽的会客厅上。(同上，五)

(4) 在俱乐部上、大学图书馆和化验室，都看到他俩在一起。(征夫《在萎谢了的花梨树下》)

(5) 他们一同开车到村子上来。(马凡《奇石》)

(6) 上次从你们公司上赚到的那笔佣金，就快食光了。 (老将军《卖地记》)

(7) 女护士的地位在侨社上一般人的心目中，是家族中一个光荣的标志。(巴尔《就医》；侨社，指华侨社团)

(8) 玩月从小提包上取出一个红信封来交给大海。(李栩《陈头家做寿》)

(9) 我还要把你夹在心爱的书本上，寄给远方的友人。(年腊梅《路旁一朵白玉兰》)

(10) 敬希老师们爱惜系上的财产。(某大学中文系公告)

以上有关部分在普通话中一般都说成"(在/从/到)……中/里"。

泰国华语之所以喜欢选用"(在/从/到)……上"的格式，可能跟当地居民的生存环境、生存方式和文化习俗有关。泰国地处热带雨林地区，为了免遭经常发生的洪水灾害和丛林中蛇虫猛兽的侵扰，当地传统民居多是建在地面或水面之上的高脚屋，人们进屋必须首先爬几磴木梯，然后才能入内。反映到语言生活中，便是泰国华语由此形成了把"进屋"说成"上屋"、把"从屋里出来"说成"下屋"的习惯，这就像普通话中说"上楼""下楼"那样自然。例如：

(11) 警士坚要上屋去拘捕功姐姐。(沈逸文〈译〉《我不再有眼泪》)

(12) 功姐姐听见下面吵闹的声音，爬起身要下屋来看个究竟。(同上)

"上屋"既已约定俗成，那么"屋上"以及"在屋上+V"或"V+在屋上""到屋上去""从屋上出来"等说法也便随之产生。例如：

(13) 自己静静地站在那儿，窃听屋上的人谈论什么。 (巴尔《沸腾的大地》)

(14) 当她们绕过屋后，在自己的屋底下，就听见有人在屋上谈话。(同上)

(15) 他跳下小屋到一旁草林间解手，完毕之后再回进小屋上。(陈忠奇《独立娼寮》)

然后再由"屋"连类而及于与"屋"相关的其他建筑物或处所，如警署、旅馆、会客厅、村子、公司、侨社等（这些建筑物或处所一般也都位于地势较高处），再由此生发开来，乃至于小提包、书本之类，于是"(在/从/到)……上"步步繁衍推广，一些本该用"（在/从/到）……中/里"的地方也说成"（在/从/到）……上"了。

因为有适宜的生存土壤，这一变异现象在泰国华语中看来会长期存在下去。

四、表示某动作发生在另一动作之后，泰国华语往往用副词"才"替代"再"

表示某动作发生在另一动作之后，普通话中用副词"再"。泰国华语虽然也这样说，但也往往用副词"才"。例如：

(1) 还是先拿来看一下，然后才喝茶。（司马攻《青花瓷瓶》）
(2) 今天先穿去上学，明天才买新的。（李栩《陈头家做寿》）
(3) 我要先带你到浴室去按摩，然后才前往大醉一场。（沈逸文〈译〉《污垢》）
(4) 他原想休息以后才去冲凉睡觉。（自然《回国探亲》）
(5) 生命要紧，银钱可以慢后才想办法。（范模士《尽在不言中》）
(6) 时间到了，我得走了，下次才来参加吧。（李虹等《风雨耀华力》，十一）
(7) 你听我说清楚才插嘴。（白茶《小人一个》）
(8) 我只好再托人另找厨师，等找到之后才把锦莲辞退。（梦莉《李伯走了》；按，说这话时尚未找到厨师）
(9) 吃了早餐后他就即刻到县署开会，说晚餐时候才来见我。（马凡《走出雾城》；按，在这之前"他"已经见过"我"一次了）

头七句结合上文的"先""后"或表示前期动作的词语，"才"用作"再"不难理解。后两句单凭原有的语句可能会让人觉得这里就是表示事情发生得晚或迟的"才"，其实仍然用作"再"，这只要看一下笔者根据原著文意所加的按语便可了然。

新加坡华语的"才"也存在着类似的语法变异现象。[①]

在泰国华语中，这样用法的"才"甚至可以跟副词"再"连用，说成"才再"或"再才"：

(10) 她的第七位丈夫就是死了老婆才再娶她做"接枝"的。（范模士《马前卒》）

[①] 周清海：《新加坡华语和普通话的差异与处理差异的对策》，载新加坡《联合早报》，2006年3月21日、23日。

(11) 斥责若是要俺变好，那就该刻苦忍耐；如果他动辄乱骂，无道无理，我想俺就再才设法就是了。（修人《一个坤銮的故事》二十四）

外国人学习汉语，也常出现"才"替代"再"的现象。在对外汉语教学中，这类句子都是作为必须加以纠正的"病句"来对待的。如李大忠《外国人学汉语语法偏误分析》（北京语言文化大学出版社1996年版），就是从分析这类语法偏误现象开篇的。

笔者觉得，泰国华语和新加坡华语中"才"的这一变异现象，跟不完整的语言教育和语言学习有关。周清海在分析造成新加坡华语变异的原因时曾说："除了受方言、外语的影响之外，不完全的学习也是重要的原因。无论是语法、虚词还是实词，在词语意义和用法比较细微的地方，往往因为学习时没有充分注意，才导致出现差异。""语言研究者、教学者对语言里比较细微的差别，如果不加注意，不能在语言教学里充分达到教学效果，就会引致语言变异。"[①] 由于历史的原因，泰国的华语教育曾长期不被重视甚至遭受挤压，缺乏最基本的华语教学环境。加之我们以往的语文教学和汉语教学，像"才"与"再"这类词语的具体用法及其细微差别，确实是很少讲到的，学生学习的兴趣和注意力一般也不放在这上面，这便造成了教与学的严重缺失，某些意义或用法相近的词语或语法格式的误用也就在所难免了。联系泰国华语中出现"才再"或"再才"这类用法相近词语的连用现象，更能说明用副词"才"替代"再"的变异跟不完整的语言教育和语言学习有关。

自20世纪80年代以来，随着我国国际地位的提高和对外汉语教学工作的蓬勃发展，泰国的华语教学环境得到了根本性的改善，在对外汉语教材的编写和对汉语本体的研究（包括对某些意义或用法相近词语或语法格式的辨析）方面也取得了可喜的成果。相信随着对外汉语教学和汉语研究的整体水平的不断提高，这类由于不完整的语言教育而引发的变异现象会逐步减少。

五、动词重叠+数量词语

泰国华语中，动词（多是单音节动词，偶尔有双音节动词）重叠之后还可以带数量词语。根据所带数量词语的句法地位，泰国华语的这种变异现象可细分为两种情形。

一种情形是这些数量词语用作动量补语或时量补语。这类变异比较常见。例如：

(1) 我想同它们玩玩一番，但是总觉得有点儿陌生。（司马攻《故乡的石

[①] 周清海：《新加坡华语概论》，载《中国语文》2002年第2期。

狮子》）

（2）无论如何总得回店里瞧瞧一番。（李栩《陈头家做寿》）

（3）现在我来让大家看看泰国的实际情形，了解了解一番。（陈博文《女奴》）

（4）这女人大概是什么客户的女儿下来玩玩几天吧！（年腊梅《被侮辱与被损害的》）

其中例（1）（2）（3）数量词语用作动量补语，例（4）用作时量补语。重叠的动词与数量词语中间有时出现由人称代词充当的宾语，例如：

（5）新郎官想知道那是什么宝贝，半夜里总是起身来偷偷摸摸它一下。（马凡《新娘的嫁妆》）

另外一种情形是数量词语用作动词的连带成分宾语的数量定语。这类变异现象相对而言较少发生。例如：

（6）义兄有时偷偷地和我见面，谈谈几句话便匆匆地走了。（司马攻《我的义兄》）

（7）有时，我也哼哼几句歌，也看看一些书，聊以自慰。（梦莉《在水之滨》）

不管哪种情形，这些数量词语中一般都含有数词"一"或"几"，在说话者看来，这些数量词语所表示的"量"（动量、时量或一般数量）都是不大的或无关宏旨的。

新加坡华语中也存有"我看看一下！""休息休息一会儿再做吧。""谈谈几次就可以约她去拍照。"这样一些说法。①

普通话中动词重叠之后是不能再跟有数量短语的，因为这种动词重叠形式本身便有了"量少"的语法意义，无须再跟同样表示量少意义的数量词语。以上各例在普通话中要么只重叠动词（如"玩玩"或"玩一玩"），要么是"单个动词+数量词语"（如"玩一番/下""玩几天"）。"动词重叠+数量词语"的句子，在学习汉语的外国留学生中也是比较常见的，在对外汉语教学中，这类句子通常是被当作语法偏误现象而加以纠正的。（李大忠，1996；杨寄洲，1999）

泰国华语和新加坡华语中的"动词重叠+数量词语"的变异现象，很可能也是由于不完整的语言学习而产生的。

（载香港《语文建设通讯》总第91期，2009年1月；全文收入《全球华语研究文献汇编》，郭熙主编，商务印书馆2015年版）

---

① 参见陈重瑜《新加坡华语语法特征》及周清海《新加坡华语和普通话的差异与处理差异的对策》，分别载《语言研究》1986年第1期，新加坡《联合早报》2006年3月31日、23日。

泰国华语的几种语序变异形式

泰国华语,指长期生活在泰国的华人华裔所使用的汉语,它是旅泰华人族群内部的共同语。泰国华语在长期使用过程中,衍生出了某些偏离大陆普通话的语法变异,其中包括语序变异。本文选取四种语序变异形式逐个加以分析,一般是先列举变异实例并指出其特点,然后分析变异产生的原因,提出应对变异的态度或对策。文中所引泰国华语例句均采自泰国华文作家的作品或泰国华文报纸。

一、普通话的"V+O_L+'来/去'",泰国华语可说成"V+'来/去'+O_L"

请看泰国华语中"V+'来/去'+O_L"的例子(V代表动词或动词结构,O_L代表处所宾语):

(1) 他对自己回来家乡服务感到十分欣慰。(沈逸文〈译〉《珠冠泪》)
(2) 现在你倒不如回去曼谷,免得在此碍手碍脚。(梦莉《泪眼望天天不语》)
(3) 出来外头走走,不要被人家笑话我们是曼谷猪,一生一世走不出曼谷。(年腊梅《招财进宝》)
(4) 俊兄被人刺,大家快帮忙送去医院。(李虹等《风雨耀华力》,二十三)
(5) 中元节日,这个钟点,你把书带来这里。(司马攻《焚书》)
(6) 我搬来这里住下好几年了。(老羊《英姐》)
(7) 萧俳想起童年时代常跑来这树下玩耍。(征夫《家风》)
(8) 二十年前曾涉嫌杀人逃往他府之老汉,最近搬回来家乡就遭凶徒轰杀,死在家门前。(《亚洲日报》,2006年5月14日第8版)

以上例句可分为两种情形:头七例的V是复合趋向动词的第一个音节("回、出")或一般单音节行为动词("送、带、搬、跑");例(8)(还有下面的例（9）的 V 则是行为动词加上复合趋向动词的第一个音节（"回、进"）的合成形式，是个双音节结构。前类情形比较常见，后类情形较少见到。根据语法学家和对外汉语教材的意见，以上这些句子在普通话中是不合规范的，而应该说成"V+O_L+'来/去'"，即处所宾语要放在趋向补语"来/去"之前。（吕叔湘，1999；杨寄洲，1999；朱德熙，1982）如例（1）要说成"回家乡来"，例（2）要说成"回曼谷去"，例（3）要说成"到外头来"，例（4）要说成"送（到）医院去"，例（7）要说成"跑到这树下来"，例（8）要说成"搬回家乡来"等。

刁晏斌在论及台湾话与内地汉语即普通话的差异时曾举出这么一个例子：①

（9）用"联想法"或"数字编"等各种绝招，硬是将考试重点塞进去学生的脑袋中。（《光华》1996 年第 11 期）

可见将处所宾语放在趋向补语"来/去"之后并不是泰国华语独有的语言现象。

这种句式不仅存在于书面语中，泰国华语口语中也经常使用。我有几位泰国同事是泰国华语教育界的精英，也都分别具有在台湾或大陆接受过教育的背景，从他们的谈话中便可以时常听到"回去宿舍""进来办公室"之类的说法。

泰国华语的这种"V+'来/去'+O_L"句式虽然在普通话中是不规范的，但是在近代汉语中却不时可以遇到。例如：

（10）看这田禾不收，如何过日？不若我们搬去路州高平县下马村，投奔我姨夫张学究处趁熟，将勤补拙过几时。（《清平山堂话本·合同文字记》）

（11）若回去庄上，说脱了回书，大郎必然焦躁，定是赶我出去。（《水浒传》第二回）

（12）那酒保见多时不叫他，走来阁儿前，见关着门，不敢敲，去那窗眼里打一张，只见俞良在内。（《警世通言·俞仲举题诗遇上皇》；阁=阁，指房间，雅座）

（13）就算另替那奴才娶一个着，你要了他这老婆，往后倘忽你两个坐在一答里，那奴才或走来根前回话做甚么，见了有个不气的？（《金瓶梅词话》第二十六回）

我们知道，在中国改革开放之前，泰国华语跟普通话的接触远没有跟港台

---

① 刁晏斌：《台湾话的特点及其与内地的差异》，载《中国语文》1998 年第 5 期。

"国语"的接触频繁,受港台"国语"影响至深,泰国华语更不可能像普通话那样明确地制定出"以典范的现代白话文著作为语法规范"的标准。绝大多数泰国华人知识分子,几乎都是以早期现代汉语即民国年间的"国语"乃至宋元明清的古白话即"官话"为写作范式,从中汲取词汇和语法成分。泰国华语中的"V+'来/去'+O_L"句式,就是从近代汉语中直接吸收并传承下来的。

除此之外,这一句式的存在还可能跟节律等因素有关。上述第一种情形中"V+来/去"很像是一个双音节动词(V若是"回、出","V+来/去"就是复合趋向动词),结合紧密,将处所宾语置于它们之后而非置于它们中间,读起来顺口,节律自然,所表示的动作也给人一种整体流畅而非分割断裂的感觉。而且,有的"V+'来/去'+O_L"式,比相应的"V+O_L+'来/去'"式还要简洁一些,如例(4)和(7)。值得注意的是,泰国华语中用于这一位置上的处所宾语都是双音节或多音节的词语,至今我们还没发现有单音节词用在这个位置上的实例,这大概也是音律起着某种制约作用的结果。至于上述第二种情形,因为其中的V已是一个双音节结构,多数情况下"V+'来/去'+O_L"(如"搬回来家乡")还不如"V+O_L+'来/去'"(如"搬回家乡来")显得顺口自然。这也许正是这类情形的句子比第一种情形的句子较少见到的原因所在。

对于"V+'来/去'+O_L"这一格式,不宜按照普通话的标准将其判为"病句"或扣上"不规范"的帽子,至少对大陆以外的华语应该采取宽容态度和弹性政策,让其继续存在下去。

二、普通话的"'多/少'+V+数量",泰国华语常说成"V+'多/少'+数量"

泰国华语中多见"V+'多'+数量"的句子,其中V既有单音节动词,也有双音节动词。例如:

(1) 我听你的话,让阿伦这小子活多几小时。(巴尔《陋巷》)

(2) 他们问多了两三句,我就跟他们说正水泰语。(剑曹《遇着唐人说番语》;正水泰语,指地道的泰语)

(3) 她向大家表示歉意,只能唱得一首,下次会唱多几首。(《文汇报》泰国版,2006年12月4日,D8版)

(4) 难道阿叔就无办法煮多一点米给你吃吗?(修人《一个坤銮的故事》,四十三)

(5) 我虽这么说，结果还是答应给她每天加多三百元菜钱。（梦莉《李伯走了》）

(6) 再忍受多一会儿吧！（沈逸文〈译〉《孩子诞生了》）

(7) 如果要真刀真枪的干，就要取得源头货，利润当然格外丰厚，不过却需要多些资本。（陈博文《失落良心的人》）

(8) 这些出国劳工，在中国语文流行的地区工作，当然更需要学习多一些中国语文做谋生需要的工具了。（江白潮《泰国华侨华人现状的探讨》）

(9) 一辆504号的空调公车坐满了搭客，还疏落地站立多四五个人。（《星暹日报》，2007年3月13日第18版；公车，指公交车）

(10) 昨天央行只是放宽外汇管制，向流入泰国投资债市及基金的外资提供多一个选择。（《世界日报》电子新闻网，2007年3月16日）

"V+'少'+数量"的句子相对较少。例如：

(11) 今后她将继续买彩票，但将买少一点。（《世界日报》，2007年7月4日第A10版）

(12) 赚少一点也不至于亏本。（沈逸文〈译〉《污垢》）

(13) 你就是理少几个头也不要紧，阿爹赔你的损失。（李栩《在理发室里》）

V之后有时还带有指人的宾语：

(14) 她把丈夫带到我家里来住，我只好再养他多一口。（沈逸文〈译〉《卡拉苗婆婆》）

(15) 今晚得催他多一下。（李栩《在漩涡里》）

(16) 只要不亏本，我当然可以给你们多一点。（陈博文《女奴》）

以上这些句子在普通话中都要说成"'多/少'+V+数量"，即"多/少"用作V的状语。如例（1）要说成"多活几小时"，例（11）要说成"少买一点"，例（14）要说成"多养他一口"，等等。在普通话中，"多/少"虽然在语法上用作动词的状语，但在语义上却是绕开动词而指向其后的数量词语的。

近代汉语中有时也会遇到这类表达方式。例如：

(17) 梢工，你与我问巡检夫人，若肯将此妾与我，我情愿与他多些财物，讨此人为妾。（《清平山堂话本·错认尸》）

粤方言和客家方言中，类似用法的"多"和"少"总是用在动词的后面。（袁家骅等，1983）泰国华人从移民成分看，大多数来自广东、海南和福建各地，以粤方言和客家方言为母方言者为数相当不少。泰国华语中的"V+'多/少'+数量"的句式，显然跟粤、客方言语法的影响密切相关。

429

十分有意思的是，泰国华语中这种"V+'多/少'+数量"的句式，跟泰语语序也几乎完全相同，即泰语中表示"多/少"意义的相应词语也是用在这个位置上的。上边我们列举的例句就有一些是译自泰文作品的。学习汉语的泰国学生（包括华裔和土著泰人）造句时也经常出现这方面的问题，我的一个汉语基础最好的学生就写出过这样的句子："与其买一台便宜的质量不好的手提电脑，不如花多点儿钱买一台质量好的。"不难看出，泰国华语的"V+'多/少'+数量"的语序也明显地带有泰语语法的印记。

是否还有造成这种变异的其他因素呢？英语"Put on more clothes"是"多穿些衣服"的意思，如果直译的话，则是"穿多些衣服"。再如 2007 年 3 月 4 日的《泰国世界日报》电子新闻网，有一则根据 3 月 2 日 MSNBC 的报道译写的有关希拉里·克林顿的新闻，其中有这么一句：

(18) 她在信中辩称，美国国会和总统必须"确保不让外国政府拥有太多我们的公共债务"。

查 MSNBC 报道的英文原文，引号内的部分是：ensure foreign governments don't own too much of our public debt。显然，"拥有太多我们的公共债务"是从"own too much of our public debt"直译过来的。换句话说，"拥有太多我们的公共债务"是受英语语法影响的结果，普通话应该说成"太（过）多地拥有我们的公共债务"。例（1）—（16）中的"V+'多/少'+数量"跟"穿多些衣服"和"拥有太多我们的公共债务"句法结构类似，英语句法的痕迹清晰可见。

总之，泰国华语中"V+'多/少'+数量"这种句式是近代汉语语法和粤、客方言语法以及泰语、英语语法合力影响的结果。此外，这种句式之所以得到较多的人的认可，大概还因为在说话人看来，"多/少"既然在语义上是限制数量的，与其让它位于动词之前，就不如将它直接用在数量词语之前表意更为直接、更为显豁。

据陈重瑜研究，新加坡华语中用作副词的"多"和"少"也具有跟泰国华语相同的语法特征。[①]

国内讲授现代汉语语法的书，一般是把上述句子当作"病句"来对待的。现在面对着泰国、新加坡等域外华语中普遍存在而且越来越多的这类说法，这一结论是否还要继续坚持下去呢？陈重瑜先生说："由其普遍性观之，此等句法他日向标准华语渗透并扩散之可能性甚高。"笔者认为，对域外华语的这一语序变异现象，我们不妨采取"不堵不疏，听其自便"的方针，既不要简单化地判为"病句"而一棍子打死，也不宜大张旗鼓地提倡，不妨任其自由发

---

① 陈重瑜：《新加坡华语语法特征》，载《语言研究》1986 年第 1 期。

展，观察一个时期以后再作结论。

三、普通话中用作补语的"'太'+A"，泰国华语常用作状语

普通话中用作动词补语的"'太'+A"（A 为单音节形容词），泰国华语常放在动词前边作状语。例如：

(1) 别太迟回来。（洪林《终身职业》）
(2) 有时甜品生意过好或太迟卖完，乃川就不能去上学。（邢爱周《我的同乡吕基文》）
(3) 你们也不要太晚睡，明早还要去做事呢。（洪林《亲情》）
(4) 全不顾艳阳当午在嘲笑，还要打哈欠，嘟囔太早起。（陈铁军《舞影心声》
(5) 太早回去睡不着，不要紧，老伴从来就不管我。（陈博文《不了情》）
(6) 前往灾区慰问的印度尼西亚总统尤都约诺坦承，救援物资太慢送到。（《世界日报》，2006 年 5 月 30 日第 A1 版）

这些句子中动词前的状语"太迟""太晚""太早""太慢"等，在普通话中都应该放在动词之后作补语（加"得"）。如例（1）要说成"回来得太迟"，例（3）要说成"睡得太晚"，例（6）要说成"送得太慢"或"送到得太迟"，等等。

泰国华语这一变异产生的原因目前尚不十分清楚。

四、普通话的"数+量+'左右'"，泰国华语常说成"数+'左右'+量"

表示比某一数量稍多或稍少，可以用表示概数的助词"左右"。普通话的语序是"数+量+'左右'"，即把"左右"放在数量词语之后。（吕叔湘，1999）但泰国华语中很多时候都说成"数+'左右'+量"，即把"左右"放在了数词和量词中间。请看：

(1) 一个月里大概出有二十左右次。（李栩《火砻头家》）
(2) 挑着一担蟹螯沿街叫卖的是一位六十左右岁的老头。（司马攻《蟹王》）
(3) 双十年华的漂亮富家少女，居然爱上你这个十左右岁的孩子，那真是奇闻。（倪长游《痴汉荣升记》）
(4) 黎毅先生近四十年来，仅仅短篇小说至少有二百左右篇。（年腊梅《擅长小说的黎毅》）

431

(5) 近期,他家百左右菜胶园有一半用来植新胶。(李虹等《风雨耀华力》,二;菜,泰国面积单位)

(6) 文中的时代背景则是二十左右年前。(沈逸文〈译〉《北京会见诗·巴差》)

以上都是单音节量词,双音节量词也可以出现在这个位置上:

(7) 突然一个急刹车,正好停在挽那达三十左右公里路旁。(洪林《不可以貌相》)

位数词"万、亿"也可用在量词的位置上:

(8) 他们得了一笔两千左右万的巨款。(王康桑《乘风破浪》)

值得注意的是:泰国华语的这种"数+'左右'+量"组合,其中"数"必须是十位或十位以上的整数;而普通话的"数+量+'左右'"组合中,"数"则不受此限,即可以是任何一个整数。比如泰国华语只能说"十左右个",不能说"十一左右个";普通话则既可以说"十个左右",也可以说"十一个左右"。

泰国华语"左右"的这一用法特点,包括它所出现的位置和对数词的要求,恰好与普通话中的另外一个概数助词"来"的语法特点相同。试看下表:

	允许的组合	不允许的组合
普通话中"来"的组合情况	十来个	ˣ十一来个
	五十来岁	ˣ五十五来岁
	四百来公里	ˣ四百零六来公里
	六千一百二十来万	ˣ六千一百二十三来万
泰国华语中"左右"的组合情况	十左右个	ˣ十一左右个
	五十左右岁	ˣ五十五左右岁
	四百左右公里	ˣ四百零六左右公里
	六千一百二十左右万	ˣ六千一百二十三左右万

普通话中"来"与泰国华语中"左右"的组合情况完全相同。据此我们怀疑,泰国华语中概数助词"左右"的用法,是根据另一个概数助词"来"的用法类推变化的结果。

泰国华语中的"数+'左右'+量"格式的发展前途如何,还有待语言实践的检验,现在就做出判断尚为时太早。

(载香港《语文建设通讯》总第97期,2011年3月)

泰国华语同普通话的词汇差异

　　泰国华语，指长期生活在泰国的华人华裔所使用的汉语。泰国华人华裔长期生活在泰国官方语言即泰语的汪洋大海的包围中，华语的使用只局限于华人社会这个比较狭小的范围之内。[①] 泰国华人大都来自广东、福建、海南和云南诸省，其中有五分之三甚至更多来自广东的潮汕地区，所以泰国华语受粤、闽和客家方言特别是潮汕方言影响较大。泰国华人平时口语交际主要使用方言，特别是潮汕方言，只有在不同方言背景的人之间沟通时才使用官话（国语、普通话）。这种官话（确切地说是蓝青官话）带有明显的泰国地域特色，实际上担当了泰华族群内部"共同语"的角色。而这里所说的泰华族群内部的"共同语"，就是泰国华语。泰国的社会、政治、历史、文化等与中国不同，泰国也没有经历过像中国社会所经历的种种变化。这种特殊的国情必然会在泰国华语中有所反映。在中国改革开放之前，泰国华语跟普通话的接触远没有跟港台国语的接触频繁。改革开放之后，这种情况才逐渐有所改变。华人华裔基于泰华社会语言交际的实际需要，保持并发展着泰华族群内部的"共同语"即泰国华语。泰国华语直接来源于官话或曰普通话，这是毫无疑义的，但同时也不可避免地衍生出了某些有别于普通话的变异形式。

　　泰国华语有哪些特点？它与普通话相比存在哪些差异？这些差异对泰国华人华裔学习普通话产生什么影响？诸如此类的问题似乎至今还没有人做过专门的调查研究。然而搞清楚这些问题，对于深入认识全球华语的多样性和不同地

[①] 泰国到底有多少华人华裔，向无确定数字。一个广被引用的数字是600多万人，但这里所指的"华人华裔"绝大多数已经泰化，他们不仅加入了泰国籍，而且大多已不再会说华语。显然，这个数字对本文没有多大意义。对本文有意义的是下边的两个统计数字。据泰国国家统计局2002年出版的《泰国统计年鉴》披露，2000年在泰国的中国籍居民（即华侨）为21.4万人，全泰国华侨华人以及华裔在家说泰、华双语的共约23万人。（见江白潮：《泰国华侨华人现状的统计》与《泰国外侨人口大变化》，载《华中研究》第一辑、第二辑，泰国华侨崇圣大学泰国研究中心2003年版、2004年版）。后者也可理解为全泰国华侨华人以及华裔中可操华者共约23万人。这些可操华者绝大部分应是中国籍居民（即华侨），也有少数已加入泰国籍的华人华裔，这便是后一数字比前一数字多出1.6万人的原因所在。

区华语的特殊性，对于促进包括泰国华语在内的域外华语和普通话的和谐共存与健康发展，对于帮助泰国华人华裔乃至泰族学生正确掌握普通话，都有着重要的理论意义和实践意义。

本文着重介绍泰国华语同普通话在词汇方面的某些差异。

一

词汇，特别是一般词汇，是语言中反映外界事物最敏锐、发展变化最迅速的部分，所以方言之间的差异，最常见的也是比较容易察觉到的就是地区词语使用的不同。泰国华人在语言生活中，不仅继承了汉语本身固有的词语，而且创造了一批具有泰国本土特色的华语地区词。

（一）新造词和新生义

泰国特有的事物，独特的自然风光和人文特征，在汉语原有词汇中没有适当的词语加以表达，这便不得不创造新的词语。创造新词的方法和途径有多种，而根据汉语固有的构词材料和构词方式来创造新词，为最常使用的方法。泰国华语使用这一方法创造出来的地区词语很多，诸如花串、凤角、凤舟、长尾船、高脚屋、浮脚屋、天台、善堂、侨领、侨社、鱼露、香竹饭、杆白菜、水灯节、放水灯、撞板、租妻、象球赛、直辖县、黄金半岛、水上市场、猴子学校、旅游警察、人妖表演、椰风蕉雨、猪朋狗友等。泰国人笃信佛教，人们的日常生活与佛教活动息息相关，这当然不能不影响到泰国华人的语言生活，于是泰国华语中新造了不少与佛及佛事活动乃至神祇有关的词语。如佛国、佛都、僧王、僧侣委员会、善信、冶子（信徒）、斋友、剃度礼、头炉香（头筹）、入夏节、出夏节、租佛像（买佛像）、求真字（祈求神灵显示彩票获奖数码）、吹法螺（说大话）、盘满钵满等。

还有一些词语，现代汉语中本来就有，但又被泰国华语赋予了新的含义或用法。例如"博士"和"骑士"，分别在原有意义的基础上增加了新的意义——"对迷恋赌博的人的谐称"和"对骑自行车或骑摩托车的人的谐称"。泰国华语中的"山庄"一般指墓地，"公车"多指公共汽车，而它们在汉语中原有的意义则逐渐淡化。再如"梳"，普通话中只有名词（梳子）和动词（梳头、梳理）两种用法，但泰国华语中增加了量词用法（用于梳状的东西，如一梳香蕉）。"俾"是个书面语词，本来只有动词"使（达到某种效果）"的意义，但在泰国华语中进一步语法化，诱发出了"以便"的意义，成了连词。

这些新词、新义是汉语中别的什么词语所无法取代的，有的已经进入了普通话词汇，有的将来可能进入普通话词汇。它们对丰富汉语词汇已经做出并将继续做出自己独特的贡献。

(二) 古语词和旧词语

有些古代汉语中的语词，普通话中已不再使用或很少使用，但在泰国华语中仍然存留着这些用法。例如"面"（脸）、"目"（眼睛）、"行"（走）、"食"（吃，喝）、"晤"（会见，见面）、"往"（去，到）等古汉语单音节词，在普通话中一般只作为构词成分，是不能单独使用的，但在泰国华语中仍然可以作为独立的名词或动词使用。"司阍""输诚""抑或""假"（借）等古汉语词，在普通话中已不用或很少用，但在泰国华语中习见。"枢密院""大理院""府""府尹""祂"（表示神灵的第三人称代词）等在普通话中已成为历史词语，然而它们在泰国华语中仍具有生命力，只是有的词义已发生了变化。[①] 又因为泰国是君主立宪制国家，古代汉语中涉及国王及皇室的诸多词语至今仍在泰国华语中沿用。

还有一些近代汉语语词，普通话中也基本不说不用了，但仍保留在泰国华语中。例如"舍"这个词，是少爷、少东家的意思，近代汉语中常见，但普通话中业已绝迹，而在泰国华语中却是常用词，除可以说成"阿舍""大舍""二舍"等外，还可以构成"舍奶"（少奶奶）、"舍仔"（阿舍的儿子）等词，甚至引申为对一切有钱的年轻人的尊称。再如"红毛"一词，明、清作品中常见，指洋人、西方人，现在普通话中已很少用到，但在泰华作品中比比皆是，而且构成新的词语的能力极强。例如：红毛国、红毛语、红毛狗、红毛酒、红毛年（阳历年）、红毛灰（水泥）、红毛佬（含贬义）、红毛商人、红毛州府（外国）等。再如"主意"，泰华作品中常用作动词，可以带宾语，是决定、主张、打主意的意思，这是普通话里所没有的意思和用法，但在近代汉语里却常见到，泰国华语的这种用法便是从近代汉语那儿继承下来的。

还有一些通常被称为"旧词语"而实际属于早期现代汉语中的词语，它们在普通话中已被新的词语所取代，一般情况下不再使用了。然而在泰国华语中，这些词语仍然大行其道。例如：车夫、农夫、邮差、杂役、同僚、长官[②]、清道夫、车马费、维他命、米突、察国。

(三) 方言词语

有一大批是来自广东潮汕方言的词语。例如：粿（用大米面做成的食

[①] "枢密院"在泰国华语中的意思是议会或议院，与该词的固有意义不同。泰国的"府"相当于中国的省，所以泰国华语中的"府""府尹"与其原有的内涵也不尽相同。

[②] "长官"虽属于旧词，但由它派生的"长官意志"却是新词。后者《现代汉语词典》未见收录。

品)、甜粿（年糕）、粿条（米线，河粉）、菜脯（腌萝卜干）、菜色/菜式（菜肴）、衫裤（衣服）、锁匙（钥匙）、厝（屋）、梯头（码头）、火砻（碾米厂）、火锯（木材加工厂）、洋行（大商场）、生理（生意）、名头（名称，名气）、头家（店主，老板）、座山（大富豪）、阿爷（次一等的富豪，富翁）、本头公（土地爷）、衰（倒运，倒霉）、落（动词，下）、收盘（倒闭）、承/承顶（租，租赁）等。其中有些词语现在潮汕地区已不再使用或很少使用，但在泰国华语中仍然流行。

也有来自广东其他地区和福建、海南、云南以及客家等方言的词语，值得注意的是其中有一大批直接来自港台的词语。在大陆实行改革开放以前，泰国与香港、台湾的交往比与大陆的交往要频繁、密切得多，加之港台电影、电视、录像等一直在泰国广为流行，港台话对泰国华语影响颇大，不少港台词语直接被泰国华语吸收进来。例如：货柜（集装箱）、塑胶（塑料）、残障（残疾）、谐星（笑星）、课室（教室）、飞弹、顶级、波霸、因应（应对）、乌龙、摆乌龙、蒙查查（糊里胡涂）、侍应生、家庭计划（计划生育）、煲电话粥等。

泰国南部与马来西亚接壤，两地华人交往密切，五六十年代泰国限制和取缔华文教育时，有不少华人子弟前往马来西亚的华校就读。因此，泰国华语中也有一些来自马来西亚华语乃至马来语的词语。例如：芭（山野，荒地）、烧芭（烧荒）、巴刹/巴莎（市场）、树胶（天然橡胶）、车衣（制衣）、纱笼（马来语 saron）、亚答屋（用亚答树叶搭盖的简易茅屋，亚答为马来语 attap）、食风厝（别墅）、电单车（摩托车）、巴巴仔（中马或中泰混血儿）、粒（量词，用于球状或圆形的东西，不拘大小均可使用）。

（四）外来词

有来自英语的。例如：陶豪（townhouse，建在城市或城郊的别墅）、挽甲罗（bungalow，独立的小平房）、波立（police，警察）、基罗/基箩（kilo，公斤）、仙（cent，分）、巴仙/保升/波升（percent，百分点）、哥打（quota，限额）、士多（store，商店）、菲林（film，胶卷）、甫士（pose，姿势）、摩托西（motorcycle，摩托车）、毕甲车（pick up，轻便货车）、杯葛（boycott，抵制）。

更多的则是借自泰语。例如：越/瓦（寺庙）、萱（园林，公园）、哒叻/嗒叻（菜市场）、甲包（袋，包，箱）、碌将（雇员，职员）、心贤（会计，文书）、乃（先生）、坤仁（女士，贵妇人）、丕/披（哥或姐）、慕（医生）、阿占（老师）、銮抱（寺庙中的大师父，方丈）、夜巧（女商贩）、帕信（泰式筒裙）、颂丹（凉拌酸辣木瓜，也叫杵白菜）、冬阴功（泰式酸辣虾汤）、宋干节（泼水节）、喃旺舞（一种泰国民间舞蹈）、添汶（向寺庙捐赠钱物，布施）。

436

二

与普通话词汇相比,泰国华语词汇有以下几种现象特别值得关注。

(一) 同名异实现象。

即有些词语词形相同而词义甚至词性不同。请看下表:

词形	泰国华语词义	普通话词义
山庄	坟场、墓地	①山村。②山中住所;别墅
工场	工地	手工业者集合在一起生产的场所
公车	公共汽车	属于公家的汽车;公家车(区别于私车)
机车	摩托车	用来牵引车厢在铁路上行驶的动力车(如内燃机车、电力机车),统称火车头
树胶	天然橡胶,即橡胶树所产的橡胶	某些植物(如桃、杏等)分泌的胶质
土豆	花生	马铃薯
豆油	花生油	用大豆榨的油
澳洲	澳大利亚(国家名)	大洋洲(洲名)
买办	①置办;采购(动)。②采购员(名)	殖民地、半殖民地国家里替外国资本家在本国市场上经营企业、推销商品的代理人(名)
了不起	大不了;顶多(副)	①不平凡;(优点)突出。②重大;严重(形)

还有一些同名异实现象"隐藏"得较深,表面看起来泰国华语和普通话似乎没有什么差别,但实际含义或者说概念的内涵并不完全相同。例如"筒裙"一词,《现代汉语词典》说它"一般下摆长不过膝部",但这是就中国式筒裙而言,而泰国传统筒裙(音译为"帕信")要比中国式筒裙长得多,下摆要达到脚面附近。再如"猪脚",泰国华语并不是单指猪蹄而已,而是指包括蹄子、腿乃至肘子在内的猪的四肢,其中"脚"的意义范围比普通话所指的要大得多。还有一些词语只是理性义相同,感情色彩并不相同。如"嗜好""党魁""政客",在泰国华语中都是中性词,而在普通话中都含贬义色彩。

(二) 同实异名现象

即有些词语词义相同而词形不同。比较:

泰国华语词形	普通话词形	备注
土石流	泥石流	
国务院长、首揆	国务院总理	
公车、公路车	公共汽车、公交车	普通话"公车"意为公家车
机车、摩托西、电单车	摩托车	普通话"机车"意为火车头
薪资、薪金、薪水	工资	
受薪阶级	工薪阶层	
母金/母利	本金/本利	
耶诞节	圣诞节	
点钟（表示时段，即一天的二十四分之一）	小时	普通话表示时点才用"点钟"，简称为"点"
抵步	抵达、到达	
晨运	晨练	
撞板	碰壁	泰国高脚屋多以木板做壁，故"碰壁"说成"撞板"
冲凉	洗澡	泰国天气炎热，洗澡的主要功能之一是使身体凉爽
猪朋狗友	狐朋狗友	泰国狐狸少见，故以"猪朋狗友"取代"狐朋狗友"
号（表示公共汽车的路线，如125号车）	路（表示公共汽车的路线，如125路车）	普通话"125号车"意思为这辆车的号码是125

这里有一个词语使用习惯或者说选用词语的倾向性问题。例如"国务院总理"，泰国华语习惯使用"国务院长"或"首揆"，但也并不完全排斥"总理"的说法，而且近年来"总理"的使用频率还有逐渐增多的趋势。考察和探索泰国华语和普通话用词习惯的不同，既涉及词汇系统本身的问题，还往往涉及社会、经济、政治、文化诸多因素，深入进行这方面的研究是颇有意思的。举例来说，普通话中的"圣诞节"，泰国华语习惯用"耶诞节"，这是为什么呢？原来泰国华语中不仅有"耶诞节"，还有"佛诞节"，孔子诞辰虽然没有成为正式节日，但泰华社会也很重视"孔诞日"（台湾则有"孔诞节"，即教师节），在这种情况下，如果也像大陆那样说成"圣诞节"，表意就不够

明确、专———此"圣"到底是指何方神圣呢？耶圣？佛圣？还是孔圣？① 再如"公共汽车"，由于大陆"公（家）车"泛滥，"公共汽车"如果说成"公车"就很容易造成误解。但在泰国很少有人坐"公家车"的，"公共汽车"说成"公车"就不至于被误解成"公家车"。另如泰国华语中的"受薪阶级""有车阶级"，普通话则说成"工薪阶层""有车阶层"，这是因为在大陆"阶级"一度是个政治色彩非常浓厚的词语，不可随便乱用的。

还有不少外来词，词形也不尽相同。如普通话的艾滋病，泰国华语作"爱滋病"；榴莲，泰国华语作"榴梿"；悉尼，泰华作"雪梨"；新西兰，泰华作"纽西兰"。

由于泰国华语和普通话对一些字词的读音不完全相同，记写形式就有可能形成差异，这便造成泰国华文中存有一些跟普通话词义相同而写法不同的域外变体。如泰国华文常见的"一间学校（或工厂、医院、寺庙）"中的"间"，实际是普通话的量词"家"。再如：

（1）敝行天天为客号服务。（巴尔《湄河之滨》）
（2）我决心与诸位同心协力，竭诚为开发本村、为本村的繁荣进步而落力！（自然《竞选》）
（3）我们甚至学会怎样措理战友或敌人的尸体。（征夫《红色三号》）
（4）斯里兰卡政府是透过泰国驻斯里兰卡大使馆提出这项要求的。（《亚洲日报》，2003年10月25日第7版）
（5）由于曼谷人口拥挤，许多建筑商都向曼谷市外围发展，争相建筑排屋和陶豪，连地售卖，使到这一望无际的田野渐渐缩小了。（年腊梅《湄南河畔的故事》）

各句中的"客号、落力、措理、透过、使到"，分别相当于普通话的"客户、努力、处理、通过、使得"。

（三）同词异序现象

即泰国华语中存有一些相对于普通话的倒序词。其中有联合式的倒序词，如"路道、梯阶、质素、乘搭、比对、闹热、静寂"，普通话分别说成"道路、阶梯、素质、搭乘、对比、热闹、寂静"。由于受泰语所隶属的壮侗语族和南方某些汉语方言（如潮汕方言）"中心语+定语"语序的影响，泰国华语中也保留着不少这种类型的合成词。例如：风台、人客、粿条（条状的粿类食品，有的地方叫河粉）、姜母（老姜）、饭盒（即盒饭，不是盛饭的盒子）、

---

① 泰国国王也被尊称为"圣"，照理说泰皇华诞纪念日称为"圣诞日"或"圣诞节"也并无不可。现泰国华语称该节为"万寿节"，是国家法定公休日。

米碎、玻璃碎、咖啡热、咖啡乌（不加糖的咖啡，乌为泰语音译）。

普通话中称呼语位于名字之后，而泰国华语往往颠倒过来，将称呼语放在名字之前。例如：姐萍（萍姐）、兄中（中哥）、舍午楼（午楼少爷）、头家陈（陈老板）、乃沙立（沙立先生）、坤仁宗功（宗功夫人）、慕曾（曾医生）、阿占徐（徐老师）。这当然也是受泰语和英语语序影响所致。

（四）泰国华语词汇内部等义词和同体异称现象突出

由于泰国华语不能像普通话那样可以通过政府行为制定和推广规范性标准，加之泰国华语词语来源的多元性和多渠道性，这便造成泰国华语表示同一概念或意义的等义词繁多，词汇内部同体异称现象较为突出，有时同一个词有两三个甚至更多的书写形式，给人们的识读和使用带来诸多不便。请看下表：

普通话词形	泰国华语词形
出租车	计程车、出租计程车、出租汽车、的士、的士出租车
摩托车	摩托机车、摩托西、摩托车、机车、电单车
公共汽车、公交车	公车、公共汽车、公路车、巴士
手包、手提包（手拿的较小的包儿，多为女用的）	手袋、手提袋、手提包、手甲包
蒌叶	荖叶、佬叶、老叶、栳叶
百分点、百分之	巴仙、巴生、巴升、保生、保升、波生、波升、甫仙
纱笼	纱笼、纱龙、沙龙、纱隆

其中"百分点/百分之"一词，泰国华语词形竟有八种写法之多！

三

我们注意到，自中泰建交和中国实行改革开放政策以来，尤其是自 20 世纪 90 年代以来，随着两国人民各个领域往来的日益增多，泰国华语和普通话词汇的差异呈现出不断缩小的趋势。一方面，泰国华语中有些词语（如侨领、透过、高脚屋、人妖表演）被吸收到普通话中来，另一方面，也是更重要的方面，泰国华语引进了更多的普通话词语（特别是一些新词语）和表达方式，使泰国华语充满了生机，更加有了活力。

泰国华语和其他域外华语跟普通话存在着某些差异，这是语言生活和语言发展过程中很难完全避免的现象。作为语言工作者，应该积极面对这些差异，认真加以研究分析，从中总结出差异的类型及其成因，并根据不同情况采取相应的措施和对策，以促进普通话和世界各地华语之间的和谐共存与健康发展。

过去我们虽然对某些域外华语做了一些调查研究工作，但从整体上来看，这方面的工作做得还很不深入，更不全面。希望这种局面会逐渐有所改变。

（载香港《语文建设通讯》总88期，2007年12月）

【附记】

收入本书的有关泰国华语的三篇文章的初稿，是笔者在泰国华侨崇圣大学中文系作客座教授时所写。写作过程中曾咨询过泰国同事何福祥博士等，获益良多，特致谢忱。这三篇文章的一些内容，曾分别刊载于《华侨崇圣大学文学院学报》总第2期（2007年）和《星逻日报》2007年11月、12月的"泰华学刊"专栏。

关于编纂"大华语词典"的设想与建议

一、编纂"大华语词典"的必要性

华语，顾名思义，指全球华人的共同语。《全球华语词典》认为，华语实际是指"以普通话为基础的全世界华人的共同语"。（见其《前言》）华语是世界上使用人口最多的语言。全球约有 13.5 亿华人，一般情况下，他们用来沟通思想、交流信息所使用的共同语言便是华语。

华语也是世界上流行和分布地区最广的语种之一。在中国大陆地区，华语其实就是现代汉语，即普通话，根据宪法规定，它既是汉民族共同语的标准语，也是中华民族的共同语。在中国的香港和澳门特别行政区，法定语文分别是中文、英文和中文、葡文，而中文的口语形式就是普通话或广东方言——粤语。在中国台湾地区，直接承继了民国时期的叫法，管通用语言叫"国语"，实则是华语即现代汉语在台湾的一种区域变体。"台湾国语"是华语中最大的也是最重要的海外变体。除中国大陆和台、港、澳地区华语作为官方语言或法定语文外，新加坡也将华语定为官方语言之一。此外，马来西亚、泰国、印度尼西亚等东南亚国家，以及美国、加拿大、澳大利亚、日本、法国、毛里求斯等华人相对较为集中的国家，华语也颇为流行。陆俭明、李宇明、郭熙等不少语言学家曾在不同场合提出过"大华语"的概念。

华语即汉语是联合国的六种官方及工作语言之一。

由于地理、历史、社会、文化以及语言环境等诸多因素的影响，世界各地区的华语即"大华语"也逐渐产生出本地区的一些特点，在华语统一性的前提下，呈现出华语的丰富多彩的一面。这首先表现在各个华语社区都出现了一大批反映本地区特有事物、特殊现象等的社区新词、新义、新用法上，当然在一些字词的读音、写法以及语法构造等方面也产生了某些地区性差异。某一社区的新词、新义、新用法等就有可能为别的社区的华人所不解，给交际和沟通造成障碍和困难，甚至会产生误解。

这里不妨举几个例子。台湾亲民党主席宋楚瑜2005年第一次来访北京，有人问他感觉如何，他脱口说道："各项安排都很周到，让我很窝心！"在清华大学演讲时他也说了句"听到顾校长刚刚（对我）的一番赞美之词，听到以后忒窝心"。这使不少大陆听众迷惑不解、觉得很不对劲，后来才搞清楚在台湾（还有新、马）"窝心"的意思是舒服、满意、开心，而在大陆却表示窝囊、郁闷、不开心，意思正好相反。还有，听说有位泰国华商初次来大陆洽谈生意，大陆朋友对他说："我们安排您在××山庄下榻。"这位华商感到特别窝心，憋了一肚子的气，等到了住所一看，原来是一座豪华的别墅，肚子里的火气和郁闷这才逐渐消散了下去。原来"山庄"一词在大陆（还有台湾）指山中住所或别墅，而在泰国华语中却是指坟场、墓地，泰国华商听了上边的话不生气那才怪呢。又如东南亚国家联盟（The Association of South-East Asian Nations，缩称 ASEAN），大陆、澳门简称"东盟"；台湾称作"东南亚国家协会"，简称"东协"；香港"东盟""东协"兼而用之；马来西亚华语多称为"东南亚国家合作机构"，简称"东合"；新加坡华语则据该组织英语缩称音译为"亚细安"。另如对于"母亲的姐妹"，大陆普通话称呼"姨"或"姨妈"，不称"阿姨"，"阿姨"用来称呼"跟母亲辈分相同、年纪差不多的无亲属关系的妇女"，但中国台湾、泰国普遍称"母亲的姐妹"为"阿姨"；大陆也用"阿姨"来称呼保育员或保姆，台港澳地区和新马泰则不用此义，而是直呼"保育员"或"保姆"。诸如这类词语意义和用法上的地区差异，无疑给各华语社区成员间的沟通与交流造成障碍与阻隔；而在旧有的辞书中，这类词语意义的差异和用法的不同又往往反映不出来，满足不了读者查找的需求。因此，为方便不同华语社区民众的语言沟通与信息交流，避免由于词语使用可能诱发的误判、误解，迫切需要一部全面反映当代华语词汇面貌、满足读者查考需要的全球性华语工具书。

改革开放以来，随着中国国力的增强和国际地位的日益提高，华语也越来越成为重要的国际语言。华语已经走向世界，渗透到了世界的各个角落。全球汉语热持续升温。截至2014年3月，全世界学习汉语的人数已经超过一亿。以传授汉语和中华文化为宗旨的孔子学院或孔子课堂在世界各地落户生根，目前已有122个国家和地区开办了459所孔子学院和713个孔子课堂。全球有3000多所高等学校都开设了汉语课程，中小学开设汉语课的热情也越来越高。（《新华网》，2014年8月28日；《人民日报》，2014年8月30日）近年来台湾地区也致力于海外华语的推广工作。为便于华语教学和华语的国际推广工作，编写一部这样的词典也是十分必要的。

总之，编纂一部描写当代世界各地华语词汇全貌的"大华语词典"，是时代赋予当代华语专家、学者的光荣使命，它不仅是包括中国大陆和台、港、澳地区在内的世界各地的华人华侨相互沟通和交往的迫切需要，而且是中国和华语走向世界、世界各国朋友学习华语与了解中国的需要。

二、编纂"大华语词典"的可行性

1. 现有的汉语词典或华语词典为编写一部描写性全球华语词典提供了最基础的东西，创造了必要的条件，但它们都还代替不了我们所说的"大华语词典"。

首先是中国社会科学院语言研究所词典编写室编写、商务印书馆出版的《现代汉语词典》。著名语言学家吕叔湘、丁声树等先生先后主持过编写工作，为编纂该词典做出过卓越的贡献。该词典久负盛名，享誉海内外，是很多汉语学习者和使用者的良师益友。编纂该词典的初衷是"为推广普通话、促进汉语规范化服务"，"以确定词汇规范为目的"，所以所收词语"以记录普通话语汇为主"（见该词典"前言"），大陆以外其他地区使用和流行的特有词语很少收录。后来该词典经过多次修订，陆续增收了一些新词新义，特别是2012年修订出版的第6版，酌情吸收了一些已经进入或正在进入普通话的台湾国语和港澳地区汉语中的词语或义项，显示了对两岸词语兼收并蓄的"大汉语"的新的收词取向和编纂理念（江蓝生《〈现代汉语词典〉第6版概述》，载《辞书研究》，2013年第2期），使《现代汉语词典》走向海外跨出了一大步。尽管如此，大量的台港澳和海外其他华语社区的特有词语仍未纳入该词典的视野之内。

李行健先生主编、外语教学与研究出版社出版的《现代汉语规范词典》，是大陆另外一部影响较大的现代汉语语文词典。恰如其名字一样，这部词典也是以突出词语的规范性为其鲜明特色，而在描写性和所收词语的覆盖面上存在着跟《现代汉语词典》类似的情形。

由商务印书馆2010年出版、符淮青与张万起主编的《现代汉语学习词典》，是一部面向母语为汉（华）语的学习者的"内向型"学习词典。这部词典有一处十分亮眼的地方，就是收词注重时代性和文化性，创设了知识窗专栏，"列举一些词语在华语区的不同说法"。以D字母段为例，进入知识窗的有"迪斯科""地下室""电子邮件"三词在大陆及台港澳、新马泰、加拿大等有关华语区的不同说法。类似这种处理方法的条目在该词典中尽管不多，所占比重十分有限，但却是在汉语辞书编纂中较早实践"大汉（华）语"理念的开路者或先锋者，应充分予以肯定。

在台湾，最有影响力的要算"教育部"组织编写的《重编国语辞典》（修订本）。该辞典是在《国语辞典》原编本的基础上，经过两次重编、修订而成，它除延续了原有的辞典风格、承继了古今词语兼收（尤其注重中古以后汉语口语词的收录）的特色外，还特别吸收了一大批"台湾地区的语词"和"海峡对岸（指大陆）语词"，前者"为突显本辞典编辑的语言环境特色"，后者"为扩大本辞典服务范围及建立完整的国语史料"。（见该辞典"凡例"之"修订编辑原则"）这即是说，这部辞典所收词语特别是当代词语，注意了涵盖海峡两岸的用词用语，在收词范围上较《现代汉语词典》和《现代汉语规范词典》更为宽松和具有弹性，但它仍然不是我们理想中的描写性现当代华语词典。

特别值得注意的是，随着海峡两岸乃至全球华语社区经济、文化交流的深入发展和日渐频繁，协作编写语文工具书的工作也逐步开展起来，并取得了某些成果。如两岸中华语文词典编委会合编的《两岸常用词典》（大陆版，李行健主编，高等教育出版社 2012 年；台湾版，召集人李鍌，总编辑张文彬，台湾中华文化总会 2012 年）和在编的《两岸通用词典》，除收录了两岸共有词语外，还分别收录了大陆和台湾这两个最大的华语社区的特有词语或特有义项。例如（大陆—台湾）：泥石流—土石流、保修期—保固期、老弱病孕残专座—博爱座、过山车—云霄飞车、网吧—网咖。又如：土豆，大陆指马铃薯，台湾指花生；高工，大陆指高级工程师，台湾指高级工业职业学校；高职，大陆是高等职业学院或高等职业教育的简称，台湾指职业高级中学，属于中等职业教育的范畴。另外，李行健先生还主编了一部《两岸差异词词典》（商务印书馆 2014 年版），集中收释了两岸汉语中在意义、用法上存有差异的约 5000 个词语。

另如《中华大辞林》（李鍌、单耀海总主编，五南图书出版公司 2012 年版），收词范围从大陆和台、港、澳词语扩大到了新加坡、马来西亚和泰国等地的华语词语，这是值得肯定的，但缺点也很明显，如古代词语收录过多过杂，在收词平衡性方面考虑欠周（如对俗谚的收录，该词典收录了很多香港地区的俗谚，而大陆、台湾等地的俗谚则很少收录），例证不足，等等。所以它跟我们理想中的描写性现当代华语词典还有很大距离。

提到描写性华语词典，人们最容易联想到的当然是《全球华语词典》（商务印书馆 2010 年版）。它是由世界各地的三十余位语言学者共同参与、李宇明教授主编的一部描写性"华语词典"（笔者参与了该词典泰国华语特有词语的收集和撰写工作),但它描写的主要是"20世纪80年代以来各华人社区常见的特有词语"(见该词典"凡例"),而各社区的共有词语很少收录。所以这部词典称作"全球华语社区词词典"或"全球华语社区特有词词典"也许更名副其实。以该词典为基础的《全球华语大词典》的编写工作正在进行中,但如果仍然坚持原词典的收词宗旨和编写原则的话,作为华语词汇的主体部分即大量的共有词语将会继续被排斥在词典以外。这就是说,《全球华语词典》或《全球华语大词典》所收词语的覆盖面同样存在着局限,不能反映华语词汇的"全貌"。

通过以上对具有代表性的汉语或华语词典的介绍和分析,可以看出目前还没有一部全面反映现当代华语词汇面貌、满足读者查考需要的描写性华语词典。这便为读者查找华语词语带来了很大不便和麻烦。读者要想查找某个词语,通常需要同时准备至少两部词典——一本可供查找华语共有词语的《现代汉语词典》或《现代汉语规范词典》或《现代汉语学习词典》等,一本可供查找地区特有词语的《全球华语词典》。假若能有一部既收录共有词语又收录特有词语的反映现当代华语词汇全貌的"大华语词典",读者就可以减少许多翻找之苦,使用起来就方便、快捷得多了。

2. 一些外语词典如英语词典为编写一部这样的词典提供了可资借鉴的经验,值得我们参考学习。

英语是世界上流通范围最广、使用社区最多而且分散的语言,所以英语的变异特别是词汇变异尤其明显,除了本土英语及其方言之外,还产生了美国英语、澳大利亚英语、南非英语等域外英语变体。为反映英语词汇的全貌、方便读者学习和查找的需要,一些最有名、最有影响力的英语词典大都是遵循以下这条编纂宗旨:以英语共有词语为主体,兼收不同英语社区特有词语,力争反映英语词汇的整体面貌。

例如享有"辞典中的圣经"之美誉的20卷本的《牛津英语大词典》(The Oxford English Dictionary,缩称OED),收词超过50万条,引证例句250万条,词条及例句几乎涵盖了所有英语国家的地方英语,包括英国、北美、南非、澳大利亚、新西兰和加勒比等国家和地区,并且给出了词源分析以及不同地方英语的拼写差异。供母语非英语的英语学习者使用的属于牛津词典系列的《牛津现代英语高阶词典》(Oxford Advanced Learner's Dictionary of Current English)第7版,共收录了15种英语区域变体中的特有词语或用法:欧洲有英国英语以及威尔士方言、苏格兰方言、英国北方方言、爱尔兰方言,美洲有美国英语、加拿大英语和加勒比英语,亚洲有印度英语、东南亚英语,非洲有南非英语、东非英语、西非英语，澳洲有澳大利亚英语、新西兰英语。

英国另一个颇具影响力的工具书《朗文英语大辞典》（*Longman Dictionary of English Language and Culture*），为确保本辞典不失偏颇地同时涵盖英美两国的词语和文化，不仅利用内容丰富的美国口语和书面语语料库（这是"朗文语料库网络"的一部分），而且聘请了美国的辞典编纂学家参与本辞典的编写工作。辞典收词和释义兼顾了英国英语词和美国英语词的不同拼法、发音和不同意义、用法。如 college，英国英语通常指大学中相对独立的学院，美国英语指有学位授予权的大学或研究生院。Suspenders，英国英语指女用吊袜带，美国英语指男式背带裤的背带；英国英语裤子的背带要用 bracese 表示，而 bracese 在美国英语中却表示儿童牙齿矫正器。新版《朗文当代英语辞典》（*Longman Dictionary of Contempary English*）除收有英国英语词和美国英语词外，还收了澳大利亚英语词、南非英语词等。

我国英语专家编写的一些英汉词典也都遵循这一传统。例如吴莹主编的《新英汉词典（世纪版）》（上海译文出版社 2000 年版）除收有英语共有词语外，也收录了不少英国英语以及苏格兰方言、爱尔兰方言、美国英语、澳大利亚英语、澳大利亚及新西兰英语中的特有词语或用法。陆谷孙主编的《英汉大词典》（第 2 版，上海译文出版社 2011 年版），则收录了除英语共有词语之外的英国英语、苏格兰方言、威尔士方言、爱尔兰方言、美国英语、加拿大英语、南非英语、印度英语、澳大利亚英语、新西兰英语等 11 种英语或英语方言区域变体的特有词语或用法。

《牛津英语词典》等一些著名英语词典所遵行的除收录英语共有词之外还兼收世界各地英语变体中的特有词的收词原则和做法，为我们编纂"大华语词典"提供了可资借鉴的经验，很值得我们参考学习。

三、这部词典的特色与功能

这部"大华语词典"应该是一部以共有词语为主干、共有词语和社区特有词语兼收并蓄、反映现当代华语词汇全貌、可备查找的描写性华语词典。析而言之，它应该有以下几个特色：

首先是描写性。描写性是相对于规范性而言的。规范性词典是严格按照国家制定的语言文字的法规和标准编纂的，凡不合法规和标准的词语，词典就拒绝收录。而描写性词典则基本遵循"见词就收"的实录性或原生性原则。我们这部词典不以规范为己任，而是以"录此存照"与"可备查找"为目的，虽然不要求完全做到"见词就收"，不过凡是各华语社区流行的比较常见常用的词语，一般都要囊括其中。

其次是共时性。共时性是相对于历时性而言的。历时性是历史语文词典的属性和职责范围，古代和近代汉语中的词语它都要收录进去。而这部"大华语词典"属于共时性词典，只收录现当代特别是20世纪80年代以来汉（华）语中的词语，现在已不再使用的古词古义乃至现代汉语中的旧词旧义，一般不吸收。

再就是实用性。这主要体现在该词典的释疑和备查功能上。任何辞书都有释疑备查功能，但该词典的特殊之处在于它是以使用华语的"大华语"社区的读者为服务对象，将各华语社区现当代使用的字、词、语的写法、读音、意义、用法等一一呈现出来，为不同华语社区的读者提供一个解释疑难、方便彼此交流沟通的利器。母语为非华语的华语学习者也可以将它当做"无声的语言老师"。

实用性也还体现在该词典的文化功能和语用功能上。这部词典为了帮助读者特别是语言学习者更好地学习使用和掌握华语，应尤其注意突出词典的文化特色和语用特色。即：在条目释义或有关栏目中简要介绍与条目相关的文化背景知识，交代有关词语的来源，努力揭示字、词、语所包蕴的中华文化历史和当代的内涵，努力挖掘有关词语的语用意义和具体用法。

例如作为"行政区划单位"的"市"，中国大陆的"市"有直辖市、省辖市（又分为地级市、县级市），还有副省级的计划单列市。中国台湾的"市"则有与直辖市大体相当的"院辖市"、与乡镇相当的"县辖市"。特别是台湾的县辖市是台湾地区与乡镇同一层级的基层行政区划单位，为大陆所无，这点经常为不熟悉台湾社情的区外人士所不解。词典中若能对此略加介绍，将会大大增强词典的实用性（日本的"市"又有所不同，此处不赘）。再如"教师节"，如果词典仅仅把"教师的节日"或"为教师设定的纪念性节日"这一核心义或基本义解释出来是不够的，还须指出教师节具体日期在各华语区的不同：大陆是9月10日，台湾则定为孔子诞辰的9月28日，港澳原与台湾相同，两地回归后也改成了9月10日。再如"几"（jǐ），大陆和台湾等其他华语区该词的核心义或基本义完全相同，都是表示"询问数目的多少"，但它的语用意义或具体用法并不相同：大陆普通话估计数目不太大（一般限于二至九）时才用"几"询问，否则要用"多少"；台湾国语"几"则没有对数目范围的限制，不论数目多大都可以用"几"询问（如问老人"您几岁了？"问近视眼患者"你的近视眼镜是几度的？"）。"大华语词典"将有关条目深含的语用意义或具体用法挖掘和揭示出来，无疑对词典使用者特别是华语学习者大有裨益，大大增强词典的实用价值。

此外，该词典收录的条目、释义、示例以及文化知识简介、语用意义揭示等内容，可以为词汇学、社会语言学、应用语言学和语言规划（Language planning）、信息技术等领域的研究工作提供丰富翔实的参考资料。

四、对编纂工作的初步设想与建议

对这部词典的编写工作以及运作方式等，笔者也曾粗略设想了一下，并据此提出如下建议：

为照顾各华语社区不同的用字规定或习惯，词语条目可采取简化字和繁体字双呈对照的形式，即既给出简化字形的词目，也给出与其对应的繁体字形的词目。

为照顾有关华语社区不同的注音习惯，词语条目注音可采取汉语拼音字母和注音符号两种注音方法双呈对照的形式，遇有各区读音不同的字词，要特别加以注明。

收词应尽量做到丰赡完备。收词范围既包括现当代特别是 20 世纪 80 年代以来汉（华）语中的一般共有词语，也包括各华语社区比较常见多用、相对比较稳定的词语。

为满足华语学习者特别是母语为非华语的学习者的需要，所收词语应尽量标出所属的词类。

条目释义是词典编纂工作的重点与核心，必须慎之又慎。释义用语采用通俗易懂的现代汉语。本词典所收的大多数词语将是各华语社区通用的共有词语，词典中可不做特殊标志；但仅用于（或主要用于）某个或某些华语社区的词语，对整个华语而言便属于特殊的社区词语或曰特有词语，释义中一定要标出使用的地区（或主要使用的地区）。释义中除给出该词语的固有词汇意义外，有关词语还要特别注意深挖和揭示一般辞书不予收录但对读者却非常有用的文化意义、语用意义或具体用法。这种处理释义的方式，笔者在一篇文章中称其为"全覆盖"或"全息式"释义法[1]，建议在"大华语词典"的编纂实践中酌情采纳。

示例是语文词典编写中一个十分重要的环节，无论规范性语文词典还是描写性语文词典都是如此。好的例证可以辅助释义、印证词性、展示用法。示例尤其是社区特有词语的举例应尽量引用当地语料的原文，以突显语言的生动活泼、贴近生活和用语的社区特点。当然，如果原文过于冗长或语句不够通顺，

---

[1] 徐复岭：《试论两岸同形同义异用词》，载《武陵学刊》2014 年第 1 期。已收入本书。

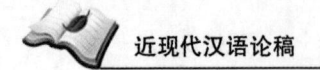

也可依据原文做些必要的删减或改动。

　　为保证词典的编写质量，应组织一个相对固定的编写团队，团队成员主要由通晓有关社区华语的语言工作者和语言学专家组成。

　　充分利用互联网，开设网上编写平台。采取网上征集例句、网络编辑词条的开放编写模式，以吸收和组织更多的社会人士参加词典编写工作。

　　还应建立一个包括各华语社区（至少是主要华语社区）主要报刊媒体、重要作家作品、以及口语等的语料库，作为词典编写的第一手资料，以备检索、编纂之用。

（载《济宁学院学报》2014年第5期）

本卷主要参考书目

鲍克怡：《现代汉语虚词解析词典》，上海辞书出版社1988年版。

［美］布龙菲尔德：《语言论》（袁家骅等译），商务印书馆1980年版。

北京大学中文系汉语教研室：《现代汉语》，商务印书馆1962年版。

北京大学中文系1955级、1957级语言班：《现代汉语虚词例释》，商务印书馆1982年版。

陈建民：《现代汉语句型论》，语文出版社1986年版。

丁声树等：《现代汉语语法讲话》，商务印书馆1961年版。

范继淹：《范继淹语言学论文集》，语文出版社1986年版。

河北省昌黎县县志编纂委员会、中国社会科学院语言研究所：《昌黎方言志》，上海教育出版社1984年版。

胡裕树（主编）：《现代汉语》（增订本），上海教育出版社1981年版。

胡裕树（主编）：《现代汉语参考资料》（上、中、下册），上海教育出版社1980—1982年版。

黄伯荣、廖序东（主编）：《现代汉语》，高等教育出版社，1997年增订2版，2003年修订本。

黎锦熙：《新著国语文法》，商务印书馆1955年版。

黎锦熙、刘世儒：《汉语语法教材》第二编，商务印书馆1959年版。

李大忠：《外国人学汉语语法偏误分析》，北京语言文化大学出版社1996年版。

李临定：《现代汉语句型》，商务印书馆1986年版。

李鍌、单耀海（主编）：《中华大辞林》，台北五南图书公司2012年版。

李行健（主编）：《两岸差异词词典》，商务印书馆2014年版。

李行健（主编）：《两岸常用词典》，高等教育出版社2012年版。

李行健（主编）：《现代汉语规范词典》，外语教学与研究出版社2010

年版。

李宇明（主编）：《全球华语词典》，商务印书馆2010年版。

陆俭明、马真：《现代汉语虚词散论》，北京大学出版社1985年版。

陆志韦等：《汉语的构词法》，科学出版社1957年初版，1965年修订本。

罗竹风（主编）：《汉语大词典》，汉语大词典出版社1986—1993年版。

吕叔湘、朱德熙：《语法修辞讲话》，中国青年出版社1952年初版，1979年第2版。

吕叔湘：《中国文法要略》，商务印书馆1956年版。

吕叔湘：《汉语语法分析问题》，商务印书馆1979年版。

吕叔湘：《吕叔湘语文论集》，商务印书馆1983年版。

吕叔湘：《汉语语法论文集》，商务印书馆1984年版。

吕叔湘：《语文杂记》，上海教育出版社1984年版。

吕叔湘：《近代汉语指代词》，学林出版社1985年版。

吕叔湘（主编）：《现代汉语八百词》，商务印书馆1980年初版，1999年增订本。

马学良（主编）：《语言学概论》，华中工学院出版社1985年第2版。

钱曾怡等：《烟台方言报告》，齐鲁书社1982年版。

曲阜师范大学编写组：《现代汉语常用虚词词典》，浙江教育出版社1987年初版，1992年增订版。

人民教育出版社中学语文室：《中学教学语法系统提要（试用）》，人教社1984年版。

任学良：《汉语造词法》，中国社会科学出版社1981年版。

商务印书馆辞书研究中心：《应用汉语词典》，商务印书馆2008年版。

商务印书馆辞书研究中心，符淮青、张万起主编：《现代汉语学习词典》，商务印书馆2010年版。

台湾"教育部国语推行委员会"：《重编国语辞典修订本》网路版，1997年版、2007年版。

王力：《中国现代语法》，中华书局1954年版。

邢福义：《复句与关联词语》，黑龙江人民出版社1985年版。

徐复岭：《现代汉语虚词正误句解手册》，海南出版社1993年版。

徐复岭：《汉语虚词小词典》，四川辞书出版社2007年版。

杨寄洲：《汉语教程》（对外汉语本科系列教材），北京语言大学出版社1999年初版，2012年修订版。

叶蜚声、徐通锵：《语言学纲要》，北京大学出版社1981年版。

袁家骅等：《汉语方言概要》（第二版），文字改革出版社1983年版。

张静（主编）：《新编现代汉语》，上海教育出版社1980年版。

张寿康：《构词法和构形法》，湖北人民出版社1981年版。

赵元任：《语言问题》，商务印书馆1980年版。

赵元任：《汉语口语语法》（吕叔湘译本），商务印书馆1979年版。

中国社科院语言研究所词典编辑室：《现代汉语词典》（试用本及1—6各版），商务印书馆。

周何（主编）：《国语活用辞典》（第3版），台北五南图书出版公司2004年版。

朱德熙：《现代汉语语法研究》，商务印书馆1980年版。

朱德熙：《语法讲义》，商务印书馆1982年版。

朱德熙：《语法答问》，商务印书馆1985年版。